D1726785

Kohlhammer

Johannes Kals

Betriebliches Energiemanagement

Eine Einführung

**Unter Mitarbeit von Tina Jonas
und Roman Vandewall**

Verlag W. Kohlhammer

Alle Rechte vorbehalten
© 2010 W. Kohlhammer GmbH Stuttgart
Gesamtherstellung:
W. Kohlhammer Druckerei GmbH + Co. KG, Stuttgart
Printed in Germany
ISBN: 978-3-17-021133-9

Vorwort

Gerade beim existenziellen Thema Energie könnte den Leser interessieren, mit welcher Motivation und aus welchem Blickwinkel der Verfasser die Dinge betrachtet. Ich stamme aus einem wertkonservativen Elternhaus, habe Berufserfahrung in der konservativen Branche Unternehmensberatung und übe als Professor für Betriebswirtschaftslehre einen Beruf aus, dem ebenfalls ein konservatives Image anhaftet. Konservativ heißt bewahrend. Ich bin der Überzeugung, dass wir entweder unsere derzeitige Wirtschaftsweise bewahren können oder unsere natürlichen Lebensgrundlagen. Ich bin in der Weise konservativ, dass ich scharfe, revolutionär erscheinende Veränderungen unseres Wirtschaftssystems befürworte, um die Lebensgrundlagen zu bewahren.

Eine spirituelle, an keine spezifische Religionsrichtung gebundene Grundhaltung erleichtert es mir, Gewohntes aufzugeben und notwendige Schritte ins Neue zu wagen. Eine Quelle spiritueller Überzeugungen ist bereits die Auseinandersetzung mit dem Begriff der Energie: Im Buch ist Energie im Sinne der Physik definiert als Fähigkeit eines Systems, Arbeit zu verrichten. Seit Einstein wissen wir, dass Energie und Materie letztlich das Gleiche sind. Doch was das Wesen von Energie ist, wie sie erstmals entstand, ob und wer Energie geschaffen hat – diese Antworten können die Naturwissenschaften nicht geben. Die Beschäftigung mit Energie verweist uns also auf die Frage, weshalb wir uns als wahrnehmendes Bewusstsein definieren, weshalb wir uns als Menschen auf dieser Erde befinden. Wir sind nicht lange hier. Entscheiden wir uns, in Harmonie zu leben statt Zerstörung zu bringen.

Als Beamter fühle ich mich der Gemeinschaft verpflichtet. Ich bedanke mich bei meinem Arbeitgeber (dem Land Rheinland-Pfalz) sowie den Kolleginnen und Kollegen des Fachbereichs, dass ich in einem Forschungssemester dieses Buch habe schreiben dürfen und hoffe, damit etwas zurückgeben zu können. Auch meiner Frau Ute und meinen Töchtern Julia und Simona danke ich, denn während der Arbeit am Buch war die Zeit für sie doch recht eingeschränkt. Im Laufe der Jahre haben viele Absolventinnen und Absolventen ihre Diplom-, Bachelor-, Masterarbeiten über Energiethemen geschrieben, aus denen ich schöpfen konnte. Stellvertretend bedanke ich mich bei Stefanie Baum, Harun Bilen, Alexander Derrer, Dimitrios Fotakis, Teoman Kiratzi, Kerstin Mehlhose, Christofer Mertz, Konstantinos Moutsios, Dominik Müller, André Pöhr, Alexander Schneider, Annika Schüttfort, Denise Sommer, Michael Zeiss. Tina Jonas und Roman Vandewall kommt eine herausgehobene Rolle zu. Herrn Dr. Uwe Fliegauf danke ich für das außerordentlich engagierte und sachkundige Lektorat.

Eine Widmung? Unseren Kindern!

Johannes Kals

Neustadt an der Weinstraße/Ludwigshafen, im März 2010

Inhaltsverzeichnis

Vorwort.. 5

1   Einführung und Vorgehensweise 11

2   Begriff und Inhalt des Energiemanagements 14

3   Energiebilanzen 19
    3.1 Begriffe und Abgrenzungen 20
         3.1.1 Von der Nachhaltigkeitsrechnung zu Treibhausgasbilanz 20
                3.1.1.1 Nachhaltigkeitsrechnung......................... 21
                3.1.1.2 Umweltbilanzen................................. 23
                3.1.1.3 Energiebilanzen................................ 25
                3.1.1.4 Kohlendioxbilanzen und Treibhausgasbilanzen..... 27
         3.1.2 Abgrenzung des Bilanzbereichs........................ 31
         3.1.3 Von der Sachbeschreibung zur Wirkungsabschätzung....... 36
    3.2 Energiefluss im Unternehmen 40
    3.3 Messung und Formen von Energie 45
    3.4 Energiebezogene Betriebsdatenerfassung...................... 50
         3.4.1 Aufgaben und Instrumente der Betriebsdatenerfassung...... 51
         3.4.2 Datenlücken und ihre Schließung...................... 53
         3.4.3 Neue technische Möglichkeiten 55
    3.5 Checklisten und Kennzahlensysteme 59
         3.5.1 Sichtweisen auf Energie im Unternehmen 59
         3.5.2 Checklisten.. 62
                3.5.2.1 Anforderungen an Checklisten................... 62
                3.5.2.2 Checkliste für Energiebilanzen 63
         3.5.3 Kennzahlensysteme.................................... 66
                3.5.3.1 Auswertungsmöglichkeiten...................... 66
                3.5.3.2 Kennzahlen abgeleitet aus Energiebilanzen 70

4   Energiemanagement in betrieblichen Funktionen.................... 72
    4.1 Zur Gliederung des Kapitels................................. 72
    4.2 Facility Management 74
         4.2.1 Anlagenzuordnung mittels Betreiberordnung 74
         4.2.2 Energiebezogene Klassifizierungen von Immobilien........ 77
         4.2.3 Besonderheiten von Gewerbebauten 80

	4.2.4	Klima- und Beleuchtungstechnik	83
		4.2.4.1 Heizsysteme	83
		4.2.4.2 Abwärmenutzung und Kühlung	88
		4.2.4.3 Beleuchtung	91
	4.2.5	Zukunftsperspektiven	93
4.3	Logistik		94
	4.3.1	Logistikkonzeptionen	95
	4.3.2	Ökologische Bewertung von Transportmitteln	99
	4.3.3	Personenlogistik	103
	4.3.4	Entwicklungen der Verkehrstechnologie	107
4.4	Energiebeschaffung		112
	4.4.1	Aufgaben	113
	4.4.2	Beschaffung elektrischer Energie	117
4.5	Produktionsplanung und -steuerung		123
	4.5.1	Planungsaufgaben und -ebenen	123
	4.5.2	Operative Programmplanung	125
	4.5.3	Operative Faktorplanung	126
	4.5.4	Operative Prozess- und Ablaufplanung	128
		4.5.4.1 Aufgaben und Methoden	128
		4.5.4.2 Theorie der betrieblichen Anpassung	130
		4.5.4.3 Energiespeicherung	134
4.6	Produktion		136
	4.6.1	Elektrische Antriebe	137
	4.6.2	Druckluft	139
4.7	Instandhaltung		141
	4.7.1	Funktionsweise	142
	4.7.2	Verantwortlichkeiten	144
	4.7.3	Energierelevanz unterlassener Instandhaltung	146
4.8	Informationstechnologie		147
	4.8.1	Produktion der Geräte	148
	4.8.2	Betrieb der Geräte	149
	4.8.3	Informationstechnologie als Enabler	151
	4.8.4	Entsorgung der Geräte	153
5	**Wirtschaftlichkeit, Strategie und Ethik**		155
5.1	Ein controllingorientierter Ansatz		155
5.2	Wirtschaftlichkeitsrechnung		158
	5.2.1	Energiebezogene Kostenrechnung	158
	5.2.2	Life Cycle Costing und Total Cost of Ownership	165
	5.2.3	Optimaler Ersatzzeitpunkt	167
	5.2.4	Energetische Amortisation	171
	5.2.5	Contracting	173
	5.2.6	Sensitivitätsanalysen	176

5.3   Energiestrategien 181
    5.3.1   Systematisierung 182
    5.3.2   Strategische Planung................................... 184
        5.3.2.1   Szenariotechnik............................... 184
        5.3.2.2   Stärken-Schwächen-Analyse 185
        5.3.2.3   Technologiebewertung.......................... 186
        5.3.2.4   Entwicklung der Energiekosten 188
        5.3.2.5   Risikomanagement 193
        5.3.2.6   Rating 195
5.4   Ethisch-normative Fundierung 196
    5.4.1   Definition von Ethik und Moral 196
    5.4.2   Wissenschaftlichkeit bei der Einbeziehung ethischer Werte .. 197
    5.4.3   Inhalte ethischer Theorien............................. 199
    5.4.4   Ableitung der Energiestrategie aus der Energieethik......... 205

6   **Organisation**... 207
6.1   Aufbauorganisation 207
    6.1.1   Möglichkeiten 208
    6.2.2   Integration in bestehende Abteilungen 213
6.2   Prozessorganisation 217
6.3   Besonderheiten des Projektmanagements 223
    6.3.1   Metaplanung 223
    6.3.2   ABC-Klassifizierung von Maßnahmen 225
    6.3.3   Schnittstellen und Konflikte 226

7   **Klimatologische, technologische und wirtschaftspolitische**
   Hintergründe 229
7.1   Der Klimawandel und die Folgen 229
7.2   Technologien zur Nutzung regenerativer Energien 232
    7.2.1   Windenergie.. 233
    7.2.2   Solarenergie 235
    7.2.3   Weitere Energieformen 236
    7.2.4   Potenziale und Perspektiven 240
7.3   Wirtschaftspolitische Hintergründe 243
    7.3.1   Internalisierung externer Kosten 243
    7.3.2   Handlungsmöglichkeiten und Hemmnisse................ 245
7.4   Die nächste industrielle Revolution........................... 249

Literaturverzeichnis.. 253

Stichwortverzeichnis.. 257

1   Einführung und Vorgehensweise

Wissenschaft und Praxis sind dabei, sich dem Energiemanagement zuzuwenden. Noch aber bleibt die Behandlung des Themas in der Regel weit hinter seiner Bedeutung zurück. Energie ist eine der entscheidenden Zukunftsfragen der Menschheit, wir heizen das Klima auf und verheizen dabei die Ressourcen kommender Generationen, wir erzeugen durch unsere Wirtschaftsweise eine Knappheit, die zu Kriegen führt und armen Ländern Chancen nimmt. Die Gründe für eine neue industrielle Revolution, für einen breiten Übergang vom Ölzeitalter zu erneuerbaren Energien, sind zwingend. Dieses Buch hilft Unternehmen, ihre aktuellen Energiekosten in den Griff zu bekommen und ihre Energieversorgung zukunftssicher zu machen. Damit ist dieses Know-how auch für Studierende, insbesondere der Wirtschafts- und Ingenieurwissenschaften, noch ein Alleinstellungsmerkmal, mit dem sie später in Unternehmen Verantwortung übernehmen können. Es ist zu hoffen und zu erwarten, dass die Methoden des Energiemanagements in Zukunft zum selbstverständlichen Handwerkszeug der Manager gehören werden und deshalb auch in der Breite in Hochschulcurricula Eingang finden.

Das Thema ist nicht ohne Tücke: In der Wissenschaft hindert die zögerliche Zusammenarbeit der Disziplinen. Ohne Ingenieure sind technische Lösungen nicht zu realisieren, ohne Betriebswirte ist ihre Rentabilität nicht nachzuweisen. Bei rasantem technischem Fortschritt im Energiebereich ist zudem eine stetige Weiterentwicklung geboten. In Unternehmen stellen sich darüber hinausgehende Probleme: Die notwendigen Information sind über die organisatorischen Einheiten verstreut. Controlling, Betrieb und Technische Planung, alle müssen ihr Wissen einbringen, um beispielsweise die Klimatechnik zu optimieren. Die Kompetenzen sind oft über verschiedene Konzerngesellschaften verteilt (beispielsweise Betreiberunternehmen und Immobilienverwaltungsgesellschaft) und zusätzlich sind noch externe Dienstleister (wie Ingenieurbüros) involviert.

Im Herbst 2008 stieg der Ölpreis rasant auf über 145 Dollar pro Barrel (159 Liter). Für viele Unternehmen war das ein Warnsignal. Ein systematisches Energiemanagement ist notwendig als Reaktion auf stark schwankende und langfristig stark steigende Energiepreise. Wie ist das unternehmerische Energiemanagement zu organisieren, wohin der Blick zu richten, um Energie- und Kosteneinsparungen zu erzielen? Als Grundlage für die Beantwortung dieser Frage ist zunächst im zweiten Kapitel der Begriff des Energiemanagements genauer gefasst. Das dritte Kapitel behandelt Energiebilanzen, die die Datenbasis für alle weiteren Planungen darstellen. Neben dem reinen Stoffstrom ist in Kohlendioxidbilanzen die Klimabelastung der betrieblichen Aktivitäten zu ermitteln.

Ein Schwerpunkt liegt im vierten Kapitel, denn hier sind wichtige praktische Ansatzpunkte für Energieeinsparungen in betrieblichen Funktionen vorgestellt. Die angesprochenen Abteilungen können eine erste Abschätzung wagen, ob wirtschaftliche Maßnahmen des Energiemanagements zu finden sind. Die Einsparungspotenziale sind teilweise sehr hoch. Dazu ein Beispiel: In der Produktion sind vorwiegend noch ungeregelte elektrische Antriebe (beispielsweise Pumpen) eingesetzt. Typische Einsparungen beim Einsatz geregelter Elektroantriebe liegen bei 40 Prozent. Bei Wirtschaftlichkeitsrechnungen für Investitionsentscheidungen im Energiebereich sind einige Besonderheiten zu beachten, die im fünften Kapitel beschrieben sind. Um solche Entscheidungen fällen zu können, sind langfristige Energiestrategien zu formulieren, die letztlich auf einer ethisch-normativen Wertbasis fußen. Energiemanagement ist, damit befasst sich das sechste Kapitel, funktionsübergreifend in das Management der Unternehmen zu integrieren. Dabei finden sich starke Parallelen zum Qualitäts- und Umweltmanagement, die mit dem Energiemanagement zu integrierten Managementsystemen zusammenwachsen könnten.

In den ersten sechs Kapiteln wird den Lesern, Praktikern und Studierenden, das Energiemanagement als unmittelbar verwendbarer Teil der Unternehmensführung vorgestellt mit starkem Fokus auf die praktische Umsetzung. In fast allen Unternehmen finden sich Einzelmaßnahmen, die Energieeinsparungen mit einer kurzen Amortisationszeit erlauben. Das kann ein Lamellenvorhang vor einem Hallentor sein oder die Ernennung eines Verantwortlichen für die Klimaanlage. Je längerfristig jedoch die strategische Energieplanung ist, desto wichtiger ist es, sich über die im siebten Kapitel dargestellten Hintergründe zu informieren: Über den Klimawandel und seine gefährliche Dynamik, über Technologien zur Nutzung regenerativer Energien sowie über die langfristigen volkswirtschaftlichen und politischen Fragen der Energieversorgung. Energie wird zunehmend ein kritischer Produktionsfaktor für Unternehmen, aber auch für die Weltwirtschaft als Ganze. Deshalb leistet jedes Unternehmen, das sein Energiemanagement optimiert, nicht nur einen Beitrag zum eigenen langfristigen Überleben, sondern auch zum guten Überleben unserer Nachkommen auf diesem Planeten.

An Leser welcher Fachrichtung richtet sich dieses Buch? Energiemanagement lebt aus der interdisziplinären Zusammenarbeit insbesondere von Betriebswirten und Ingenieuren. Der Verfasser hat einen betriebswirtschaftlichen Hintergrund und bemüht sich, das Buch auch für Leser mit anderen, insbesondere technisch geprägten Ausbildungen gut lesbar zu machen. Allerdings können grundlegende Methoden beispielsweise der Investitionsrechnung, Kostenrechnung oder Organisation nicht von Grund auf erklärt werden. Diese betriebswirtschaftlichen Basiskenntnisse sind aber bei Ingenieuren, die Führungsverantwortung in der Wirtschaft haben, normalerweise vorhanden und können deshalb hier guten Gewissens vorausgesetzt werden. Studierende in nicht-betriebswirtschaftlichen Studiengängen, die mittelfristig Führungsverantwortung anstreben, sind gut beraten, sich solche wirtschaftlichen Grundkenntnisse anzueignen. Umgekehrt finden sich für Betriebswirte technische Herausforderungen in diesem Buch, denn ohne ein grundlegendes technisches Interesse lässt sich Energiemanagement nicht angehen. Betriebswirte als Führungskräfte in der Industrie haben sich in aller Regel in die technischen Kernprozesse ihres Unternehmens eingearbeitet. Wer sich nur für BWL interessiert, wird nicht ins Top Management gelangen. Die von Grund auf erklärten technischen Beispiele in diesem Buch können deshalb Studierenden der BWL als Anlass dienen, in die Technik hinein zu schnuppern.

2　Begriff und Inhalt des Energiemanagements

Weder im akademischen Bereich noch in der Praxis hat sich bisher eine einheitliche Auffassung durchgesetzt, was unter Energiemanagement zu verstehen ist. Auch das Verständnis der beiden einzelnen Begriffe – Energie und Management – kann in unterschiedlichen Zusammenhängen stark variieren. Analysieren wir beide Begriffe zunächst einzeln, bevor das Energiemanagement genauer umrissen und definiert wird.

Welchen Energiebegriff haben unterschiedliche wissenschaftliche Disziplinen? Die Physik definiert Energie als die Fähigkeit eines Systems, Arbeit zu verrichten. Gemäß der berühmten Einsteinschen Formel E=M x C² ist Energie gleich der Masse multipliziert mit dem Quadrat der Lichtgeschwindigkeit. Damit ist Masse also im physikalischen Sinne geronnene Energie. Auf diesen Erkenntnissen der Grundlagenforschung bauen die Ingenieurwissenschaften auf, um konkrete Probleme der Energieversorgung zu lösen. Energie ist das, was in Joule, Kilowattstunde oder Grad Celsius gemessen wird. Demgegenüber haben Geisteswissenschaften wie die Psychologie einen weniger operationalen (messbaren) Energiebegriff, mit Energie ist hier die Vitalität, Tatkraft und Entschlossenheit eines Menschen oder eines sozialen Systems gemeint. Auch in der Betriebswirtschaftslehre blitzt dieser weiche Energiebegriff in der Personalwirtschaft und in Motivationstheorien auf. Dieses Buch legt jedoch den harten, naturwissenschaftlich-technischen Begriff zugrunde, indem Energiemanagement als Querschnittsfunktion im Schnittfeld von Umweltmanagement, Produktionswirtschaft, Logistik und anderen betroffenen etablierten betriebswirtschaftlichen Funktionen verstanden wird.

Auch beim häufig verwendeten Begriff Management gibt es starke Abweichungen im Verständnis und in der Verwendung. Etymologische Wurzel (also die Wortherkunft) ist das lateinische »manus agere«, wörtlich zu übersetzen mit »an der Hand führen«, frei übersetzt als »handhaben«. Die Bandbreite dessen, was gehandhabt werden kann, ist in der Praxis des Wortgebrauchs offen. Beispiele sind

- alle betrieblichen Funktionsbereiche (wie Beschaffungsmanagement, Produktionsmanagement, Absatzmanagement),
- alle großen oder kleinen Projekte (von Bau des Airbus A380 bis zum 20-Minuten-Dienstgang),
- technische Prozesse (Management der Stromversorgung im Automobil)
- und nicht zuletzt managt sich auch jeder selbst (Selbstmanagement).

Zusammenführend ist also Energiemanagement kurz zu definieren als die Handhabung von Energie. Die VDI-Richtlinie 4602 bezeichnet Energiemanagement ausführlicher aber weniger prägnant als »die vorausschauende, organisierte und systematisierte Koordination von Beschaffung, Wandlung, Verteilung und Nutzung von Energie zur Deckung der Anforderungen unter Berücksichtigung ökologischer und ökonomischer Zielsetzungen«. Da Inhalt und Abgrenzung des Energiemanagements noch in der Entwicklung begriffen sind, hier ein entsprechender inhaltlicher Vorschlag, der bewusst die in den Richtlinien und Industrienormen implizit zugrunde gelegte Fokussierung auf den betrieblichen Bereich erweitert. Der Gegenstandsbereich des Energiemanagements lässt sich gemäß der in der folgenden Abbildung 1 dargestellten Ebenen strukturieren.

Abb. 1:   Ebenen des Energiemanagements

Erste Ebene: Globale Verflechtungen und Probleme des Energiemanagements

Energie schafft wirtschaftliche und auch politische Abhängigkeiten, die nicht nur entscheidend für die Aufrechterhaltung des Lebensstandards sind, denn letztlich steht das Überleben von Staaten, Völkern und Menschen auf dem Spiel. Das machen folgende Beispiele deutlich:

- Im Winter 2008/09 hat Russland aufgrund von Uneinigkeiten mit der Ukraine die Gaszufuhr durch die Ukraine reduziert, was zu Versorgungsengpässen in einigen europäischen Staaten führte. Mitten im Winter war es in einigen Regionen Südosteuropas also nicht mehr möglich, beispielsweise Krankenhäuser zu beheizen.

- Im Nahen Osten wird Wasser zusehends der begrenzende Faktor, um Regionen bewohnbar zu machen. Anlagen zur Meerwasserentsalzung können hier einen Beitrag leisten, so dass praktisch Energie durch den Einsatz in Entsalzungsanlagen zu Trinkwasser umgewandelt werden kann.
- Die Motive für die Kriege von USA und Nato im mittleren Osten sind sicher vielfältig, aber die Sicherung von Energieressourcen wird dazu gehören. Die Hypothese ist plausibel, dass Auseinandersetzungen um Energiequellen Vorboten kommender »Kriege um Ressourcen« (Braun u.a. 2009) sind.

Die Zusammenhänge und Rahmenbedingungen der globalen Ebene sind für Unternehmen von großer Bedeutung. Die Verfügbarkeit bestimmter Energieträger, ihre Preise und auch denkbare krisenhafte Entwicklungen sind hier begründet. Im strategischen Energiemanagement ist es deshalb notwendig, die globalen Entwicklungen im Blick zu haben.

Zweite Ebene: Staaten und Volkswirtschaften

Staaten managen die Energieversorgung ihrer Volkswirtschaften in Analogie zu den unternehmerischen Funktionen Beschaffung und Produktion, indem sie

- den Bedarf feststellen und die Beschaffung von Primärenergie sichern (z.B. durch Lieferverträge, Pipelinebau oder Bergbaugenehmigungen),
- die notwendigen Anlagen zur Energieumwandlung (z.B. Kraftwerke) bauen oder bauen lassen sowie
- die Infrastruktur für die Verteilung sicherstellen (z.B. Stromnetze) und Einfluss auf die Preisgestaltung nehmen (z.B. über Steuern und Regulierungsbehörden).

Hinzu kommen noch Aktivitäten wie Energieforschung, Energieberatung, Einschränkungen des Energienutzung durch Umweltschutzvorschriften usw.

Dritte Ebene: Sektoren und Branchen

Innerhalb von Volkswirtschaften ist die Unterteilung nach den Sektoren Urproduktion, Industrie, Dienstleistung, Informationswirtschaft zweckmäßig, innerhalb der Sektoren sind dann Branchen (Bergbau, Maschinenbau, Banken, IT-Beratung) zu unterscheiden. Die Relevanz des Energiemanagements nimmt in der Sektorenentwicklung in der Tendenz ab: Bei der Urproduktion (die auch die Energiegewinnung umfasst) und der Industrie ist die Energieintensität hoch, bei Dienstleistungen und Informationswirtschaft geringer. Die Informationswirtschaft wird seit einigen Jahren als vierter Sektor aus dem Dienstleistungssektor ausgekoppelt, weil in der deutschen, reifen Wirtschaft hier die höchsten Wachstumsraten erzielt werden. Das ist ein Grund dafür, dass trotz steigenden Bruttosozialprodukts der Energieverbrauch leicht sinkt. Gemäß den Statistiken des Bundesministeriums der Wirtschaft (BMWi) wurden 1990 noch 8,7 Gigajoule pro 1000 Euro des Bruttoinlandsprodukts (BIP) verbraucht, im Jahr 2008 waren es hingegen nur noch 6,2 Gigajoule. (Die Maßeinheiten für Energie werden im folgenden Kapitel ausführlich erklärt, die Statistiken stehen unter http://bmwi.de/BMWi/Navigation/Energie/energie-statistiken.html). Neben der Sektorenverschiebung ist der sinkende spezifische Energie-verbauch auf eine steigende Energieeffizienz zurückzuführen. Die Bedeutung des Ener-giemanagements ist jedoch in keiner Branche völlig zu vernachlässigen, solange noch ein Gerät elektrisch betrieben, eine Dienstfahrt gemacht oder ein Raum geheizt wird.

Unter »Energiebranche« oder »Energiewirtschaft« fallen zunächst die Energieversor-gungsunternehmen (EVU). Das sind sowohl die bekannten großen Unternehmen, aber auch kleine Stadtwerke bis hin zu Unternehmen oder Privatleuten, die eine Fotovolta-ikanlage auf dem Dach betreiben. Die Energiebranche hat Querschnittscharakter und umfasst die Urproduktion bis hin zu Dienstleistungen wie Energieabrechnungen oder Energiehandel. Der Staat überlässt privatwirtschaftlichen EVUs viele der auf der volks-wirtschaftlichen Ebene genannten Aufgaben und er organisiert auch seine eigenen Akti-vitäten in privatwirtschaftlicher Form (beispielsweise kommunale Energieversorger in der Rechtsform einer GmbH). Für die Energiebranche gelten viele eigene Regelungen und marktliche Besonderheiten, wie beispielsweise das Erneuerbare Energien Gesetz (EEG).

Mit ihrer institutionellen Gliederung (Industriebetriebslehre, Handelsbetriebslehre usw.) setzt die Betriebswirtschaftslehre an den spezifischen Problemen der Sektoren und Branchen an. In diese Gliederung würde eine Energiebetriebslehre hineinpassen. Dieses Buch ist jedoch für Unternehmen vorwiegend außerhalb der Energiewirtschaft geschrieben, die ihren Umgang mit Energie optimieren wollen. Deshalb bietet sich statt der institutionellen Gliederung die branchenneutrale, funktionale Gliederung an, die insbesondere das vierte Kapitel prägt.

Vierte Ebene: Unternehmen mit ihren Funktionen

Diese vierte Ebene steht hier im Mittelpunkt. Die betriebswirtschaftlichen Funktionen spiegeln sich in den organisatorischen Einheiten des Unternehmens (den Abteilungen) wider. Im vierten Kapitel können Praktiker leicht die für sie besonders relevanten Abschnitte finden. Doch auch die funktionale Gliederung hat den Nachteil, dass ener-giebezogene Geschäftsprozesse nicht im Zusammenhang erscheinen. Die Abbildung 2 macht das prinzipielle Problem des Konflikts zwischen funktionaler und prozessorien-tierter Strukturierung in arbeitsteiligen Unternehmen deutlich. Ein einfaches, funktio-nales Organigramm enthält die drei organisatorischen Einheiten (im Sprachgebrauch: Abteilungen) Beschaffung, Produktion und Absatz, die ihre jeweiligen energiebezoge-nen Aufgaben haben (Stromeinkauf, energiesparenden Einsatz von Maschinen oder Tourenplanung bei der Auslieferung). Die Pfeile zeigen den dazu quer verlaufenden Kernprozess der Auftragsausführung (Fulfillment), der die Wertschöpfung viel unmit-telbarer darstellt als das Organigramm. Energiebilanzen beschreiben diesen Prozess, an dem letztlich alle Abteilungen direkt oder indirekt beteiligt sind.

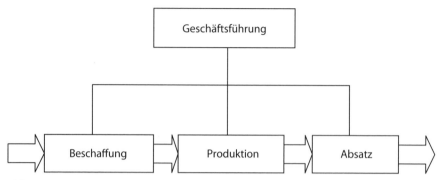

Abb. 2:   Organisatorische Einheiten und Geschäftsprozesse

3 Energiebilanzen

Ohne Datenbasis ist es nicht möglich, Energie zu managen. Energiebilanzen stellen den Energiefluss im Unternehmen auf unterschiedlichen Ebenen und mit verschiedenen Bezugsgrößen dar. Im Prinzip verfügen bereits alle Unternehmen, die ein Umweltmanagement nach DIN 14001 und der EU-Öko-Audit-Verordnung aufgebaut haben, bereits über Energiebilanzen. Das durch diese Regelungen normierte Umweltmanagement enthält zwingend Umweltbilanzen, die auch den Umweltaspekt Energie umfassen. Dies gilt auch für die neuere, darauf aufbauende DIN 16001, die den Aufbau des Energiemanagements regelt. Mit der Einbindung des Energiemanagements in das Umweltmanagement befasst sich das sechste Kapitel über die organisatorische Umsetzung, während hier die technisch-naturwissenschaftlichen Gesichtspunkte bei der Erstellung von Energiebilanzen im Mittelpunkt stehen: Dazu sind zunächst im Abschnitt 3.1 Begriff und Abgrenzungen von relevanten Bilanzvarianten vorzustellen. Der folgende Abschnitt 3.2 zeigt detaillierte Energiebegriffe, die Darstellung des Energieflusses im Unternehmen und erläutert Wirkungsgrade bei der Energieumwandlung. Um den Energiefluss quantifizieren zu können, sind Messung und Formen von Energie im Abschnitt 3.3 erläutert – ein unabdingbares Kernkapitel für den Leser ohne technischen Hintergrund. Energiemanagement kann nur sinnvoll betrieben werden, wenn die grundlegenden Unterschiede von Leistung und Energie, von Kilowatt und Kilowattstunde, verstanden sind. Der Abschnitt 3.4 wendet sich den praktischen Möglichkeiten der Betriebsdatenerfassung (BDE) zu, um die Daten für die Bilanzen und damit für das ganze Energiemanagement zu erheben. Wer diese Möglichkeiten nicht kennt, bleibt leicht bei allgemeinen Aussagen für ganze Betriebsteile und könnte neuere technische Entwicklungen wie das Smart Metering als Elemente von intelligenten Stromnetzen übersehen. Im Abschnitt 3.5 über Checklisten und Kennzahlen sind grundlegende Überlegungen für die weiteren Kapitel enthalten, die – ebenso wie das Energiebilanzen Kapitel als Ganzes – »vor die Klammer« gezogen werden.

3.1 Begriffe und Abgrenzungen

Das Prinzip von Bilanzen ist einfach: Abgeleitet vom italienischen Begriff »Bilancia« (zweiarmige Waage) müssen Input und Output im Gleichgewicht sein. In Literatur und Praxis ist die Verwendung der Begriffe Umwelt-, Öko-, Stoff-, Energie-, Kohlendioxid-, Prozess-, Sach- und weiter Bilanzen jedoch eher unübersichtlich. Ausgehend von den sachlichen Notwendigkeiten werden hier drei Gliederungssysteme vorgestellt, die die Begriffsvielfalt strukturieren:

- Energiebilanzen sind als Teil einer umfassenden Nachhaltigkeitsrechnung oder Corporate Responsibility Rating des Unternehmens aufzufassen. Der Abschnitt 3.1.1 zeigt die Hierarchie der Bilanzierungs- und Rechensysteme von der umfassenden Nachhaltigkeitsrechnung bis zur detaillierten Kohlendioxidbilanz.
- Während eine Nachhaltigkeitsrechnung das Unternehmen als Ganzes in den Mittelpunkt stellt, möchte die Energiebilanz tief ins Detail gehen, um für energiebezogene Maßnahmen Entscheidungsunterstützung leisten zu können. Deshalb zeigt der Abschnitt 3.1.2 die verschiedenen Möglichkeiten der Abgrenzung des Bilanzbereichs, in dem insbesondere die Zusammenhänge von Betriebs-, Prozess- und Produktbilanz erläutert werden.
- Die sachliche Beschreibung des Energieflusses als eine der Umweltwirkungen des Unternehmens sagt noch wenig über die Wirkung dieser Umweltbelastung. Der Abschnitt 3.1.3 erläutert, wie die Wirkungsabschätzung auf der Sachbeschreibung aufsetzt.

3.1.1 Von der Nachhaltigkeitsrechnung zu Treibhausgasbilanz

Unternehmen beschäftigen sich mit Energie zunächst aufgrund ganz handfester, kostenbezogener Motive. Da aber Energie als Teil der Umweltwirkungen des Unternehmens nicht nur interne sondern auch externe Kosten verursacht, mischen sich in die Motivation über eigennütziges Kosteninteresse hinausgehende, ethische Gesichtspunkte, der auf der Seite der Gesellschaft kritische Fragen an die Unternehmen gegenüber stehen. Energiebilanzen sind also als Teilaspekt einer umfassenden Nachhaltigkeitsrechnung aufzufassen, die in den letzten Jahren zunehmend Verbreitung findet. Damit zeigen Unternehmen Leistungen und Belastungen ihrer Tätigkeit für die Gesellschaft und die natürliche Umwelt auf, um ihre Tätigkeit zu begründen und zu legitimieren. Vier Ebenen strukturieren die Herangehensweise, um auf der letzten Ebene die Rolle von Energiebilanzen präzise fassen zu können:

- Nachhaltigkeitsrechnungen oder -bilanzen, Corporate Responsibility Ratings, Sozialbilanzen und Ethik Audits versuchen eine gesamthafte Zusammenfassung des

Gebens und Nehmens zwischen Unternehmen und gesellschaftlicher und natürlicher Umwelt. Die Begriffe sind noch nicht fest gefügt und es würde zu weit führen, sie hier im Detail abzugrenzen, so dass dieser Rahmen für Energiebilanzen nur exemplarisch angesprochen wird (Abschnitt 3.1.1.1).

- In umfassende Nachhaltigkeitsrechnungen gehen Umweltbilanzen ein, die alle Umweltwirkungen des Unternehmens erfassen und bewerten. Auch hier gibt es zahlreiche Ansätze, die allerdings insbesondere durch die DIN 14000 Serie präziser gefasst werden (Abschnitt 3.1.1.2).
- Energiebilanzen als Auskopplungen von Umweltbilanzen beschreiben den Energiefluss in technischen Maßeinheiten wie Joule oder Kilowattstunden (Abschnitt 3.1.1.3).
- Durch Energieverbrauch entsteht das Treibhausgas Kohlendioxid. Kohlendioxidbilanzen schließen von der Energiebilanz auf die dadurch verursachten Emissionen (Abschnitt 3.1.1.4). Sie sind ein Teil der Treibhausgasbilanzen.

3.1.1.1 Nachhaltigkeitsrechnung

Gemäß dieser Gliederung zunächst zum Corporate Responsibility Rating als Beispiel für gesamthafte Ansätze. Die folgende Abbildung 3 zeigt die wichtigsten Kriterien zur Messung der Verantwortungswahrnehmung.

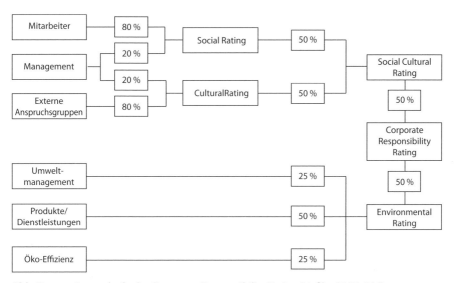

Abb. 3:   Bestandteile des Corporate Responsibility Rating (Haßler 2004, 266)

Bereits in den 1970er-Jahren sind Sozialbilanzen Vorläufer solcher Ratings, aber nach Jahrzehnten mit geringem Interesse an dem Thema gewinnt derzeit die Entwicklung von Verfahren, Normen und Standards spürbaren Schwung. Anleger lassen solche Kriterien zunehmend in ihre Entscheidungen einfließen und die Börsen, Banken und institutionellen Anleger richten Börsenindizes und Aktienfonds mit ethischem, sozialen und

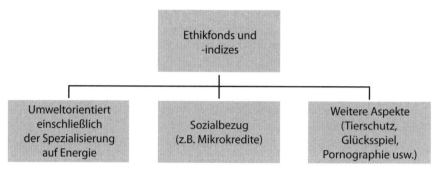

Abb. 4: Klassifizierung von Ethikfonds und -indizes

Umweltbezug ein. Die Abbildung 4 schlägt eine Gliederung für die Klassifizierung von Ethikindizes und -fonds vor, da diese Begriffe oft sehr verschieden verwendet werden.

Als Oberbegriff dient Ethik, die kurz definiert ist als Reflektion über die grundlegenden Werte, aus denen wir leben. Sobald neben die üblichen Anlagekriterien (Rendite, Risiko und Verfügbarkeit) weitere Umwelt- oder soziale Gesichtspunkte treten, können sie als Spielart von ethischen Geldanlagen angesehen werden. Gemäß der Systematik der Abbildung sind Fonds und Indizes mit Energiebezug innerhalb des Umweltaspekts anzusiedeln. Die energiebezogenen Überlegungen betreffen zunächst Unternehmen, die sich spezialisiert haben, beispielsweise Windanlagenhersteller, die den Anlagekriterien von Klimawandelfonds entsprechen. Anderseits ist wichtig zu sehen, dass Nachhaltigkeitskriterien und ihre Wirkung auf Anleger über den Best-of-Class-Ansatz alle Unternehmen betreffen. Der Dow Jones Sustainability Index kann beispielsweise 10 bis 20 Prozent der Klassenbesten im Umweltschutz einer jeden Branche aufnehmen. So kommt es jedoch zu der kritisierbaren Situation, dass Automobilunternehmen, die große Geländewagen produzieren, in einem Index gelistet sind, der im Titel Nachhaltigkeit führt. Neben der Wirkung auf Anleger haben solche Bilanzierungen und Ratings natürlich zahlreiche weitere Wirkungen in die Öffentlichkeit und innerhalb des Unternehmens, insbesondere sind sie Planungsgrundlage für Verbesserungen. Dafür sind neben objektivierten Ratingverfahren auch neutrale, vertrauenswürdige Institutionen erforderlich, um sie weiter zu entwickeln und anzuwenden. Die Abbildung 5 zeigt den Ablauf bei der Erstellung eines Nachhaltigkeitsratings.

An dieser Stelle einige Überlegungen zum oft gebrauchten und manchmal missbrauchten Begriff »Nachhaltigkeit«: Ursprünglich stammt er aus der Forstwirtschaft und besagt, dass nicht mehr Holz eingeschlagen werden darf als im gleichen Zeitraum nachwächst. Dann wurde er auf jede Nutzung natürlicher Ressourcen übertragen, beispielsweise darf eine Einleitung in ein Gewässer die Fähigkeit des Gewässers, den Stoff ökologisch abzubauen, nicht überschreiten. Heute hat die Verwendung des Begriffs inflationär zugenommen und er wird synonym mit »dauerhaft« oder »langfristig« verwendet. So bedeutet im Börsenjargon die Formulierung einer »nachhaltigen« Gewinnsteigerung eines Unternehmens nichts anderes, als dass der Gewinn vermutlich dauerhaft auf hohem Niveau bleibt. Von den umwelt- und ökologiebezogenen Wurzeln des

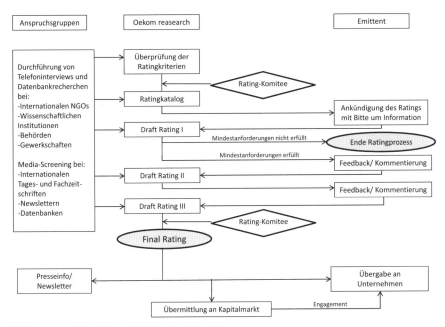

Abb. 5: Ablauf eines Nachhaltigkeitsratings

Begriffs haben sich solche Formulierungen weit entfernt. Faktoren wie Klimawandel, Ressourcenverknappung oder globale Ungleichheit setzen unser gesamtes Wirtschaftssystem unter Legitimationsdruck und damit auch die Unternehmen als wichtige Akteure. Wenn Unternehmen als »Good Corporate Citizen« zeigen möchten, dass sie Werte schaffen und nicht vernichten, so sind die ökologische Nachhaltigkeit und damit der Umgang mit Energie ganz wichtige Aspekte. Das wird auch in der Abbildung 3 deutlich, in der soziale, kulturelle und umweltbezogene Teilratings die Bewertung der unternehmerischen Verantwortung bestimmen.

3.1.1.2   Umweltbilanzen

Nun konzentriert sich der Blick auf einen Baustein der Nachhaltigkeits- und Corporate Social Respositility Rechnung, auf die Umweltbilanzen. Die Abbildung 6 zeigt den Aufbau einer Umweltbilanz, für die auch die Bezeichnung »Stoff- und Energiebilanz« gewählt werden kann.

Der Eintrag (Input) besteht aus stofflichen und energetischen Ressourcen, die innerhalb des Bilanzraums (beispielsweise einer Produktionseinheit wie ein Betrieb oder einer Maschine) zu Hauptprodukten und warenförmigen (verkaufsfähigen) Kuppelprodukten verarbeitet werden. Der Produktionsprozess wandelt den Input aber auch zu nicht erwünschten Kuppelprodukten um. Dabei sind wieder stoffliche Kuppelprodukte (Abfälle, Abwasser und Abluft) sowie energetische Kuppelprodukte (Abwärme) zu unterscheiden, wobei jedoch die Stoffe (z.B. Abwasser) Träger der Abwärme sind. Die

Eintrag (Menge/Zeit)	Bilanzraum Produktionseinheiten	Austrag (Menge/Zeit)
Stoffe • Rohstoffe • Hilfsstoffe • Betriebsstoffe • Trägermedien Energie	Akkumulation und Umwandlung	Hauptprodukte Warenförmige Kuppel- produkte Nicht warenförmige Kuppelprodukte • Abfälle • Abwasser • Abluft • Abwärme

Abb. 6: Prinzip der Umweltbilanz (Strebel 2003, S. 320)

Input	Output

Rohstoffe
• Metalle
• Aluminium
   • Stahl
   • Zink
• Kunststoffe
   • Polyamid (PA)
   • Polyethylen (PE)
Hilfsstoffe
• Klebstoffe
• Lacke
• Lösemittel
Betriebsstoffe
• Schmierstoffe
• Reinigungsmittel
Verpackungen
Ersatzteile
Handelswaren
Rücknahmeprodukte
Büromaterial
Wasser
Energie
	Produkte
	• Stühle
	• Tische
	Abluft
	• Stickoxide
	• Kohlenmonoxid
	• Kohlendioxid
	• Schwefeldioxid
	Abwärme
	Abwasser
	Abfall
	Lärm

Abb. 7: Kontenrahmen für die Umweltbilanz eines Unternehmens der Möbelindustrie (in Anlehnung an Loew u.a. 2002, S. 25)

Abbildung 7 konkretisiert das Prinzip durch wichtige Positionen eines Kontenrahmens für die betriebliche Umweltbilanz am Beispiel eines Unternehmens der Möbelindustrie. Der konkrete Kontenrahmen legt den genauen Untersuchungsgegenstand (Bilanzraum) fest und bestimmt somit den Umfang der anschließenden Datenerhebung. Der Energiebezug in diesen Bilanzen ist bisher nur durch Stichworte hergestellt und muss nun herausgearbeitet werden.

3.1.1.3 Energiebilanzen

Nun wird die Energiebilanz aus der Umweltbilanz abgeleitet, indem alle Energieflüsse herausgezogen werden, oder – umgekehrt betrachtet – alles weggelassen wird, was keinen Energiebezug hat. Energie kann gemäß des ersten Hauptsatzes der Thermodynamik (Energieerhaltungssatz) nicht verloren gehen oder vernichtet werden, was sehr gut zum Grundgedanken einer Bilanz passt. Die ökologische Problematik ergibt sich aus dem zweiten Hauptsatz der Thermodynamik, dem Entropiegesetz (vgl. Streitferdt 1998, S. 377). Dieser Satz besagt vereinfacht, dass Energie zu einem Zustand der »Unordnung« (Entropie) strebt. Energie verteilt sich bei der Verwendung und ist dann nicht mehr einfach verfügbar. Diesen nicht verfügbaren Zustand höherer Entropie kann sowohl Energie (beispielsweise in Form von Abwärme) als auch Materie (beispielsweise in Form von Abfall) annehmen. Mit zunehmendem Einsatz von Energie und Materie im Wirtschaftsleben wird dieser Prozess, aus dem sich zwangsläufig Umweltbelastung ergeben, beschleunigt. Die Inputströme der Stoffe und Energien gehen zwar nicht verloren, doch ihre umgewandelten Outputs bieten nicht mehr die gleichen Potenziale für das Leisten physikalischer Arbeit (vgl. Böning 1994, S. 26). Der übliche Begriff der »Energieerzeugung« ist vor diesem Hintergrund in naturwissenschaftlichem Sinne nicht treffend, denn beispielsweise werden Kohle, Sonnen- oder Windenergie nur in elektrische Energie umgewandelt, Strom wird nicht im Wortsinn erzeugt. Hier nun in der Abbildung 8 ein beispielhaftes Schema für eine Energiebilanz, in dem die Inputseite gemäß Energieträgern gegliedert ist.

Input	Output
Elektrische Energie (Strom) Gas Heizöl Diesel Benzin Kerosin	Nutzenergie bei primären Prozessen (z.B. Zerspanungsleistung bei Werkzeugmaschinen in der Produktion) Nutzenergie bei sekundären und tertiären Prozessen (Transporte, Heizung der Büros bis hin zum Energieverbrauch des Herds in der Kantine) Energieabgabe an Dritte (Prozessenergie als Fernwärme oder Stromeinspeisung aufgrund des EEG) Wärmeverluste über Abluft, Abwasser und Abfall Energieverlust über Wärmestrahlung, Erschütterungen, Lärm

Abb. 8:   Energiebilanz gegliedert nach Energieträgern

Auf der Inputseite einer Energiebilanz ist der Energieeinsatz sehr gut zu messen (Strom-, Gasverbrauch etc.), aber auf der Outputseite kommt es zu schwer fassbaren Effekten wie Abwärme, Erschütterungen, Lärm. Hier sind Hilfsrechnungen nötig, die den Wirkungsgrad der eingesetzten Energie abschätzen, um den Anteil der im beabsichtigten Sinne genutzten Energie anzunähern. Man könnte so weit gehen, zu sagen, dass der Begriff Bilanz irreführend ist. Es geht weniger darum, den Verbleib der Energie zu ermitteln. Vielmehr steht die Erfassung des energetischen Inputs im Zentrum der Aufmerksamkeit, um eine Basis für die Berechnung von Einsparpotenzialen bei Verbesserungsmaßnahmen zu haben. Eine Besonderheit des Outputs ist die Energieabgabe an Dritte. Hier kommt die Rolle des Unternehmens als Energieproduzent zum Tragen. Das betrifft einerseits ungenutzte Abwärme, aber anderseits auch beispielsweise Fotovoltaikanlagen, die den erzeugten Strom gemäß dem Erneuerbaren Energien Gesetz ins öffentliche Stromnetz einspeisen. Im Einzelfall ist diese Gliederung branchen- und unternehmensbezogen zu erweitern, beispielsweise erzeugen landwirtschaftliche Betriebe Biomasse, aus der sich Gas gewinnen lässt.

Um den Energieverbrauch zu analysieren und Verbesserungsmaßnahmen abzuleiten, ist eine Unterteilung nach Energieträgern und -formen nicht ausreichend, sondern es sind die Verbrauchsorte und die konkreten verbrauchenden Anlagen zu ermitteln, wie in Abbildung 9 angedeutet. Bei jeder Verbrauchsstelle ist zusätzlich nach Energieträgern zu differenzieren. Es bietet sich an, die Gliederung an die Kostenstellen des Unternehmens anzulehnen, wobei ein typisches Problem in vielen Unternehmen darin besteht, dass der Energieverbrauch auf die Kostenstellen ohne konkrete Messungen geschlüsselt verteilt wird.

Input	Output

Energieverbrauch der produzierenden Endkostenstellen (jeweils differenziert nach Energieträgern)
• Betrieb 1
  • Anlage 1
  • Anlage 2
• Betrieb 2
• …
Energieverbrauch der Hilfskostenstellen:
• Gebäude
• Lager
• Logistik
• Kantine
	Wie in der obigen Tabelle, allerdings ebenfalls differenziert nach den Verbrauchsstellen und Verbrauchern

Abb. 9: Energiebilanz gegliedert nach Kostenstellen und Anlagen

Untergliederungen in weitere Ebenen, also bis hin zu einzelnen Anlagen innerhalb der Betriebe und Werkstätten, sind hier mit Augenmaß durchzuführen. Es ist schwierig zu sagen, wie detailliert die Analyse sein soll. Für Investitionsentscheidungen ist bis zu einzelnen Verbrauchern wie elektrische Antriebe oder Automobile zu differenzieren. Zwei Beispiele markieren die Extreme: In Unternehmen kann es vorkommen, dass Energiekostenblöcke für Heizung oder Anlagenbetrieb von mehreren hunderttausend Euro nicht sachgemäß einzelnen Verbrauchern zuzuordnen sind. Bei einem sehr ausgefeilten Energiemanagement und sehr effizienten Anlagen sind selbst sehr kleine Energiequellen in die Bilanz einbezogen – Passivhäuser (Häuser ohne Heizung) bleiben unter anderem durch die abgegebene Körperwärme der Bewohner von etwa 70 bis 100 Watt pro Bewohner warm. Weitere Gliederungen für Energiebilanzen sind möglich:

- Die Unterscheidung in fossile und regenerative Energiequellen sollte für jeden einzelnen Energieträger getroffen werden. Dies ist zweckmäßig sowohl im Sinne einer Nachhaltigkeitsrechnung als auch im Hinblick auf kommende Kostensteigerungen.
- Insbesondere in größeren Unternehmen spielen Insourcing und Outsourcing der Energieversorgung eine Rolle. Es geht also darum, ob und wie weit die Energieversorgung durch eigene Anlagen wie Kraftwerke oder auch durch eigene Nutzung regenerativer Energiequellen gesichert wird.

Durch die verschiedenen Gliederungsmöglichkeiten und Detaillierungsgrade ergeben sich zahlreiche Abgrenzungs- und Zuordnungsprobleme, die Parallelen mit der Kostenstellenrechnung zeigen und deshalb im fünften Kapitel erörtert sind. Umwelt- und Energiebilanzen sind im Gegensatz zu Handels- und Steuerbilanzen keine Zeitpunktbetrachtungen sondern Zeitraumbetrachtungen von Stromgrößen in Form von Material und Energie. Sie sind also trotz der etablierten, auch hier verwendeten Bezeichnung als Bilanz eher das stoffbezogene Gegenstück der Gewinn- und Verlustrechnung (vgl. Böning 1994, S 34). Die Maßeinheiten sind keine Geldeinheiten, sondern technisch-physikalische Größen pro Zeiteinheit.

3.1.1.4   Kohlendioxbilanzen und Treibhausgasbilanzen

Welcher Zusammenhang besteht nun zwischen dem Energieverbrauch im Unternehmen und den Emissionen von Treibhausgasen? Hier wird der Schritt von der Energiebilanz zur Kohlendioxidbilanz (und anschließend zur Bilanzierung weiterer Treibhausgase) gegangen. Praktisch entsteht eine Kohlendioxidbilanz, indem der Energieverbrauch mit der spezifischen Kohlendioxidentstehung des jeweiligen Energieträgers multipliziert wird. Die folgende Tabelle fasst die Umrechnungsfaktoren von Energieträgern und -formen auf Kohlendioxidemissionen zusammen.

Die Angaben in der Literatur schwanken, was auf die verschiedenen Qualitäten und Gewinnungstechnologien der Energieträger zurückzuführen ist. Um aus einer Energiebilanz die Kohlendioxidbilanz durch eine einfache Multiplikation gemäß der Tabelle abzuleiten, müssen die spezifischen Emissionen des konkreten, im Unternehmen eingesetzten Energieträgers bekannt sein. Das macht zusätzlich Recherchen erforderlich, die im Folgenden für elektrische Energie, Biokraftstoffe und Flugbenzin diskutiert werden. Bei einer präzisen Betrachtung ist zudem der kumulierte Energieaufwand (KEA) zu beachten (vgl. VDI Richtlinie 4600), der bei der Gewinnung, der Aufbereitung, der Lagerung und dem Transport der Energieform entstanden ist. Weiter ist darauf zu achten, ob die Mengeneinheiten in Gewichts- oder Volumengrößen gegeben sind, so dass notwendigenfalls das spezifische Gewicht Berücksichtigung finden muss.

Tabelle 10: Umrechnungsfaktoren von Energieträgern zu Kohlendioxidemissionen

Energieträger/Energie	Freigesetztes Kohlendioxid
Elektrische Energie pro Kilowattstunde	Null bei Verwendung, für die Strom«produktion« Bundesdurchschnitt: 0,614 kg/kWh. Die EnBW gibt einen Durchschnittswert von 0,25 kg/kWh an, Ökostromanbieter»Lichtblick« gibt 0,041 kg/kWh an.
Heizöl extra leicht 0,820 bis 0,860 kg/L (15 °C) spezifisches Gewicht wie Diesel	2,65 kg pro Liter bei Verbrennung, hinzu kommt der KEA
Diesel (Liter) 0,845 kg pro Liter spezifisches Gewicht (entspricht weitgehend dem Heizöl)	2,65 kg pro Liter bei Verbrennung, hinzu kommt der KEA
Benzin 0,720 bis 0,775 kg pro Liter spezifisches Gewicht	2,36 kg pro Liter bei Verbrennung, hinzu kommt der KEA
Flugbenzin (Kerosin) Spezifisches Gewicht etwa 0,747 bis 0,840 kg pro Liter	2,4 bis 2,760 kg pro Liter bei Verbrennung. Bei Emission in großen Höhen ein Faktor von 2,7 nötig. Hinzu kommt der KEA.
Bioethanol und Biodiesel	Weit auseinandergehende Einschätzungen des Einspareffekts gegenüber Benzin und Diesel, das aus Erdöl gewonnen wird. Die Abschätzungen gehen von 70 Prozent Kohlendioxideinsparung bis zu deutlich negativen Wirkungen.
Erdgas (nicht komprimiert) pro Kubikmeter	1,8 kg pro Kubikmeter bei Verbrennung, hinzu kommt der KEA
Erdgas (CNG – Compressed Natural Gas, Hauptbestandteil Methan, LNG – Liquified Natural Gas, LPG – Liquified Propane Gas, Hauptbestandteile Propan und Butan)	2,3 bis 2,7 kg pro Liter bei Verbrennung, hinzu kommt der KEA
Biogas	Stark voneinander abweichende Schätzungen
Kohle	2,5 kg bis 3,7 pro kg Kohle, hinzu kommt der »Kumulierte Energieaufwand« (KEA) für die Gewinnung der Energie

Elektrische Energie

Elektrische Energie kann durch die Verstromung von Braun- oder Steinkohle gewonnen werden, aber auch durch Wasser-, Windkraft oder Sonnenenergie. Die Emissionen pro Kilowattstunde des Strommix in Deutschlands bilden einen Durchschnittswert, denn es geht sowohl Strom aus Kohle als auch Strom aus erneuerbaren Ressourcen ein. Der beeindruckende Wert von 41 Gramm pro Kilowattstunde zeigt, wie niedrig die Untergrenze bei der Nutzung regenerativer Ressourcen bereits liegt. Die Emission pro Kilowattstunde elektrischer Energie aus Offshore gewonnener Windkraft liegt bei 23 Gramm. Atomstrom spielt eine Sonderrolle, denn die Kohlendioxidemissionen sind zwar gering, jedoch sind die gewichtigen Einwände gegen diese Technologie im Hinblick auf Endlagerung und gesellschaftliche Akzeptanz zu beachten. Stromversorger bieten unterschiedliche Versorgungsverträge und Tarife an, so dass jedem Stromkunden offen steht, Strom zu beziehen, der ausschließlich aus regenerativen Quellen stammt. Einige kleinere Stromanbieter, die nach der Liberalisierung des Strommarktes jeden Verbraucher versorgen dürfen, haben sich darauf mit wettbewerbsfähigen Tarifen spezialisiert.

Ein wichtiger, schwer erfassbarer Einflussfaktor bei der Bilanzierung elektrischer Energie ist der Zusammenhang von Verwendungszeitpunkt und Lastprofil des Stromnetzes. Strom, der zu Spitzenzeiten benötigt wird, zwingt zum Vorhalten von Grundlastkapazitäten bei Kraftwerken, die zu verbrauchsschwachen Zeiten nicht benötigt werden. Das spiegelt sich, wie im Abschnitt 4.4 über Energiebeschaffung erläutert, im Preis wider. Es ist schwierig, diese Differenzierung in Energie- und Kohlendioxidbilanzen einfließen zu lassen.

Biokraftstoffe

Biokraftstoffe werden aus pflanzlichen Rohstoffen gewonnen. Bioethanol als Alkoholart ist in entsprechend ausgerüsteten Ottomotoren wie konventionelles Benzin verwendbar, Biodiesel ist mit fünf Prozent dem handelsüblichen Dieselkraftstoff beigemischt und kann in entsprechend ausgelegten Motoren in reiner Form genutzt werden. Die bisherigen Herstellungsverfahren nutzen nur die ölhaltigen Früchte von Pflanzen wie Raps, Sonnenblumen oder Zuckerrohr. Biokraftstoffe der zweiten Generation sollen zukünftig aus der gesamten Pflanze entstehen. Die Verfahren der Biomass to Liquid (BtL), die auch Stroh oder Holzhäcksel verarbeiten können, sind jedoch noch nicht bereit für den großindustriellen Einsatz. Im Idealfall können durch Biokraftstoffe 70 Prozent oder noch mehr gegenüber mineralischen Kraftstoffen eingespart werden. Bei negativen Schätzungen gibt es gar keinen Spareffekt. Das liegt am Einsatz von Kunstdünger, dem Aufwand der Landbewirtschaftung und – ganz problematisch – der Abholzung von Regenwäldern für Plantagen für Energiepflanzen. Biokraftstoffe konkurrieren mit Nahrungsmitteln um knappe landwirtschaftliche Anbauflächen. Die Käufer von Kraftstoffen sind so wohlhabend, dass sie sich energieverbrauchende Maschinen leisten können, aber etwa einer Milliarde Menschen auf der Welt fehlt das Geld für Nahrungsmittel. Um den Hunger zu bekämpfen, ist deshalb sogar die Forderung für ein Moratorium für Biokraftstoffe in der politischen Diskussion.

In der Tabelle kann es verwundern, dass ein Liter Heizöl oder Diesel, der etwa 850 Gramm wiegt, 2,65 Kilogramm Kohlendioxid erzeugen kann. Das liegt daran, dass sich jedes freigesetzte Kohlenstoffmolekül (C) mit zwei Sauerstoffmolekülen (O_2) verbindet.

Flugbenzin (Kerosin)

Die Treibhauswirkung ist abhängig von der Höhe, in der die Verbrennung stattfindet. Der übliche Faktor für Langstreckenflüge ist 2,7, da sich das Flugzeug den größten Teil des Fluges in großer Höhe befindet. Bei Kurzstreckenflügen wäre dieser Faktor nicht ganz auszuschöpfen, wobei jedoch die energieaufwändige Startphase ein größeres Gewicht bei sehr kurzen Flügen gewinnt.

Um die gesamte Klimawirkung des Unternehmens abzuschätzen, darf sich die Berechnung nicht nur auf die unmittelbar im Unternehmen verbrauchte Energie beziehen, sondern muss im Stil eines »life-cycle-assessments« die Kette der Gewinnung der Energien einbeziehen. Der kumulierte Energieaufwand (graue Energie) für die Energie selber und die daraus entstehenden Treibhausgasemissionen betreffen die Förderung der Energieträger, deren Aufbereitung, den Transport und die Lagerung. Die Bedeutung der grauen Energie kann sehr stark schwanken: Bei Strom aus Windkraft ist sie aufgrund der schnellen energetischen Amortisation von Windkraftanlagen von weniger als einem halben Jahr sehr gering, bei der Förderung von Rohöl aus Ölsanden ist so viel Energie aufzuwenden, dass jede Tonne eingesetztes Öl nur vier bis sechs Tonnen gefördertes Öl erbringt. Diese Spanne des Energieaufwandes wird um so extremer, je besser die Technologien zur Nutzung regenerativer Energiequellen werden und je schwieriger die Förderung fossiler Energieträger wird. Es ist deshalb problematisch, die graue Energie in einer Tabelle anzugeben und es ist schwierig, sie in die Energiebilanzen einzubeziehen. Man muss sich jedoch bewusst sein, dass Energiebilanzen, die nur die unmittelbaren Emissionen berücksichtigen, nicht alle verursachten Treibhauswirkungen einbeziehen. Umgekehrt wirken auch Maßnahmen der Energieeffizienz stärker, da sie auch die Emissionen durch die graue Energie senken.

Kohlendioxid kann aufgrund seiner Bedeutung als »Leittreibhausgas« bezeichnet werden, es gibt jedoch noch zahlreiche andere Gase, die unser Klima verändern. Sie sind vom Energieverbrauch weitgehend unabhängig, müssen aber in die Berechnung der Klimawirkung eines Unternehmens einbezogen werden. Dazu enthält die folgende Tabelle die Kohlendioxidäquivalente anderer Klimagase. Aufgrund unterschiedlicher chemischer Stabilität der Verbindungen verschieben sich die Treibhauspotenziale (Greenhouse Warming Potential – GWP) für unterschiedliche Zeithorizonte. Es ist eine politische Entscheidung, dass üblicherweise mit den Treibhauspotenzialen auf 100 Jahre gerechnet wird.

Eine erweiterte Tabelle ist auf der Homepage der United Nations Framework Convention on Climate Change (UNFCCC) abrufbar (http://unfccc.int/ghg_data/items/3825.php). Es sind also die offiziellen Zahlen, die dem Kyoto-Protokoll zugrunde liegen.

Tabelle 11: Kohlendioxidäquivalente exemplarischer Treibhausgase

Bezeichnung	Chemische Formel	Zeithorizont 20 Jahre	Zeithorizont 100 Jahre	Zeithorizont 500 Jahre
Kohlendioxid	CO_2	1	1	1
Methan	CH_4	56	21	6,5
Distickstoffoxid (Lachgas)	N_2O	280	310	170
Schwefelhexafluorid	SF_6	16 300	23 900	34 900

3.1.2 Abgrenzung des Bilanzbereichs

Es ist vergleichsweise einfach, für ein ganzes Unternehmen an einem Standort eine Energiebilanz zu erstellen. Größen wie der gesamte Gasverbrauch oder der gesamte Treibstoffverbrauch des betrieblichen Fuhrparks sind leicht zu ermitteln. Jedoch sind solche Zahlen auf der hohen Aggregationsebene nicht ausreichend, die Detailprozesse zu verstehen, um konkrete Optimierungsmaßnahmen abzuleiten. Die folgende Abbildung 12 zeigt zunächst einen Überblick über die drei wichtigsten Ebenen Betrieb, Produktionsprozess und Produkt, um in die Problematik einzuführen.

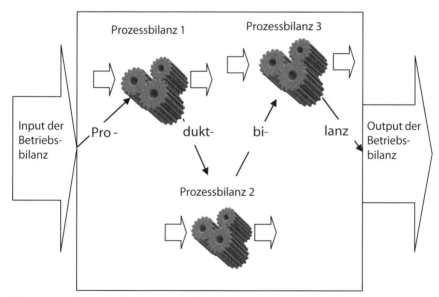

Abb. 12: Zusammenhang von Betriebs-, Prozess- und Produktbilanz

Betriebsbilanz

Die Betriebsbilanz ist in der Abbildung symbolisiert durch die großen Input- und Outputpfeile, die in den Betrieb ein- und ausgehen. Diese Überlegungen gelten sowohl für die Energiebilanz als auch für die übergeordnete Ebene der Umweltbilanz und die untergeordnete Ebene der Kohlendioxidbilanz. Der Begriff Energiebilanz ist auf der Ebene des Gesamtbetriebs fast ein wenig hochgestochen, denn in der Praxis geht es nicht um eine Input-Output-Sichtweise, sondern um eine Erfassung des Energieverbrauchs differenziert nach Energieformen. Eine Aufteilung auf genutzte Energie und Energieverluste lässt sich erst dann ermitteln, wenn die Black-Box-Betrachtung einer genaueren Betrachtung weicht.

Prozessbilanz

Der Energieverbrauch geschieht an den Maschinen, die durch die Zahnräder symbolisiert sind. Sie sind Gegenstand einer Prozessbilanz. Als Prozess in diesem Sinne ist ein technischer Produktionsprozess zu verstehen. Die Energiebilanz dieser Produktionsprozesse ist durch die kleineren, jeweils ein- und ausgehenden Pfeile dargestellt. Er ist auf geeignete Treibergrößen des Energieverbrauchs, beispielsweise Betriebsstunden oder Anzahl bearbeiteter Werkstücke, zu beziehen. Hier besteht eine Anlehnung an Kostentreiber zur Ermittlung von Maschinenstundensätzen. Im Energiemanagement geht es darum, die Energieverbrauchs- (und damit auch -kosten) -treiber zu definieren, um den entsprechenden Anteil an Maschinenstundensatz exakt zu ermitteln (genauer erläutert im fünften Kapitel).

Produktbilanz

Die vom Betriebsinput über die Maschinen bis zum Output verlaufenden, einfachen Pfeile zeigen den Durchlauf eines Rohstoffs bis zum Produkt. Dabei wird der Energieverbrauch an jeder Produktionsstelle gemäß der Treibergröße (z.B. Maschinenbelegungszeit) ermittelt und dann für den gesamten Produktionsablauf addiert. Somit lässt sich die Energiebilanz für die Fertigung dieses Produkts als Produktbilanz berechnen. Die folgende Abbildung 13 zeigt, wie Einzelteile an Produktionsanlagen (PA) 1, 2, 5 und 8 gefertigt, dann montiert und an PA 12 fertig gestellt werden. Dabei kumulieren sich der Energieverbrauch und die Energiekosten.

Neben den wichtigen, primären Produktionsprozesse (z.B. an einer großen Werkzeugmaschine) finden im Betrieb sekundäre unterstützende Prozesse (z.B. ein elektrischer Antrieb für ein Förderband) bis hin zu kleinen tertiären Prozesse (z.B. Warmwasserbereitung in den Aufenthaltsräumen) statt. Einheitliche, operationale Kriterien zur Klassifizierung von technischen oder administrativen Vorgängen als primäre (Kern-)Prozesse, sekundäre oder tertiäre Prozesse haben sich bislang nicht herausgebildet. Jeder einzelne der betrachteten Teilprozesse kann danach untersucht werden, wie viel Energie er verbraucht, wie viel davon als Nutzenergie verwendet wird und wie viel als Energieverlust verloren geht. Manche dieser unterstützenden Prozesse lassen sich einem

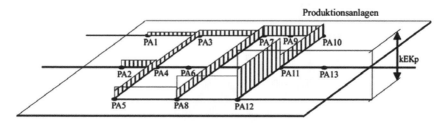

kEK - kumulierte Energiekosten der Produktion
Index (ₚ) - eines Produktes.
PA - Produktionsanlage

Abb. 13: Energieverbrauch im Produktionsprozess eines Produktes (Schieferdecker 2006, S. 259)

primären Prozess direkt und eindeutig zuordnen, beispielsweise ein Handhabungsroboter, der nur eine Maschine beschickt. Viele Aktivitäten sind aber der betrieblichen Infrastruktur und anderen innerbetrieblichen Leistungen zuzurechnen, die vielen Stellen zugute kommen, wie es beispielsweise bei der Gebäudeheizung, Druckluftversorgung oder Transportvorgängen der Fall ist. Die technische Erfassung der Energieflüsse ist eine Voraussetzung für richtige Ergebnisse der innerbetrieblichen Leistungsverrechnung im Rahmen der Kostenstellenrechnung. Erst dann kann auch der gesamte Energieverbrauch durch die Herstellung eines Produktes analog der Kalkulation ermittelt werden. Es ist hilfreich an dieser Stelle den Begriff des Prozesses genauer zu betrachten, da sonst leicht Missverständnisse entstehen können. Prozesse können als sehr kleine Tätigkeiten mit abgeschlossenen Ergebnis verstanden werden (z.B. die Einlagerung eines angelieferten Artikels im Lager) oder auch sehr große Vorgänge (die gesamte Auftragsabwicklung vom Kundenauftrag über Produktion, Auslieferung und Rechnungsstellung). Geschäftsprozesse sind also verkettet und hierarchisiert, wobei technische Produktionsprozesse als Teilprozesse im gesamten Ablauf eingebunden sind, wie die Abbildung 14 zeigt.

Zur Ermittlung des Energieverbrauchs bei den einzelnen Vorgängen an den Betriebsmitteln (Maschinen) sind dann in Analogie zu Kostentreibern geeignete Treibergrößen (Bearbeitungsintensitäten, Temperaturen, Verweilzeiten usw.) heranzuziehen. Somit kommt die Ebene der technischen Steuerung ins Spiel, die in den Abschnitten 4.5 über Produktionsplanung und -steuerung (PPS) genauer ausgeführt wird. Relevant sind Prozesse dann, wenn Sie gesondert gestaltet, gemessen und optimiert werden können. Neben den Hauptprozess lassen sich auch die sekundären und tertiären Prozesse (Instandhaltung, Facility Management, Verwaltungsvorgänge usw.) als Geschäftsprozesse beschreiben. Den Gesamtzusammenhang der Prozesse bilden Prozesslandkarten ab.

Es gibt verschiedene Abteilungen und Methoden, die die Prozesse im Unternehmen beschreiben, analysieren und gestalten und damit über eine Basis für die Erstellung von Umwelt- und Energiebilanzen verfügen. In der Praxis ist es wichtig zu sehen, welche

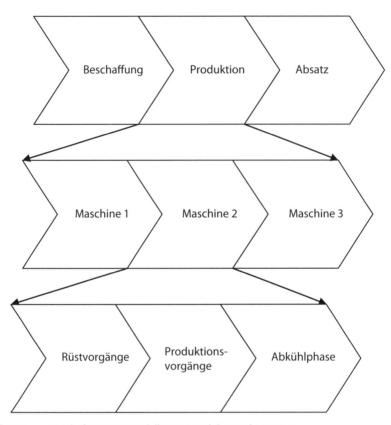

Abb. 14: Geschäftsprozessmodellierung und -hierarchisierung

dieser Abteilungen im Unternehmen eingerichtet sind, mit welchen Methoden sie arbeiten und wie weit sie Energiebilanzen erstellen und auswerten. Folgende organisatorische Einheiten kommen in erster Linie in Frage:

- Die technische Fabrikplanung, die über die Maschinen entscheidet, über die Lager- und Transporteinrichtunge sowie alle unterstützenden Funktionen wie Druckluftversorgung, Brandschutzeinrichtungen etc.
- Die Geschäftsprozessoptimierung ist eine übergreifende Aufgabe des Managements, oft von Organisationsabteilungen unterstützt oder auch durch externe Berater begleitet.
- Die IT-Modellierungen der Prozesse im Rahmen des Customizing der verwendeten Programme stellen eine weitere Sichtweise auf die Prozesse dar. Diese Perspektive ist explizit oder implizit in jedem Unternehmen vorhanden, das Computernetzwerke verwendet. Wenn viele Funktionalitäten der Enterprise Resource Planning-Systeme (ERP-Systeme, z.B. SAP) genutzt werden, kann diese Sicht dominieren.

- Eine weitere Abbildung der relevanten Prozesse des Unternehmens nutzt das Controlling durch die Instrumente der Kostenrechnung mit ihren Teilbereichen Kostenarten-, Kostenstellen- und Kostenträgerrechnung.
- Oft ist es auch der Umweltbeauftragte, bei dem die Fäden der Energiebilanzierung zusammenlaufen.

Die innerbetriebliche Abgrenzung des Bilanzraums auf Betriebe, Prozesse und Produkte wird nun um eine übergreifende, außerbetriebliche Betrachtung ergänzt. Die betriebliche Produktbilanz erfasst nur einen Schritt der umfassenden Lebenszyklusanalyse (Produkt-Ökobilanz oder Product-Life-Cycle-Assessment). Der Produktlebenszyklus umfasst

- die Urproduktion,
- erste Produktionsstufen zur Verarbeitung der Rohstoffe,
- die Produktion im jeweils betrachteten Unternehmen,
- eventuelle nachgelagerte Produktionsstufen,
- Nutzung des Gutes einschließlich Serviceleistungen und Instandhaltung,
- Recycling und Entsorgung.

Eine solche Energiebilanzierung ist in der Praxis nur zu leisten, wenn aus vor- und nachgelagerten Stufen Daten verfügbar sind. Für viele Prozesse sind Datensammlungen bereits verfügbar, beispielsweise

- die ProBas Datenbank (Prozessorientierte Basisdaten für Umweltmanagement-Instrumente) des Umweltbundesamt (http://www.probas.umweltbundesamt.de/php/index.php),
- die Ökobilanzdatenbank der Europäischen Kommission (http://lca.jrc.ec.europa.eu/lcainfohub/datasetArea.vm),
- das GEMIS (Globales Emissions-Modell intergrierter Systeme) des Öko-Instituts in Freiburg (http://www.oeko.de/service/gemis/de/index.htm),
- die ecoinvent Datenbank, u.a. durch die ETH Zürich erstellt (http://www.ecoinvent.org/).

Um eine Analyse zu planen oder eine vorhandene Bilanz einzuordnen, ist der Begriff der Systemgrenze hilfreich (vgl. Günther 2008, 292 ff.). Die Tabelle 15 bietet einen Überblick.

Hier ist eine Zusammenfassung mit einigen kleinen, selbsterklärenden Erweiterungen und Begriffsdefinitionen, auf welchen Ebenen sich die Erfassung und Berechnung bei Energiebilanzen bewegen kann:

- Konzernbilanz (mit verschiedenen Unternehmen),
- Unternehmensbilanz (mit verschiedenen Standorten),
- Standortbilanz (mit verschiedenen Betrieben),
- Betriebsbilanz (mit verschiedenen Betriebsbereichen/Werkstätten),
- Werkstattbilanz (mit verschiedenen Produktionsprozessen),
- Prozessbilanz für einzelne Produktions-, Transport- oder sonstige Prozesse (differenzieren nach primären, sekundären und tertiären Prozessen),

Tabelle 15: Systemgrenzen von Umwelt- und Energiebilanzen

Systemgrenze	Betrachtungsraum	Bemerkungen
cradle-to-gate	»Von der Wiege bis zum Tor«	Bewertungsgegenstand ist der parzielle Produktlebenszyklus von Rohstoffabbau bis zum Ausgangstor des Unternehmens
cradle-to-grave	»Von der Wiege bis zur Bahre«	Der gesamte Produktlebenszyklus wird bewertet
gate-to-gate	»Von Tor zu Tor«	Bewertungsgegenstand beschränkt sich auf die Prozessgrenze »Leistungserstellung«, also auf das Unternehmen
gate-to-grave	»Vom Tor bis zur Bahre«	Hier werden nur Auswirkungen berücksichtigt, die nach der Erzeugung des Produkts anfallen

- Produktbilanz abgeleitet aus der Folge der Prozesse, die ein Produkt im Unternehmen durchläuft (hierbei ist der Energieverbrauch von Sekundär- und Tertiärprozessen den Primärprozessen zuzurechnen),
- Energie-Product-Life-Cycle-Assessment für Produkte als Gesamtanalyse von der Urproduktion bis zur Entsorgung. Hier besteht eine Verbindung zur Produktlinienanalyse, die neben wirtschaftlichen und ökologischen auch soziologische Wirkungen betrachtet.
- Bilanzierung des Energieflusses einer Energieform durch das Unternehmen mit den verschiedenen Stufen der Beschaffung, der Transformation, des Transport bis zur Nutzung.

3.1.3   Von der Sachbeschreibung zur Wirkungsabschätzung

Die Umwelt- und Energiebilanzen in den bisher diskutierten Ausprägungen beschreiben naturwissenschaftlich-technische Zusammenhänge, sind also Sachbilanzen. Für die Umweltbilanz sieht die DIN 14040 bis 14044 zur Ökobilanzierung vor, neben die Sachbilanz eine Wirkungsabschätzung und eine Auswertung zu stellen. Eine Ökobilanz ist demnach eine Umweltbilanz, die eine Sachbilanz um wirtschaftliche, ökologische oder sogar gesellschaftliche Kriterien ergänzt. Das gilt für alle Umweltwirkungen des Unternehmens und damit natürlich auch für den Energieverbrauch und den dadurch verursachten Treibhauseffekt, die ohne den Vergleich mit anderen Umweltwirkungen nicht einzuordnen sind. Deshalb ist hier der Bogen über die reine Energiebetrachtung hin zum gesamten Umweltschutz gespannt, denn so sind auch die relevanten DIN-Normen ausgerichtet. Umwelt- bzw. Ökobilanzen bestehen grundsätzlich aus folgenden Bausteinen, wie es die Abbildung 16 veranschaulicht, die sich an die DIN 14040 »Umweltmanagement – Ökobilanz: Prinzipien und allgemeine Anforderungen« aus dem Jahr 1997 anlehnt.

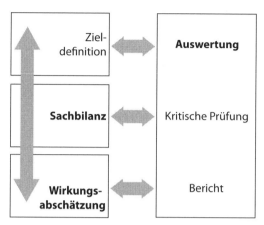

Abb. 16: Elemente einer Ökobilanz nach DIN 14040

Zu Beginn der Erhebungen, vor dem eigentlichen Kern der Bilanzierung, steht die konzeptionelle Überlegung und Festlegung. Zielsetzung und Untersuchungsrahmen sind innerhalb des ersten Schrittes zu definieren. Hierdurch soll auch, je nach Untersuchungszweck, unangemessener Aufwand vermieden sowie bei geplanter externer Kommunikation der Bilanzen eine hinreichende Zuverlässigkeit und Belegbarkeit der Aussagen sichergestellt werden. Die Sachbilanz entspricht der bisherigen Stoff- und Energiebilanz und stellt so eine möglichst vollständige Erfassung und Aufbereitung der quantitativen umweltrelevanten Daten dar. Die nachfolgende Wirkungsabschätzung dient der Zuordnung der Umweltauswirkungen (z.B. Treibhauseffekt) zu den in der Sachbilanz bestimmten Umweltaspekten. Es findet eine Bewertung der Sachbilanz auf Basis bestimmter, vorher festgelegter Umweltwirkungen statt. Abschließend wird innerhalb der Auswertung die Wirkungsabschätzung zusammen mit den Ergebnissen der Sachbilanz auf Basis eines an bestimmten gesellschaftlichen Werten und Prioritäten orientierten, politischen Problemverständnisses analysiert und bewertet. Hat z.B. das Treibhauspotenzial eine größere Bedeutung als das Versauerungspotenzial? Aufgrund des subjektiven Moments innerhalb der Auswertung empfiehlt es sich, die Sachaussagen und die Bewertungen transparent zu machen – auch über das Unternehmen hinaus, um die Aussagen mit dem Stand der Forschung anhand relevanter Publikationen plausibel zu machen. So sind beispielsweise die IPCC-Berichte nach Günther (2008, S. 291) als Begründung für die relativ höhere Bedeutung des Treibhauseffekts gegenüber anderen Faktoren heranzuziehen. Die Ansätze zur Wirkungsabschätzung und Auswertung lassen sich in quantitativ-kardinale und qualitative Kategorien einteilen (vgl. Schreiner 1996,

S. 284 ff. oder BMU/UBA 2002, S. 119 ff.), die in der Abbildung 17 nochmals unterteilt sind.

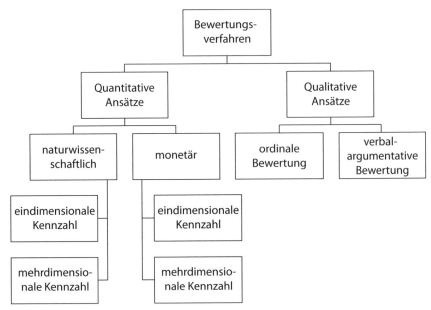

Abb. 17:   Einteilung von Bewertungsverfahren für Umwelt- und Ökobilanzen

Zunächst wichtige Beispiele für die naturwissenschaftlichen quantitativ-kardinalen Ansätze. Kardinal bedeutet, dass eine Verdopplung der Einheiten (Kubikmeter, Kilogramm etc.) eine Verdopplung der Umwelteinwirkungen ausdrückt. Zu den Verfahren mit eindimensionalen Kennzahlen (Günther 2008, S. 292–332):

- Die VDI-Richtlinie 4600 definiert den »Kumulierten Energieaufwand« (KEA) als Energiemenge, die für Herstellung, Transport, Lagerung, Verkauf und Entsorgung eines Produkts benötigt wird (»graue Energie«).
- Der Kohlendioxid-Fußabdruck (CO_2-Fußabdruck, Carbon Footprint) ist als Teil des ökologischen Fußabdrucks zu sehen, der die Fläche auf der Erde bezeichnet, die benötigt wird, dass ein Mensch seinen Lebensstandard aufrecht erhalten kann. Auch einzelne Produkte und Aktivitäten können mit diesem Maß bewertet werden. Die Kohlendioxidemission machen mehr als die Hälfte des durchschnittlichen »Fußabdrucks« eines Menschen von 2,2 »globalen Hektar« aus. Sie bemessen sich an der Fähigkeit der Natur, z.B. durch Pflanzenwachstum Kohlendioxid zu binden.
- MIPS ist der Material-Input pro Serviceeinheit. Dieser am Wuppertal-Institut für Klima, Umwelt, Energie entwickelte Ansatz berechnet alle materiellen Inputs, die für die Herstellung von Produkten erforderlich sind.
- Die oben bereits eingeführte Greenhouse Warming Potential ist ebenfalls hier als Wirkungsindikatoren einzuordnen.

Beispiele für Verfahren mit mehrdimensionalen Kennzahlen ist das System der Wirkungsindikatoren des Umweltbundesamtes oder die BUWAL-Methode des Schweizer Bundesamtes für Umwelt, Wald und Landschaft (BUWAL), das besonders auf Verpackungen abzielt. Es handelt sich um Kennzahlensysteme, die unterschiedliche Wirkungskategorien (Treibhauseffekt, Bodenversauerung, Humantoxizität usw.) vergleichend bewerten. Bei technisch-naturwissenschaftlichen Messgrößen wie Kilowattstunden oder Quadratmetern ist eine kardinale Messung problemlos möglich, schwieriger ist die Skalierung bei im mathematischen Sinne dimensionslosen Umweltbelastungspunkten, die als Äquivalenzziffern verschiedene Umweltwirkungen vergleichbar machen. Es stehen nicht nur Werturteile hinter dem Vergleich unterschiedlicher Umweltwirkungen, sondern das ökologische Problem der Kipp-Punkte verursacht weitere Schwierigkeiten: Komplexe Systeme, die aus wechselwirkenden Elementen bestehen (wie ein Gewässer oder das Klima) reagieren nicht linear auf Störungen. Wenn bei einem Gewässer die ökologische Aufnahmefähigkeit für Überdüngung erschöpft ist, so kippt die Gewässerqualität bei einer kleinen Zusatzbelastung, während der vorhergehende Düngereintrag die Qualität kaum beeinträchtigt hat. Beim Klima kann das Auftauen der Permafrostböden oder das Abschmelzen der Grönlandgletscher mit der Veränderung der Meeresströme zu ähnlichen Effekten führen. Die Verdichtung so unterschiedlicher Umweltbelastungen mittels Äquivalenzziffern zu Belastungseinheiten bringt zwar die für Entscheidungen notwendige Operationalisierung, doch die Annahme, dass sich die Umweltbelastung linear mit der berechneten Belastung verändert, ist der Notwendigkeit geschuldet, überhaupt operationale Größen festzulegen.

Quantitativ-kardinale monetäre Ansätze sind beispielsweise der Vermeidungskostenansatz sowie der Schadenskostensatz (Environmental Priority Strategy, EPS). Gerade die Bewertung in monetären Einheiten wirft weitere methodische Probleme auf. So ist beispielsweise fraglich, wie sich das Aussterben von Tier- und Pflanzenarten mit monetären Dimensionen beziffern lassen soll. Besonders schwierig ist die Bewertung eines Menschenlebens, was angesichts des Klimawandels zu diskutieren ist. Es ist offiziell, dass Kohlendioxidemissionen den Klimawandel verstärkt und dass Dürren, Überschwemmungen, Fluchtbewegungen und kriegerische Auseinandersetzungen die Folge sein werden. Die Frage, wie viele Menschenleben das kostet und wie das auf die emittierten Treibhausgase zu verteilen ist, sei hier zurückgestellt. Es ist jedoch unstrittig, dass Menschenleben in Gefahr sind. Menschenrechtsdeklarationen, das Grundgesetz und die Rechtsprechung legen nahe, dass jedes Leben gleich viel Wert ist, was sich jedoch nicht in faktischen wirtschaftlichen Zusammenhängen niederschlägt. Zwei Extrembeispiele machen das deutlich: Die Kindersterblichkeit in Entwicklungsländern kann mit wenigen Euro pro Kind verringert werden, wenn Basismedikamente gegen Malaria oder Durchfallerkrankungen verfügbar sind. Gemäß des Ansatzes der Zahlungsbereitschaft dürfte der Wert des eigenen Lebens bei vielen Menschen annähernd dem Wert ihres Vermögens entsprechen. Wäre nun durch den Klimawandel das Leben des wohlhabenden Teils der Menschheit bedroht, würden gemäß des Zahlungsbereitschaftskonzepts die Kosten des Klimawandels so hoch anzusiedeln sein, dass es in einem rationalen Ansatz problemlos wäre, seine Abmilderung zu finanzieren.

Qualitative Ansätze lassen sich in ordinale Bewertung und rein verbal-argumentative Bewertung untergliedern. Im Gegensatz zu einer kardinalen Skalierung besagt ordinal nur, dass im Falle einer Erhöhung der Umweltbelastung die entstandenen Schäden ebenfalls steigen, ohne eine Aussage zu machen, in welchem Maß das geschieht. Als Ansätze sind hier, stellvertretend für eine qualitativ-ordinale Bewertung, die ABC-Analyse des Instituts für ökologische Wirtschaftsforschung (IÖW) und als verbal-argumentativer Ansatz die »verbale Bewertung« zu nennen.

3.2   Energiefluss im Unternehmen

Die folgende Abbildung 18 zeigt den Weg der Energie von Primärenergie über Endenergie bis hin zur Nutzenergie als Überblick. Es handelt sich also um eine allgemeine Klassifizierung von Energieformen im Bereitstellungsprozess von der Energiequelle bis zur Nutzung, um dann als Basis für die Beschreibung des Energieflusses im Unternehmen zu dienen.

Primäre Energie		
Gewinnung von fossilen Energieträgern (Kohle, Erd-/Rohöl, Erdgas) durch Bergbau	Regenerative Energiequellen (Sonne, Wind, Meeresströmungen)	Kernbrennstoffe
Sekundäre Energie/Endenergie		
Verarbeitung von Kohle zu Koks in Kokereien, Erdöl zu Benzin/Diesel usw. in Raffinerien …	Solarthermieanlagen zur Wärmeerzeugung, Windkraftanlagen zur Stromerzeugung …	Aufbereitung von Uran zu Brennstäben
Tertiäre Energie/Nutzenergie		
Verbrennung von Heizöl in einer Heizung zur Erzeugung von Warmwasser	Stromversorgung elektrischer Werkzeugmaschine	Stromversorgung einer Leuchtmittels
Energiedienstleistung		
Raumwärme	Bearbeitung von Werkstücken	Beleuchtung

Abb. 18:   Von der Primärenergie zur Energiedienstleistung

Aus der Abbildung erklären sich verschiedene Energieformen: Primärenergie, wie sie uns die Natur zur Verfügung stellt, Endenergie, die dem Unternehmen vom EVU zugeleitet wird, und Nutzenergie, die direkt zu Energiedienstleistungen im Unternehmen führen. Zwischen den Stufen können Umwandlungsprozesse und Transportprozesse stehen, müssen es aber nicht, so dass beispielsweise Strom aus Fotovoltaikanlagen sowohl als Endenergie und Nutzenergie aufgefasst werden kann. Bei den Transportvorgängen ist in leitungsgebundene (elektrische Energie, Druckluft, Heizdampf oder Warmwasser) und nicht-leitungsgebundene Energien (Kohle, Benzin) zu unterscheiden. Einige Energieträger können sowohl über Leitungen (Erdölpipelines) als auch ohne Leitungen (Tankwagen) transportiert werden. Die Begriffe sind in der Literatur nicht ganz eindeutig und trennscharf definiert (vgl. z.B. Böhmer u.a. 2001, S. 140; Konstantin 2007, S. 2). Insbesondere ist unklar, ob von Nutzenergie (Wärme, Kälte, mechanische Arbeit, Schall) noch Energiedienstleistungen (Temperierung von Räumen, Kühlung, Fortbewegung, Kommunikation) als weitere Stufe unterschieden werden sollen. Die Trennung von Nutzenergie und Energiedienstleistung erscheint in manchen Fällen (Wärme als Energieform und Temperierung von Räumen als dadurch geleisteten Dienst) filigran und unnötig. Doch der gezielte Blick auf den Nutzen, den Energie leisten soll, verweist auf die Möglichkeit, den Nutzen auch ohne Energieeinsatz oder durch eine andere Form des Energieeinsatzes zu realisieren. Beispiele sind die Isolierung von Gebäuden, so dass keine Heizung mehr erforderlich ist wie im Passivhaus, die Vermeidung von Dienstreisen durch Telefonkonferenzen oder die Bündelung von Transporten. Deshalb erscheint die Unterscheidung gerade im Hinblick auf Managementprobleme sinnvoll.

Richten wir ausgehend von dieser allgemeinen Grundlage nun den Blick auf die Energieumwandlung im Unternehmen. Unternehmen decken in der Regel nur einen Teil der obigen Energieumwandlungskette ab. Dabei sind drei Fälle zu unterscheiden:

- Die gesamte Spanne von Naturvorkommen bis zur Energiedienstleistung findet im Unternehmen statt (z.B. Warmwasseraufbereitung durch eine Solarthermieanlage).
- Die Endenergie (z.B. Strom) wird über ein EVU bezogen und sofort eingesetzt.
- Endenergie wird von einem EVU bezogen, aber nochmals in Nutzenergie umgewandelt (Gas für eine Heizung)

Die folgenden Abbildungen zeigen das Prinzip des betrieblichen Energieflusses in vier Stufen.

Es handelt sich hier um ein einfaches Schema der betrieblichen Energiebilanz im Sinne der Darstellung des Energieflusses durch das Unternehmen. Durch eine Berechnung des energetischen Wirkungsgrades oder eine Messung der verloren gegangenen Energie lässt sich der Output aus dem Input ermitteln. Um den Energiefluss noch deutlicher zu machen, baut die folgende Abbildung 20 auf der vorhergehenden auf und ergänzt sie durch zwei Beispiele.

Für die Umwelt- und Energiebilanz im Unternehmen bieten sich folgende Möglichkeiten der Darstellung an: Listen und Tabellen lassen sich entweder als Spezialsoftware zur Umweltbilanzierung oder auf der Basis von MS-Excel erstellen. Ergänzend sind die Darstellung mit Hilfe von T-Konten analog der kaufmännischen Buchführung oder Vektornotation zu erwähnen, was Vorteile, besonders bei der Aggregation von mehreren Prozessbilanzen, schafft. Im Abschnitt 4.5 zur PPS ist erläutert, wie Stammbaum- oder Gozintographdarstellungen und Arbeitspläne eine Produktbilanz widerspiegeln. Eine gängige graphische Aufbereitung sind Energieflussbilder, auch Sankey-Diagramme genannt.

Erster Stufe: Bezugsenergie, Energieeinkauf	Strom, Fernwärme, Gas, Öl, Kohle usw. Die von Unternehmen bezogenen Energieträger sind meist keine Primärenergieträger mehr, da z.B. Rohöl bereits in Raffinerien in Heizöl umgewandelt wurde.
Zweiter Stufe: Betriebliche Energieerzeugung oder Umwandlung (nicht immer erforderlich)	Blockheizkraftwerke, Kraft-Wärme-Kopplung, Kälteanlagen, Heizungen, Kompressoren usw.
Dritter Stufe: Bereitstellung der Endenergie oder Nutzenenergie (Transport)	Strom, Wärme, Druckluft, Kälte usw. und Transport zum Ort der Nutzung
Vierter Stufe: Verwendung der Endenergie, Energienutzung, Energiedienstleistung	Prozesswärme, Raumwärme, Beleuchtung, Transportleistungen usw.

Abb. 19: Stufen des betrieblichen Energieflusses

Stufe	Beispiel Klimatisierung	Beispiel Blockheizkraftwerk mit Kraft-Wärme-Kopplung
Erste Stufe: Bezugsenergie, Energieeinkauf	Strom	Gas
Zweite Stufe: Betriebliche Energieerzeugung oder Umwandlung (nicht immer erforderlich)	Erzeugung von Kälte in einer Klimaanlage	Einsatz als Brennstoff in einem Blockheizkraftwerk mit Kraft-Wärme-Kopplung
Dritte Stufe: Bereitstellung der Endenergie	Leitung der kalten Luft über isolierte Rohre zur Stelle der Verwendung	Einspeisung des Stroms in öffentliche oder betriebliche Stromnetze Einspeisung der Wärme ins öffentliche oder betriebliche Fernwärmenetz
Vierte Stufe: Verwendung der Endenergie, Energienutzung, Energiedienstleistung	Kühlung der Räume oder Produktionsprozesse	Nutzung der Wärme und des Stroms

Abb. 20: Stufen des betrieblichen Energieflusses mit Beispielen

Dem Wirkungsgrad der Energie (üblicherweise mit dem griechischen kleinen Eta η bezeichnet) kommt eine so wichtige Rolle zu, dass hier einige Beispiele aufgeführt sind, wie viel Prozent des Energieinhalts der Endenergie in Nutzenergie/Energiedienstleistungen umgewandelt werden. Zur Berechnung ist also die Outputenergie durch die

Inputenergie zu dividieren, so dass sich eine Zahl zwischen null und eins ergibt, die sich natürlich auch als Prozentzahl ausdrücken lässt:

- Verbrennungsmotor verwandeln 30 bis 45 Prozent der Endenergie im Kraftstoff in Nutzenergie/Energiedienstleistung im Form von Transportleistung, Heizung/Kühlung des Innenraums und elektrisch Energie für Verbraucher im PKW oder LKW um. Dieselmotor sind dabei mit 45 Prozent tendenziell Benzinmotoren mit 35 Prozent überlegen. Dabei ist offensichtlich, dass es sich um ungefähre Werte handelt, die je nach Bauart, Temperatur des Motors, Außentemperatur usw. stark schwanken können.
- Elektromotoren haben einen sehr hohen Wirkungsgrad bis zu maximal 96 Prozent, wobei kleinere Motoren einen schlechteren Wirkungsgrad von nur 60 Prozent besitzen können.
- Brennstoffzellen verwandeln bis zu 52 Prozent des eingesetzten Wasserstoffs in elektrischen Strom, Entwicklungen von Hochtemperatur-Brennstoffzellen könnten bis zu zwei Drittel der Energie nutzen.
- Windkraftanlage nutzen 40 Prozent der Bewegungsenergie des Windes im Bereich der Rotoren für die entstehende elektrische Energie.
- Handelsübliche Fotovoltaikmodule wandeln etwa 25 Prozent der Energie des Sonnenlichts in elektrische Energie um. Interessanterweise lässt die Leistung der Module nach, wenn sie im Sommer warm werden. Auch nach einigen Nutzungsjahren setzt eine geringe Verschlechterung (Degradation) ein. Dünnschichtmodule, die auf eine Oberfläche aufgedruckt oder aufgespritzt werden können, haben einen Wirkungsgrad von 5 Prozent, auf der anderen Seite wurden im Labor bereits Module mit etwa 45 Prozent entwickelt.
- Solarthermie nutzt bis zu 60 Prozent der Sonnenenergie, wobei der Wirkungsgrad stark abhängig ist vom Kollektortyp und der Temperaturdifferenz.
- Leuchtstofflampen kommen auf 20 bis 25 Prozent Wirkungsgrad, Glühbirnen wandeln nur 5 Prozent des Stroms in Licht.
- Konventionelle Dampfkraftwerke arbeiten mit etwa 40 Prozent Wirkungsgrad.
- Blockheizkraftwerke mit Kraft-Wärme-Kopplung kommen auf sehr hohe 80 bis 95 Prozent Wirkungsgrad. Das wird erreicht, indem die Abwärme aus der ersten Stufe der Stromerzeugung noch einmal als Fernwärme zur Heizung zur Verfügung gestellt wird oder ein weiterer Generator zur Stromerzeugung nachgeschaltet ist.

Der Wirkungsgrad zeigt auf, wie viel der Inputenergie zur gewünschten, nutzbaren Outputenergie gewandelt wurde, wenn die Anlage zur Energieumwandlung in optimalem Betriebszustand läuft. Er ist sozusagen eine Momentaufnahme unter möglichst guten Voraussetzungen, ein Motor muss beispielsweise warmgelaufen sein und in einem guten Drehzahlbereich arbeiten. Im betrieblichen Einsatz sind aber instationäre Betriebszustände, Stillstände und suboptimale Betriebsweisen unvermeidbar. Ein Auto wird z.B. im Winter nicht richtig warm, wird untertourig oder übertourig gefahren. Für das Energiemanagement ist deshalb auch der Nutzungsgrad der gesamten über eine Periode (z.B. ein Jahr) eingesetzten Energie relevant. Zur Berechnung des Nutzungsgrads wird die entstandene Nutzenergie durch den Energieinhalt der Inputenergie für eine Periode dividiert. Leider ist dieser Begriff auch nicht ganz eindeutig, denn es besteht Verwechslungsgefahr mit der Verwendung des Nutzungsgrades im Sinne der Messung der Kapazitätsauslastung eines Betriebsmittels. Wirkungsgrad und Nutzungsgrad sind eine Ausprägung der Energieeffizienz, die auch als Energieproduktivität bezeichnet werden kann. Bei der Berechnung der Effizienz (allgemein: Output durch Input) lassen sich als Output auch andere Größen als die physikalische Outputenergie verwenden. Die Energieeffizienz bemisst sich dann beispielsweise als das Verhältnis von hergestellten Produkten zum Energieeinsatz, als 1000 Euro Umsatz im Verhältnis zum Energieeinsatz oder – auf volkswirtschaftlicher Ebene –1000 Euro Bruttoinlandsprodukt im Verhältnis zum Energieeinsatz.

Zusammenfassend lässt sich die Kette der Energienutzung von der Primärenergie über Bereitstellung der Endenergie zur Energiedienstleistung im folgenden Sankey-Diagramm zeigen.

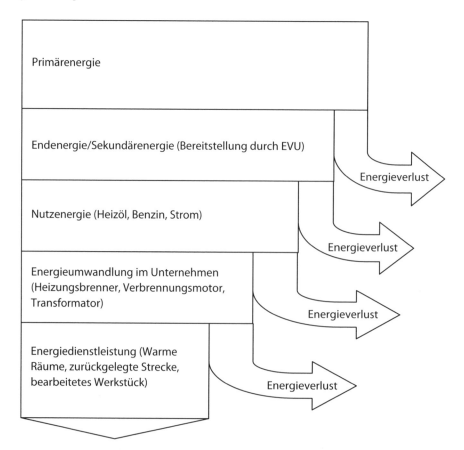

Abb. 21: Energieflussbild (Sankey-Diagramm) von der Primärenergie zur Energiedienstleistung im Unternehmen

Dieses Diagramm lässt sich nun auf der Basis der bisherigen Ausführungen auf verschiedene Weise lesen und interpretieren, um dem Energiemanagement für die weiteren Entscheidungen über den zukünftigen Energiemix im Unternehmen und die eingesetzten Technologien Informationen zu liefern:

- Die übliche Sichtweise ist die des Energieflusses gemessen in Joule oder Kilowattstunden. Dabei kann der gesamte Energieverbrauch des Unternehmens dargestellt sein oder eine Energieform mit ihrem spezifischen Energiegehalt pro Mengeneinheit und mit den Nutzungsgraden der Umwandlungs-, Transport- und Nutzungstechnologien. Für die strategische Planung des Energiemix ist es besonders wichtig, auf Energien und Technologien zu setzen, die in der Zukunft verfügbar sind und einen guten Nutzungsgrad aufweisen.
- Weiter kann mit diesem Diagramm die Kohlendioxidfreisetzung visualisiert werden. Da der Energieinhalt und die Kohlendioxidfreisetzung der Energieträger unterschiedlich sind, verschieben sich in dieser Sichtweise die Breite der Pfeile. Insbesondere lassen sich aber so auch die Vorteile von Energien aus regenerativen Quellen zeigen.
- Die dritte Sicht entsteht, indem als Maßeinheit der Abbildung die Kosten verwendet werden. Unmittelbar kauft zwar der Einkauf nur die notwendige Nutzenenergie bei einem Versorger, doch im Sinne einer Supply Chain Betrachtung ist es sinnvoll, den Blick auf die gesamt Kette zu richten. Die ersten beiden Sichtweisen werden durch die Kostenperspektive zusammengeführt, denn sowohl die Energiebereitstellung als auch die Kohlendioxidemissionen können Kosten verursachen. Eine noch stärker erweiterte Sichtweise integriert neben den internen Kosten auch die externen Kosten.

3.3 Messung und Formen von Energie

Um Energie im Unternehmen managen zu können, ist es zwingend notwendig, die wichtigsten Messgrößen und Formen von Energie zu kennen. Das stellt erfahrungsgemäß für Studierende und Manager ohne technisch-naturwissenschaftliche Ausbildung eine Schwierigkeit dar. Die für die Anwendung notwendigen Grundideen sind jedoch leicht zu verstehen. Energie ist im physikalischen Sinne die Fähigkeit eines Systems, Arbeit zu verrichten. Nehmen wir als Beispiel einen Fön. Das technisch-physikalische System »Fön« kann Arbeit verrichten in Form der Erzeugung heißer Luft. Die vom Fön aufgenommene elektrische Energie entspricht dabei nicht ganz der Wärme- und Bewegungsenergie der in Form der heißen bewegten Luft geleisteten Arbeit. Es entstehen Energieverluste, indem sich der Fön erwärmt. Wie viel Energie kann der Fön jetzt verbrauchen (aufnehmen), wenn er eingeschaltet ist? Die Leistung ist die Messgröße, die das beschreibt. Leistung ist die Energie, die der Fön in einer bestimmten Zeiteinheit verbraucht, sie wird in Watt gemessen. Eine typische Zahl sind hier 1500 Watt. Diese Leistung sagt also, wie»stark« der Fön ist. Mit der Leistung alleine ist aber der Energieverbrauch noch nicht zu berechnen, denn wenn das Gerät ausgeschaltet bleibt, braucht es keine Energie. Die Zeitdauer und Intensität der Nutzung müssen also in die Berechnung einfließen. Angenommen, wir benutzten den Fön für eine Stunde mit voller Leistung, so können wir die Leistung mit der Zeitdauer multiplizieren, um den Energieverbrauch zu berechnen: 1500 Watt x 1 Stunde. Schreiben wir nun 1500 Watt als 1,5 Kilowatt (kW) und setzen für die Stunde das Kürzel »h«, so entsteht die geläufige Energiemesszahl 1,5 Kilowattstunden. Die Leistungsaufnahme des Geräts multipliziert mit der Arbeitsdauer ergibt also die verbrauchte Energie. Für industrielle Zwecke sind Leistung und Energie zweckmäßigerweise in höheren Zehnerpotenzen anzuwenden. Dies führen die folgenden Tabellen auf, wobei die erste Tabelle 22 sich auf die Leistung konzentriert.

Tabelle 22: Zehnerpotenzen der Leistungseinheit Watt mit Beispielen

Leistungseinheit	Abkürzung und Größenordnung	Beispiel
Watt	Watt	Ein Zwanzigstel der Leistungsaufnahme eines Energiesparleuchtmittels
Kilowatt	kW 1000 Watt Tausend, 10^3	Leistung eines schwachen Föns oder Rasenmähers
Megawatt	mW 1 000 000 Watt, Million, 10^6	3 mW: Elektrolok Leistung eines mittleren Kraftwerks z.B. 300 mW. Es können also 300 000 Föne auf mittlerer Stufe mit 1 kW gleichzeitig betrieben werden.
Gigawatt	gW 1 000 000 000 Watt Milliarde, 10^9	Ein Gigawatt ist die Leistung eines Großkraftwerks
Terawatt	tW 1 000 000 000 000 Watt Billion, 10^{12}	Energieaufnahme Deutschlands etwa 0,46 Terawatt
Petawatt	pW 1 000 000 000 000 000 Watt Billion, 10^{15}	Der Golfstrom transportiert etwa 5 Petawatt Leistung und verändert damit das Klima in Europa

Nun die folgende Tabelle 23 über die Zehnerpotenzen der Energie, die sich aus der Leistung durch die Multiplikation mit der Zeitdauer ergibt. Die Groß- und Kleinschreibung der Buchstaben bei der Abkürzung der Maßeinheiten hat sich historisch entwickelt und erscheint nicht immer logisch.

Ist nur der Jahresenergiebedarf bekannt, so ist durch die Anzahl der Stunden pro Jahr zu dividieren, um die durchschnittliche aufgenommene Leistung zu berechnen. Würde ein Haushalt beispielsweise einen Energieverbrauch von 4380 Kilowattstunden Gas oder

Tabelle 23: Zehnerpotenzen der Energieeinheit Wattstunde mit Beispielen

Energieeinheit	Abkürzung und Größenordnung	Beispiel
Wattstunde	Wh	Ein Energiesparleuchtmittel von 20 Watt, eine Stunde (3600 Sekunden) eingeschaltet, verbraucht 20 x 3600 Wattsekunden oder 20 Wattstunden (Wh)
Kilowattstunde	kWh 1000 Wattstunden Tausend, 10^3	10 Kilowattstunden sind ein typischer Tagesverbrauch für einen Mehrpersonenhaushalt
Megawattstunden	MWh 1 000 000 Wattstunden Million, 10^6	Der Jahresverbrauch des Haushalts entspricht 10 kWh x 356 = 3560 kWh, also 3,56 MWh
Gigawattstunden	GWh 1 000 000 000 Wattstunden Milliarde, 10^9, gW	In diesem Bereich bewegt sich der Energieverbrauch von Unternehmen
Terawattstunden	TWh 1 000 000 000 000 Wattstunden Billion, 10^{12}	Primärenergieverbrauch in Deutschland: etwa 4000 Terawattstunden
Petawattstunden	PWh 1 000 000 000 000 000 Wattstunden Billion, 10^{15}	Primärenergieverbrauch in Deutschland: etwa 4 Petawattstunden

Strom haben, so ist durch 8760 (365 x 24, Stunden pro Jahr) zu dividieren, um auf eine durchschnittliche Leistung von 0,5 Kilowatt zu kommen. Die Maßeinheit Kilowattstunde kann Energie quantifizieren, die in unterschiedlichen Formen erscheint. Die in der Tabelle 24 aufgeführten Energieformen werden physikalisch unterschieden. Zur Anschaulichkeit sind einige Beispiele aufgeführt, wie im physikalischen Sinne die Systeme ihre Arbeit verrichten.

Der Unterschied zwischen Energieform und Energieträger ist nun deutlich: Die physikalisch unterschiedenen Energieformen sind meist mit einem Energieträger verbunden. Öl als Energieträger »trägt« chemische Energie in sich, Heißdampf »trägt« thermische Energie, ein fahrendes Auto kinetische (Bewegungs-)Energie. Dieses System der eindeutigen Zuordnung wird durch elektrische Energie durchbrochen, da sie zwar leitungsgebunden ist, sich aber nicht in einem physischen Träger konkretisiert. Deshalb sind die Begriffe Energieform und Energieträger zu unterscheiden, wohingegen der Begriff Energieart weniger spezifisch ist und hier keine Verwendung findet.

Für viele Anwendungen ist die Energiedichte/der Energieinhalt von Energieträgern wichtig. Beispielsweise haben Treibstoffe wie Benzin oder Diesel den großen Vorteil, wenig Gewicht und Raum im Verhältnis zur gespeicherten Energie einzunehmen, so

Tabelle 24: Energieformen und Beispiele für geleistete Arbeit

Energieform	Beispiele für Energieübertragung
Mechanische Energie (mit vielen Unterformen wie Bewegungsenergie, Lageenergie, Wellenenergie, elastische Energie, Schallenergie)	Die Übertragung der Bewegungsenergie eines Autos in ein anderes System erfolgt beim Aufprall auf die Leitplanke. Ein positiv zu bewertendes Beispiel: Die Bewegungsenergie des Schmiedewerkzeugs formt den Kotflügel.
Elektrische und magnetische Energie	Ein Elektromotor nimmt elektrische Energie auf und bewegt ein Förderband.
Chemische Energie	Die in Erdgas gebundene chemische Energie wird bei der Verbrennung in Wärmeenergie umgesetzt.
Thermische Energie (Wärmeenergie)	Durch die Verbrennung von Kohle entsteht im Hochofen thermische Energie (Hitze), die das Erz schmilzt, so dass Roheisen und Schlacke entstehen. Die Wärme in Gewächshäusern lässt Bäume wachsen, so dass Holz und damit wieder chemische Energie entsteht.
Kernenergie	In Kernkraftwerken wird aus der Spaltung von Uran Wärme gewonnen.

dass sie in PKW und LKW gut mitgeführt werden können. Die folgende Tabelle enthält ausgewählte Energieträger.

Tabelle 25: Energiedichte/Energieinhalt ausgewählter Energieträger

Energieträger	Energiedichte/Energieinhalt in kWh/kg
Heizöl	11,5
Steinkohle	8,1
Braunkohle	5,2
Holzpellets	5,0
Holz	4,8
Diesel	11,9
Benzin	12,2
Bleiakkumulatoren	0,03
Lithium-Ionen-Akkumulatoren	0,3

Nach dem in den Naturwissenschaften anerkannten SI-System (Système International) ist die Maßeinheit für Energie das Joule und nicht die im Wirtschaftsleben übliche Kilowattstunde. Die Verbindung entsteht, indem mit dem Joule das Watt definiert wird, das aber keine Energie- sondern eine auf die Zeit bezogene Leistungseinheit ist. Die eckigen Klammern zeigen, dass es sich um die Definition von Maßeinheiten handelt:

$$\text{Leistung} = \left[\frac{Energie}{Zeit}\right] \text{ wird gemessen in Watt} = \left[\frac{Joule}{Sekunde}\right]$$

Ein Joule entspricht einer Wattsekunde (also Watt mal Sekunde, Ws). Das reicht aus, um über den Zeitraum von einer Sekunde ein Watt aufzubringen. Anschaulich wird diese geringe Energiemenge durch eine fiktive Ein-Watt-Glühbirne, die eine Sekunde lang aufleuchtet (ein typisches Energiesparleuchtmittel hat etwa 20 Watt). Aus der Formel ergibt sich dieser Zusammenhang, indem die Leistung (Watt) mit einer Sekunde multipliziert wird, so dass sich die Sekunde im Nenner wegkürzen lässt:

$$1 \text{ Wattsekunde } [Watt * Sekunde]$$

$$= 1 \text{ Watt } \left[\frac{Joule}{Sekunde}\right] \text{x } 1 \, [Sekunde]$$

$$= 1 \, [Joule]$$

Um eine Wattsekunde auf die Einheit Wattstunde hochzurechnen, ist die Wattsekunde mit 3600 (Anzahl der Sekunden in einer Stunde) zu multiplizieren:

3600 Wattsekunden oder Joule = 1 Wattstunde (Wh)

Durch das Ersetzen von Joule durch Kilojoule ergibt sich:

3,6 Kilojoule (kJ) = 1 Wh

Für die üblichen Größenordnungen eignet sich besonders eine weitere Erhöhung um drei Zehnerpotenzen, damit werden Kilojoule zu Megajoule und Wattstunden zu Kilowattstunden:

3,6 Megajoule (MJ) = 1 kWh

In der Praxis der Energiewirtschaft und in der Physik haben sich eine Reihe weiterer Maßeinheiten für Energie entwickelt. Die folgende Tabelle bietet eine Auswahl.

Die veraltete, aber eingängige Maßeinheit Pferdestärke (PS) entspricht 0,73 kW, also etwa die Hälfte der maximalen Leistungsaufnahme eines Föns. Die folgende Tabelle zeigt die Umrechnungsfaktoren für die vorgenannten Energieeinheiten.

Tabelle 26: Umrechnung ausgewählter Energieeinheiten in Kilojoule
(http://www.volker-quaschning.de/datserv/faktoren/index.php)

Energieeinheit	Abkürzung	Umrechnung in Kilojoule (kJ)
Joule	J	1000 J = 1000 Ws = 1 kJ
Calorie	cal	1000 cal = 1 kcal = 4,186 kJ
Wattstunde	Wh	1 Wh = 3,6 kJ
Steinkohleeinheit (kg)	SKE	1 kg SKE = 29 308 kJ
Rohöleinheit (kg)	RÖE	1 kg RÖE = 41 868 kJ
Erdgas (Kubikmeter)	Erdgas	1 m³ Erdgas = 31 736 kJ

Tabelle 27: Umrechnungstabelle für die ausgewählten Energieeinheiten
(http://www.volker-quaschning.de/datserv/faktoren/index.php)

	kJ	kcal	kWh	kg SKE	kg RÖE	1 m³ Erd-gas
1 kJ	1	0,2388	0,000278	0,000034	0,000024	0,000032
1 kcal	4,1868	1	0,001163	0,000143	0,0001	0,00013
1 kWh	3600	860	1	0,123	0,086	0,113
1 kg SKE	29 308	7000	8,14	1	0,7	0,923
1 kg RÖE	41 868	10 000	11,63	1,428	1	1,319
1 m³ Erdgas	31 736	7580	8,816	1,083	0,758	1

3.4 Energiebezogene Betriebsdatenerfassung

Die Betriebsdatenerfassung (BDE) stellt bildlich gesprochen die Augen und Ohren der Planung im betrieblichen Ablauf dar, um dann die Daten in der Betriebsdatenverarbeitung verwerten zu können. Für die Vollständigkeit, Verlässlichkeit und Aussagefähigkeit der Energiebilanzen ist deshalb die BDE von ausschlaggebender Bedeutung. Nach einem Überblick (Abschnitt 3.4.1) ist zu überlegen, wie Datenlücken geschlossen werden können (Abschnitt 3.4.2). Dies führt zur Differenzierung von Ist- und Soll-Daten, so dass neben dem beschreibenden Zweck der Energiebilanzen ein erstes planerisches Element eingeführt wird. Abschließend werden neuere technische Entwicklungen vorgestellt (Abschnitt 3.4.3).

3.4.1 Aufgaben und Instrumente der Betriebsdatenerfassung

Üblicherweise wird in auftrags-, maschinen-, mitarbeiter- und materialbezogene Daten unterschieden, die von der BDE erfasst werden. Die folgende Tabelle 28 zeigt im ersten Teil Beispiele für diese Daten, die Messinstrumente/-methoden sowie die Verarbeitung/ Auswertung, ohne auf die Details hier näher eingehen zu können. Im Weiteren enthält die Tabelle dann die typische Betriebsdaten für Energieformen und -träger, die dann zu vertiefen sind.

Die Installation von zusätzlichen Messinstrumenten kann teuer sein, was nicht vorrangig an den Kosten für das Messgerät selber, sondern an möglichen Veränderungen an der Leitungsführung und an der Einbindung in die Mess-, Steuer- und Regeltechnik (MSR) liegt. In einem konkreten Fall hat die genaue Erfassung der Verteilung von Dampf über 10 000 Euro gekostet, denn die zusätzliche Installation von Zählern war nicht ausreichen. Es mussten zusätzliche Leitungen gebaut werden, um eine klare Messung und Zurechnung der vom zentralen Heizkraftwerk kommenden Ströme zu einzelnen Betrieben ermöglichen zu können. Bei Dampf, Kälte, Heiß- und Warmwasser ist der Energieinhalt des Trägermediums (Luft, Wasser, Glykol usw.) zudem von zwei Faktoren abhängig: Von den durch die Rohrleitungen fließenden Massen und von deren Temperatur. Bei konstanter Temperatur ist es ausreichend, den Durchfluss zu messen, bei schwankender Temperatur sind beide Faktoren zu ermitteln und dann bei der Betriebsdatenverarbeitung zu verknüpfen. Leven (2003, S. 62) beziffert die Kosten für den nachträglichen Einbau von Zählern in vorhandene Anlagen und Versorgungnetze laut Herstelleranfragen und Literaturrecherche. Die Kosten für die Messgeräte, Installation und Anschluss an Messwerterfassungssysteme betragen bei

Wärme: 4000 bis 8000 Euro,
Strom: 1000 bis 1500 Euro,
Erdgas: 2000 bis 3000 Euro,
Druckluft: 2500 bis 5000 Euro,
Kaltwasser: 2000 bis 4000 Euro.

In Verwendung befindliche Rohrleitungen müssen vor der Installation von Zählern entleert, gespült und später wieder befüllt sowie mit Druck auf Dichtigkeit geprüft werden. Solche Arbeiten lassen sich oft nur außerhalb der Produktionszeiten durchführen, so dass sich die Stundensätze für Nacht- oder Wochenendarbeiten erhöhen. Die MSR-Software ist umzuprogrammieren, so dass die neu erhobenen Daten auch verarbeitet werden können. Die folgende Tabelle 29 gibt eine Orientierung über Messaufwand, Genauigkeit und Fehleranfälligkeit bei den häufigsten Energiemessungen.

Tabelle 28: Betriebsdatenerfasssung (BDE) unter besonderer Berücksichtigung der
Energiedatenerfassung

Erfasste beispielhafte Daten	Messinstrument/Methode	Verarbeitung/Auswertung
Beispiele für allgemeine Daten		
Auftragsbezogen: Beginn der Bearbeitung an einer Maschine	Werker scannt Strichcode (Barcode) auf den Auftrags-unterlagen	Arbeitsvorbereitung zur Produktionssteuerung
Maschinenbezogen: Betriebsstunden	Bei computergesteuerten NC-Maschinen automatische Erfassung	U.a. Instandhaltung zur Ein-haltung der Wartungsinter-valle
Mitarbeiterbezogen: Arbeitsbeginn und Ende	Zeiterfassungssystem	Personalabteilung für das Arbeitszeitkonto
Materialbezogen: Einlage-rung eines Artikels	Radio Frequency Idetifica-tion Device (RFID, Funk-Chips)	Lagerhaltung zur Aktualisie-rung der Bestände
Energiedatenerfassung		
Elektrische Energie	Stromzähler	Einkauf oder eigene Kraft-werke zum Lastmanagement. Alle Daten sind für die Kos-tenrechnung relevant.
Gas	Gaszähler	Gasversorger zur Rechnungs-stellung
Heizöl	Rückrechnung über Tankinhalt	Einkauf
Treibstoff bei betrieblichen Tankstellen	Durchlaufzähler in der Zapfsäule	Einkauf, Nutzer des Fahrzeugs
Im Unternehmen erzeugte, leitungsgebundene End-energie wie Dampf, Kälte, Druckluft, Heißwasser, Warmwasser	Durchlaufzähler; zu Messauf-wand, Genauigkeit und Feh-leranfälligkeit siehe die fol-gende Tabelle	Betriebliche Erzeuger und Nutzer der Energie

Tabelle 29: Aufwand, Genauigkeit und Fehleranfälligkeit verschiedener Energiemessungen (Schieferdecker 2006, S. 249)

Messgröße	Messaufwand	Genauigkeit	Fehleranfälligkeit
Elektrizität	Niedrig	Hoch	Niedrig
Dampf	Hoch	Mittel	Hoch
Kälte	Hoch	Mittel	Hoch
Druckluft	Hoch	Mittel	Mittel
Heißwasser	Mittel	Hoch	Gering
Warmwasser	Niedrig	Mittel	Gering

3.4.2 Datenlücken und ihre Schließung

In der Praxis drängt sich der Eindruck auf, dass die Energiedatenerfassung in vielen Unternehmen kaum anders verläuft als in Privathaushalten: Einmal pro Periode (manchmal ein Jahr) werden die Zählerstände abgelesen, der Verbrauch und die Kosten ermittelt und auf die Kostenstellen mit groben Schlüsseln verteilt. Die Kostenstellenverantwortlichen haben dann aus den Abrechnungen alleine kaum einen Hinweis, was sie tun können, um Verbrauch und Kosten zu senken. Endenergieformen wie Dampf, Kälte, Druckluft werden zudem im Unternehmen durch Gas- oder Ölbrenner, elektrische Klimaanlagen oder Kompressoren erzeugt. Aus der quartalsweisen Erfassung des Gases, Öls oder Stroms für diese Anlagen lassen sich keine Verbesserungsmaßnahmen für einzelne Betriebe oder Anlagen ableiten, die Dampf, Kälte oder Druckluft verbrauchen. Eine Standort- oder Betriebsbilanz ist aufgrund solcher Daten ableitbar, aber eine Prozessbilanz ist nicht mit Daten unterfüttert.

Was ist zu tun? Unterscheiden wir in input-, throughput- und outputbezogene Erfassungen.

Die einfachste inputbezogene Maßnahme besteht darin, mehr Zähler und andere Messgeräte einzubauen. Ein Beispiel: Die Druckluftversorgung für drei Hallen geschieht durch einen zentralen Kompressor im Keller, für den ein eigener Stromzähler installiert ist. Jeder der drei Betriebsleiter ärgern sich seit Jahren über die hohen Kosten für Druckluft, die nach ihrer Schätzung unplausibel sind. Schließlich werden drei Durchlaufmesser installiert, worauf die Verteilung sich etwas ändert, die Kosten aber nicht sinken. Jedoch wird deutlich, dass die am Kompressor erzeugte Druckluft nicht der in den drei Betrieben verbrauchten Druckluft entspricht. Es stellen sich bisher unbemerkte Leckagen bei den Leitungen an den Deckendurchbrüchen heraus.

Die throughputbezogenen Maßnahmen verstecken sich implizit schon im vorstehenden Beispiel zur Druckluft: Es wird gemessen, berechnet oder abgeschätzt, wie viel Energie ein bestimmter Prozess benötigt. Das ist Standard bei energieintensiven Anlagen wie elektrischen Aluminiumschmelzöfen oder die Erhitzung des Rauchgases in Kraftwerken, wenn die Abluft nicht die vorgeschriebene Temperatur hat. Der Energieeinsatz wird nicht nur gemessen, sondern mit Treibergrößen (Temperatur, Durchfluss, Gewicht des geschmolzenen Aluminiums, Dauer usw.) berechnet. In der Literatur und hier im Abschnitt 4.5 über Produktionsplanung und -steuerung wird das aufgegriffen unter dem Stichwort »Theorie der betrieblichen Anpassung«, wobei die Übertragung der Grundideen auf den Energieverbrauch vom jeweiligen Unternehmen zu leisten ist.

Die outputbezogene Berechnung schließt von der erbrachten Leistung (Endprodukt, Zwischenprodukt oder eine bestimmte Bearbeitung) auf den Energieeinsatz – wobei Leistung hier im betriebswirtschaftlichen und nicht im physikalischen Sinne verwendet wird. Dabei ist der Energieeinsatz pro Leistungseinheit (der Energiekoeffizient) gegeben. Ohne Vergleichszahlen aus anderen Perioden oder Benchmarks aus anderen Unternehmen sind allerdings Bewertungen des Einsparpotenzials schwierig. Eine schematische Auswertung der Zahlen ist hier wie an anderer Stelle nicht ausreichen. Es ist notwendig, in die Details des Prozesses zu gehen und die für den Energieverbrauch entscheidenden technisch-organisatorischen Punkte zu erkennen. Das ist auch erforderlich, wenn Benchmarks auf Einsparungsmöglichkeiten hinweisen.

Problematisch bei dieser Erfassung und Berechnung ist es, dass es sich teilweise um Ist-Daten und teilweise um Soll-Daten handelt, die nicht unmittelbar verglichen werden können und auch nicht in die gleiche Energiebilanz eingehen sollten. Bei der Erstellung einer Energiebilanz in einem Unternehmen, das noch nicht systematisch seine BDE darauf ausgerichtet hat, entsteht üblicherweise ein Flickenteppich von Daten, der sich durch die folgende Tabelle strukturieren lässt. Als Kategorien dienen die etwas vereinfachten Ebenen der Energiebilanz von der Standort- bis zur Produktbilanz in den Spalten sowie Ist- und Soll-Daten in den Zeilen. Bei der Produktbilanz ist nicht nur zwischen Ist- und Soll-Daten zu unterscheiden, sondern zusätzlich zwischen einer summarischen und einer analytischen Betrachtung. Die summarische Betrachtung sieht den Energieverbrauch durch die Herstellung eines Produkts als Ganzes, während die analytische Berechnung die durchlaufenen Prozesse einzeln mit ihren jeweiligen Einflussfaktoren berücksichtigt.

Tabelle 30: Kategorisierung von Energiedaten

	Betriebsbilanz	Prozessbilanz	Produktbilanz (summarisch)	Produktbilanz (analytisch)
Ist-Daten	A	C	E	G
Soll-Daten	B	D	F	H

Die Ist-Daten der Betriebsbilanz (siehe A) sind zumeist unproblematisch zusammenzutragen, da sie inputbezogen über Stromzähler, Gasrechnungen usw. leicht zu ermitteln sind. Leider sind diese Daten aber wenig aussagefähig im Hinblick auf Energieeffizienzmaßnahmen und Benchmarking. Soll-Daten für den gesamten Betrieb (siehe B) lassen sich auf zwei Wegen gewinnen: Entweder findet sich ein unmittelbar vergleichbarer Betrieb mit nachgewiesener hoher Energieeffizienz als Benchmark. Oder alle Prozesse im Betrieb sind durchgerechnet, um so den gesamten Soll-Verbrauch zu berechnen. Bei

Prozessen (siehe C) finden sich separate Energiemessungen meist nur bei sehr energieintensiven Prozessen, so dass flächendeckend keine Ist-Daten verfügbar sind. Jedoch lassen sich aus technischen Dokumentationen und den Belegungsplänen für die jeweiligen Anlagen throughputorientiert Soll-Verbrauchsdaten (siehe D) berechnen. Zur summarischen Berechnung der Ist-Produktbilanz (siehe E) lässt sich im Stil einer Divisions- oder Äquivalenzziffernkalkulation der gesamte Energieverbrauch des Betriebs durch die Anzahl der hergestellten Produkte dividiert. Bei der Soll-Produktbilanz (siehe F) ist der Benchmark des Energieverbrauchs des gleichen Produktes eines energieeffizienten Betriebs heranzuziehen oder die Berechnung des Soll-Verbrauchs des Betriebs. Die analytische Ist-Produktbilanz (siehe G) erfasst den Energieverbrauch jedes Prozesses, den ein konkretes Produkt durchläuft, um dann die Summe zu bilden. Dabei sind primäre Prozesse (Produktion), sekundäre Prozesse (z.B. Transporte) und tertiäre Prozesse (z.B. Administration) einzubeziehen und Verteilungsschlüssel analog der Kostenrechnung zu bilden. Hier sind Messdaten zum Verbrauch zu berücksichtigen. Um eine analytische Soll-Produktbilanz zu bilden (siehe H), sind die Prozesse aufgrund der Treibergrößen rechnerisch zu erfassen, um den zu erwartenden Soll-Verbrauch zu ermitteln.

Bei der Datenaufnahme für die Erstellung von Energiebilanzen hilft diese Systematik der Einordnung der vorhandenen Daten und der Beschreibung von Lücken. Damit können dann Prioritäten für die Fortentwicklung der BDE formuliert werden, um fallbezogen mit möglichst geringem Erhebungsaufwand aussagekräftige Energiebilanzen in folgenden Perioden erstellen zu können, die als Basis für die Entscheidung über Energieeffizienzmaßnahmen dienen können. Ein ganz wichtiger Grund für eine detaillierte, kostenstellenbezogene Erfassung der Energie liegt darin, dass auf diese Weise die Kostenstellenverantwortlichen den möglichen Energiekostensenkungen zwangsläufig ihre Aufmerksamkeit widmen. Maßnahmen, die sie ergreifen, kommen ihrer Kostenstelle zugute. Bei einer groben Schlüsselung hat niemand eigennütziges Interesse an Optimierungen. Im ungünstigsten Fall werden die Investitionen der Kostenstelle zugerechnet und die Kostensenkungen sozialisiert, über Schlüssel auf alle verteilt. Um diese Zuordnung zu erreichen, ist zwischen die obigen Bilanzierungsebenen des Betriebs und der Prozesse noch eine Werkstatt-/Produktionsbereichs-/Kostenstellenebene einzuschieben, denn in der Praxis sind Prozesse zu solchen Meisterbereiche oder Gruppenleiterbereichen zusammengefasst.

3.4.3   Neue technische Möglichkeiten

Ein Idealbild der Energiedatenerfassung richtet sich nach der Funktionsweise von Leit- oder Messwarten in der Prozessindustrie (Chemie, Pharmazie, Kraftwerke usw.) aus. Die Prozesse finden automatisiert in Rohrleitungen, Reaktorbehältern und Materialflusssystemen statt, während die Leitwarte alle Vorgänge und technischen Parameter auf Bildschirmen mit Hilfe der Mess-, Steuer- und Regeltechnik (MSR) darstellt und steuert. Die Anlagen lassen sich in einer solchen Weise weiterentwickeln, dass der Energiefluss ebenfalls erfasst und gesteuert werden kann.

Aber auch bei weniger hoch technisierten Unternehmen bis hin zu Wohnhaushalten zeichnen sich Fortschritte ab. Die wichtigste ist das »Smart Metering« bei der Strommessung. Der Fluss elektrischer Energie kann mit preiswerten Strommessern beim Übergabepunkt aus dem öffentlichen Netz oder vor den wichtigsten technischen Verbrauchern gemessen werden. Statt der bekannten schwarzen Kästen mit einem drehenden Rad sind intelligente (»smarte«) Stromzähler mit einer digitalen Anzeige ausgerüstet und können den Stromverbrauch je nach Bauart speichern, graphisch nach Tarifen und Zeiten aufbereiten sowie über Funk oder leitungsgebunden übermitteln. Sowohl interne als auch externe Stellen sind an den Daten interessiert: Internen Abteilungen wie den Leitwarten der Produktion, der Arbeitsvorbereitung oder dem Einkauf ist es möglich, den Verbrauch online zu verfolgen. Damit sind Daten für die Steuerung des Stromverbrauchs verfügbar, z.B. zum »Peak Shaving« zur Vermeidung teurer Spitzenlasten. Automatische Anlagen sind so programmierbar, dass Sie in der Nacht anspringen, entweder zeitgesteuert oder wenn der Strompreis einen bestimmten Schwellenwert unterschreitet. Auch die netzbetreibenden EVUs sind Adressaten der Daten der smarten Stromerfassung. Sie können passwortgeschützt auf die Daten zugreifen, um entsprechende Auswertungen als zusätzliche Dienstleistungen für die Kunden zur Verfügung zu stellen.

Bei diesen Entwicklungen handelt es sich um einen Schritt in Richtung intelligente Stromnetze, bei denen auch innerbetriebliche Anlagen zur Aufrechterhaltung der Netzspannung und des Energiegleichgewichts in Stromnetzen beitragen. Es ist eine anspruchsvolle technische Aufgabe, Stromnetze stabil zu betreiben. Um Ausfälle zu vermeiden und die Netzspannung aufrecht zu erhalten, sind Reservekapazitäten erforderlich, besonders Kohle- und Atomkraftwerke, die in der Steuerung aber recht träge sind. Mit dem Ausbau der Wind- und Sonnenenergie sind nun Einspeisekapazitäten entstanden, die zeitlich stark schwanken. Gelingt es nun, über Energiespeicherung und die Steuerung des Lastprofils von Unternehmen den konstanten Energiefluss in den Netzen aufrecht zu erhalten, so kann auf einen Teil der kostenintensiven Grundlastkapazitäten verzichtet werden. Ein Indikator für die Knappheit der elektrischen Energie ist der Preis zu einem gegebenen Zeitpunkt. Innerbetriebliche Stromverbraucher sollten also anspringen, wenn der Preis niedrig ist, und ausgeschaltet werden, wenn der Preis einen definierten Schwellenwert überschreitet. Die Möglichkeiten von Unternehmen, Strom aktiv einzuspeisen, wachsen zukünftig z.B. über Akkumulatoren von Elektroautos oder Plug-in-Hybrids (Geräten mit zwei kombinierten Technologien, also z.B. Autos mit Verbrennungs- und Elektromotoren). Krankenhäuser und Supermärkte sind gesetzlich verpflichtet, Notstromaggregate vorzuhalten. Im Abschnitt 4.2 über Facility Management wird ein Gemeinschaftsprojekte von Volkswagen und dem Stromversorger Lichtblick beschrieben, bei dem in 100000 Haushalte mit Gas betriebene Motoren von VW als Heizungs- und Stromproduzenten dienen. Hier ist über das Internet oder Mobilfunk eine zentrale Erfassung und Steuerung geplant, so dass die vielen kleinen, dezentralen Kraftwerke wie ein einziges virtuelles Kraftwerk von einem Stromversorger zentral als Regelenergie eingesetzt werden können. In solche Lösung sind auch Blockheizkraftwerke einzubeziehen, die direkt oder in Absprache mit dem Betreiber zu einer Dezentralisierung der Energieversorgung und -verteilung beitragen können. Es wird geschätzt

– zuverlässige Daten sind nicht verfügbar – dass die Netzbetreiber europaweit mehrere hundert Milliarden Euro investieren werden. Die folgende Abbildung zeigt die wichtigsten Elemente von Smart Metering (intelligenter Strommessung) und Smart Grids (intelligenten Stromnetzen) und grenzt sie voneinander ab.

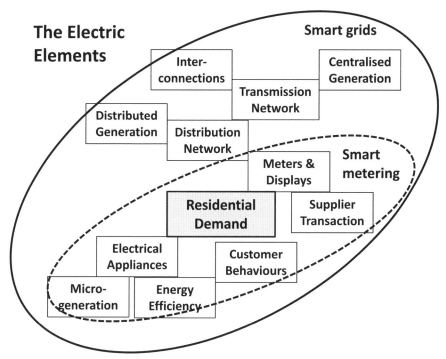

Abb. 31:   Abgrenzung zwischen Smart Metering (intelligente Strommessung) und Smart Grids (intelligente Stromnetze) – (Scott 2009, S. 14)

Folgende Meldung in »Die Zeit« beleuchtet die Problematik (Asendorp 2009, S. 33): In der Nacht vom ersten auf den zweiten Weihnachtstag 2009 trieb ein Sturm von 21.00 Uhr bis 2.00 morgens die Windräder an, so dass 100 000 000 Kilowattstunden Energie geerntet werden könnten, was etwa 20 Atomkraftwerken entspricht. Der Preis fiel daraufhin tief ins Minus, so dass die paradoxe Situation entstand, dass die Stromproduzenten dafür zahlen mussten, ihre Energie einspeisen zu können. Als der Sturm am Vormittag abflaute und der Stromverbrauch stieg, stieg auch der Preis leicht ins Plus, blieb jedoch im Tagesdurchschnitt negativ. »Statt in intelligente Netzsteuerung und neue Speicher haben EVUs neue, unflexible Großkraftwerke geplant und für die Laufzeitverlängerung noch trägerer Atomkraftwerke getrommelt. Gäb es hier einen echten Markt, so käme die Unternehmen so viel Sturheit teuer zustehen. Doch beim Strom zahlt der Endkunde doppelt: zunächst für die Erzeugung – und dann noch einmal für die Entsorgung der Überproduktion.« Tatsächlich ist ein schnellerer Ausbau von intelligenten Stromnetzen aus volkswirtschaftlichen sowie ökologisch-ethischen Gründen geboten.

Hinderungsgründe sind in systemimmanenten Sachzwängen der Beteiligten zu sehen: Die netzbetreibenden EVUs sind in der Regel börsennotierte Großkonzerne, die ihren Aktionären verpflichtet sind. Entscheidungen, die eher die langfristige, volkswirtschaftliche Infrastruktur statt denn kurzfristigen Aktienkurs im Auge haben, sind institutionell nicht angelegt. Es kann nicht erwartet werden, dass Großunternehmen auf aktuell fließende Gewinne verzichten, um Systeme einzuführen, bei denen sie durch Dezentralisierung wichtige Handlungsoptionen verlieren und Behörden wie das Kartellamt oder die Netzagenturen mitbestimmen. Innovationen können von Unternehmen als Energiekunden vorangetrieben werden, indem sie die neuen Technologien so offensiv wie möglich einsetzen – sowohl im Interesse der mittel- und langfristigen Kostenstabilität als auch im Interesse des Klimaschutzes.

Bei der BDE im Hinblick auf Transportprozesse stellt die Satellitennavigation technische Möglichkeiten bereit, die in den Niederlanden schon für den großflächigen Einsatz vorgesehen sind: Die fixe, pro Jahr erhobene Kraftfahrzeugsteuer soll 2012 unter anderem zur Verringerung der Kohlendioxidemissionen durch eine Steuer ersetzt werden, die sich gemäß der gefahrenen Kilometer bemisst. Mit Hilfe des Global Positioning Systems (GPS) erfasst ein Bordcomputer die Zeiten und Strecken, so dass nicht nur die Länge der Strecke, sondern auch Uhrzeit und die genaue Route in die Bemessung des Steuersatzes pro Kilometer einfließt. Während der Stoßzeiten und auf besonders staugefährdeten Routen sowie in den Innenstädten ist die Steuer dann höher. Die Steuer ist zudem nach der Kohlendioxidemission des PKW oder LKW differenziert. Bei allen möglichen Einwänden (insbesondere Datenschutz, Komplexität, internationale Koordination) zeigen sich Möglichkeiten, die auch Unternehmen zur Erfassung ihrer Transporte nutzen können und im Rahmen des »Tracking and Tracing« auch bereits nutzen. Technisch möglich ist eine Online-Übertragung des Energieverbrauchs von Transportmitteln in ein zentrales Mess-, Steuer-, Regelsystem. Damit könnte Instandhaltungsbedarf, der den Treibstoffverbrauch erhöht, sofort entdeckt werden. Durch Statistiken über Strecken lässt sich die Tourenplanung optimieren und Fahrer haben detaillierte Vergleichsmöglichkeiten für ihren Fahrstil.

Die Erfassung, Übertragung und Verarbeitung von energiebezogenen Daten sind beispielhafte Entwicklungen, die mit anderen unter den Schlagworten Ubiquitous Computing, Disappearing Computing, Ambient Intelligence zusammengefasst werden. Es ist noch weitgehend unklar, was in Zukunft unter diesen beeindruckenden Begriffen inhaltlich zu fassen sein wird, doch der Trend ist unverkennbar. Durch Technologien wie RFID-(Funk-)chips, Wireless Local Area Network (W-Lan), Smart Metering, Data Warehousing gewinnt die Vision von Computer Integrated Manufacuring (CIM) neues Leben. Gerade der Energiefluss im Unternehmen benötigt vielfach eine größere Transparenz, die dazu notwendigen technisch-organisatorischen Möglichkeiten entwickeln sich stürmisch. Mit den wachsenden Möglichkeiten der Datenerfassung müssen sich auch die Verarbeitungssysteme – Planungs-, Steuerungs- und Kontrollsysteme (PuK-Systeme) – entwickeln. Es nutzt nichts, wenn die Daten gesammelt, gespeichert und dann auf den Datenfriedhöfen beerdigt werden. Im betriebswirtschaftlichen Bereich ist diese Vision mit dem Begriff Management Cockpit beschrieben, bei dem analog zur technischen Leitwarte Größen wie Absatz, Umsatz oder Lagerbestand graphisch im Stil eines Cockpits aufbereitet werden. In der Form von Graphiken und Tabellen können gut eingeführte ERP-Systeme diese Daten bereits nutzen. Die entscheidende und schwierige Schnittstelle für die Energiedaten liegt jedoch zwischen betriebswirtschaftlichen und technischen IT-Anwendungen. Zu unterschiedlich sind die Produktionstechnologien und ihre IT-Erfordernisse, als dass es eine einfache Lösung gäbe. »Smarte« Erfassungsgeräte, die ihre Daten über W-Lan funken, sind eine Chance, hier voranzukommen.

3.5   Checklisten und Kennzahlensysteme

Es gibt zahlreiche Perspektiven, um sich der Energieproblematik in Unternehmen zu nähern. Der Abschnitt 3.5.1 erläutert, dass es für eine systematische, wissenschaftlich fundierte Herangehensweise von grundlegender Bedeutung ist, Modelle und Sichtweisen bewusst auszuwählen, um Prioritäten richtig zu setzen und allen Gesichtspunkten gerecht zu werden. Die im Abschnitt 3.5.2 behandelten Checklisten sind wichtige Instrumente, um bei der Einführung eines Energiemanagements und den dazu nötigen Teilprojekten systematisch vorzugehen. Die im Abschnitt 3.5.3 erörterten Kennzahlensysteme bestimmen, worauf sich der Blick bei der fortlaufenden Planung, Steuerung und Kontrolle im Rahmen des Energiemanagements richtet. Die methodischen Überlegungen angewendet auf Checklisten und Kennzahlensysteme sind in diesem Kapitel exemplarisch für Energiebilanzen genauer ausgeführt. Ihnen kommt jedoch grundlegende Bedeutung auch für die in den folgenden Kapiteln behandelten Themen zu.

3.5.1   Sichtweisen auf Energie im Unternehmen

Alles, womit wir uns bewusst beschäftigen, durchläuft Wahrnehmungsfilter. Schon die Entscheidung, sich mit Energie im Unternehmen auseinanderzusetzen, hängt von bewussten und unbewussten Modellen ab, mit denen wir die Impulse unserer Umgebung aufnehmen und Schlüsse ziehen. Die Entscheidungen für Untersuchungsgegenstände sowie die Modelle, die wir anwenden, werden in der Wissenschaftstheorie als Werturteile im Basisbereich oder Wertbasis bezeichnet (genauer erläutert im fünften Kapitel über die ethische Fundierung). In einer strukturierten, wissenschaftlich fundierten Vorgehensweise bemüht sich das Management, diese grundlegenden Sichtweisen, Perspektiven und Modellbildungen vom Unbewussten ins Bewusste zu heben und zudem noch in einem Team zu koordinieren. Je nach fachlicher und persönlicher Sozialisation sowie nach der Rolle im Unternehmen sieht ein Betriebswirt im oberen Management ein Energieproblem ganz anders als ein beratender Ingenieur oder ein Jurist. Der Betriebswirt überprüft die diskutierten Maßnahmen gemäß der Amortisationszeit, der Ingenieur dimensioniert in Gedanken bereits die Wärmetauscher und der Jurist überlegt sich, ob die Maßnahmen genehmigungsbedürftig sind. In der Betriebspraxis drücken sich die zugrunde gelegten Modelle insbesondere in den formellen Dokumenten des Unternehmens aus. Beispiele sind die Organisations-, Qualitäts-, Umwelthandbücher, die IT-Programme sowie die schon genannten Checklisten und Kennzahlensysteme. In solchen Unterlagen sind beispielsweise betriebswirtschaftliche Investitionsrichtlinien, technische Planungsvorgaben für Anlagen sowie Strategien der Instandhaltung festgelegt. Im Idealfall liegen den konkreten Regelungen wissenschaftliche Modelle zugrunde, um so die Ziele des Unternehmens optimal erreichen zu können. Neben den formellen, schriftlich niedergelegten Vorgaben spielten die informellen, nicht dokumentierten aber etablierten Vorgehensweisen eine wichtige Rolle. Je weniger formalisiert ein Unternehmen geführt wird, umso eher besteht das Risiko, wichtige Aspekte zu übersehen. Umgekehrt kann eine Überregulierung zu Lasten der Flexibilität des Unternehmens und der Eigeninitiative der Mitarbeiter gehen.

Energieprobleme sind im Unternehmen häufig so multidimensional und komplex, dass gute Lösungen nur durch den Austausch und eine Zusammenführung der verschiedenen interdisziplinären und hierarchieübergreifenden Sichtweisen zu erreichen sind. Die folgende Abbildung zeigt Sichtweisen auf einen Prozess des physikalischen Energieverbrauchs, der somit das Kernproblem des Themas Energie im Unternehmen symbolisiert. Es könnte sich beispielsweise um die Bearbeitung eines Werkstücks auf einer Maschine, einen Transportvorgang oder die Klimatisierung eines Gebäudes handeln.

Der gleiche Energie verbrauchende physikalische Vorgang lässt sich – oben beginnend und im Uhrzeigersinn umlaufend – aus den folgenden wichtigen Perspektiven betrachten:

- Der Energieverbrauch erfolgt an Anlagen wie Produktionsmaschinen, Transportmitteln oder Klimaanlagen. Bei Investitionen und technischen Planungen stehen die Sicht auf die Anlagen im Vordergrund, ihre Größe, technische Auslegung und Energieeffizienz.
- Die Anlagen führen technische Prozesse durch, bei denen der Energieverbrauch entsteht. In dieser Perspektive rücken Prozessvarianten und Prozessparameter in den Blick. Bei Produktionsanlagen können das Rüstvorgänge sowie Drücke oder Temperaturen bei Produktionsprozessen sein, bei Transportmitteln sind das Geschwindigkeiten und Auslastungsgrade, bei Klimaanlagen Temperaturen und Pumpenlaufzeiten.
- Anlagen und technische Prozesse werden durch zahlreiche Planungsprozesse determiniert. Die wichtigste Unterscheidung besteht hier zwischen der Planung der Anlagen selber sowie den Geschäftsprozessen, durch die die technischen Prozesse bestimmt werden. Beispielsweise bestimmt die Produktionsplanung und -steuerung in der Arbeitsvorbereitung wesentlich die Prozesse der Produktionsanlagen, die Logistikplanung bestimmt den Einsatz und somit den Energieverbrauch der Transportmittel und das Facility Management bestimmt die Funktion der Klimaanlage.

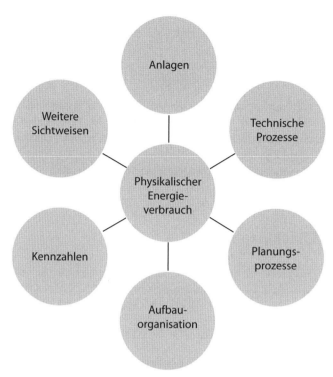

Abb. 32: Sichtweisen auf den physikalischen Energieverbrauch

- Die Aufbauorganisation richtet den Blick auf die Aufgaben, Kompetenzen und Verantwortlichkeiten der involvierten Stellen und Abteilungen. Eine aufbauorganisatorische Verantwortung gibt es nicht nur für Anlagen, sondern auch für die Planung der Geschäftsprozesse, die den Einsatz der Anlagen determinieren.
- Planung, Steuerung und Kontrolle bedürfen einer quantitativen Grundlage, also Kennzahlen, die wiederum durch die Erfassung, Verarbeitung und Verdichtung von Betriebsdaten gebildet werden. Technikfernere Funktionen im Unternehmen (z.B. Controlling, Finanzierung) sehen den physikalischen Energieverbrauch oft fast ausschließlich über Kennzahlen, was die Bedeutung einer sorgfältigen Auswahl und Auswertung nochmals unterstreicht.
- Um die Abbildung nicht zu überfrachten, sind weitere Sichtweisen nicht enthalten. Dazu gehört beispielsweise die Betrachtungsweise gemäß der vorliegenden Dokumenten, zu unterscheiden nach technischen Dokumentationen und managementorientierten Unterlagen wie Umwelt- oder Qualitätshandbüchern.
- Für die einzelnen Funktionen sind technisch-organisatorische Lösungen zu finden, um den Energieverbrauch zu senken. Ideen für Investitionen in verbesserte Produktionstechnologie, die Optimierung der Tourenplanung oder eine neue Heizungssteuerung erfordern jeweils eigene Überlegungen, Recherchen oder die Inanspruchnahme einer externen Beratung.

- Für eine langfristige, zukunftsorientierte Betrachtungsweise ist der Aspekt der Emission von Treibhausgasen wichtig, somit die Unterscheidung gemäß fossilen Energieträgern und regenerativen Energien.
- Die Regelungsdichte im Hinblick auf externe rechtliche Vorschriften im Energiebereich nimmt zu und ist als eigene Perspektive aufzunehmen.

Wie in einer multidimensionalen, relationalen Datenbank lassen sich nun die Sichtweisen kombinieren. Dabei ist aufgrund der Vielfalt der Perspektiven für konkrete Planungsvorhaben und Projekte eine Auswahl zu treffen, womit sich ein Unternehmen in welcher Reihenfolge mit welcher Intensität beschäftigt. Mit Hilfe der genannten Perspektiven kann dies im Sinne einer Metaplanung bewusst und systematisch geschehen.

3.5.2   Checklisten

Im Abschnitt 3.5.2.1 werden grundlegende Anforderungen, Möglichkeiten und Grenzen von Checklisten angesprochen, um dann im Abschnitt 3.5.2.2 eine Checkliste für die Erstellung von Energiebilanzen gemäß der im vorhergehenden Abschnitt entwickelten Sichtweisen vorzustellen.

3.5.2.1   Anforderungen an Checklisten

Checklisten dienen dazu, an alle wesentlichen Punkte zu denken, die in einem abgegrenzten Zusammenhang von Bedeutung sind. Die vorstehenden ausführlichen Überlegungen zu Sichtweisen sind bereits eine kleine Checkliste zur Entwicklung von Checklisten im Energiemanagement und bei energiebezogenen Projekten. Jedoch tritt hier ein prinzipielles Problem auf: Checklisten sind linear aufgebaut, dazu gedacht, von vorne nach hinten abgearbeitet zu werden, um keinen wichtigen Aspekt zu vergessen. Die Problematik ist aber multidimensional und vernetzt. In der Praxis sind Checklisten in verschiedene Abschnitte mit ihren Fragenkategorien unterteilt, um einen Kompromiss zwischen den Zielen der Vollständigkeit, der Zielgruppenorientierung und der Überschneidungsfreiheit zu finden. Mit den verbleibenden Überschneidungen und Redundanzen in der Checkliste kann folgendermaßen umgegangen werden: In den Unterlagen sind z.B. energiebezogene Daten enthalten, die unterschiedliche technische Anlagen betreffen. Damit entstehen Tabellen, indem in den Zeilen die ausgewerteten anlagenbezogenen Unterlagen stehen können, in den Spalten die Mengendaten, die aus ihnen hervorgehen. Wird eine dritte Dimension hinzugenommen, entsteht gedanklich eine würfelförmige Struktur. In der Praxis wird dann die Tabelle für die betroffenen Anlagen wiederholt aufgeführt, um die dritte Dimension darzustellen. Bei mehr als drei Dimensionen entsteht eine so filigrane Struktur, dass die Praxis zu Vereinfachungen strebt und weitere Wiederholungen in Kauf nimmt. Da die Abschnitte der Checkliste also ohnehin in Zusammenhang gebracht werden müssen, ist auch die Reihenfolge nicht zwingend.

Die wichtigsten Einsatzgebiete von Checklisten sind die Ist-Analyse bei der Datenaufnahme sowie die Überprüfung, ob bei der Erarbeitung des Soll-Konzepts alle relevanten Gesichtspunkte beachtet werden. Damit enthalten umfassende Checklisten im Prinzip in verdichteter Form Hinweise auf alle möglichen Lösungen, sie beinhalten also die Elemente des zu erstellenden Konzepts. Checklisten enthalten damit wesentliches Know-how von spezialisierten Beratern. Doch gerade kleinere und mittlere Unternehmen müssen oftmals ohne externe Begleitung auskommen und auch bei der Zusammenarbeit mit Externen ist ein grundsätzliches Verständnis für deren Methoden und Vorgehensweisen hilfreich. Berater haben eine andere Interessenlage als ihre Auftraggeber, die können letztlich nicht entscheiden und haben weniger Überblick als interne Manager. Es ist also erforderlich, dass interne Stellen den Überblick behalten, um Prioritäten setzen und Entscheidungen treffen zu können.

3.5.2.2 Checkliste für Energiebilanzen

Die in der obigen Abbildung 32 eingeführten Sichtweisen auf den Energieverbrauch werden nun zur Erstellung für Checklisten für die Planung von Energiebilanzen angewendet. Dabei ist das Ziel, bei der Planung und Durchführung von Energiebilanzen keine wichtige Sichtweise zu übersehen. Zunächst geht es um die Sichtweise auf die Anlagen, die Energie verbrauchen. Die Anlagen determinieren damit auch den Bilanzraum der Energiebilanz, wie es die folgende Tabelle zeigt.

Tabelle 33: Abgrenzung des Bilanzraums

Abgrenzung der Anlagen zur Definition des Bilanzraums	Einbezogen: Ja/Nein
Konzern	
Unternehmen	
Standort	
Betrieb	
Werkstatt	
Einzelne (primäre) Produktionsprozesse, weitere sekundäre und tertiäre Prozesse	
Abfolge von Prozessen zur Herstellung eines Produktes (Produktbilanz)	
Lebenszyklus eines Produkts (Product-Life-Cycle-Assessment)	
Energiefluss einer Energieform innerhalb des Bilanzraums	

Die Anlagen innerhalb des definierten Bilanzraums lassen sich anhand der folgenden Checkliste klassifizieren. Dabei ist zu klären, wie detailliert die Komponenten größerer Anlagen erfasst werden.

Tabelle 34: Erfassung energierelevanter Anlagen

Anlagen innerhalb des Bilanzraums	Erfassung der Anlagen gemäß Layout-plan, Anlagenbuchführung, Begehung, technische Dokumentation usw.
Produktionsanlagen	
Energieanlagen gegliedert nach Energiefluss: • Energieumwandlung • Energieleitung • Energiespeicherung gegliedert nach Energieform: • Gas • Öl • elektrische Energie • Dampf • Heißwasser • Druckluft • …	
Weitere energierelevante Infrastruktur • Förderanlagen • Lagereinrichtung • Brandschutzanlagen • Datenübertragung und Telekommunikationsanlagen • …	
Immobilien • Produktionsgebäude • Lagergebäude • Bürogebäude • Sonstige Immobilien	

Die erfassten Anlagen führen technische Prozesse durch, die Gegenstand einer Prozessbilanz sind und als Grundlage einer Produktbilanz dienen können. Die folgende Tabelle zeigt wichtige technische Prozesse, wobei Vollständigkeit nicht erreicht werden kann. Vielmehr soll deutlich werden, dass die Strukturierung des Bilanzraums nach Anlagen nicht ausreichend ist, denn es sind auch die von den Anlagen ausgeführten Prozesse zu betrachten. Nur so kann das Zusammenspiel der Anlagen verstanden werden, um dann schließlich Verbesserungsmaßnahmen finden und realisieren zu können.

Die folgende Tabelle enthält wichtige Kriterien, um den Planungsprozess für die Energiebilanz selber zu unterstützten.

Tabelle 35: Erfassung energierelevanter technischer Prozesse

Technische Prozesse	Erfassung der Prozesse
Primäre Prozesse (Produktionsprozesse)	
Energieversorgung • Transformation von Strom • Drucklufterzeugung • Warmwasser und Heißdampferzeugung • …	
Facility Management • Heizung • Kühlung • Wärmerückgewinnung	
Logistik • Transport • Lagerung • Handling	
Informationstechnologie und Datenübertragung • Rechenzentren • Personal Computer	
Weitere Prozesskategorien	

Tabelle 36: Planung der Energiebilanz

Planung der Energiebilanz	Ja/Nein
Regelmäßigkeit der Planung • Einmalig • Sporadisch • Regelmäßig mit gleichbleibendem Bilanzraum	
Einbindung in unterschiedliche Bilanzierungsebenen • Übergreifende gesellschaftsorientierte Berichterstattung des Unternehmens • Umweltbilanz • Energiebilanz • Kohlendioxidbilanz	
Erfüllung der Anforderungen der DIN 14040 • Zielsetzung • Sachbilanz • Wirkungsabschätzung • Auswertung	
Nutzung von Datenbanken • Umweltbundesamt • Europäische Union • Öko-Institut • ETH Zürich • …	

Unter dem Gesichtspunkt der aufbauorganisatorischen Verantwortlichkeit ist einerseits die Verantwortung für die Energiebilanz selber zu klären, anderseits sind die Verantwortlichen für die Anlagen und Prozesse einzubeziehen. Die folgende Tabelle macht die Kategorien exemplarisch deutlich.

Tabelle 37: Aufbauorganisatorische Verantwortlichkeiten im Rahmen der Energiebilanz

Aufbauorganisation/Verantwortlichkeit	Einzubeziehen: ja/nein
Zentrale Stellen mit der Verantwortung für die Erstellung der Energiebilanz selber: • Umweltbeauftragter/Energiebeauftragter • Controlling • Externe • …	
Verantwortungsträger für die Anlagen und Geschäftsprozesse im Bilanzraum: • Produktion • Betriebliche Energieversorgung • Facility Management • Logisitik	

Diese mehrdimensionale Herangehensweise an die Erstellung von Energiebilanzen lässt sich durch die Sichtweise aufgrund der vorhandenen Dokumente, der technischen Lösungen für die Betriebsdatenerfassung, der Unterscheidung von fossilen und regenerativen Energien sowie gemäß der rechtlichen Aspekte weiter unterscheiden. Der folgende Abschnitt thematisiert den besonders wichtigen Aspekt der Kennzahlen.

3.5.3   Kennzahlensysteme

In Analogie zur Vorgehensweise bei der Behandlung der Checklisten erörtert der Abschnitt 3.5.3.1 prinzipielle Überlegungen zur Gestaltung von energiebezogenen Kennzahlensystemen. Besonderer Wert wird dabei auf die Auswertungs- und Vergleichsmöglichkeiten gelegt. Um die Ausführungen anzuwenden und damit anschaulich und konkret zu machen, systematisiert der Abschnitt 3.5.3.2 Kennzahlen, die sich aus Energiebilanzen ableiten lassen. Diese technisch-naturwissenschaftlichen Kennzahlen und die darauf aufbauenden wirtschaftlichen Kennzahlen bilden den Kern der Informationsversorgung des Energiemanagements.

3.5.3.1   Auswertungsmöglichkeiten

Kennzahlensysteme wählen analog den Checklisten aus den vielfältigen Sichtweisen auf Energie im Unternehmen aus und bilden die realen physischen, organisatorischen und wirtschaftlichen Zusammenhänge ab. Energiekennzahlen bieten die Möglichkeit, die

Fülle der Energiedaten zu verdichten, zu strukturieren und auszuwerten. Dadurch eignen sie sich zur Darstellung von Trends, ermöglichen Vergleiche und sind eine notwendige Grundlage zur betrieblichen Planung und Steuerung, um als Soll-Vorgaben Ziele zu setzen. Die Abbildung 38 klassifiziert die üblicherweise unterschiedenen Kategorien von Kennzahlen.

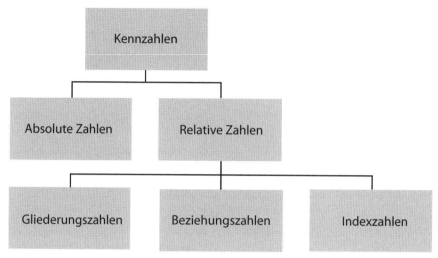

Abb. 38:   Klassifizierung von Kennzahlen

Die Daten der Energiebilanzen sind überwiegend absolute Kennzahlen, beispielsweise der Gasverbrauch in einer Werkhalle pro Jahr oder der Stromverbrauch einer Maschine pro Tag. Auch wenn ein Zeitbezug gegeben ist, so werden solche Zahlen als absolute und nicht als relative Kennzahlen bezeichnet. Gliederungszahlen geben den Anteil einer Kenngröße an einer Gesamtmenge wider, also beispielsweise den Gasverbrauch einer Halle im Verhältnis zum gesamten Gasverbrauch des Standorts. Gliederungszahlen lassen sich in Kreisdiagrammen gut visualisieren. Bei der Betrachtung des gesamten Energieverbrauchs für verschiedene Energieformen und -träger stellt sich das Problem, dass unterschiedliche Maßeinheiten Verwendung finden (Öl in Litern, Gas in Kubikmetern, Strom in Kilowattstunden usw.). Das Problem lässt sich lösen über die Berechnung des spezifischen Energieinhalts des eingesetzten Träger in der ursprünglichen physikalisch Einheit Joule oder der am weitesten verbreiteten Einheit Kilowattstunde. Beziehungszahlen stellen Zusammenhänge zwischen ungleichen Zahlen verschiedener Grundgesamtheiten her. Sie beschreiben Ursache-Wirkungs-Zusammenhange, wie beispielsweise Energieverbrauch pro Produkteinheit oder Energieverbrauch pro Arbeitseinheit einer Maschine. Die Wirkungskennzahl (Energieverbrauch) steht im Zähler des Bruches, die verursachende Größe (Produkt oder Arbeitseinheit) im Nenner. Mit Indexzahlen lassen sich Veränderungen beschreiben, die von der Zeit abhängig sind. Beispiele sind Indizes für Energiepreise, Energiekosten oder auch Energieeffizienz, also beispielsweise ein Index über die Veränderung der Ausbringungsmenge im Verhältnis zum Ener-

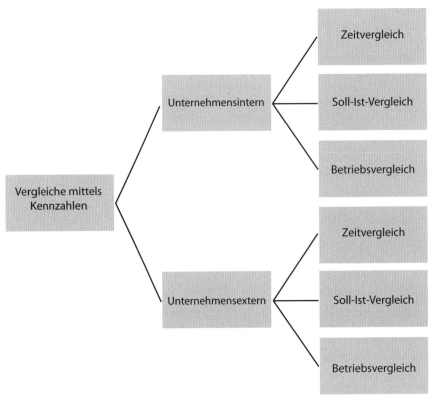

Abb. 39:   Vergleichsmöglichkeiten mittels Kennzahlen (BMU/UBA 2002, S. 542)

gieeinsatz. Welche Auswertungen sind nun aufgrund der Kennzahlen möglich? Die Abbildung 39 bietet einen Überblick.

Die untere Ebene der Abbildung zeigt, dass im Rahmen eines Zeitvergleichs Daten verschiedener Perioden verwendet werden können, um im Rahmen einer Zeitreihenanalyse Entwicklungen zu zeigen und so Hinweise auf Rationalisierungspotenziale zu gewinnen. Der Soll-Ist-Vergleich bringt dagegen einen besonderen Anspruch: Es müssen Soll-Kennzahlen vorhanden sein, um ihn durchzuführen. Folglich ist ein Managementkreis mit Planung, Steuerung und Kontrolle erforderlich. Die Planung des Energieverbrauchs und der entsprechenden Kosten kann – weniger anspruchsvoll – durch die Modifikation von Vergangenheitswerten durch die zukünftigen Produktionszahlen oder aufgrund Anlagenveränderungen erfolgen. Anspruchsvoller ist hingegen die analytische Berechnung des Verbrauchs, indem jeder Energieverbraucher mit seiner Laufzeit und seinem spezifischen Energieverbrauch aufgrund des zukünftigen Produktionsprogramms berücksichtigt wird. Das ist insbesondere wichtig für die strukturierte Energiebeschaffung. Der Betriebsvergleich ist zwar anzustreben, allerdings im industriellen Bereich regelmäßig schwierig, denn Betriebe sind so komplex, dass Vergleiche oftmals hinken. Beispielsweise lässt sich der Energieverbrauch pro Quadratmetern bei

Wohn- und Bürogebäuden gut vergleichen, aber bei Produktionshallen ist die Wärmeabgabe der Anlagen anders, die Zeiten der Hallenöffnungen weichen ab und die Produktionsprozesse unterscheiden sich. Zwei metallverarbeitende Betriebe sind kaum
noch zu vergleichen, wenn der eine Lackierung und Galvanik an Fremdfirmen als
Dienstleister vergeben hat, der andere aber nicht. Dies gilt sowohl für den unterneh-
mensinternen Betriebsvergleich als auch für den unternehmensexternen Betriebsvergleich. Gerade der Vergleich mit den Besten ist im Sinne des Benchmarking anzustreben,
trifft jedoch vielfach auf die Schwierigkeit, dass die erforderlichen Daten der Branchen-
besten nicht verfügbar sind.

Zusammenfassend sind verschiedene Vergleichsmöglichkeiten folgendermaßen zu
beurteilen: Grundsätzlich ist zu Ist-Werten zu sagen, dass sie den vorhandenen Stand
mit seinem Optimierungspotenzial (sprich: seiner Verschwendung) abbilden. Ein Vergleich mit sich selbst sagt deshalb nur aus, ob man besser wird, aber nicht, ob man gut
ist. Im Sinne eines Managementkreises sind also Maßnahmen und Ziele (d.h. ein Soll-
Energieverbrauch) zu definieren, um besser zu werden. Dabei sind drei Stufen zu unterscheiden:

- Was das Unternehmen auf der Basis der bestehenden Betriebsmittelausstattung erreichen könnte, zeigen die Soll-Werte, die von innen durch eine analytische Berechnung
  des Energieverbrauchs ermittelt werden. Diese analytische Betrachtung aufgrund der
  vorhandenen Technologie zeigt Verschwendung auf, die ohne Investitionen in neue
  Anlagen abzustellen ist.
- Soll-Werte können auch von außen als Benchmarks kommen. Der Vergleich mit
  anderen Unternehmen – so schwierig er auch sein mag beispielsweise aufgrund
  unterschiedlicher Fertigungstiefen – ermöglicht den Vergleich mit den derzeit Besten.
- Will das Unternehmen im Hinblick auf Energieeffizienz eine führende Rolle einnehmen, so ist es nicht ausreichend, wenn Soll-Zielzahlen das derzeit Beste widerspiegeln, sondern Zielzahlen müssen dann das in der Zukunft Mögliche abbilden. Eine
  offensiv-kreative Energiestrategie zeigt sich in Abläufen und innovativen Technologien, die den zukünftigen Benchmark setzen sollen. Entsprechende Soll-Kennzahlen
  helfen, den Weg dorthin zu beschreiben.

Bei der Auswahl von Kennzahlen für ein Unternehmen ist es nahe liegend, zunächst die
schon in den Abteilungen verwendeten Kennzahlensysteme um Energiekennzahlen zu
ergänzen. Jedes Unternehmen hat bereits Kennzahlensysteme wie eine Balanced Score-
card oder das Logistik-Kennzahlen-System etabliert. Eigene energiebezogene Kennzahlensysteme neben diese Systeme zu stellen, wäre ein anderer Weg, der jedoch die Gefahr
von Insellösungen mit sich brächte, wenn die neuen Energiekennzahlen nicht in die
Gesamtsystematik der Kennzahlensysteme im Unternehmen eingebunden sind. Bei den
vielen Möglichkeiten für die Bildung von Kennzahlen ist eine strenge Auswahl zu treffen, denn für keinen Entscheider sollte die Zahl von Kennzahlen, die er gewohnheits-
mäßig berücksichtigen soll, 30 überschreiten (Clausen 1998, S. 56). Damit bleibt nur
wenig Raum für Energiekennzahlen. Davon zu trennen ist jedoch die Arbeit von Spezi-

alisten im Unternehmen, insbesondere den Umweltbeauftragten und Controllern, die ausgefeilte Kennzahlensysteme pflegen können, um dann den Entscheidern die wichtigsten Zahlen verdichtet und erläutert vorzulegen. Die Umweltbeauftragen sind eher technische Experten, die sich auf Mengendaten konzentrieren, die Controller richten den Blick naturgemäß eher auf Kosteninformationen. Sie können mit einer größeren Anzahl Kennzahlen arbeiten.

3.5.3.2   Kennzahlen abgeleitet aus Energiebilanzen

Um einen Überblick zu gewinnen, welche Kennzahlen sich aus den Energiebilanzen ableiten lassen, dienen folgende Tabellen, die in Erweiterung einer reinen physikalischen Energiebilanzierung den Schritt von technisch-physikalischen Größen zu Kostenkennzahlen gehen. Die Tabelle 40 konzentriert sich zunächst auf physikalische Daten.

Tabelle 40: Energieverbrauch und Kohlendioxidemissionen differenziert nach Ebenen der Energiebilanz

	Standort	**Betrieb**	**Prozess**	**Produkt**
Energieverbrauch Elektr. Energie Gas ...				
Kohlendioxidemissionen Elektr. Energie Gas ...				

Energieverbrauch und Kohlendioxidemissionen lassen sich gemäß der Hauptgliederungsebenen der Energiebilanzen (Standort, Betrieb, Prozess und Produkt) differenzieren. Die Zahlen lassen sich wieder in absolute und relative Größen unterscheiden, z.B. indem die absoluten Kennzahlen für Standort, Betrieb und Prozess auf die Anzahl der hergestellten Produkte bezogen werden. Aus diesen technisch-physikalischen Daten lassen sich Kosten berechnen. Hier öffnet sich die gesamte Problematik in Analogie zur Kostenverteilung in der Kostenrechnung (siehe fünftes Kapitel). Es zeigt sich somit, dass die Energiebilanzen an sich nur die Ausgangsdaten liefern, die dann für verschiedene Zwecke in Kennzahlensystemen verdichtet und ausgewertet werden. Die definierten Bilanzgrenzen legen dabei fest, was noch Teil der Bilanzierung ist und auf der Bilanzierung aufbauende Auswertung ist. In der Tabelle 41 sind Kosten systematisiert, die sich aufgrund der physikalischen Daten ergeben.

Kosten des Energieverbrauchs entstehen zunächst durch den bewerteten Werteverzehr im Hauptzweck eines Unternehmens in einer Periode. Die Menge des Gas- oder Ölverbrauchs ist also mit dem Einkaufspreis zu bewerten, um die Kosten zu ermitteln. Interne Kosten der Kohlendioxidemissionen ergeben sich aus dem Preis für Kohlendioxidzertifikate, die gekauft oder kostenlos zugeteilt und verwendet werden. Im Sinne eines Opportunitätskostenansatzes sind in einer kalkulatorischen Rechnung auch die

Tabelle 41: Kostenarten des Energieverbrauchs nach Ebenen der Energiebilanz

	Standort	Betrieb	Prozess	Produkt
Kosten des Energieverbrauchs (A)				
Interne Kosten der Kohlendioxidemissionen (B)				
Gesamte interne Kosten (A+B=C)				
Zusätzliche externe Kosten der Kohlendioxidemissionen (D)				
Gesamte interne und externe Kosten des Energieverbrauchs (C+D=E)				

kostenlos zugeteilten Zertifikate anzusetzen, denn sonst könnten sie verkauft werden. Damit sind jedoch nicht die gesamten externen Kosten der Emissionen abgedeckt, denn im fünften Kapitel wird erläutert, dass die Preise für Zertifikate bei konsequenter Sichtweise als zu niedrig anzusehen sind. Im Sinne einer strategischen Planungsrechnung können die gesamten externen Kosten als schwache Signale zur Frühwarnung einbezogen werden.

Die Anzahl der Kennzahlen ist zu begrenzen. Schon bei einem mittelständischen Betrieb, der an einem Standort mehrere Betriebe (Werkhallen) angesiedelt hat und mehrere Dutzend Prozesse und ebenso viele (Zwischen-)Produkte unterscheidet, können sich diese scheinbar übersichtlich aussehenden Tabellen zu umfangreichen Datenbanken entwickeln und den entsprechenden Pflegeaufwand verursachen. Bei Großunternehmen handelt es sich um Dutzende oder Hunderte Betriebe und Tausende bis Zehntausende Prozesse und Produkte. Die Daten müssen aber nicht nur erfasst, sondern auch ausgewertet werden mit den oben systematisieren Formen des Zeitvergleichs, Soll-Ist-Vergleichs und des Betriebsvergleichs, im Maximalfall sowohl unternehmensintern als auch unternehmensextern. Der Maximalfall ist jedoch nicht das Optimum. Anhand der hier erstellten Systematik lässt sich analog der ABC-Analyse entscheiden, für welche energieintensiven Betriebe, Prozesse und Produkte die Kennzahlen erhoben und ausgewertet werden sollen. Die Formulierung »analog der ABC-Analyse« ist so gewählt, weil mit Abschätzungen und Plausibilitätsüberlegungen gearbeitet werden muss, denn eine ABC-Analyse im wirklichen Sinne verlangt ja gerade nach Daten und Kennzahlen, die noch nicht verfügbar sind.

4 Energiemanagement in betrieblichen Funktionen

4.1 Zur Gliederung des Kapitels

Da dieses Buch für die Praxis und zur Vorbereitung von Studierenden auf die Praxis geschrieben ist, sollen sich auch typische Abteilungen in Unternehmen in der Gliederung wiederfinden. Aber auch Studierende insbesondere der Wirtschaftswissenschaften sollen leicht erkennen können, welche Hochschulfächer jeweils berührt sind. Folgende Überlegungen liegen deshalb der Ordnung der Abschnitte in diesem Kapitel zugrunde:

- Als erster behandelter Themenbereich (Abschnitt 4.2) bietet sich Facility Management an, denn Gebäude benötigt jedes Dienstleistung- und produzierende Unternehmen und auch jede organisatorisch Einheit innerhalb der Unternehmen. Gerade hier stellt sich auch das prinzipielle Problem, dass die Zuordnung von Anlagen (Gebäuden und Nebenanlagen) recht komplex ist und in jedem Unternehmen anders geregelt – und oft auch nicht vollständig geregelt – wird. Anhand des Facility Managements werden deshalb auch Überlegungen zu einer Betreiberordnung eingeführt.
- Logistik, also den Transport von Material oder auch Personen, benötigt ebenfalls jedes Unternehmen (Abschnitt 4.3). Selbst bei Dienstleistungsunternehmen wie Banken oder Versicherungen sind Dienstreisen erforderlich und verursachen einen Energieverbrauch, den es zu optimieren gilt.
- Jedes Unternehmen muss Energie beschaffen, wobei die Beschaffung elektrischer Energie (Stromeinkauf) besonders schwierig und innovativ ist (Abschnitt 4.4). Deshalb sollte jedes Unternehmen und auch Privathaushalte regelmäßig den Stromversorgungsvertrag prüfen.
- Die Planung des Herstellungsprozesses von Industrieunternehmen erfolgt im Rahmen der Produktionsplanung und -steuerung (PPS) in der Arbeitsvorbereitung (Abschnitt 4.5). Auf der Grundlage der bisherigen Ergebnisse werden hier wesentliche Festlegungen für die Produktion getroffen.
- Die Produktion selber ist in den verschiedenen Branchen so unterschiedlich, dass allgemeine energetische Probleme behandelt werden, elektrische Antriebe und Druckluftversorgung (Abschnitt 4.6). Einzelne Branchen näher zu betrachten, würde hier den Rahmen sprengen.
- Die Instandhaltung hat einen erheblichen Einfluss, ob der Energieverbrauch der zahlreichen bisher angesprochenen Anlagen höher als nötig ist und wird deshalb diskutiert (Abschnitt 4.7).
- Die Infomationstechnologie (IT) hat für das Energiemanagement Bedeutung gewonnen, indem der Energiebedarf der Rechner selber zu einer beachtlichen Größe gewor-

den ist (Abschnitt 4.8). Darüber hinaus dient die IT dem Energiemanagement bei vielen Bereichen mit speziellen Programmen, wirkt also als »Ermöglicher« (»Enabler«). Green IT hat sich als Schlagwort entwickelt.

Tabelle 42: Zuordnung von Abschnitten dieses Kapitels zu Abteilungen in Unternehmen und zu wirtschaftswissenschaftlichen Hochschulfächern

Abschnitt	Abteilung im Unternehmen	Wirtschaftswissenschaftliches Hochschulfach
Facility Management	Facility Management, Hausmeister, Technische Planung, Betriebsingenieure	Facility Management (bisher wenige Veranstaltungen), Immobilienwirtschaft
Logistik	Logistik, Lager, Transport, Fuhrpark, Materialdisposition, Einkauf	Logistik, Materialwirtschaft, PPS
Energiebeschaffung	Technischer Einkauf	Zunehmend in Fächern wie Materialwirtschaft und PPS angesprochen, zudem in den noch seltenen Veranstaltungen zum Energiemanagement
PPS	Arbeitsvorbereitung, Materialdisposition, Einkauf, Logistik, Betrieb, Produktion	Materialwirtschaft, PPS, Fertigungswirtschaft
Produktion	Betrieb, ein breit verstandenes Facility Management	PPS, Fertigungswirtschaft
Instandhaltung	Instandhaltung, Werkstätten	Teilbereich der PPS
Informationstechnologie	IT-Abteilung, Rechenzentren und alle, die Programme bei ihren Aufgaben des Energiemanagements nutzen	IT-Veranstaltungen und alle Veranstaltungen, die Programme des Energiemanagements für die jeweiligen Aufgaben ansprechen

Die Tabelle zeigt die Zuordnung der in den Abschnitten behandelten energiebezogenen Probleme zu typischen Abteilungsbezeichnungen im Unternehmen, die damit jeweils befasst sind. Bei den entsprechenden Hochschulfächern erfolgt eine Einschränkung auf betriebswirtschaftliche Fächer. Die Ingenieurwissenschaften beschäftigen sich in einer so großen Fülle von branchenbezogenen Fächern (Maschinenbau, Chemietechnik) oder energieformbezogenen Veranstaltungen (Elektrotechnik, Windkraftanlagenbau) mit diesen Themen, dass ein kurzer Überblick der Komplexität nicht gerecht würde.

Über diesen spezialisierten Abteilungen und Fächern stehen solche mit übergreifendem Anspruch, die ebenfalls mit Energie befasst sind. Beispiele sind Controlling, Umweltmanagement oder Qualitätsmanagement sowie allgemeines Management, Unternehmensplanung und Unternehmensethik, die im fünften und sechsten Kapitel angesprochen werden. Aufgrund der zunehmenden Bedeutung etabliert sich zusehends auch das Energiemanagement selber als eigenständiges Fach unter dieser Bezeichnung.

4.2 Facility Management

Der Begriff Facility Management wird nicht eindeutig verwendet. Der Abschnitt 4.2.1 stellt die Bandbreite der Auffassungen vor und macht deutlich, dass Unternehmen die Zuordnung der Betreiberverantwortlichkeit von Anlagen sicherstellen müssen. Die Klimatechnik ist der Kern der energiebezogenen Aufgaben des Facility Management, womit sich der Abschnitt 4.2.2 auseinandersetzt. Diese grundlegenden Ausführungen gelten grundsätzlich für alle Gebäudetypen, Wohn- und Büroimmobilien auf der einen Seite und Gewerbebauten wie Produktions- und Lagerhallen auf der anderen Seite. Die sehr viel komplexeren Probleme im Hinblick auf Gewerbeimmobilien werden dann im Abschnitt 4.2.3 vertieft behandelt. Die Entwicklungen im Facility Management sind nur vor dem Hintergrund der Möglichkeiten der Klima- und Beleuchtungstechnik zu verstehen, mit denen sich der Abschnitt 4.2.4 beschäftigt. Mit diesen Kenntnissen lassen sich im Abschnitt 4.2.5 Zukunftsperspektiven abschätzen.

4.2.1 Anlagenzuordnung mittels Betreiberordnung

Welche Anlagen sind Gegenstand des Facility Managements? Lässt man bei Begehungen von Produktionshallen den Blick schweifen, so wird neben den Produktionsanlagen – die normalerweise die Aufmerksamkeit binden – ein für den technischen Laien unübersehbares Gewirr von Leitungen, Rohren und kleineren Anlagen bewusst. Facility ist aus dem Englischen zu übersetzen mit Einrichtung, Anlagen, Hilfsmittel, aber auch: Leichtigkeit, Mühelosigkeit, Gewandtheit. Es handelt sich also um Einrichtungen, die es dem Kernprozess ermöglichen, mühelos zu funktionieren:

- Die Klimatechnik heizt, kühlt und stellt besondere Klimabedingungen her, wie etwa in staubfreien Reinräumen bei der Chipherstellung. Auch jedes Bürogebäude und Wohnhaus verfügt über Klimatechnik. Solche Anlagen sind in Unternehmen oft gebäudeübergreifend konzipiert. Ist keine Kühlung oder Staubfreiheit von Nöten, so entfällt der Energieverbrauch der Klimatechnik ausschließlich auf die Heizung und die Begriffe können synonym verwendet werden.
- Die Klimatechnik stellt somit leitungsgebundene Endenergie zur Verfügung, beispielsweise mit den Energieträgern Warmwasser oder Dampf. Es können aber auch

andere leitungsgebundene Energieträger in einer Produktionshalle Verwendung finden. Beispiele sind Druckluft, Gas und elektrische Netze verschiedener Spannungen.

- Ingenieure in Unternehmen sprechen von der »Medienversorgung und -entsorgung«, wenn die Versorgung mit Dampf, Wasser, Gas usw. gemeint ist. Auch das kann als Aufgabe des Facility Managements definiert werden. Die mögliche Komplexität blitzt in Unternehmen auf, die drei Abwassersysteme unterscheiden: Regenwasser, Brauchwasser und in eigenen Kläranlagen zu behandelndes Wasser.
- Der Brandschutz benötigt Rauchmelder, Sprinkleranlagen, eine Informationsübertragung zur Brandmeldezentrale (BMZ) oder direkt zur Feuerwehr. Die BMZ ist meist im Eingangsbereich, mit deutlich sichtbaren Schriftzügen gekennzeichnet und zeigt anhand einer Übersicht, wo Rauchmelder im Gebäude ansprechen oder Sprinkleranlagen ausgelöst sind.
- Eine weitere wichtige Kategorie der betrieblichen Infrastruktur stellen Informationsleitungen oder Funknetze dar. Dazu gehören beispielsweise zentrale Schließsysteme, Alarmanlagen, Wireless-Lan (IT-Funknetze) oder die Leitungen der Betriebsdatenerfassung zur zentralen Steuerung von Anlagen über Leitwarten. Auch die Informationsübermittlung der im Gebäude verteilten Temperaturfühler zur zentralen Klimasteuerung gehört hierhin.

Gemäß der Begriffsdefinition der German Facility Management Association (GEFMA-Richtlinie 100-1 »Grundlagen«) plant, steuert und kontrolliert Facility Management alle Sekundärprozesse eines Unternehmens im Bezug auf Immobilien. Dazu gehören auch ihrer Anlagen, Einrichtungen und Prozesse. Der Ansatz umfasst alle Phasen des Lebenszyklus und die strategische, taktische und operative Planungsebene. Gemäß dieser Definition wären nicht nur die in diesem Abschnitt vorgestellten, sondern viele weitere in diesem Buch erörterten energiebezogenen Aufgaben Teil des Facility Managements. Der Begriff findet erst seit einigen Jahren Verbreitung, die DIN 15221 Facility Management stammt aus dem Jahr 2007, doch gerade die wachsende Bedeutung der effizienten Energiebereitstellung -verteilung und -nutzung spricht dafür, dass Facility Management weiter an Bedeutung gewinnt. Allerdings steht der umfassende, theoretische Anspruch mit der praktischen Umsetzung oftmals in scharfem Kontrast. Dafür spricht die gelegentlich verwendete Übersetzung des Facility Management als Gebäudemanagement, was aber gemäß DIN 32736 eine eingeschränktere Funktion ist. In der Praxis kann gelegentlich der Eindruck entstehen, es handele sich bei der Abteilung Facility Management nur um die etwas aufgewerteten Hausmeister. Das ist nicht negativ-wertend gemeint, denn auch den Hausmeistern kommt beispielsweise in der Klimatechnik eine wichtige Rolle im Hinblick auf Energieeinsparung und Heizkostensenkungen zu. Es ist nicht wichtig, wie Unternehmen die Stellen und Abteilungen bezeichnen, es kommt darauf an, dass die Aufgaben lückenlos verteilt und die Schnittstellen eindeutig definiert sind. Wie schwierig das sein kann, zeigen hier beispielhafte Anlagen, die an der Schnittstelle zwischen Facility Management und Logistik angesiedelt sind:

- Stetigförderer wie Förderbänder oder Hängebahnen sind mit Energie zu versorgen, ebenso Unstetigförderer wie fahrerlose Transportsysteme.

- Rohrleitungen zum Transport von Produkten sind in der Verfahrensindustrie wichtig, es kann sich um brennbare oder giftige Stoffe handeln. Pumpen, Schieber, Messeinrichtungen müssen mit elektrischer Energie versorgt werden.
- Transportfahrzeuge wie Gabelstapler oder Hubwagen machen wieder elektrische Ladestation, Gas- oder Dieseltankstellen erforderlich.
- Damit verbunden sind Lagereinrichtungen als eigene Gebäude oder in der Produktion als Pufferlager. Hochregallager sind Teil der tragenden Konstruktion der Gebäude, Kühllager erfordern besondere Klimatisierung und die Lagerung von Gefahrstoffen besondere Sicherheitseinrichtungen.

Es handelt sich entweder um Anlagen, die Energie benötigen, oder auch solche, die Energieträger in Rohrleitungen transportieren. Damit ergeben sich Schnittstellen zwischen dem Facility Management und Abteilungen wie Logistik, Materialwirtschaft, innerbetrieblicher Transport, Fuhrpark. Der Übergang von diesen Einrichtungen, die als betriebliche Infrastruktur aufgefasst werden können, zu eigentlichen Produktionseinrichtungen ist fließend, was in der Verfahrensindustrie (Chemie, Pharmazie usw.) am deutlichsten ist. Nehmen wir als Beispiel eine Raffinerie: Wenn das Rohöl durch die Rohrleitungen gepumpt wird, dabei erhitzt, kondensiert und getrennt wird, ist die Produktion erfolgt. Auf eine Gebäudehülle selbst wird verzichtet, die unterstützenden Aggregate (Pumpen, Datenleitungen, Energieleitungen, Messeinrichtungen usw.) sind wetterfest montiert.

Eine Betreiberordnung klärt die Aufgaben, Kompetenzen und Verantwortlichkeiten im Hinblick auf alle Anlagen. Der Betreiber von Industrieanlagen ist das Unternehmen als juristische Person, vertreten durch die jeweiligen gesetzlich vorgesehenen Organe (Vorstand bei Aktiengesellschaft, Geschäftsführung bei GmbH usw.). Die Betreiberverantwortlichkeiten ergeben sich aus den rechtlichen Vorschriften für die jeweiligen Anlagen, aber auch aus der Genehmigung. Dazu gehören zunehmend energiebezogene Regelungen wie die Energieeinsparverordnung für Gebäude oder Instandhaltungsvorschriften für Brenner von Heizungen oder Motoren von Fahrzeugen. Energielager (wie Öltanks) sowie Energieleitungen (wie Gasleitungen) gehen auch mit Gefahren für die Umwelt einher und können Störfälle verursachen. Es obliegt nun der obersten Leitung des Unternehmens sicherzustellen, dass über die Hierarchien alle Aufgaben definiert und verteilt werden. Die Detailfragen können außerordentlich komplex sein und für einen Chemiebetrieb von 2000 Mitarbeitern mehrere hundert Seiten füllen. Hier ist beispielsweise geklärt, wer für Gasleitungen verantwortlich ist außerhalb der Gebäude (Abteilung »Haus und Hof«), innerhalb der Gebäude im Keller einschließlich Decken- und Wanddurchbrüche (Facility Management) und in den Produktionshallen (Betrieb). Mit dieser Zuordnung von Anlagen zu Abteilungen und innerhalb der Abteilungen zu Stellen einschließlich Stellvertreterregelungen sind noch keine Abläufe geregelt. Neuplanung, bauliche Änderungen, Revisionen, Instandhaltung, Rückbau, Management und Controlling mit Aspekten wie Kosten, Qualität, Umweltschutz, Arbeitssicherheit, alles dies ist mit einer Zuordnung von Anlagen zu Abteilungen noch nicht geklärt.

Das Top und mittlere Management hat nicht nur im Interesse einer effizienten, erfolg-reichen Unternehmensführung ein herausragendes Interesse an diesen Regelungen, sondern auch zur Vermeidung von Haftungsrisiken für das Unternehmen und auf per-sönlicher Ebene. Regelverstöße (z.B. Instandhaltungsmängel und daraus folgende Unfälle) aufgrund fehlender Verantwortungszuweisungen sind ein Organisationsver-schulden und vom Top Management juristisch zu verantworten. Allerdings ist das mitt-lere Management als »Garant« im rechtlichen Sinne in einer noch schlechteren Position: Eine Verantwortungsübertragung an das mittlere Management kann durch ein einfaches Schreiben, die Stellenbeschreibung oder einen Satz im Qualitätshandbuch erfolgen. Damit ist die Verantwortung an einen Betriebsleiter mit hohem Ausbildungsstand, umfangreicher Berufserfahrung und einer der Verantwortung entsprechenden Bezah-lung gesamthaft übertragen. Allerdings muss sich das Top Management beispielsweise durch Audits vergewissern, dass die Gesamtorganisation funktioniert.

In den weiteren Abschnitten dieses vierten Kapitels werden viele Aufgaben angespro-chen, die an der Schnittstelle zum Facility Management angesiedelt sind (z.B. elektrische Antriebe oder Druckluftversorgung in der Produktion). Konzentrieren wir uns deshalb in diesem Abschnitt zur Vermeidung von Überschneidungen auf die energiebezogenen Kernaufgaben in der Praxis, also auf die Klimatisierung von Gebäuden.

4.2.2 Energiebezogene Klassifizierungen von Immobilien

Immobilien sind gemäß rechtlicher Vorschriften (insbesondere Wärmeschutzverord-nung – WSVO – und Energieeinsparverordnung – EnEV) gemäß ihrem Energiever-brauch klassifiziert. In der EnEV sind gleichermaßen Wohn- und Büroimmobilien als auch Gewerbeimmobilien wie Produktions- und Lagerhallen angesprochen, wobei jedoch in den Anhängen der Verordnung andere Grenzwerte vorgegeben sind. Die zen-trale Kennzahl ist der spezifische Energieverbrauch pro Quadratmeter in Kilowattstun-den pro Jahr (kWh/m^2a). Bei elektrischer Energie ist diese Einheit geläufig, aber auch der Energieinhalt anderer Energieträger lässt sich in dieser Maßeinheit ausdrücken. Der Brennwertfaktor zeigt die Energiedichte/den Energieinhalt der Energieträger. Ein Kubikmeter Gas liefert bei einem Brennwertfaktor von 10,45 eine Energieausbeute von 10,45 Kilowattstunden Energie, bei Heizöl ist eine entsprechende Zahl 10,08. Für die Brennwertfaktoren finden sich auch leicht abweichende Angaben. Als Faustregel bietet es sich an, bei einer Immobilie, deren Energieverbrauch beispielsweise bei $150\,kWh/m^2a$ liegt, durch zehn zu dividieren, um von der eher abstrakten Einheit Kilowattstunde auf die leichter zugänglichen Maßeinheiten Kubikmeter oder Liter umzurechnen. Dann ergibt sich die anschauliche Größe von 15 Kubikmetern Gas oder 15 Litern Heizöl pro Quadratmeter und Jahr, eine 100-Quadratmeter-Wohnung würde also 1500 Kubikmeter oder Liter pro Jahr benötigen. Mit dieser Faustregel werden die folgenden rechtlichen Klassifizierungen anschaulich:

- Die Gebäude vor der ersten WSVO aus dem Jahr 1977 erreichen 400 bis 300 kWh/m^{2}a.
- Die nach 1977 entstandenen Bauten verbrauchen höchstens 150 kWh/m^{2}a.
- Mit Inkrafttreten der zweiten WSVO im Jahr 1984 sind 140 bis 100 kWh/m^{2}a die Obergrenze.
- Ab 1995 galt die dritte WSVO mit einem Verbrauch von 100 bis 50 kWh/m^{2}a für Neubauten.
- Bis zur Einführung der EnEV im Jahr 2001 galten Häuser, die 30 Prozent weniger Heizenergiebedarf als die dritte WSVO vorsah, als Niedrigenergiehäuser mit höchsten 70 kWh/m^{2}a Verbrauch. Mit dem Inkrafttreten der EnEV im Jahr 2001 und der Verschärfung im Jahr 2009 wurde dieser Maßstab an alle Neubauten angelegt, die nur noch 60 bis 90 kWh/m^{2}a verbrauchen dürfen.
- Für das Jahr 2012 ist eine weitere Verschärfung auf 40 bis 60 kWh/m^{2}a in Diskussion.
- Die Europäische Union plant für Wohn- und Bürobauten Standards, die Nahe-Null-Energiehäusern entsprechen. Diese Regelungen sollen für öffentliche Gebäude im Jahr 2018 in Kraft treten, allgemein ab 2020 gelten.

Jenseits der rechtlichen Regelungen gibt es weitere Bezeichnungen und Standards für Immobilien mit niedrigem Verbrauch:

- Die heutigen »Niedrigstenergiehäuser« benötigt 40 bis 20 kWh/m^{2}a. Hierunter fällt das »Drei-Liter-Haus« mit 30 kWh/m^{2}a.
- Der Begriff »Niedrig(st)energiehaus« führt in die Irre, denn Passivhäuser brauchen weniger als 15 kWh/m^{2}a. Ein Passivhaus ohne Heizung ist gut isoliert und die Belüftung erfolgt mittels einer Absaugung, die über einen Wärmetauscher die angesaugte Außenluft erwärmt. Dieser Standard ist auch für Bürogebäude (»Greenbuilding«) zu erreichen.
- Zu Null-Heiz-Energie-Häusern zählen Bauten, die ihre geringe, noch benötigte Heizenergie ohne fossile Brennstoffe gewinnen.
- Energieautarke Häuser beziehen alle benötigten Energien für Heizung, Warmwasser, Kochstrom und Pumpenstrom aus der Umwelt und der Sonne.
- Plus-Energie-Häuser haben eine positive Energiebilanz, sie können im Saldo noch Energie beispielsweise aus Fotovoltaikanlagen ins Stromnetz einspeisen.

Bemerkenswert bei den rechtlichen Regelungen ist einerseits, dass sie im Vergleich zur Nutzungsdauer einer Immobilie in schnellen Schritten verschärft werden. Andererseits zeigt sich im Vergleich mit den Benchmarks Passivhaus oder sogar Plus-Energie-Haus, dass das technisch Mögliche weit über die derzeit geltenden Verordnungen hinausgehen. Der Gesetzgeber muss einen Kompromiss zwischen den Anforderungen des Klimaschutzes und den kurzfristigen finanziellen Interessen der Immobilienbesitzer und den Mietern finden. Dieser Konflikt zwischen energetischen Bauanforderungen und Bestandsschutz ist bei Neubauprojekten leichter zu lösen als im Gebäudebestand. Bei Neubauprojekten sind sachkundige Architekten eingebunden und die Kosten sind besser zu kalkulieren, während der Gesetzgeber bei bestimmten Renovierungsarbeiten im

Altbestand beispielsweise im Dachstuhl die vollständige Wärmeisolierung des Daches oder der obersten Geschossdecke verlangt. Im Einzelnen sind diese Regelungen sehr aufgefächert und es ist von einem erheblichen Vollzugsdefizit auszugehen.

Die Komplexität der Materie wird in der EnEV deutlich, die keine direkten Vorschriften über den Quadratmeterverbrauch in Kilowattstunden macht. Vielmehr sind im Anhang für bestimmte Gebäudetypen einzelne baulichen Elemente (Dach, Wände, Fenster usw.) angegeben mit dem zulässigen Wärmedurchgangskoeffizienten. Die Bau- und Klimatechnik ist auf einem Stand angelangt, bei dem viele Feinheiten in die Planung und Berechnung des Energieverbrauchs einzubeziehen sind. Bei einem Gebäude des Altbestandes mit einem Verbrauch von 200 kWh/m²a benötigt die Heizung den weitaus größten Teil der Energie. Bei einem modernen, gut isolierten Gebäude mit einem niedrigen spezifischen Verbrauch gewinnen Faktoren nennenswerten Einfluss, die bisher als vernachlässigbar gelten konnten. Dazu gehören der Warmwasserverbrauch, die Pumpe des Heizungskreislaufs oder eine Kühlung.

Ein wichtiges Instrument zur energetischen Fortentwicklung des Gebäudebestandes hat der Gesetzgeber mit dem in der EnEV verankerten Energieausweis (»Energiepass«) geschaffen. Gemäß Paragraph 16 der EnEV sind bei jedem Neubau, jedem Verkauf und jeder Neuvermietung der spezifische Energieverbrauch zu ermitteln und ein solcher Ausweis zwingend anzufertigen, sonst kann der Vertrag angefochten werden und nichtig sein (Weglage 2007). Die Kernaussage des Energieausweises ist der Verbrauch pro Quadratmeter und Jahr in Kilowattstunden. Die Verdichtung des Verbrauchs in dieser Zahl bringt zwar eine grobe Orientierung, doch es liegen Fallstricke versteckt, die bei einer detaillierten Beurteilung der Immobilie zu beachten sind:

- Handelt es sich um eine verbrauchsbezogene oder bedarfsbezogene Ermittlung? Die verbrauchsbedingte Ermittlung schreibt vergangene Verbrauchswerte fort und kann kaum beachten, ob die Nutzer in allen Räumen auf 24 Grad heizen oder dicke Kleidung anzogen. Die bedarfsbezogene Ermittlung ist viel aufwändiger und basiert zum Beispiel auf Modellen der Bauhülle mit ihrem Wärmedurchgangskoeffizient. Die niedrigen Kosten für die Erstellung von Energieausweisen legen nahe, dass der Aussteller sich nicht mit diesen und den weiter folgenden Fragen mit Nachdruck auseinandersetzen kann.

- Wie ist die Erwärmung von Brauchwasser berücksichtigt? Bei Büroimmobilien spielt der Energieverbrauch für Brauchwassererwärmung kaum eine Rolle, in Wohnimmobilien hingegen können es bis zu 50 Kilowattstunden pro Jahr verteilt auf die Quadratmeter sein. Bei Nutzungsänderungen von Immobilien kann es also zu Überraschungen kommen.

- Wie ist die Gewinnung aus regenerativen Energien berücksichtigt? So ist beispielsweise die Nutzung der Sonnenergie durch eine solarthermische Anlage zur Brauchwassererwärmung in die Berechnung einzubeziehen. Nach EnEV und WSVO können entsprechende Abzüge bei der Ausstellung von bedarforientierten Energiepässen gemacht werden.

- Ergibt sich der Energieverbrauch nur aus Heizung oder auch aus Kühlung?

- Welche Voraussetzung bietet die Immobilie für eine energetische Sanierung? Bei Gebäuden, die nach Norden ausgerichtet oder verschattet sind, verbieten sich Solaranlagen. Besonders effiziente Fußbodenheizungen, für die eine niedrige Vorlauftemperatur ausreicht, sind bei niedriger Deckenhöhe nicht möglich. Wenn ein Haus unter Denkmalschutz steht, darf die Fassade nicht isoliert werden. Aber auch positive Überraschungen sind möglich: Eine in Minuten korrigierbare falsche Heizungssteuerung kann hohe Einsparung bringen.

Neben dem rechtlich vorgeschriebenen Energieausweis gibt es weitere Bewertungs- und Zertifizierungsverfahren für Immobilien, beispielhaft seien das Deutsche Gütesiegel Nachhaltiges Bauen (DGNB 2009), die Zertifizierung durch das Feist-Passivhaus-Institut (Feist 2000) sowie das dena Gütesiegel Effizienzhaus (Effizienzhaus-Label) der Deutschen Energie-Agentur (dena) genannt.

4.2.3   Besonderheiten von Gewerbebauten

Produktions- und Lagergebäude weisen gegenüber Büro- und Wohngebäuden Besonderheiten auf, die die Klimatechnik vor Herausforderungen stellen. Das sind insbesondere

- die Komplexität technischer Lösungen,
- die Komplexität der Abwicklung von Energieprojekten,
- die Komplexität der Bedienung im laufenden Betrieb sowie
- die Anforderungen der EnEV.

Komplexität technischer Lösungen

Produktions- und Lagerhallen haben eine sehr viel größere Bauhöhe als andere Immobilien und die Gebäudeöffnungen sind ablaufbedingt häufig oder immer offen. Deshalb können die Ergebnisse der Basismaßnahme der Wärmeisolierung der Gebäudeaußenhülle sehr unterschiedlich Einsparungen erzielen. Bei Hallen, in denen die Tore meist geschlossen sind oder in andere Hallen führen, kann die Energieeinsparung durchschlagend sein und sich mit Modellrechnungen, wie sie bei der Erstellung von Energieausweisen verwendet werden, recht präzise voraussagen lassen. Bei Versandhallen, bei denen viele Tore zu LKW-Ladebuchten offen stehen, ist der Luftwechsel so groß, dass Isolierungen der Gebäudehüllen nur einen geringen Effekt haben. Der Luftaustausch zwischen dem Außenbereich und auch zwischen verschiedenen Hallen ist folglich zu begrenzen, um unterschiedliche Klima- oder Heizzonen zu schaffen. Die Temperaturanforderungen in diesen Klimazonen hängen von der Arbeitsstättenrichtlinie (ASR 6 – Raumtemperaturen) sowie technischen Anforderungen ab. Die Spanne reicht demnach von der Maximalforderung der ASR von 19 Grad bis zur Einrichtung einer unbeheizten Kalthalle. Technische Anforderungen können sich aus der Produkten, den Lagerartikeln oder den Betriebsmitteln ergeben. Es ist auch zu klären, ob innerhalb einzelner Hallen durch Stahlungsheizungen gezielt erwärmte Bereiche z.B. für Montagearbeitsplätze geschaffen werden können, um nicht die gesamte Halle auf das geforderte Temperaturniveau bringen zu müssen. Viele technische Lösungen zur Abdichtung von Hallenöffnungen sind ausgereift. Für die die Verhinderung von Zugerscheinungen bei LKW Ladebuchten lassen sich Schnelllauftore, Lamellenvorhängen und aufblasbaren Manschetten zur Abdichtung der Lücke zwischen Tor und LKW einsetzen. Müssen die Öffnungen ablaufbedingt immer offen stehen oder verlaufen Schienen von Förderanlagen durch die Tore, so bieten sich Torschleieranlagen an. Das sind anschaulich gesagt Windvorhänge, wie sie aus Kaufhauseingängen bekannt sind. Sie können bei geeigneten Voraussetzungen im industriellen Bereich sehr wirtschaftlich arbeiten.

Komplexität der Abwicklung von Energieprojekten

Im Gegensatz zu Büroräumen lassen sich Werkhallen für eine energetische Sanierung nicht einfach auslagern und vielfach schrecken Unternehmen auch vor den sehr viel höheren Kosten zurück. Auch technische Lösungen sind schwieriger zu finden und vor allem zu kalkulieren als bei Bürogebäuden. Bei Betriebsbegehungen steht der Besucher deshalb häufig in Hallen, deren Produktionstechnik und Logistikanlagen auf dem neuesten Stand sind, deren Gebäudehülle und Klimatechnik aber weit hinter den heutigen Möglichkeiten herhinken. Als anekdotisches Beispiel sei ein Spezialfahrzeughersteller erwähnt, der an heißen Sommertagen das Einkleben der Scheiben in die Nacht verlegen muss, da die Hallen sich aufgrund schlechter Isolierung tagsüber so stark aufheizen, dass der Klebstoff nicht ausreichend schnell abbinden würde. Es entsteht aufgrund solcher Beobachtungen der Eindruck, dass ein Investitionstau bei der energetischen Hallensanierung besteht.

Komplexität der Bedienung im laufenden Betrieb

Gerade in der Klimatechnik sind viele Akteure beteiligt, vom Facilty Manager bis hin zu Anlagenplanern über die Anlagenbauer und vielen Nutzern bis zu den Instandhaltern. Selbst bei Standardlösungen wie der Klimatisierung von Büros und Serverräumen ist immer wieder zu beobachten, dass niemand das Gesamtsystem in der notwendigen Weise durchschaut. Die Bediengeräte erfordern eine ausführliche Einweisung oder ein intensives Studium der vielfach schwer verständlichen Betriebsanleitungen. Bildschirme und Fenstertechnik bei der Bedienung sind auch bei modernen Heizungen oft noch weit entfernt (der Leser blicke in den heimischen Keller, ob er wirklich alle Einstellmöglichkeiten im Zusammenspiel verstanden hat). Die technisch ausgebildeten Industriekunden sehen sich mit weit komplexeren Anlagen und Steuerungen konfrontiert, die oftmals ebenfalls sehr wenig bedienerfreundlich sind. Die technische Lebensdauer der Anlagen einschließlich Bedieneinheiten beträgt Jahrzehnte, was sich auch im Bedienkomfort niederschlägt. Bei Industrieanlagen ist darüber hinaus oft nicht nur eine, sondern eine ganze Vielfalt von Steuereinheiten zu finden, die nur im Zusammenspiel Verschwendung vermeiden. Diese Steuerungen sind normalerweise auch nicht räumlich an einem Ort, sondern die Heizungssteuerung ist beispielsweise im Keller am Brenner, die Steuerung der nachträglich eingebauten Klimaanlage findet sich in Nebenräumen der Halle und Ventilatoren zur Außenluftversorgung lassen sich einzeln vor Ort ein- und ausschalten. Klimatechnische Anlagen können über Jahrzehnte durch Umbauten und (Teil-)modernisierungen gewachsen sein. In der Praxis sind unübersichtliche, suboptimal gesteuerte klimatechnische Lösungen deshalb häufig. Sogar bei Neuplanungen sind ganz offensichtlich unsinnige Lösungen zu beobachten: Ein Kühlregister einer Klimaanlage, das auf hohe Leistung gestellt ist, und eine nachgeschaltete Heizung, die auf die gewünschte Temperatur aufheizt. Jeder ist zufrieden. Der Anlagenbauer hat in dem konkreten Fall die Anlage so voreingestellt und die Nutzer empfinden die Temperatur als angenehm. Nur ein findiger Instandhalter hat in diesem Fall den Unsinn aufgedeckt.

Komplexität der Anforderungen der EnEV

Es ist bemerkenswert, wie detailliert die Anforderungen an das Energiemanagement im Facility Management aufgrund der Anlage 2 der EnEV von 2009 sind. Diese Anlage richtet sich an Nichtwohngebäude, also insbesondere an Produktions- und Lagergebäude. Die Anforderungen machen aufwändige Softwarepakete für die Planer erforderlich, deren Ergebnisse für Bauherren oder Nutzer von Immobilien weitgehend unverständlich sind (Gröger 2004, S. 12). Bei Vorliegen bestimmter Bedingungen sind folgende Einzelbilanzierungen zwingend erforderlich. Der Primärenergiebedarf ist zu bilanzieren

- für das Heizungssystem sowie die Heizfunktion der raumlufttechnischen Anlagen,
- für das Kühlsystem und die Kühlfunktionen,
- für die Dampfversorgung,
- für die Warmwasserversorgung,
- für Beleuchtung,
- für Hilfsenergie bei den genannten Funktionen.

Alleine die Prüfung, ob die rechtlich definierten Bedingungen für die Erstellung dieser Bilanzen erfüllt sind, erfordert schon die Ermittlung wichtiger Kennzahlen der energieverbrauchenden Prozesse. Beispielsweise ist zu prüfen, ob der durchschnittliche tägliche Nutzenergiebedarf für Warmwasser wenigstens 0,2 Kilowattstunden pro Beschäftigtem und Tag beträgt. Man könnte es so interpretieren, dass die Bilanzierung bereits erforderlich ist, um feststellen zu können, ob die von der Verordnung festgelegten Bedingungen für eine Energiebilanzierung vorliegen. Die Hypothese drängt sich auf, dass viele Unternehmen diesen Anforderungen noch nicht vollständig gerecht werden. Solche Unternehmen befinden sich durch dieses Vollzugsdefizit zumindest in einer rechtlichen Grauzone.

4.2.4   Klima- und Beleuchtungstechnik

Die sich abzeichnende bautechnische Entwicklung fasziniert: Immobilien, die keinen Gas- oder Ölbrenner benötigen und somit fast keine Energie. Die Gebäude sind dennoch angenehm warm und haben ein gutes Raumklima. Wie kann das gelingen? Ausgehend von der Technologie des Passivhauses werden im folgenden Abschnitt 4.2.4.1 weitere wichtige Möglichkeiten der Klimatechnik vorgestellt. Für Industrieunternehmen spielen die im Abschnitt 4.2.4.2 erörterten Möglichkeiten der Wärmerückgewinnung eine besondere Bedeutung, denn Produktionsanlagen wie Öfen oder auch Einrichtungen der betrieblichen Infrastruktur wie Serverräume geben Wärme ab, die es zu nutzen gilt. Der Abschnitt 4.2.4.3 stellt Möglichkeiten der Beleuchtung als ein Element von »Ambient Intelligence« vor.

4.2.4.1   Heizsysteme

Folgende ausgewählte Heizsysteme (die auch teilweise Elemente der Kühlung und Wärmespeicherung umfassen) werden nun vorgestellt:

- Passivhäusertechnologie
- Wärmepumpenheizung
- Warmluftheizungen und Strahlungsheizungen
- Thermochemische Speicher
- Latentwärmespeicher
- Kraft-Wärme-Kopplungs-Kleinkraftwerke

Passivhaustechnologie

Passivhäuser setzen Standards, indem sie ohne Heizung im Sinne eines Gas- oder Ölbrenners auskommen. Dazu ist ein Bündel technischer Möglichkeiten einzusetzen, deren wichtigste hier erläutert werden: Die Wärmeenergie bleibt durch eine gute Isolierung und vollständige Abdichtung des Gebäudes in der energetischen Hülle des Gebäudes. Der Wärmedurchgangkoeffizient (U-Wert) gibt an, wie viel Watt (physikalische Leistung) pro Quadratmeter und Kelvin (K, entspricht einem Grad Celsius) verloren geht, er hat deshalb die Maßeinheit W/m^2K. Bei einem U-Wert von 0,15 W/m^2K für die Außenhülle und einer Temperaturdifferenz von 20 Grad Innentemperatur zu null Grad Außentemperatur ist die nach außen abgegebene Energieleistung pro Quadratmeter folgendermaßen zu ermitteln:

$$1 \text{ m}^2 \text{ x } 20 \text{ K x } 0,15 \text{ W/m}^2\text{K} = 3 \text{ W}$$

Um diese Größenordnung noch über eine andere Rechnung anschaulich zu machen: Ein Mensch strahlte im Ruhezustand eine energetische Leistung von knapp 100 W ab, Sportler können bei einer kurzzeitigen Anstrengung 200 bis 400 Watt Leistung erbringen. So lange sich eine Person mit 100 Watt Leistungsabgabe im Haus befindet, kann sie den Wärmeverlust durch 100/3 = 33 Quadratmeter Außenhülle ausgleichen.

Die folgende Formel baut darauf auf und berechnet den Energieverlust pro Stunde in Wattstunden:

$$1 \text{ h} \times 1 \text{ m}^2 \times 20 \text{ K} \times 0,15 \text{ W/m}^2\text{K} = 3 \text{ Wh}$$

Dichte Gebäude stellen das Problem der Lüftung. Der Luftwechsel zur Vermeidung von Schimmelbildung und für die Atemluft erfolgte in alten Gebäuden über Undichtigkeiten, bei neueren Gebäuden über regelmäßiges Öffnen der Fenster, was sich bei Passivhäuser verbietet: Die Körperwärme der Bewohner und die Benutzung von Geräten wie Herd oder Fön könnte den Wärmeverlust nicht mehr ausgleichen. Deshalb ist der Luftwechsel in Passivhäusern über eine automatische Belüftung gesichert (die Bezeichnung »Zwangsbelüftung« weckt unangemessene Assoziationen), so dass bei niedrigen Außentemperaturen die Fenster nicht geöffnet werden müssen und dürfen. Hier kommen zwei zusätzliche technische Möglichkeiten zum Einsatz: Über einen Wärmetauscher erwärmt die ausströmende Innenluft die einströmende Außenluft. Die Außenluft wird zusätzlich vorab erwärmt, indem sie in Leitungen durch Erdreich geleitet wird, das auch bei strengen Frostgraden bis zu acht Grad Celsius hat. So wird auch Erdwärme genutzt. Sollte die Temperatur im Haus trotz allem nicht gehalten werden können, ist eine leichte elektrische Nacherwärmung der einströmenden Luft möglich. Nach Süden ausgerichtete Fenster sowie Solaranlagen ergänzen das energetische Konzept von Passivhäusern. Dabei ist auf eine gute Verschattung der Fenster zu achten, denn sonst heizt sich das Haus im Sommer stark auf. Der Bau von Immobilien mit Passivhaustechnologie erfordert etwa um 10 bis 15 Prozent höhere Investitionen gegenüber Häusern mit konventionellen Heizungen.

Wärmepumpen

Eine besonders effiziente Technologie stellen Heizungssysteme mit elektrisch betriebenen Wärmepumpen dar, die die Wärme aus der natürlichen Umgebung nutzen. Sie bieten sich an, wenn auf Heizungen nicht ganz verzichtet werden kann, aber der Einsatz der fossilen Energieträger Gas oder Öl – von Kohle ganz zu schweigen – in Brennern vermieden werden soll. Herzstück der Heizung ist die Wärmepumpe, die ein Heizsystem gemäß dem umgekehrten Kühlschrankprinzip antreibt. Die Funktionsweise einer Wärmepumpe, die die Wärme aus der Außenluft nutzt, kann mit einem Kühlschrank versinnbildlicht werden, der in eine abgedichtete Gebäudeöffnung gestellt wird. Die Öffnung des Kühlschranks ist außen, die Röhren zur Abgabe der Wärme weisen nach innen (die Bezeichnung »Kühlrippen« ist irreführend, denn sie sind ja warm). Öffnet man den Kühlschrank, so dass die Pumpe anspringt, dann kühlt der Kühlschrank ab und die ins Hausinnere weisenden Röhren geben die der Umgebungsluft entzogene Wärme ab. Dabei wird das physikalische Prinzip genutzt, dass Flüssigkeiten bei der Verdampfung Energie aufnehmen. Die bei diesem Wechsel des Aggregatzustandes benötige Energie wird der Umgebung entzogen, so dass Verdunstungskälte entsteht. Umgekehrt setzt die

Kondensation die aufgenommene Energie wieder frei, so dass Kondensationswärme entsteht. Weiter nutzen Wärmepumpen das physikalische Gesetz, dass Flüssigkeiten unter Druck ihren Siedepunkt erhöhen (realisiert beispielsweise beim Dampfkochtopf). Wenn man sie komprimiert, kondensieren Gase folglich und geben Kondensationswärme frei. Die Abbildung 43 verdeutlicht, wie Wärmepumpen diese Zusammenhänge nutzen.

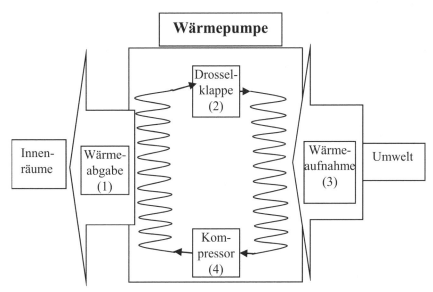

Abb. 43:   Prinzip der Wärmepumpe

Auf der warmen Seite der Abbildung (1) komprimiert der Kompressor (4) das Medium, so dass es vom gasförmigen in den flüssigen Zustand übergeht und dabei die aufgenommene Wärme abgibt, es entsteht Kondensationswärme. Eine Drosselklappe (2) sorgt dafür, dass der Druck auf der warmen Seite des Systems nicht zu hoch wird und das Medium wieder auf die kalte Seite fließen kann. Dort verringert sich der Druck, das Medium verdampft und gibt dabei Verdunstungskälte ab, es kühlt also die Umgebung. Dabei nimmt es selber Energie der Umgebung auf, die dann nach Kompression und Kondensation als Kondensationswärme an der gewünschten Stelle wieder abgegeben wird. Damit ist der Kreislauf geschlossen.

Die üblicherweise als Wärmepumpe bezeichneten Geräte bestehen im Wesentlichen aus einem Wärmetauscher, der die Wärme an den eigentlichen Heizkreislauf in der Immobilie abgibt, sowie dem Kompressor, der eigentlichen Pumpe im technischen Sinne. Der Antrieb des Kompressors erfolgt durch einen Elektromotor, die Verdichtung geschieht durch Kreiselräder. Die wirtschaftliche und ökologische Beurteilung der Wärmepumpenheizung ist insbesondere davon abhängig, wie lange der Kompressor mit seinem elektrischen Antrieb pro Jahr läuft, um die notwendige Heizenergie bereitzustellen. Für die Auslegung von Heizungen wird die Jahresarbeitszahl berechnet, die die erzeugte Heizenergie über das Jahr im Verhältnis zur aufgenommenen elektrischen Energie angibt. Die Jahresarbeitszahl liegt typischerweise bei 3 bis 4,5, jede Kilowattstunde elektrischer Energie erbringt also eine Heizenergie von 3 bis 4,5 Kilowattstunden. Große Temperaturgefälle sind dabei ungünstig. Bei einer schlecht gedämmten Immobilie mit kleinen Heizflächen und der Aufnahme der Umgebungsenergie durch die Luft ist von einer Wärmepumpenheizung abzuraten. Die von der Wärmepumpe erzeugte Temperatur für den Heizkreislauf (Vorlauftemperatur) ist dann hoch, die Umgebungsluft im Winter kann sehr niedrig sein und dementsprechend muss die Pumpe lange laufen. Um die Erwärme zu nutzen, bietet es sich an, Rohre entweder flächig in ein bis anderhalb Metern Tiefe zu verlegen, oder eine platzsparende Bohrung bis auf 60 bis 80 Meter zu bringen. Günstige Bedingungen, um eine gute Jahresarbeitszahl zu erreichen, bieten Fußbodenheizungen in Kombination mit solchen Erdsonden. Erdsonden stellen die konstante Temperatur von acht Grad auch im Sommer zur Verfügung. Dann lässt sich Erdwärme als Erdkühlung interpretieren. Über die Flächen«heiz«körper sind die Räumlichkeiten kühlbar und Klimaanlagen sind nicht mehr erforderlich.

Um die Energiebilanz von Immobilien weiter zu verbessern, lassen sich solarthermische Anlagen anbringen, um mit Sonnenkollektoren das Brauchwasser zu erwärmen und die Heizung zu unterstützen. Fotovoltaik erzeugt elektrischen Strom. Fotovoltaische Dünnschichttechnologie kann zukünftig als Fensterscheiben der Glasfassaden von Bürogebäuden eingesetzt werden.

Warmluftheizungen und Strahlungsheizungen

Die in Wohn- und Bürogebäuden verbreiteten hydraulischen Warmwasserheizungen, die ihre Wärme über Heizkörper (Konvektoren) abgeben, sind bei großen Hallen nur selten anzutreffen. Gebräuchlich sind in Industriehallen Warmluftheizungen, die aber in vielen Fällen den noch wenig verbreiteten Strahlungsheizungen unterlegen sind. Diese Heizkonzepte werden deshalb nun vergleichend diskutiert. Bei Warmluftheizungen gelangt die erwärmte Luft meist mechanisch durch ein Gebläse in den zu beheizenden Raum. Warmluftheizungen nutzen die zirkulierende Luft als Wärmeträger. Die Vorteile einer Warmluftheizung liegen in der schnellen Aufheizung, der Integrierbarkeit von Lüftungssystemen sowie in der Möglichkeit, durch Zufuhr von Frischluft nachträglich zu kühlen. Ein wesentlicher Nachteil eines solchen konvektiven Systems liegt darin begründet, dass warme Luft nach oben steigt und sich ein Wärmepolster unter der Decke bildet. Messungen haben ergeben, dass bei einer Temperatur von 14 bis 18 Grad in ein bis zwei Metern über dem Hallenboden die Temperatur in 10 Metern Höhe auf 30 Grad steigt. Der dadurch entstehende Energieverlust wird häufig noch durch eine schlechte Dämmung des Hallendachs verstärkt. Ein in vielen Hallen durchschlagener Mangel besteht darin, dass die erwärmte Luft durch Öffnungen wie Ladetore entweicht. Kühle Außenluft strömt dann ein und am Fußboden kann es dann noch fühlbar kälter sein als die genannten 14 Grad. Unter solchen Bedingungen sind Warmluftheizungen kein effizientes Heizsystem. Strahlungsheizungen wie Infrarotheizungen und Deckenstrahlplatten hingegen erwärmen direkt die im Strahlungsbereich befindlichen Körper. Im Gegensatz zur Wärmeübertragung mittels der Luft erfolgt hier eine Übertragung mittels elektromagnetischer Vorgänge. Dadurch ist der Wärmeverlust bei Strahlungsheizungen deutlich geringer als bei Warmluftheizungen. Mit dieser Eigenschaft, dass sie eine bessere Temperaturverteilung im Raum unterstützen, gehen viele weitere Vorteile einher: So liegt die gefühlte Temperatur höher als bei dem Einsatz von Warmluftheizungen, obwohl die eigentliche Lufttemperatur niedriger ist. Auch eignen sich Strahler als Heizung in Hallen, die produktionsbedingt einen hohen Luftwechsel erfordern, um beispielsweise schädliche Dämpfe abzuführen. Da Strahlungsheizungen die Luft auf indirektem Weg erwärmen, gibt es kaum Luftbewegungen und somit auch kaum Zuglufterscheinungen oder Staubaufwirbelungen. Des Weiteren reduziert die geringe Luftgeschwindigkeit auch den Wärmeaustausch zwischen Raumluft und Außenluft und verringert so Wärmeverluste. Bei geringen Hallennutzungszeiten, beispielsweise bei Ein-Schicht-Betrieben, ist es notwendig die Halle vorzuheizen, um bei Arbeitsbeginn eine angenehme Temperatur zu. Auch in diesem Fall ist die Installation einer Strahlungsheizung durchaus sinnvoll. Die Strahler geben schon kurz nach dem Einschalten Wärme ab. Da sie Menschen und Objekte direkt erwärmt, stellt sich schnell eine angenehme Wärme ein. Folgende Faktoren begünstigen den wirtschaftlichen und energieeffizienten Einsatz von Strahlungsheizungen:

- Deckenhöhe ab 4 Metern.
- Hallen mit einem ungenügenden Wärmeschutz.
- Geringe tägliche Nutzungszeit (z.B. Ein-Schicht-Betriebe).
- Eine produktionsbedingt hohe Luftwechselrate.
- Häufige betriebsbedingte Notwendigkeit, die Hallentore zu öffnen.
- Bei geforderter Beheizung von einzelnen Hallen- oder Arbeitsbereichen.

Thermochemische Speicher

Passivhäuser, Wärmepumpen und Strahlungsheizungen sind marktgängige, ausgereifte Technologien, die ihr Einsatzpotenzial bei weitem noch nicht ausgeschöpft haben. Die in diesem Abschnitt abschließend vorgestellten drei Technologien geben einen Einblick in zu erwartende Innovationen und haben eher Nischencharakter. Thermochemische Speicher sind eine interessante Möglichkeit, die Energie über die Jahreszeiten zu puffern. Nach dem Prinzip des Luftentfeuchters enthalten sie Silicagel oder Zeolithe – im Prinzip handelt es sich um eine bestimmte Art von Sand, der Feuchtigkeit aus der Luft bindet. Auch kleine Beutel in Verpackungen von feuchtigkeitsempfindlichen Elektrogeräten enthalten solche Substanzen. Bereits ein Würfel mit zweieinhalb Quadratmetern Kantenlänge und einem Volumen von 15 Kubikmetern kann für ein Einfamilienhaus ausreichen, indem im Sommer über solarthermische Anlagen erwärmte Luft die Feuchtigkeit im Speicherblock verdunstet, es entsteht Verdunstungskälte. Im Winter wird dann kühle, feuchte Luft eingeleitet, die Feuchtigkeit wird aufgenommen, so dass Kondensationswärme die Luft erwärmt. Die im Sommer aufgenommene Energie kann unbegrenzt gespeichert werden, so lange keine Feuchtigkeit in die Substanzen gelangt.

Latentwärmespeicher

Ein ähnliches Prinzip realisieren Latentwärmespeicher, die vom Freiburger Fraunhofer-Institut für Solare Energiesysteme und der BASF marktreif gemacht wurden, wofür der Deutsche Zukunftspreis im Jahr 2009 verliehen wurde: Es handelt sich um Gipsplatten, die je Quadratmeter drei Kilogramm kleiner Kugeln eingearbeitet sind, die von Plexiglas ummanteltes Paraffin enthalten. Dieses Paraffin schmilzt bei 23 Grad Celsius und nimmt dabei Energie auf und kühlt bei diesem Phasenübergang analog zur Verdunstungskälte. Dieses Phase Change Material (deshalb PCM-Gipsplatten) kühlt also wie eine Klimaanlage auf 23 Grad, so lange noch genügend nicht geschmolzenes Paraffin vorhanden ist. Sinkt die Temperatur unter 23 Grad, kehrt sich der Vorgang um, das Paraffin wird fest und gibt die gespeicherte Energie wieder ab.

Kraft-Wärme-Kopplungs-Kleinkraftwerke

Der Stromanbieter Lichtblick und Volkswagen wollen 100 000 Kraft-Wärme-Kopplungs-Kleinkraftwerke (KWK-Kraftwerke) in Haushalten installieren. Betrieben von Gasmotoren, die auch in PKWs eingebaut werden, produzieren solche Mini-Blockheizkraftwerke (BHKW) Heizwärme und Strom mit einem extrem hohen Wirkungsgrad von 92 Prozent. Sie können über Funksteuerung gekoppelt werden und als virtuelles Großkraftwerk den Strom ins öffentliche Netz einspeisen, wenn er knapp und teuer ist. Damit tragen sie zur Abdeckung der Grundlast bei, um Großkraftwerke zu ersetzen. Die attraktiven Konditionen sind im Stil des Leasings gehalten, so dass Instandhaltung und technische Risiken bei den anbietenden Unternehmen liegen. Die Funktionsweise dieser kleinen Anlagen ähnelt der von großen Gas- und Dampfkraftwerken (GuD-Kraftwerke), die die alten Kohlekraftwerke mit einem Wirkungsgrad von lediglich 40 Prozent ersetzen sollten. Nach der Verbrennung des Gases in einer Turbine und einer ersten Generatorstufe hat der Heißdampf immer noch einen hohen Energieinhalt. Diese Restenergie kann dann entweder als Fernwärme zur Heizung dienen oder in einer zweiten Generatorstufe weiter in elektrische Energie verwandelt werden. Für solche Kraftwerke spricht nicht nur ihre Effizienz, sondern Erdgas hat auch im Verhältnis zur Kohlendioxidemission einen hohen Energieinhalt.

4.2.4.2   Abwärmenutzung und Kühlung

Enten frieren mit Ihren Flossen nicht fest, wenn sie über eine Eisfläche laufen, da die Flossen so kalt sind, dass sie das Eis nicht schmelzen und gar keine Flüssigkeit entsteht, die wieder gefrieren kann. Die Tiere erreichen das, indem sie das Prinzip des Wärmetauschers in ihren Beinen realisieren. Die Arterien, in denen das körperwarme Blut nach unten fließt, werden so an den Venen vorbei geführt, dass das von den Flossen kommende, kalte Blut das Blut in den Arterien kühlt. Dabei wird das aufsteigende Blut erwärmt. So bleiben die Flossen kalt und verlieren keine Wärme. Technische Wärmetauscher werden fachmännisch als Wärmeübertrager bezeichnet und lassen sich in drei Gruppen einteilen:

- Direkte Wärmeübertrager bringen das zu wärmende oder zu kühlende Medium unmittelbar in Kontakt mit dem Medium, das seine Temperatur abgeben soll. Das ist beispielsweise realisiert in Kühltürmen von Kraftwerken, in die Wasser eingesprüht wird, um es durch den Kontakt mit der Außenluft abzukühlen.
- Indirekte Wärmeübertrager werden als Rekuperatoren bezeichnet, bei denen die Medien durch großflächiges, wärmeleitendes Material getrennt sind. Plattenrekuperatoren leiten beispielsweise kühle und warme Flüssigkeiten in getrennten Kreisläufen durch platzsparend hintereinander angebrachte Platten.
- Ein halbdirekter Wärmeübertrager ist das Wärmerad, bei dem sich ein großes Rad mit hoher Wärmeaufnahmefähigkeit (z.B. aus Aluminium) langsam zwischen dem warmen und dem kalten Bereich dreht. Das Rad ist von engen Kanälen durchzogen, durch die sowohl das warme als auch das kalte Medium strömt, ohne sich wesentlich zu mischen. Dabei nimmt das Rad Wärme auf und transportiert sie durch die Drehung in den kalten Bereich und umgekehrt. Beim Einsatz dieser Technologie von Rechenzentren durch die Außenluft sind beeindruckende Energieeinsparungen und Kostensenkungen erreichbar (www.kyotocooling.com). Das ist ein Beispiel für eine freie Kühlung, das heißt für eine Kühlung durch frei verfügbare Außenluft.

Technisch ausgereifte Wärmetauscher gibt es in jeder Größe. Von kleinen Geräten im Haushalt, die Wärme vom Gasbrenner zum Wasser in den Heizkessel transportieren, bis hin zu hausgroßen Anlagen für Kraftwerke. Eine geschickte Wärmeführung mit Wärmetauschern kann die Verschwendung verhindern, dass in einem Unternehmen (oder sogar Industriegebiet) gleichzeitig Wärme aus technischen Anlagen nach außen abgeführt und an anderer Stelle geheizt wird. Mehr noch: Oftmals reicht es für die Kühlung von Anlagen nicht aus, Abwärme abzuführen. Die Kühlung erfolgt über Klimaanlagen ebenfalls mit dem Einsatz zusätzlicher meist elektrischer Energie. Machen wir die Probleme und Möglichkeiten anhand eines Beispiels, eines Serverraums deutlich, der Energie abgibt, während die Büros zu heizen sind. Serverräume hat fast jedes Unternehmen, auch im Dienstleistungsbereich. In der Industrie gibt es aber je nach Branche eine Vielfalt von Anlagen mit großer Energieaufnahme und damit oft auch hoher Wärmeabgabe. Beispiele sind Öfen in der metallverarbeitenden Industrie oder der Lebensmittelproduktion, Werkzeugmaschinen im Maschinenbau oder exotherme (Energie freisetzende) Reaktionen in der chemischen Industrie, wie die Produktion von Kalksandsteinen. Es bestehen folgende Möglichkeiten:

- Vermeidung von Heizung im Winter,
- Nutzung der Abwärme zu Heizzwecken,
- Vermeidung energieaufwändiger Kühlung,
- Einbindung von Kühllagern.

Vermeidung von Heizung im Winter

Die aus einem angenommenen Serverraum abgesaugte warme Luft erwärmt über einen Wärmetauscher die angesaugte Außenluft, so dass der Serverraum selbst im strengen Winter nicht geheizt werden muss. Diese Lösung ist in Passivhäusern verwirklicht, verschwendet aber bei einer großen Wärmequelle wie bei Serverräumen oder Öfen die entstehende Energie, die für mehr als den Raum selber ausreicht.

Nutzung der Abwärme zu Heizzwecken

Bei einer geschickten Heizungsführung kann der Serverraum deshalb analog einem dezentralen Brenner zur Erwärmung des Wassers oder der Luft dienen, die direkt zur Heizung beispielsweise von Büroräumen dient. Die Abluft des Serverraums ist zwar geruchsbelastet, kann aber über einen Wärmetauscher das Heizmedium erwärmen. Im Haushalt ist dieses Prinzip über moderne Kaminöfen realisiert, die nur 20 Prozent der Wärme in den Raum abgeben, mit dem Rest (abgesehen von der Abwärme über das Rauchgas) über einen Wärmetauscher das Wasser im Heizkessel erwärmen. Damit ist auch eine Wärmespeicherung über Stunden bis hin zu einigen Tagen möglich. Die Nutzung der Wärme im Sommer ist schwierig, wenn kein Heizbedarf besteht, da thermochemische Speicher noch nicht gebräuchlich sind und auch die entstehenden Temperaturen hierfür kaum ausreichen. Es gibt experimentelle Häuser, die die Wärme über die Jahreszeiten in einem großen, gut isolierten Wassertank speichern, was sich aber nur als Einzellösung anbietet.

Vermeidung energieaufwändiger Kühlung (freie Kühlung)

Im Sommer ist das in den meisten Unternehmen praktisch zu erreichende Ziel deshalb, wenigstens keine Energie in die Kühlung zu stecken. Bei Temperaturen unterhalb der Soll-Temperatur in einem Serverraum kann das über freie Kühlung gelingen. Das oben erwähnte Wärmerad ist eine technische Möglichkeit hierzu. An heißen Tagen bietet es sich an, die Erdkühlung zu nutzen, wie bei der Wärmepumpenheizung beschrieben. Damit ist über Wärmetauscher und Kühlkreisläufe jedes Gebäude, das nicht noch niedrigere Temperaturen benötigt, kühl zu halten.

Einbindung von Kühllagern

Genau wie Serverräumen oder Öfen geben auch Kühlräumen Energie ab, die normalerweise an die Außenluft abgeführt wird. Das ist jedoch nur im Sommer sinnvoll, wenn kein Heizbedarf besteht. Es ist naheliegend, dass bei kühlen Temperaturen die dem Kühlraum entzogene Wärme zur Heizung verwendet wird. Dies erfordert jedoch eine Kopplung der Kältetechnik an die Heizung und eine aufwändige Steuerung. So plausibel diese Lösung erscheint, liegen doch vor der Realisierung insbesondere bei bestehenden Gebäuden große Hürden. Es ist normalerweise bereits ein nennenswerter Planungsaufwand zu treiben, um überhaupt belastbare Daten für eine Wirtschaftlichkeitsrechnung zu ermitteln.

4.2.4.3 Beleuchtung

Die Beleuchtung ist für das Wohlbefinden sowie die Arbeitssicherheit, -geschwindigkeit und -qualität von vielfach unterschätzter Bedeutung – und das gilt auch für die Kosten. In einem Beispielunternehmen konnten in einem Hallenbereich von 8000 Quadratmetern die Beleuchtungskosten um 30 000 Euro pro Jahr verringert werden durch den Ersatz der alten Beleuchtung. Entwicklungen in der Beleuchtungstechnik erlauben es, bei allen Bewertungskriterien gleichzeitig Fortschritte zu erzielen und die Anforderungen der DIN 12 464-1 »Beleuchtung von Arbeitsstätten« mühelos einzuhalten. Die Tabelle 44 bietet einen Überblick über die Beleuchtungstechnik und die Einsatzgebiete. Zum Verständnis sind einige Fachbegriffe zu klären: Die Lichtausbeute ist der Lichtstrom (Lumen), den ein Leuchtmittel bezogen auf ihre elektrische Leistungsaufnahme (Watt) liefert. Der Ra-Wert ist ein Maß für die Farbwiedergabe, dieser Farbwiedergabeindex ist so normiert, dass ein Farbwiedergabewert von 100 natürlichem Tageslicht entspricht. Bei Leuchtstoffröhren bewirken Vorschaltgeräte die Zündung des Plasmas in den Röhren und begrenzen anschließend die Stromstärke. Es werden konventionelle Vorschaltgeräte (KVG), verlustarme Vorschaltgeräte (VVG) und elektronische Vorschaltgeräte (EVG) unterschieden. EVG erhöhen gegenüber KVG die Lichtausbeute um bis zu 12 Prozent und realisieren einen Einschaltvorgang ohne Flackern, die Lebensdauer verdoppelt sich.

Bei alten Beleuchtungssystemen und niedrigen Amortisationszeiten bietet sich eine Ersatzinvestition an. Flankierend dazu oder auch bei der Beibehaltung der alten Beleuchtung lassen sich große Verbesserungen durch einfache, kostengünstige begleitende Maßnahmen erreichen:

- Steuerung der Beleuchtungsanlage mit Zeitschaltuhren, Bewegungsmeldern, Tageslichtsensoren, Dämmerschaltern, Phasenanschnittssteuerungen (kontinuierliche Messung der Lichtstärke im Raum und zu- oder abdimmen der Beleuchtung, sofern Leuchtmittel gedimmt werden kann). Nicht zuletzt spielt die Motivation der Mitarbeiter, nicht benötigte Beleuchtung auszuschalten, eine Rolle.
- Installation von Reflektoren bei Leuchtstoffröhren reduziert die Anzahl der benötigen Leuchten um 15 bis 30 Prozent.
- Anstrich der Decken und Wänden in hellen Farben.
- Vergrößerung der Abhängehöhe der Leuchten in hohen Hallen. Eine Verringerung der Leuchtenhöhe von 2,5 Meter auf 2 Meter kann bis zu 20 Prozent Energie einsparen.
- Regelmäßige Reinigung der Lampen, Abdeckungen und Reflektoren.

Für die Zukunft ist zu erwarten, dass sich eine programmierbare, vollautomatische Beleuchtung als Teil einer »intelligenten« Wohn- und Betriebsumgebung (Ambiant Intelligence) entwickelt. Es ist dann nicht mehr erforderlich, dass ein Nutzer der Räume oder Hallen das Licht einschaltet, wenn es zu dunkel wird. Vielmehr stellen Sensoren fest, ob ein bestimmtes Helligkeitsniveau unterschritten wird. Diese Sensoren sind für bestimmte Bereiche wie Arbeitsplätze, Lager, Außenbereich installiert. Eine zentrale

Tabelle 44: Überblick über wichtige Beleuchtungstechnologien

Ein-satz-bereich	Beleuchtungsart	Licht-ausbeute [Lumen/W]	Mittlere Lebens-dauer [h]	Farbwie-dergabe [Ra]
Allgemeine Beleuchtung	Glühlampen (Restbestände, da nicht mehr im Verkauf)	10 bis 15	1000	98
	Halogenglühlampen	15 bis 25	bis 4000	98
	Leuchtdioden (Light Emitting Diode, LED)	30 bis 50	50 000	70 bis 90
	Kompaktleuchtstofflampen (Energiesparlampen)	60 bis 80	bis 15 000	umstritten
Allgemeine Beleuchtung, Arbeitsplatzbeleuchtung	Standardleuchtstoffröhren (Halophosphat) – nach DIN 12464 nicht mehr zulässig in Bereichen, in denen sich regelmäßig Menschen aufhalten, da dort mindestens 80 Ra gefordert	50 bis 100	8000 (KVG)	40 bis 56
	Dreibanden-Leuchtstoffröhren	65 bis 90	13 000 (KVG) 20 000 (EVG)	80 bis 89
	De-Luxe-Leuchtstoffröhren Besonders hoher Ra-Wert, geeignet z.B. bei Farbabmischung in Druck oder Design	43 bis 63	bis 20 000 (EVG)	90 bis 100
Beleuchtung hoher Räume und Außenbereich	Natrium-Niederdruckdampflampen (hohe Lichtausbeute, aber sehr schlechte Farbwiedergabe, Einsatz eher im Außenbereich)	150 bis 200	24 000	sehr schlecht
	Natrium-Hochdruckdampflampen	100 bis 150	bis > 24 000	20 bis 40
	Halogen-Metalldampflampen	60 bis 100	bis 15 000	80 bis 90
	Quecksilberdampflampen (schlechte Lichtausbeute und Farbwiedergabe)	40 bis 60	bis > 24 000	40 bis 60

Steuerung muss jetzt so programmiert werden, dass das Licht für bestimmte Tätigkeiten oder Zeiten (beispielsweise innerhalb oder außerhalb der Arbeitszeit) als optimal emp-funden wird. Bewegungsmelder ergänzen das System.

4.2.5   Zukunftsperspektiven

Energieeffiziente Immobilien, auf deren Dächern Fotovoltaik und Solarthermie-Anlagen angebracht sind, in deren Garagen Elektrofahrzeuge stehen, in denen Produktionsanlagen Fernwärmenetze speisen und in deren Untergeschossen Blockheizkraftwerke installiert sind, entwickeln sich zu Knoten im Energienetz. Sie sind im Jahresschnitt als Energie produzierende Einheiten zu verstehen, die zu virtuellen Großkraftwerken zusammengeschaltet werden können. Der Bilanzraum für die Energiebilanz einer Immobilie ist also mit Sorgfalt abzustecken. Die Abbildung 45 zeigt, welche Faktoren entweder in die Energiebilanzierung einzubeziehen oder auszugrenzen sind.

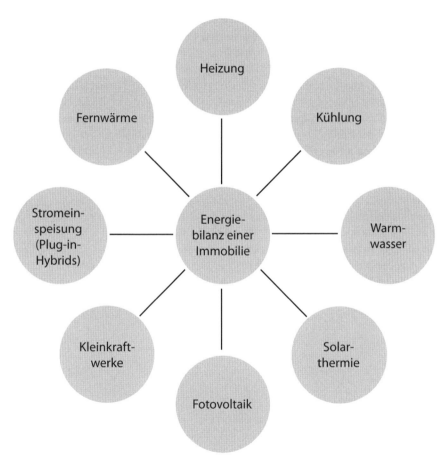

Abb. 45:   Abgrenzungsfaktoren für die Energiebilanzierung einer Immobilie

In der Praxis kann der Eindruck entstehen, dass das Facility Management und die Klimatechnik noch mit Standardanforderungen der Heizung und Kühlung ringen, die hinter dem technisch Möglichen zurück bleiben. Neben den technischen Herausforderungen stellt die Zusammenarbeit der zahlreichen Akteure eine Schwierigkeit dar, die im Anlagenlebenszyklus von Planung, Bau, Übergabe, Betrieb, Instandhaltung, Revisionen, technischen Anpassungen und Modernisierung gewährleistet sein muss. Die steigenden Energiepreise und technischen Innovationen machen eine ständige Überprüfung erforderlich, ob nicht die realisierten Lösungen durch bessere ersetzt werden können. Dabei unterstützen Kennzahlen, wie sie der Arbeitskreis Benchmarking der Association for Real Estate and Facility Managers (RealFM) und das Institut für Baumanagement, Gebäudemanagement und Bewertung (IBGB) erheben. Die Benchmarks finden sich im kostenpflichtigen Benchmark-Bericht der RealFM (www.RealFM.de).

Bei der Optimierung von Klimatisierungslösungen in Unternehmen sind vier Handlungsebenen im Facility Management zu unterscheiden: Die Ersatzinvestition ist die erste Ebene, um die Energiekosten zu senken. Auf der zweiten Ebene geht es um dauerhafte Heizungseinstellungen und -anpassungen: Dies umfasst beispielsweise die Steuerung der Heizung einschließlich Nachtabsenkung, Wochenendabsenkung und Temperaturen in den Vorratsbehältern. Diese Faktoren sind mit der Vorlauftemperatur abzustimmen. Alle Komponenten der Heizung haben eine lange Lebensdauer. Das führt dazu, dass nach Isolierungsmaßnahmen im Gebäude die Brenner eine zu hohe Leistung haben. Hier können Lösungen unterhalb des Gesamtersatzes des Brenners gefunden werden. Auf der dritten Ebene steht die regelmäßige Instandhaltung des gesamten Systems. Dabei kommt es oft zu Doppelarbeiten, denn gemäß der Kehrordnung muss der Schornsteinfeger regelmäßig inspizieren. Ergänzend ist jedoch eine Instandhaltung durch ein spezialisiertes Unternehmen (oft der Anlagenbauer) zu empfehlen. Auch einfache Maßnahmen wie die Entlüftung von Heizkörpern oder der hydraulische Abgleich sind zu nennen. Auf der vierten Ebene steht die laufende Steuerung der Klimatisierung durch die Nutzer. Die Senkung der Raumtemperatur um ein Grad führt gemäß einer Faustformel zu einer Verringerung des Energieverbrauchs um sechs Prozent. Es geht also um den verantwortlichen Umgang mit den Thermostaten an den Heizkörpern sowie das Lüftungsverhalten. Alle Mitarbeiter sind mit dem Thema Klimatisierung und Heizung befasst. Bei einer dezentralen Steuerung haben sie an ihrem Arbeitsplatz aktiven Einfluss, bei einer zentralen Steuerung sind sie so einzubeziehen, dass sie sich wohlfühlen.

4.3   Logistik

Eine gängige und eingängige Definition der Logistik basiert auf den sechs »R«: Die richtige Menge der richtigen Objekte hat zur richtigen Zeit am richtigen Ort zu sein mit der richtigen Qualität zu den richtigen Kosten. Der Begriff hat sich also weit über die ursprüngliche Transport- und Lagerfunktion (Spediteure als »Logistikbranche«) hinaus entwickelt. Um alles sechsmal richtig zu machen, sind zahlreiche Abteilungen mit logistischen Aufgaben befasst, z.B. Materialdisposition, Materialeinkauf, Produktion, Distri-bution, Facility Management, Instandhaltung und die technische Planung der Fabriken, Lager und Materialflusssysteme. Um nicht in der Vielfalt der Aufgaben der Quer-schnittsfunktion Logistik den Überblick zu verlieren und Überschneidungen mit weite-ren Kapiteln zu vermeiden, konzentrieren wir uns in diesem Kapitel auf die logistische Kernaufgabe des Transports. Entscheidend für den Energieverbrauch und die Emissio-nen von Transportvorgängen ist das Logistikkonzept eines Unternehmens, bei dem grundlegende Festlegungen wie die Transportmittel, die Länge der Transporte und die Zusammenarbeit mit Logistikdienstleistern geschehen. Deshalb diskutiert der Abschnitt 4.3.1 wichtige Elemente von Logistikkonzeptionen mit ihrem Energiebezug. Um Trans-porte im Hinblick auf Energieverbrauch und Umweltbelastungen beurteilen zu können, benötigen Entscheidungsverfahren zur Festlegung der Konzeptionen eine Informati-onsversorgung. Der Abschnitt 4.3.2 stellt ein im Internet kostenlos verfügbares Pro-gramm vor, um die Umweltbilanz von Transportvorgängen mit verschiedenen Trans-portmitteln erstellen zu können. Dabei spielt der Energieverbrauch eine dominierende Rolle. Ein für Unternehmen relevantes Teilproblem der Logistik ist der Transport von Personen. Im Abschnitt 4.3.3 ist die Bewertung von entsprechenden Verkehrsmitteln gemäß der Kohlendioxidemissionen anhand eines Beispiels unter Einbeziehung der Kosten durchgerechnet, wobei auch die Möglichkeiten der »Virtualisierung« der Begeg-nung über Telefon- oder Videokonferenzen angesprochen wird. Das durchgerechnete Beispiel zeigt gleichzeitig, wie anhand der Mengendaten des Energieverbrauchs auf die Kohlendioxidemissionen geschlossen werden kann und welche Probleme dabei auftre-ten. Im Zusammenhang mit Logistik und Transporten sind neue Antriebskonzepte (Brennstoffzellen, Elektromotoren usw.) in der Erprobung, die sich noch nicht in der Breite durchgesetzt haben. Der Abschnitt 4.3.4 stellt solche Technologien vor, um Trends abschätzen zu können.

4.3.1   Logistikkonzeptionen

Logistikkonzeptionen legen Rahmenbedingungen fest insbesondere für die

- Bezugsquellen mit Anzahl und räumlicher Entfernung,
- Transportabwicklung einschließlich Transportmittel, Lager und Materialumschlag,
- Netzwerkbildung (Logistikdienstleister, IT-Dienstleister, Banken usw.),
- IT-Konzept (Electronic Logistics im Rahmen des Electronic Commerce).

Diese Punkte dienen nun zur Strukturierung der Überlegungen, wie sich Energie- und Umweltziele in der Logistik verwirklichen lassen und welche Konflikte sich ergeben können. Dabei konzentrieren sich die Darstellungen auf Bezugsquellen auf der Beschaf-fungsseite, denen spiegelbildlich Kunden auf der Vertriebsseite gegenüber stehen. Beide sind Glieder in der Supply Chain, die letztendlich von der Urproduktion über die ver-arbeitende Industrie bis zum Kunden und zum Recycling oder zur Deponierung reicht. Bei den heute vorherrschenden Käufermärkten haben Unternehmen jedoch mehr

Gestaltungsmacht auf der Beschaffungsseite als auf der Absatzseite. Weiter ist den folgenden Überlegungen vorauszuschicken, dass es nicht ein einziges Logistikkonzept im Unternehmen gibt, sondern eine Vielzahl von Konzepten für unterschiedliche Artikelgruppen, die sich gegenseitig ergänzen, aufeinander aufbauen und bedingen.

Bezugsquellen

Die Kosten- und die Umweltziele der Logistik befinden sich teilweise in Harmonie und stehen sich teilweise entgegen. Grundsätzlich führen eine Verringerung der transportierten Menge, geringere Distanzen und eine bessere Ausnutzung der Transportmittel auch zu verringerten Kosten, einem geringeren Energieeinsatz und niedrigeren Umweltbelastungen. Ein Konfliktfeld zeigt sich darin, dass es im Interesse der Gewinnmaximierung liegen kann, lange Transporte durchzuführen, um beispielsweise günstige Bezugsquellen zu nutzen oder weit entfernte Kunden zu beliefern. Dieser grundlegende Konflikt drückt sich in den Begriffen globaler und lokaler Einkauf (Global und Local Sourcing) aus. Ein Treiber der Globalisierung liegt darin, dass Unternehmen weltweit nach dem kostengünstigsten, leistungsstärksten Anbieter suchen und zudem im günstigen Fall noch Wechselkursschwankungen nutzen können. Damit nutzen sie komparative Kostenvorteile, die durch die geographischen, technologischen oder finanziellen Vorteile verschiedener Länder entstehen. Deshalb konzentriert sich der Anbau von Zitrusfrüchten in den Mittelmeerländern, Deutschland hat sich auf Werkzeugmaschinen spezialisiert und Textilien kommen aufgrund der niedrigen Arbeitslöhne oft aus Südostasien. Die Kostenvorteile müssen jedoch die höheren Transportkosten, Zölle und Verwaltungskosten sowie Risiken durch die langen Transporte, mögliche Qualitätsmängel oder auch Korruption ausgleichen. Durch die weltweite Arbeitsteilung findet sich die Logistikbranche in einem langfristigen Wachstum, was dem Ziel der Energieeinsparung entgegen steht.

Mit der Frage des Standorts des Lieferanten ist die Entscheidung über die Anzahl der Lieferanten verbunden. Die Entwicklung in der Wirtschaft geht eindeutig zu einer geringen Zahl von Zulieferern. Einige Unternehmen verlassen sich auf einen einzigen Lieferanten für ein bestimmtes Beschaffungsgut (Single Sourcing). Um die Abhängigkeit zu mindern, wird oft ein zweiter Lieferant aufgebaut, um auf ihn ausweichen zu können (Dual Sourcing). Das fallweise Suchen eines Lieferanten (Multiple Sourcing) ist in der Industrie auf dem Rückzug, denn dadurch werden Beschaffungsvolumina nicht gebündelt, um sie in bessere Konditionen umzumünzen.

Transportabwicklung

Konzepte des Materialflusses zeigen auf, in welcher Weise das Beschaffungsgut ins Unternehmen kommt. Bekannte Konzepte sind Just-in-Time (JiT) oder Just-in-Sequence (JiS) für den außerbetrieblichen Transport, Kanban ist ein innerbetriebliches Konzept des Materialflusses. Tourenplanung mit Software, die Operations Research (OR) Verfahren umsetzt, optimiert die Transportwege und -kosten. Allerdings entsteht

ein Zielkonflikt zwischen Kosten- und Umweltzielen, wenn Transportmittel mit geringen Kohlendioxidemissionen teurer sind oder Nachteile bei weiteren Leistungsmerkma-
len (etwa der Geschwindigkeit) aufweisen, wie es bei der Verlagerung von Gütern von
der Straße auf die Schiene vorkommen kann. Die beiden folgenden Abschnitte beschäftigen sich mit der Informationsversorgung, um solche Entscheidungen transparent und
rational fällen zu können.

Möglichkeiten zur gleichzeitigen Minderung der Kosten- und Umweltbelastung sind
die herstellerbezogene und die empfängerseitige Bündelung von Materialströmen: Für
langfristige herstellerbezogene Bündelungen bedarf es eines Umdenkens bei der Distri-
bution der Produkte. Durch die Nutzung von Güterverkehrs- bzw. Güterverteilzentren
kann eine Senkung der Transportleistung – gerade im Fernverkehr – erreicht werden.
Diese Zentren (Hub, Nabe) sind vornehmlich am Rand von Ballungsgebieten angesiedelt. So kann eine Weiterverteilung der Waren durch City-Logistik-Konzepte, die eine
kooperative und herstellerübergreifende Belieferung von Innenstädten zum Ziel haben,
positive Auswirkungen auf Energieverbrauch und Umwelt haben. Eine Bündelung auf
der Empfängerseite bedeutet eine Zusammenfassung von Sendungen unterschiedlicher
Hersteller zu einer Gesamtladung für Kunden, die große Mengen benötigen. Dieser
Bündelungseffekt wird in der Praxis bereits seit längerer Zeit von großen Kaufhäusern
genutzt. So wird vor allem der herstellerbezogene Fernverkehr gesenkt, da nun statt dem
Anfahren jedes einzelnen Kaufhauses bis in sie Innenstädte hinein nur noch ein Zent-
rallager der Kaufhauskette angefahren werden muss. Innerhalb dieser Warenverteilzen-
tren kann dann eine weitere empfängerbezogene und dabei herstellerübergreifende
Bündelung vorgenommen werden, um auch bei der Belieferung der einzelnen Filialen
im innerstädtischen Bereich bzw. in Ballungsgebieten Vorteilen aus dieser Warenkonsolidierung zu erzielen.

Netzwerkbildung

Logistikkonzepte gelten als umso leistungsfähiger, je enger sie die Supply Chain knüpfen.
Es geht also nicht mehr um ein Logistikkonzept eines Unternehmens, sondern um die
Bildung von Netzwerken von Unternehmen in der Wertschöpfungskette, die durch
Logistikdienstleister verbunden sind. Die IT-Systeme aller beteiligten Unternehmen
sind abgestimmt oder sogar an entsprechende Dienstleister ausgegliedert, Banken finan-
zieren die Materialströme und wickeln die Zahlungen ab.

Als eine besondere Form der Netzwerkbildung kann die Entwicklung von Spediteu-
ren zu Forth-Party-Logistics-Providern (4PL) aufgefasst werden. Die erste »Partei«, die
transportieren kann, ist das Unternehmen selber. Traditionelle Spediteure, die Güter von
Ort A nach B bringen, gelten als Second Party Logistics Provider. Third Party Logistics
Provider übernehmen weitergehende Dienstleistungen wie Lagerung, Kommissionie-
rung, Verpackung und bedienen sich Subtransporteuren. Große Logistikdienstleister
übernehmen für einen Kunden neben allen Transport- und Lageraufgaben auch weitere
Dienstleistungen, einschließlich sensibler Tätigkeiten wie Fakturierung und Qualitätsmanagement. Aus dieser Entwicklung folgt für energetische Fragen der Logistik, dass sie

beim Einsatz eines 4PL für das beauftragende Unternehmen keine Rolle mehr spielen, da sich der spezialisierte Dienstleister um Tourenplanung, Transportbündelung und eingesetzte Transporttechnologien kümmert. Der Dienstleister hat dann Optimierungsmöglichkeiten, die auch großen Unternehmen alleine nicht zur Verfügung stehen. Er kann in seinen Hubs eine integrierte empfänger- und herstellerseitige Bündelung für alle seine Kunden realisieren. Mit einem solchen Gesamtüberblick fällt es dem 4PL leichter, durch eine Warenkonsolidierung Transportkapazitäten voll auszulasten und häufigere Touren zu realisieren.

IT-Konzepte

Electronic Logistics (E-Logistics) bezeichnet die weitgehende IT-Unterstützung von Logistikvorgängen bei der Planung (z.B. programmgestützt Tourenplanung), Steuerung (z.B. Tracking und Tracing von Sendungen mittel Global Positioning System, GPS) und Kontrolle (z.B. automatisierte Rechnungsstellung und BDE). E-Logistics ist ein Element von Electronic Commerce (E-Commerce). Beide Entwicklungen sind aus der Sicht des Energieverbrauchs positiv zu sehen, bringen sie doch in der Tendenz eine Dematerialisierung von Prozessen. Bei Informations- und Kommunikationsprozessen ist das offensichtlich, doch sie tragen auch zur Optimierung physischer Logistikprozesse bei. Das wird beispielhaft deutlich an der Reduzierung von Lagerbeständen durch mehr Transparenz in der Supply Chain, so dass der Energieverbrauch für den Bau und Betrieb von entsprechenden Lagerkapazitäten wegfällt. Bei Transporten wird die Bündelung und Kapazitätsauslastung von Transportmitteln verbessert, wie es das Desktop-Purchasing (DTP) als ein Element von E-Commerce deutlich macht. Mit DTP sind im Kern interne Beschaffungskataloge bezeichnet, die von den Mitarbeitern an ihrem Arbeitsplatz (Desktop) im Intranet nutzbar sind. Die Mitarbeiter können ihren Bedarf an C-Artikeln (Kleinteile für Werkstätten, Schmierstoffe oder Büromaterial) ohne aufwändiges internes Genehmigungsverfahren bestellen. Für jede Materialkategorie hat der Einkauf einen Rahmenvertrag mit einem Lieferanten geschlossen, dem die dezentralen Bestellungen der Mitarbeiter direkt zugeleitet werden. Neben den vielen anderen Vorteilen des Systems ist nun eine Volumenbündelung beim Transport mit Energieeinsparung möglich.

Zusammenfassend lässt sich sagen, dass sich die grundlegende energiebezogene Problematik von Logistikkonzeptionen im Gegensatz von lokalen Netzwerken und globaler Beschaffung widerspiegelt. Kennzeichnen wir die beiden Pole mit Ihren Extremen: Auf der einen Seite steht ein lokal geprägtes Konzept als eine sinnvolle Kombination von

- Single und
- Local Sourcing in Kombination
- mit Just-in-Sequence
- mit Netzwerkpartnern.

Autowerke realisieren dieses lokale Konzept, wenn sie Zulieferer auf das Werksgelände holen, so dass die Lieferung sofort ans Band erfolgen kann. Die Vorteile sind offensichtlich: Kurze Wege, volle Transportmittel, geringe Kapitelbindung durch niedrige Bestände, geringe Logistikkosten und kaum Energieverbrauch durch Transporte. Abgesehen von ökonomischen Risiken wie der gegenseitigen Abhängigkeit oder dem Ausschalten des Wettbewerbs in der Supply-Chain gibt es einen großen Trend, der dieser Lokalisierung entgegen wirkt: die Globalisierung. Der Gegenpol zur obigen lokal verwurzelten Konzeption ist ein

- Global Sourcing
- als Multiple Sourcing und
- einzelfallbezogenen Beschaffungswegen.

4.3.2 Ökologische Bewertung von Transportmitteln

Um Unternehmen die Möglichkeit zu geben, für die Entscheidung über Logistikkonzepte Umweltauswirkungen unterschiedlicher Transportmittel abschätzen zu können, gibt es kostenlose Software (Freeware). Für die Emissionen ist beispielsweise von großer Bedeutung, ob LKW, Bahn oder Flugzeug den Transport durchführen. Auch der Antrieb und die Art des Treibstoffs spielen eine Rolle. Es ist beispielsweise zu berücksichtigen, ob es sich um Biodiesel oder Ökostrom handelt. Ein aufwändig, auf wissenschaftlicher Basis erstelltes Programm ist das vom Institut für Energie- und Umweltforschung (ifeu) in Heidelberg und der Rail Management Consultants GmbH (RMCon) entwickelte Eco-TransIT und auch das Öko-Institut bietet Kohlendioxid-Berechnungen für die Logistik an (www.oeko.de/oekodoc/934/2009-040-de.pdf). Das hier im Mittelpunkt stehende System EcoTransIT (www.ecotransit.de) unterstützt nicht nur bei der umweltorientierten Entscheidungsfindung in Vorfeld des Transportes, ebenso liefert das Tool auch nach erfolgter Transportdurchführung Informationen, die für alle Unternehmen, die eine Umweltbilanzierung durchführen, eine wesentliche Hilfestellung bei der Integration des Verkehrs in das betriebliche Umweltmanagementsystem darstellen. EcoTransIT arbeitet dabei auf wissenschaftlicher Basis mit Daten, die eine europaweite Akzeptanz haben. Die Entwickler griffen auf Quellen wie z.B. das »Handbuch Emissionsfaktoren des Straßenverkehrs« (HBEFA), das Projekt »Assessment and Reliability of Transport Emission Models« oder das Umweltbundesamt (UBA) zurück. Das Programm ermittelt die Umweltauswirkungen in Bezug auf den Energieverbrauch und die Emissionen beim Transport mit Bahn, LKW, See- oder Binnenschiff und Flugzeug innerhalb Europas. In die Berechnungen gehen aber nicht nur der direkte Energieverbrauch und die direkte Emissionen ein, sondern auch die indirekten, die bei der Erzeugung, dem Transport und der Verteilung der benötigten Energien entstehen. Hinter der Ermittlung des kumulierten Energieaufwandes (KEA) stehen Fragen wie beispielsweise »Wie viel Energie wurde bei der Förderung des Rohöls eingesetzt?« oder »Wie viel Energie wird verbraucht, um das Benzin zur Tankstelle zu bringen?« So wird im Bezug auf die entstehenden Emissionen in der energiebezogenen Wertschöpfungskette differenziert. Bei einem elektroangetriebenen Schienenfahrzeug werden die Emissionen beispielsweise bereits im Vorfeld des Transportes freigesetzt, während bei einem Zug mit Dieselantrieb die Emissionen vor allem während des eigentlichen Transports entstehen. Folgende Faktoren dominieren den Energieeinsatz bei einem Transport:

- Verkehrsmittel und Fahrzeugtyp
- Antriebsart
- Transportstrecken bedingt durch Verkehrsnetze
- Auslastung der Ladekapazität der Fahrzeuge
- Leerfahrtenanteil
- kumulierter Energieaufwand (Energieverbrauchskette vor dem Transport)

In den Berechnungen werden die zurückgelegten Entfernungen nach Verkehrsmitteln aufgeführt. Durch den zusätzlichen Einsatz eines Geoinformationssystems (GIS) kann genau nachvollzogen werden, auf welchem Weg die Güter zu ihrem Zielort gelangt sind. Des Weiteren werden bei diesem Tool die unterschiedlichen Ladekapazitäten berücksichtigt. So weist jedes Verkehrsmittel eine maximale Ladekapazität auf, die entweder durch das zulässige Gesamtgewicht oder durch das maximale Volumen der Ladung definiert ist. Beim Transport von Massengütern, wie beispielsweise Stahl, Kohle oder auch Sand bzw. Kies, kann eine optimale Auslastung des Verkehrsmittels im Bezug auf das jeweils zulässige Gesamtgewicht erreicht werden. Dies bedeutet, dass die entstehenden Umweltbelastungen pro Nettotonne des transportierten Gutes in der Regel eher geringer ausfallen als gegenüber dem Transport von Gütern wie Kleidung oder Möbeln. Solche Güter füllen das Transportvolumen zwar räumlich exzellent aus, die Kapazität im Bezug auf das Gewicht wird aber nicht vollständig genutzt. Da es aber schwierig ist zu bestimmen, bis zu welchem Grad die Ladekapazität beim Transport von einem bestimmten Gut genutzt wird, bietet diese Internetanwendung die Möglichkeit, sich auf statistische Durchschnittswerte zu beziehen. Ebenso ist für eine realistische Beförderungsbeurteilung auch der Leerfahrtenanteil zu berücksichtigen, das heißt die Anzahl der Kilometer, die das Verkehrsmittel unbeladen zurücklegt. Im Gegensatz zu den meisten Systemen, welche zur Berechnung der Umweltbelastungen nur den Hauptindikator des Treibhauseffektes Kohlendioxid berücksichtigen, gehen bei EcoTransIT noch weitere Faktoren in die Berechnungen mit ein. Verzichtet wird dabei allerdings auf die Betrachtung der Kategorien Landverbrauch sowie Lärmbelastung. Die folgenden ökologischen Auswirkungen des Verkehrs werden von EcoTransIT in der Wirkungsbilanz der betrachteten Transporte berücksichtigt:

In einer Beispielbilanzierung zum Vergleich wichtiger Verkehrsmittel wird im Folgenden der Transport durchschnittlicher Güter von Hamburg nach Basel betrachtet. Das Gewicht der zu transportierenden Güter betrage 100 Tonnen, des Weiteren wird ein Beladungsgrad von 100 Prozent unterstellt. Gleis- sowie Hafenzugang sind in beiden Städten gegeben. Folgende Transportmittel werden für den Vergleich herangezogen:

- Lastkraftwagen
- Zug mit Elektroantrieb
- Zug mit Dieselantrieb
- Binnenschiff
- Flugzeug

Tabelle 46: Erfasste Umweltauswirkungen im Softwaretool EcoTransIT

Umweltbelastung	Abkür-zung	Einheit	Ökologische Auswirkung
Kohlendioxidemissionen	CO_2	t	Hauptindikator für den Treibhauseffekt
Primärer Energieverbrauch	PEC	MJ	Hauptindikator für Ressourcenverbrauch
Stickoxidemissionen	NOx	kg	Eutrophierung*
Nicht-Methan-Kohlenwasserstoffe	NMHC	kg	Humantoxizität, Smog
Staubemissionen insgesamt	$PM_{ind/dir}$	kg	Humantoxizität, Smog
Feinstaubemissionen	PM_{ind}	kg	Humantoxizität, Smog
Schwefeldioxidemissionen	SO_2	kg	Übersäuerung, Ökotoxizität, Humantoxizität
*Zunahme von Nährstoffen in Gewässern, welche eine unerwünscht starke Vermehrung von Wasserpflanzen nach sich zieht.			

Ausgewertet werden Lastkraftwagen mit einem zulässigen Gesamtgewicht von 40 Tonnen, wobei die Schadstoffklasse gemäß der Norm Euro 3 unterstellt wurde. Beim dem Transportmittel »Zug« erfolgt eine Unterscheidung gemäß der Antriebsarten Diesel- und Elektromotor. Auf den Einbezug der Seeschifffahrt wird in der Betrachtung verzichtet, da dieses Transportmittel deutlich abweichende Einsatzmöglichkeiten aufweist. Die folgende Tabelle zeigt die zurückgelegten Entfernungen der einzelnen Verkehrsmittel für den Gütertransport zwischen Hamburg und Basel. Die teils großen Unterschiede der zurückgelegten Kilometer resultieren aus der differenzierten Infrastruktur, die den Verkehrsträgern zur Verfügung steht. So werden LKW und Zug auf nahezu direktem Weg durch Deutschland zum Zielort geführt, während das Binnenschiff, aufgrund der zur Verfügung stehenden Wasserstraßen, einen Umweg über Osnabrück und Koblenz in Kauf nehmen muss.

Tabelle 47: Zurückgelegte Entfernungen für die Stecke Hamburg-Basel bei verschiedenen Transportmitteln

Transportmittel	Entfernung
Lastkraftwagen	813 km
Zug mit Elektroantrieb	842 km
Zug mit Dieselantrieb	834 km
Binnenschiff	1102 km
Flugzeug	762 km

Die folgende Tabelle fasst die Ergebnisse im Hinblick auf den Energieverbrauch und die daraus resultierenden Kohlendioxidemissionen zusammen.

Tabelle 48: Energieverbrauch und Kohlendioxidemissionen verschiedener Transportmittel auf der Strecke Hamburg-Basel

Transportmittel	Energieverbrauch für den Transport von 100 Tonnen auf der Strecke Hamburg-Basel in Megajoule (MJ)	Energieverbrauch in Kilojoule pro Tonnenkilometer (kJ/tkm)	Kohlendioxidemissionen für den Transport von 100 Tonnen auf der Strecke Hamburg-Basel in Kilogramm
LKW	67352	828	4480
Elektrozug	25851	307	1320
Dieselzug	27709	332	1840
Binnenschiff	23423	213	1560
Flugzeug	752588	9875	49970

Wie oft in energiebezogenen Studien üblich, ist der Energieverbrauch in der korrekten SI-Systematik Joule angegeben, deshalb zur Unterstützung der Umrechnung hier noch einmal die Angabe, dass 3,6 Megajoule einer Kilowattstunde entsprechen. Beim Vergleich des Primärenergieverbrauchs wird deutlich, dass das Binnenschiff mit 23423 Megajoule (MJ) lediglich 35 Prozent der Energie eines LKWs benötigt. Knapp gefolgt wird das Schiff vom elektroangetriebenen Zug (25851 MJ) sowie dem Dieselzug (27709 MJ). Allerdings liegt sogar der benötigte Energieeinsatz des Lastkraftwagens mit 67352 MJ um rund 91 Prozent unter dem des Flugzeuges (752588 MJ). Durch eine Umrechnung dieser Werte auf die jeweils zurückgelegte Entfernung und die transportierte Menge können die spezifischen Primärenergieverbräuche in Kilojoule (kJ) pro Tonnenkilometer (tkm) ermittelt werden. Auch hier ist das Binnenschiff (213 kJ/tkm) am sparsamsten, der Verbrauch des Schiffes liegt gegenüber dem notwendigen Energieaufwand eines Flugzeuges (9875 kJ/tkm) bei nur 2,2 Prozent. Auf Platz zwei der energieeffizientesten Transportmittel liegt der elektrogetriebene Zug (307 kJ/tkm), dicht gefolgt vom Dieselzug (332 kJ/tkm). Deutlich mehr Energie benötigt der Lastkraftwagen (828 kJ/tkm), doch auch dessen Verbrauch liegt bei nur acht Prozent gegenüber dem eines Flugzeugs (9875 kJ/tkm). Für die Beurteilung der ökologischen Auswirkungen der Transportmittel wird zuerst das Treibhausgas mit der größten Bedeutung, Kohlendioxid, betrachtet. Vergleicht man die Emissionen für den Transport, so wird deutlich, dass auch hier wieder das Flugzeug (49970 kg) am schlechtesten abschneidet. Darauf folgt der LKW (4480 kg), der rund zweieinhalbmal mehr ausstößt als die Diesellok (1840 Kilogramm) und dreimal mehr als das Binnenschiff (1560 Kilogramm). Am umweltschonendsten ist die Elektrolok (1320 Kilogramm), die weniger als drei Prozent der Kohlendioxidemissionen eines Flugzeugs freisetzt. Die folgende Tabelle zeigt ergänzend die Entstehung weiterer Schadstoffe für den Transport zwischen Hamburg und Basel.

Tabelle 49: Entstehung weiterer Schadstoffe bei verschiedenen Transportmitteln auf der
Strecke Hamburg-Basel

Transport-mittel	Stickoxide (kg)	Nicht-Methan-Koh-lenwasserstoffe (kg)	Gesamtstaub (kg)	Schwefeldioxid (kg)
LKW	33,05	2,88	0,84	5,51
Elektrozug	1,22	0,13	0,12	1,08
Dieselzug	28,73	3,66	1,00	2,24
Binnenschiff	27,03	2,71	0,84	2,64
Flugzeug	247,86	29,63	3,48	65,85

Es ist darauf hinzuweisen, dass die Zahlen sich stark verändern können, wenn die Voraussetzungen der Berechnung geändert werden. So würde sich das Gefüge beispielsweise verschieben, wenn die Bahn die Beschaffung elektrischer Energie zu einem höheren Anteil aus regenerativen Quellen bezieht. Die Daten sind also, bevor sie für betriebliche Entscheidungen herangezogen werden, kritisch zu hinterfragen und mit den anderen, im Unternehmen verwendeten umweltbezogenen Daten abzugleichen. Beim Einsatz eines solchen ausgefeilten und kostenlosen Softwaretools besteht weiter die Gefahr, eine Insellösung zu schaffen, die nicht ausreichend in die allgemeine Umwelt- und Energiebilanz des Unternehmens integriert ist. Vielen Unternehmen fehlt gerade der systematische Gesamtüberblick. Zusätzlich ist besonders in der Logistik zu beachten, dass beim Einsatz von Logistikdienstleistern viele Wirkungen außerhalb des Unternehmens anfallen. Die sorgfältige Definition der Systemgrenzen bei der Bilanzierung ist deshalb sehr wichtig.

4.3.3 Personenlogistik

Logistik betrifft in erster Linie den bisher behandelten Transport von Waren, doch auch von Personenlogistik kann gesprochen werden. Der »Transport« oder die Übermittlung von Informationen fällt hingegen nicht unter den Begriff Logistik und wird im Abschnitt über Informationstechnologie behandelt. Die Personenlogistik spielt für den Energieverbrauch von Reiseunternehmen eine dominierende Rolle, hier wird die Problematik jedoch anhand von Dienstreisen behandelt, um einen Bezug zu allen Unternehmen herzustellen. Die Überlegungen lassen sich dann für Reiseunternehmen in einen größeren Maßstab übertragen. Die Tabelle zeigt die Rahmenbedingungen für das Beispiel einer Besprechung von Außendienstmitarbeitern, um dann die Kosten, den Energieverbrauch und die Emissionen von Kohlendioxid der notwendigen Dienstreisen zu berechnen. Dabei werden Bewertungen aus dem dritten Kapitel Energiebilanzen angewendet, um auch wichtige Annahmen und Unsicherheitsfaktoren der Berechnungen deutlich zu machen. Auf dieser Basis ist dann zu entscheiden, ob die Besprechung mit physischer

Präsenz zwingend ist, oder ob die Teilnehmer sich virtuell mittels einer Telefon- oder Videokonferenz treffen können.

Tabelle 50:   Rahmenbedingungen einer Geschäftsbesprechung mit Dienstreisen

Person	Entfernung vom Besprechungsort in km	Transportmittel	Gesamte Reisedauer in Stunden
Teamleiterin	0	–	–
Mitarbeiter A	200	Diesel PKW	4
Mitarbeiter B	200	Benzin PKW	4
Mitarbeiter C	200	Zug	4
Mitarbeiter D	400	Flugzeug	6
Mitarbeiter E	5	Fahrrad	0,5

Berechnung der Kosten

Die Teamleiterin ist in der Zentrale und muss nicht reisen, während die Mitarbeiter aus unterschiedlichen Entfernungen anreisen müssen und dabei jeweils andere Verkehrsmittel benutzen. Die beiden wichtigsten Kostenarten der Reisekosten sind die Transportkosten sowie die Personalkosten der Reisenden, andere Kostenarten wie Tagessätze zur Spesenerstattung oder Parkkosten werden vernachlässigt. Bei mehrtägigen Reisen würden Übernachtungskosten das Kostengefüge nennenswert verschieben und wären zu berücksichtigen.

Tabelle 51:   Berechnung der Reisekosten für eine beispielhaftes Geschäftstreffen

Person	Transportkosten	Personalkosten	Gesamtkosten
Teamleiterin	0	0	0
Mitarbeiter A	400 km x 0,3 Euro/km = 120 Euro	4 Stunden x 50 Euro/ Stunde = 200 Euro	320 Euro
Mitarbeiter B	400 km x 0,3 Euro/km = 120 Euro	4 Stunden x 50 Euro/ Stunde = 200 Euro	320 Euro
Mitarbeiter C	Abhängig von Bahncard, Art des Zug usw., 120 Euro	4 Stunden x 50 Euro/ Stunde = 200 Euro	320 Euro
Mitarbeiter D	Abhängig vom Flugtarif, 240 Euro	6 Stunden x 50 Euro/ Stunde = 300 Euro	540 Euro
Mitarbeiter E	0	25 Euro	25 Euro
			Summe 1525 Euro

Die Kostenhöhe kann im Einzelfall stark schwanken (ob Billigflug in der Nacht vom abgelegenen Flughafen für einen eher symbolischen Preis oder Linienflug mit Business Class). Eine Komponente der Transportkosten sind die Energiekosten, die die Kilometerpauschalen, Zug- oder Flugticketpreise jedoch nur langfristig beeinflussen. Eine Ausnahme ist eine PKW-Reise, falls der Arbeitgeber ohnehin einen Dienstwagen zur Verfügung stellte. Dann ist keine pauschale Kostenerstattung von 30 Cent pro Kilometer relevant, sondern die meisten Kosten sind fix (Abschreibung, Instandhaltung usw.) und die zusätzlich entstehenden Treibstoffkosten sind variable Kosten. Die Transportkosten in der obigen Tabelle sind alle variabel, sie würden unmittelbar eingespart. Die Personalkosten sind fixe Durchschnittskosten, sie würden mittel- und langfristig nur eingespart, wenn aufgrund geringerer Reisetätigkeit Stellen abbaubar wären. Aber sie müssen gegen die Opportunitätskosten abgewogen werden, das heißt gegen den Nutzen aus einer anderen Tätigkeit, der die Reisenden nachgehen könnten, würden sie nicht auf Reisen gehen, beispielsweise zusätzlichen Umsatz durch Verkauftätigkeit erzielen.

Berechnung des Energieverbrauchs und der Kohlendioxidemissionen

Der Energieverbrauch schwankt sehr stark je nach Transportmittel und weiteren Annahmen. Beim PKW hängt der Treibstoffverbrauch pro Kilometer vom Auto, der Fahrweise und – bei einer personenbezogenen Betrachtung – von der Anzahl der Mitfahrenden ab. Die Kennzahlen Energieverbrauch pro Transportmittel und pro Reisenden sind also zu unterscheiden, was auch für Transportkosten und Emissionen gilt. Auch bei Zug und Flugzeug ist neben den technischen Unterschieden die Auslastung ein entscheidender Faktor. Das ist ein Grund für unterschiedliche Angaben in der Literatur. Hier wird unterstellt, dass jeder Reisende alleine fährt, ein Diesel-PKW sechs Liter pro 100 Kilometer verbraucht, ein Benzin-PKW sieben Liter. Der Bahnreisende benötige 12 Kilowattstunden elektrische Energie auf 100 Kilometer und der Flugreisende sechs Liter Kerosin pro 100 Flugkilometer, der Fahrradfahrer eine gute Mahlzeit. Es sei an dieser Stelle daran erinnert, dass der Energieinhalt von einem Liter Treibstoff etwa 10 Kilowattstunden entspricht. Mit Hilfe der Umrechnungstabelle von Energieträgern mit ihren spezifischen Emissionen, die im vorausgehenden dritten Kapitel eingeführt wurden, lassen sich die Gesamtemissionen des Treffens abschätzen.

Wenn ein Unternehmen ein Energiemanagement einführen oder verfeinern will, muss es festlegen, für welche Kennzahlen und Umrechnungsfaktoren es pauschale Werte festlegt und welche Rechnungen mit genauen Annahmen im Einzelfall durchgeführt werden. Um diese Unterscheidung treffen zu können, ist ein Verständnis der jeweiligen Problematik erforderlich. Auch Recherchen in der Literatur und im Internet helfen aufgrund der manchmal stark divergierenden Zahlen nur weiter, wenn die zugrunde liegenden Studien mit ihren Annahmen (und manchmal auch die Interessen des Studienauftraggebers oder Verfasser) verstanden werden.

In der Tabelle bei Mitarbeiter A über Dieselfahrzeuge ist zunächst zu klären, ob die Verbrauchsannahme von sechs Litern pro 100 km realistisch ist. Einige Autos brauchen deutlich mehr, aber Volkswagen hat mit einem Prototypen gezeigt, dass sich Dieselfahr-

Tabelle 52: Berechnung der Kohlendioxidemissionen für ein beispielhaftes Geschäftstreffen

Person	Energieverbrauch der Reise	Spezifische Kohlendioxidemissionen der Energieform	Kohlendioxidemissionen der Reise in Kilogramm
Teamleiterin	0	0	0
Mitarbeiter A	4 x 100 km x 6 L/100 km = 24 Liter	2,65 kg/Liter	63,60
Mitarbeiter B	4 x 100 km x 7 L/100 km = 28 Liter	2,36 kg/Liter	66,08
Mitarbeiter C	4 x 100 km x 10 kWh/ 100 km = 40	0,5 kg/kWh (etwas unter Bundesdurchschnitt)	20
Mitarbeiter D	600 km x 6 L/100 km = 36 Liter	2,5 kg/Liter (2,7 Faktor für Emission in großer Höhe)	90 bis 243
Mitarbeiter E	0	0	0
			Summe 240 bis 393

zeuge mit einem Liter Verbrauch auf 100 Kilometer bauen lassen, ohne dass ein solches Fahrzeug zur Marktreife gebracht worden wäre. Im Falle eines betrieblichen Fuhrparks mit einem einzigen Fahrzeugtyp ist eine einheitliche Annahme angemessen. Es wäre noch zu klären, ob der Normverbrauch oder der realistische Alltagsverbrauch mit einem Zuschlag von etwa 20 Prozent angesetzt wird. Der Umrechnungsfaktor für die Kohlendioxidemission ist eindeutig bei mineralischem Diesel, da dieser Treibstoff genauen Spezifikationen entsprechen muss. Bei der Verwendung von Biodiesel ist auch dieser Faktor zu diskutieren. Im Beispiel betragen die Kohlendioxidemissionen pro 100 Kilometer 15,9 Kilogramm (6 Liter x 2,65 kg CO_2/Liter).

Die Überlegungen für das Benzinfahrzeug von Mitarbeiter B sind analog, wobei der Verbrauch pro 100 Kilometer auf sieben und nicht auf sechs Liter beziffert ist. Damit belaufen sich die Kohlendioxidemissionen pro 100 Kilometer auf 16,52 Kilogramm (7 Liter x 2,36 kg CO_2/Liter). Das Benzinfahrzeug ist mit diesen Annahmen etwas schlechter als der Diesel-PKW.

Im Beispiel sind die Daten für den Mitarbeiter C, der die Bahn benutzt, etwa so abgestimmt, dass der Energieverbrauch und der Umrechnungsfaktor einer Kohlendioxidemission von fünf Kilogramm auf 100 Kilometer entspricht (10 kWh/100 km x 0,5 kg CO_2/kWh). Das dürfte den Bedingungen in Deutschland entsprechen, wobei die Bahn sich um eine Steigerung des Stromanteils aus regenerativen Energiequellen bemüht, so dass die Kennzahlen sich verbessern. Die Bahn ist damit viel klimafreundlicher als der Individualverkehr, falls das Auto nicht voll besetzt ist. Die hier nicht berücksichtigten Reisebusse mit hoher Auslastung sind auch im Vergleich zur Bahn das klimafreundlichste Verkehrsmittel – wenn man vom Fahrrad absieht.

Für den Flug von Mitarbeiter D ist eine breite Spanne angesetzt. Der erste Wert ist ohne den Zuschlagsfaktor für große Höhe berechnet, der zweite Wert ist der Worst-Case, der jedoch unberücksichtigt lässt, dass ein Kurzstreckenflug zu einem großen Teil nicht in großen Höhen stattfindet, da Steig- und Sinkflug einen größeren Anteil des Gesamtflugs ausmachen. Hier kommt zum Ausdruck, dass das Flugzeug das Verkehrsmittel mit der relativ größten Klimabelastung ist, was in manchen Studien aufgrund des vernachlässigten Zuschlagsfaktors nicht ausreichend herausgearbeitet wird.

Um eine reibungslose Zusammenarbeit im Team zu gewährleisten, ist gegenseitiges Vertrauen notwendig, das sich am Besten in direktem, insbesondere informellem Kontakt entwickelt. Auch manche Kundenkontakte bringen größeren Erfolg, wenn sie auf persönlichen Begegnungen gründen. Dienstreisen sind zudem oftmals eine willkommene Abwechslung, wirken auf manche Mitarbeiter wie ein Anreiz (Incentiv). Jedoch sprechen die obigen Zahlen dafür, Reisen zu vermeiden und durch Telefon- und Videokonferenzen zu ersetzen. Dabei entstehen nicht notwendigerweise Kosten. Die Freeware Skype mit Bildübertragung der Teilnehmer wird heute oftmals verwendet und ist vor allem bei Gesprächen über das Internet mit Firmenexternen im Einsatz. Cisco Meeting Center oder Citrix GoToMeeting sind zwei Beispiele von Lösungen mit überschaubaren Kosten, die für den professionellen Einsatz in Unternehmen gedacht sind. Moderne Telefonanlagen ermöglichen Telefonkonferenz, bei einem Flatrate-Telefontarif verursachen die Konferenzen keine Kosten. Falls die Telefonanlage bei kleineren Unternehmen Telefonkonferenzen nicht unterstützen, können sich alle Teilnehmer bei einem externen Anbieter einwählen. Voraussetzung ist bei einem beispielhaften Anbieter wie Meetgreen (www.meetgreen.de) lediglich eine einmalige Anmeldung per Internet, um ein Passwort zugeteilt zu bekommen. Die Anmeldung und die Konferenzen sind kostenlos, eine Spende von einem Cent pro Konferenzminute an eine Umweltschutzorganisation ist optional. Die Leistungsfähigkeit der Aufnahmetechnik und Bildschirmdarstellung von professionellen Konferenzzentren wird immer besser. Projektionen der Teilnehmer auf einfach geformte Kunststoffköpfe sind technisch möglich, so dass die Illusion des physischen Gegenübersitzens unterstützt wird – eine Vorstufe zu Hologrammen. Weitere Innovationen in diesem Bereich betreffen die Sicherheit, die Verschlüsselung der Gespräche und erweiterte Funktionalitäten wie integrierte Whiteboards und die gemeinsame Nutzung von Dokumente in Echtzeit.

4.3.4 Entwicklungen der Verkehrstechnologie

Ein Blick auf die Entwicklung von Verkehrstechnologien für verschiedene Verkehrswege rundet die Erörterung der Logistik ab. Die Ausführungen sind gemäß den Verkehrswegen gegliedert:

- Straßenverkehr
- Schienenverkehr
- Luftverkehr und
- Schiffsverkehr

Straßenverkehr

Der Straßenverkehr steht aufgrund seiner großen Bedeutung für Unternehmen im Mittelpunkt. Es wird geprüft, ob sich bei den Antriebskonzepten Verbrennungsmotor, Hybridantrieb, Elektromotor und Brennstoffzelle Veränderungen abzeichnen. Dabei geht es nicht darum, die Antriebskonzept im Detail zu diskutieren, sondern es sind die wichtigsten Optionen und Trends zu kennzeichnen.

Im Straßenverkehr stellt der Dieselmotor heute und wohl auch in Zukunft den effizientesten Typ des Verbrennungsmotors (technisch korrekt: Wärmekraftmaschine) dar. Die heutigen Dieselmotoren befinden sich bezüglich Verbrauch und Schadstoffemission bereits auf einem relativ hohen Entwicklungsstand. Bedingt wurde dieser Fortschritt durch zahlreiche Erfindungen wie die Direkteinspritzung, Common-Rail-Systeme, Turboaufladung, ein elektrisches Motorenmanagement sowie nicht zuletzt die Dieselpartikelfilter (vgl. VDA 2008, S. 17 ff.). Doch vor allem der steigende Dieselpreis sowie die für 2013 geplante Einführung der Abgasnorm Euro 6 machen die Entwicklung neuer Ideen unerlässlich und zwar nicht nur im Bereich der Motorenentwicklung, sondern ebenso bei den aerodynamischen Konzepten sowie beim Leichtbau.

Gerade durch die vermehrte Errichtung von innerstädtischen Umweltzonen rückt auch der Erdgasantrieb wieder in den Fokus der Hersteller. So liegen seine Abgaswerte bereits heute unter den Grenzen der Norm Euro 5. Nutzfahrzeuge, die mit dieser Antriebsart ausgerüstet sind, bleiben auch bei zukünftigen Verschärfungen der Umweltzonenkriterien ohne weiteren Optimierungsbedarf einsetzbar. Die niedrigen Abgaswerte und das Vorhandensein der notwendigen Tankstelleninfrastruktur prädestinieren diese Antriebsart für den Einsatz im innerstädtischen Bereich. Das Treibhauspotenzial der Verbrennungsmotoren hängt davon ab, ob die Kraftstoffe aus fossilem Rohöl und Erdgas gewonnen wurden oder aus Biomasse.

Hybridfahrzeuge verfügen über eine Kombination aus Verbrennungs- und Elektromotor. Verschiedene technologische Varianten gehen aus der Tabelle hervor.

Tabelle 53: Varianten der Hybridtechnologie für Kraftfahrzeuge

Klassifizierung von Hybridantrieben		
Paralleler Hybridantrieb	Serieller Hybridantrieb	Plug-in Hybridantrieb und reiner Elektroantrieb
Antrieb durch Verbrennungs- und Elektromotor, entweder gemeinsam oder einzeln möglich Unterscheidung in • Mikro-Hybrid: nur Start-Stopp-Funktion, • Mild-Hybrid: unterstützt Verbrennungsmotor und wirkt als Generator für die Bremsenergie, • Voll-Hybrid: rein elektrisches Fahren möglich	Antrieb allein durch den Elektromotor Verbrennungsmotor dient nur zum Aufladen der Batterien	Aufladen der Batterien ist auch an einer Steckdose möglich Weitere Kosten- und Umweltvorteile, wenn das Fahrzeug mit regenerativ erzeugtem Strom aufgeladen wird Vollständig emissionsfreies Fahren im Elektrobetrieb möglich

Die Einsparungspotenziale eines Hybridantriebs werden wesentlich vom jeweiligen Einsatzprofil der Fahrzeuge beeinflusst. Da der Hybridantrieb nach wie vor stark mit dem sparsamen und kosteneffektiven Diesel konkurriert, liegt sein bevorzugtes Einsatzgebiet im innerstädtischen Verkehr, da hier seine Vorteile aufgrund des häufig Stop-and-Go-Verkehrs besonders zur Geltung kommen, während im Langstreckeneinsatz die Wiedergewinnung (Rekuperation) der Bremsenergie keine nennenswerte Rolle spielt. Im Hinblick auf die Emission von Treibhausgasen ist bei Plug-in-Hybrids und reinen Elektrofahrzeugen entscheidend, wie viel Kohlendioxid bei der Stromerzeugung entsteht. Bei der Nutzung von elektrischer Energie, die durch regenerative Resssourcen erzeugt wurde, sind die Emissionen nahe null. Smart metering und intelligente Stromnetze eröffnen perspektivisch die Möglichkeit, die Akkumulatoren in der Nacht zu laden und möglicherweise sogar über Tag Strom ins Netz zurück zu speisen, um durch die Einspeisung Umsätze zu erzielen. Ein kritischer Punkt ist die Entwicklung der Batterien (technisch korrekt: Akkumulatoren). Noch sind Gewicht, Ladegeschwindigkeit, Ladekapazität und damit Reichweite sowie die Anzahl der möglichen Ladevorgänge als Maß der technischen Lebensdauer nicht so weit, dass sich ein großflächiger Ersatz des Verbrennungsmotors abzeichnet. Auch sind die Preise für die Akkumulatoren noch nicht wettbewerbsfähig. Durch den hohen Wirkungsgrad von Elektromotoren ist der Energieverbrauch gering. Für einen Kleinwagen liegt er in der Größenordnung von 12 Kilowattstunden für 100 Kilometer, was etwa dem Energieinhalt von etwas mehr als einem Liter Treibstoff entspricht. Auch die problemlose Kraftübertragung trägt zu diesem niedrigen Verbrauch bei, denn die Elektromotoren sind direkt an den Radnaben installiert. Der Fahrkomfort von Elektroantrieben ist außerordentlich gut: Das maximale Drehmoment steht anders als bei Verbrennungsmotoren bei jeder Geschwindigkeit zur Verfügung und der Motor ist fast geräuschlos. Um Unfälle zu verhindern, denken Hersteller über eine künstliche, vom Fahrer bestimmbare Geräusch- (oder Musik-)Kulisse nach.

Als weiterer möglicher Antrieb ist die Brennstoffzelle in der Erprobung. Brennstoffzellen können aus Wasserstoff unter der Verwendung des Sauerstoffs aus der Luft elektrische Energie erzeugen, die dann mit sehr hohem Wirkungsgrad über einen Elektromotor zur Fortbewegung genutzt wird. Als »Emission« entsteht Wasser, die Luft wird also – ähnlich wie bei Elektromotoren – während der Fahrt nicht belastet. Beide Antriebskonzepte sind sehr effizient, aber wie bei Elektromotoren ist das Problem vor der Erzeugung der Nutzenergie angesiedelt: Der Wasserstoff muss erzeugt werden. Das kann durch den energieaufwändigen Prozess der Aufspaltung von Wasser (Elektrolyse) geschehen oder durch die Dekarbonisierung eines fossilen Brennstoffs (Dampfreformierung). Die Emissionsentlastung innerstädtischer Bereiche ist also durch Brennstoffzellen gut möglich, aber der Minderung von Treibhausgasen dienen sie nur dann, wenn der Wasserstoff durch regenerative Energien erzeugt wird. Technisch einsetzbar sind Brennstoffzellen in ganz unterschiedlichen Größenordnungen, vom Einsatz in kleinen Elektrogeräten wie Handys bis zum Großkraftwerk. Die Speicherung des Gases Wasserstoff in Tanks ist problematisch, da sehr niedrige Temperaturen (minus 253 Grad Celsius) oder sehr hoher Druck (700 bar) zur Verflüssigung notwendig sind. Die Tanks sind somit größer als die herkömmlichen Kraftstofftanks und anders als bei flüssigen, fossilen

Energieträgern ist ein Schwund gegeben. Außerdem stellt sich beim Aufbau eines Tankstellennetzes das prinzipielle Problem, dass sich ein flächendeckendes Netz erst bei vielen Wasserstofffahrzeugen lohnt, Fahrzeugnutzer aber nur bei einer ausreichenden Tankstellendichte den Kauf von Wasserstofffahrzeugen erwägen.

Weitere Potenziale bei der Kraftstoffreduzierung für alle Antriebe liegen in der bedarfsgerechten Regelung aller Nebenaggregate. Beispiele sind Lichtmaschinen mit höherem Wirkungsgrad oder eine Klimaautomatik. Auch eine gute Bereifung kann den Treibstoffverbrauch um einige Prozent senken. Für 2012 ist deshalb eine Kennzeichnungspflicht für Reifen im Hinblick auf Rollwiderstand, Reifenhaftung und Lärmpegel geplant.

Schienenverkehr

Im Schienenverkehr werden vor allem Elektro- und Dieselantriebe eingesetzt. Elektrozüge erbringen etwa 90 Prozent der Verkehrsleistungen im Bahnverkehr, denn die Vorzüge des Elektroantriebs sprechen für sich: Diese Motoren sind besonders energieeffizient, lokal emissionsfrei und platzsparend, da ein zusätzlicher Energiespeicher an Bord des Triebwagens nicht benötigt wird (Grünwald 2006, S. 32 ff.). Zusätzliche Einsparpotenziale liegen nur begrenzt vor, da diese Antriebsart schon heute einen hohen Entwicklungsstand erreicht hat. So ist beispielsweise die Rekuperation, also die Wiedereinspeisung von Bremsenergie in das Leitungsnetz, bereits realisiert. Die Diesellok wird vorzugsweise im Rangierbetrieb und auf nichtelektrifizierten Streckenabschnitten eingesetzt. Da der Dieselantrieb aber einen höheren Energieverbrauch aufweist als die Elektrolok und in großen Mengen Schadstoffe an die Luft abgibt, soll ihr Einsatzbereich auch in Zukunft noch weiter reduziert werden. Das Forschungs- und Technologiezentrum der Deutschen Bahn AG startete bereits Anfang 2001 den Probebetrieb einer erdgasbetriebene Rangierlokomotive unter Alltagsbedingungen. Die Auswertung dieses Pilotversuchs zeigte auf, »…dass Erdgasantriebe eine wettbewerbsfähige, technisch beherrschbare und umweltschonende Alternative zur Diesellok im Rangierbetrieb sind« (Deutsche Bahn AG, Umweltbericht 2002, S. 26). Auch die Anwendung von Brennstoffzellen im Bahnbetrieb ist prinzipiell möglich. Allerdings ergab eine Überprüfung durch die DB Systemtechnik, dass die Brennstoffzelle als Antriebsart im Bahnverkehr kaum wirtschaftliche Perspektiven aufweist.

Luftverkehr

Beim Luftverkehr verursachen die Emissionen aufgrund ihrer Freisetzung in großer Höhe um den Faktor 2,7 stärkere Wirkungen auf den Treibhauseffekt als an der Erdoberfläche. Kritische Stoffe für den Flugverkehr sind neben Kohlendioxid vor allem Stickoxide, Wasserdampf und Staubpartikel. Die heute dominierende Antriebstechnologie sind kerosinbefeuerte (Strahl-)Turbinentriebwerke, die vor allem aufgrund ihres geringen Gewichtes diesen Platz einnehmen konnten. Aber auch im Luftverkehr wird bereits an neuen Triebwerkstechnologien und den Einsatzmöglichkeiten von alternativen

Kraftstoffen geforscht. So befinden sich Triebwerke in der Testphase, die unter Beimischung von Biotreibstoffen angetrieben werden. Auch das mögliche Potenzial von Brennstoffzellen und Wasserstoff als Antriebsart wird untersucht (vgl. econsense 2008). Die Nachteile von Brennstoffzellen liegen in ihrem relativ hohen spezifischen Eigengewicht und der Tatsache, dass sie gegenwärtig nicht in der Lage sind, die weit verbreiteten Strahlturbinen anzutreiben. Die aktuell umsetzbaren Potenziale liegen deshalb vorrangig in dem Einsatz effizienterer Triebwerke. Dabei wird die Effizienz bestehender Triebwerkstechnologien im Wesentlichen durch die Verarbeitung gewichtssparender Verbundwerkstoffe erreicht.

Schiffsverkehr

Bis heute werden Schiffe vorwiegend von großen Dieselmotoren angetrieben, da – abgesehen von einem Atomantrieb – keine andere Antriebsart dazu in der Lage ist, die immensen Leistungen von 100 000 PS oder mehr aufzubringen, die ein Containerriese zur Fortbewegung benötigt. Zwar versuchen immer mehr Reeder mit Maßnahmen wie beispielsweise dem vermehrten Einsatz von Common-Rail-Systemen oder über eine

Tabelle 54: Mögliche unterstützende Antriebskonzepte für Schiffe

	SkySails-Konzept	Flettner-Rotoren	Brennstoffzelle
Antriebsenergie	Wind	Wind	Wasserstoff
Funktionsprinzip	Ein Segel in Form eines Gleitschirms, verschafft dem Schiff einen Vortrieb, indem es die stetigen Höhenwinde in 100 bis 300 Metern nutzt.	Rotierende Zylinder auf dem Schiffsdeck. Strömungsgeschwindigkeit an der Oberfläche eines Zylinders nimmt zu, wenn sich dieser in Rotationsbewegung befindet. Die so entstehende Querkraft verschafft einen Vortrieb.	Durch eine chemische Reaktion wird Wasserstoff mit Sauerstoff in elektrische Energie umgewandelt.
Kraftstoff-Einsparung	10 bis 35 Prozent des Hauptantriebs	30 bis 50 Prozent des Hauptantriebs	Keine Referenzwerte. Einsatz im Hafen, um den Hauptantrieb abstellen zu können.
Einsatz in der Frachtschifffahrt	ja	unwahrscheinlich	ja
Einschränkungen	Nur Hilfsantrieb, nur bei guten Windverhältnissen einsetzbar.	Nur Hilfsantrieb, Einschränkung der Ladekapazität durch die Rotoren auf dem Deck.	Hoher Preis

Verringerung der Fahrgeschwindigkeit den Kraftstoffverbrauch zu senken, allerdings verhindert dies nicht den Einsatz des umweltschädliche Schweröls (vgl. Kazim 2008). Dennoch wird an weiteren Antriebsarten geforscht, die einen energiesparenden und umweltschonenden Gütertransport auf dem Seeweg ermöglichen könnten. Einen kleinen Einblick hierzu bietet die Tabelle.

Trends

Welche großen Trends lassen sich ableiten? Logistikkonzepte und Antriebe müssen schon aufgrund der Preissteigerungen für fossile Energieträger und Treibhausgasemissionen langfristig fast ausschließlich regenerative Energiequellen nutzen. Es ist somit entscheidend, welche Primärenergie genutzt wird, um Sekundärenergie wie flüssige Kraftstoffe, Strom oder Wasserstoff zu erzeugen, die dann mit Verbrennungsmotoren, Elektromotoren oder Brennstoffzellen in Nutzenergie (in diesem Fall Bewegungsenergie für den Transport) umgesetzt wird. Erschwerend kommt für die Logistik hinzu, dass sich die Emissionsanforderungen in Städten verschärfen. Eine Schlüsseltechnologie stellen die Akkumulatoren dar, deren Bedeutung daran zu ersehen ist, dass China in Konkurrenz zu europäischen und amerikanischen Konsortien eintritt und Milliarden in die Entwicklung investiert, um Weltmarktführer für Autos mit alternativen Antrieben zu werden (WiWo online, 16.9.09). Speerspitze der Offensive ist das Unternehmen mit dem programmatischen Namen BYD (Build Your Dreams) aus dem südchinesischen Shenzhen. Auch andere Initiativen und Konzeptionen setzen gehen neue Wege: Ohne auf die neuere Entwicklungen zu warten, hat der als zukünftiger Vorstandvorsitzende gehandelte SAP-Vorstand Shai Agassi 2008 seine Karriere dort nicht fortgesetzt, sondern ein ehrgeiziges Unternehmen zur Elektromobilität in Israel gegründet. In Kooperation mit Renault sollen rund 100 000 Ladestationen und 120 Batterie-Wechselstellen entstehen, bei denen Autofahrer in Minuten wie an einer Tankstelle den entladenen Akkumulator gegen einen aufgeladenen austauschen können. Der Kunde kauft nur das Auto, die Batterie least er vom Unternehmen mit dem Namen »Better Place«. Die Entwicklung bleibt spannend: Erfolgreiche Pilotprojekte, technologische Durchbrüche, geschickte Kombination der Möglichkeiten in Logistikkonzepten und nicht zuletzt staatliche Rahmen- und Preissetzungen werden sie prägen.

4.4   Energiebeschaffung

Beschaffung und Einkauf haben auf mehrfache Weise Einfluss auf den Energieverbrauch. Beschaffung wird dabei hier als übergreifender Begriff verwendet, der auch Funktionen wie die Bedarfsermittlung, das Logistikkonzept oder die Planungen der Lager- und Transportmittel anspricht. Der Einkauf wird hingegen tätig, wenn Art und

Bedarfszeitpunkt der Beschaffungsgüter festlegen, um dann Lieferanten auszuwählen und Verträge zu schließen. Die Einkaufsobjekte lassen sich grob in Investitionsgüter auf der einen Seite und Roh-, Hilf-, und Betriebsstoffe (RHB) auf der anderen Seite einteilen. Zu den Investitionsgütern gehören auch Anlagen, die Energie verbrauchen, die einen entscheidenden Einfluss auf die langfristige Energieeffizienz des Unternehmens haben. Jedoch hat der Einkauf im Hinblick auf Investitionsgüter eher eine ausführende Funktion, denn technische Planungen (in diesem dritten Kapitel angesprochen) und Investitionsrechnungen sowie Energiestrategien (viertes Kapitel) geben hier die Linie vor. Die Energierelevanz des Einkaufs von RHB, die ebenfalls durch Produktentwicklung und technische Planung spezifiziert sind, liegt vor allem im verwendeten Logistikkonzept. In diesem Buch werden die beschaffungsrelevanten Problemstellungen also weitgehend an anderer Stelle abgedeckt, jedoch bleibt für diesen Abschnitt ein wichtiger und innovativer Teilbereich: Die Beschaffung von Energie selbst. In der obigen Klassifizierung fällt Energie unter Betriebsstoffe, es sind jedoch wichtige Besonderheiten zu beachten, die weit über den Einkauf hineingehen, so dass der Begriff Energiebeschaffung als Überschrift angemessen ist. Zunächst sind die Aufgaben und Probleme der Energiebeschaffung zu erläutern (Abschnitt 4.4.1), um dann genauer auf die Beschaffung elektrischer Energie einzugehen, die herausragende Einsparpotenziale bietet (Abschnitt 4.4.2). Das liegt auch an technischen Entwicklungen wie Smart Metering und intelligenten Stromnetzen.

4.4.1 Aufgaben

Große Unternehmen, die unter Umständen auch über eine eigene Energieversorgung verfügen, haben sich mit der strategischen Energiebeschaffung und auch dem Energieverkauf schon länger beschäftigt. Mit der Liberalisierung des Energiemarktes und der Einrichtung der Energiebörse (European Energy Exchange – EEX) in Leipzig im Jahr 2000 haben sich die Chancen und Risiken nochmals erhöht. Es ergeben sich in der Folge auch Möglichkeiten für die Energiebeschaffung von kleinen und mittleren Unternehmen, die in der Vergangenheit die Energie über Vollversorgungsverträge bezogen, die bestenfalls periodisch überprüft wurden. Um die Energiebeschaffung systematisch anzugehen, sind zunächst die Energieformen und Energieträger zu erfassen, die als Bezugsenergie im Unternehmen benötigt werden, insbesondere sind das

- elektrisch Energie (z.B. für Prozesswärme, elektrische Verbraucher in Produktion und Verwaltung, Heizung),
- Gas (Heizung, Prozesswärme),
- Öl (Heizung, Produktionsprozesse),
- Treibstoffe für den Fuhrpark (Benzin, Diesel),
- Fernwärme (Heizung, Prozesswärme).
- Hinzu kommt der Bezug von Energiedienstleistungen (Wärme, Druckluft usw.) als Contractinglösung (siehe Abschnitt 5.2.5).

Ein grundsätzliches Problem liegt darin, dass Unternehmen entscheiden müssen, wie aufwändig die Beschaffung der Energie gestaltet wird, wobei Preissteigerungen und mögliche Einsparprozentsätze zunächst weitgehend unklar sind. Außerdem ist der Einkauf für die einzelnen Energieformen und das dafür notwendig Know-how recht unterschiedlich. Bei geringen Einkaufsvolumina für Energie kann es ausreichen, wenn sich ein Mitarbeiter des Einkaufs einarbeitet und langfristige Verträge schließt. Grundsätzlich gilt jedoch, dass große Einsparpotenziale bestehen, wenn der richtige Zeitpunkt für den Einkauf des jeweiligen Energieträgers gefunden wird und es gelingt, die Energiepreisentwicklung auf den unterschiedlichen Märkten richtig abzuschätzen. Bei großen Einkaufsvolumina lohnt es sich deshalb, Experten damit zu beschäftigen, die Entwicklungen auf den Rohölbörsen der Welt und der EEX zu verfolgen. Es bestehen Parallelen zum Einkauf anderer börsengängiger Rohstoffe und die entsprechenden Methoden (Szenariotechniken, Chartanalyse usw.) können Anwendung finden. Hier ist der Schritt zum Energiehandel als einem eigenständigen Geschäftsfeld der jeweiligen Unternehmen nicht mehr weit. Die folgende Tabelle zeigt wichtige Einflussfaktoren unterschieden nach einzelnen Energieformen, die Unternehmen Bedenken müssen, wenn sie Aufwand und Art der Energiebeschaffung festlegen.

Tabelle 55: Einflussfaktoren auf die Energiebeschaffung

	Bisherige Kosten	Zukünftige Bedeutung im Energiemix	Physische Lagermöglichkeiten	Andere Absicherung gegen Preissteigerungen	Einfluss des Einkaufs auf Kohlendioxidemission
Elektrische Energie	Daten aus der Kostenartenrechnung	Abhängig von der Energie- und Technologiestrategie	Gering, für EVU z.B. Speicherseen, für Energienutzer Akkumulatoren	Zukunftsgeschäfte an der EEX, langfristige Lieferverträge	Bis 100 Prozent
Gas			Ja, Gasspeicherstätten	Börsenhandel und langfristige Lieferverträge	Gering
Heizöl und Treibstoff Fuhrpark			Lagertanks	Börsenhandel und langfristige Lieferverträge	Mittel
Fernwärme			nein	Je nach Vertragsgestaltung	Nein

Bisherige Kosten

Diese Tabelle wird nun der Spaltengliederung folgend erläutert: Die bisherigen Kosten der Energie lassen sich als absolute Zahl oder relativ zu den Gesamtkosten, dem Umsatz oder dem Absatz ausdrücken. Sie sind gemäß der verwendeten Energieformen zu differenzieren, denn der Energiemix der Unternehmen kann sehr unterschiedlich sein. Sowohl die absoluten als auch die relativen Zahlenkategorien sind wichtig, denn aufgrund der absoluten Energiekosten lässt sich abschätzen, wie aufwändig die Beschaffung sein darf, wenn von einem bestimmten Einsparungsprozentsatz durch eine bessere Beschaffung ausgegangen wird. Die relativen Energiekosten zeigen, wie wichtig Energie für das Unternehmen insgesamt ist. Die Spanne reicht von einer geringen Bedeutung für den Unternehmenserfolg bei Dienstleistungsunternehmen, deren Energieverbrauch durch Heizung und elektrische Verbraucher entsteht, bis hin zu Unternehmen der Kalk- und Zementindustrie sowie Aluminiumhütten, deren wichtigste Kostenart Energiekosten mit 30 bis 40 Prozent sein können. Das heißt jedoch nicht, dass Banken oder Versicherungen diese Frage völlig vernachlässigen dürfen, denn auch die absolute Höhe der Kosten kann beachtlich sein und manche Einsparungsmöglichkeiten im Einkauf sind leicht zu realisieren.

Zukünftige Bedeutung im Energiemix

Energiepreise sind stark schwanken (volatil) und in der Tendenz steigend, so dass die zukünftige Bedeutung im Energiemix für die strategische Beschaffung von Bedeutung ist. Die Beschaffung der Energieformen unterscheidet sich wie erläutert beträchtlich, so dass jeweils einzeln festzulegen ist, mit welchem Aufwand und auf welche Weise sie in Zukunft geschehen soll. Dabei besteht eine wichtige Wechselwirkung: Eine aufwändige Beschaffung ermöglicht gute Preise, ist aber nur bei einer großen eingekauften Energiemenge der jeweiligen Energieform rentabel. Durch die erzielbaren niedrigen Preise kann gerade rechtfertigt werden, für den jeweiligen Energieträger eine größere Bedeutung im zukünftigen Energiemix einzuplanen. Um das an einem Beispiel konkret zu machen: Industrieöfen oder auch der Fuhrpark kann mit Gas oder elektrischer Energie betrieben werden. Wenn nun das Unternehmen auf eine Energieform setzt, kann eine größere Einkaufsorganisation wirtschaftlich werden, die dann über größere Mengen auch eine höhere Marktmacht hat. Bei elektrischer Energie kann das ein Einkauf direkt an der EEX sein, bei Gas könnte das ein Individualvertrag mit einem großen EVU sein.

Physische Lagermöglichkeiten

Um Preisschwankungen auszunutzen, sind die physischen Lagermöglichkeiten (vgl. den Abschnitt über Produktionsplanung und -steuerung) für Energie zu prüfen und dann entsprechend zu nutzen. Elektrische Energie, die am vielseitigsten verwendbare Energieform, ist leider an sich nicht lagerfähig, wie es beispielsweise Öl ist. Dadurch entstehen starke Preisschwankungen im Tagesverlauf. Die Energieproduktion läuft weitgehend stetig über 24 Stunden, da Kraftwerke nur schlecht regelbar sind, das Auf- und

Abfahren der Verbrennungslinien aufwändig ist und viel Zeit benötigt. Gase sind im Prinzip lagerfähig, bei EVUs in großen unterirdischen Gaskavernen oder oberirdischen Gasspeichern. Verbrauchende Unternehmen verfügen normalerweise nicht über solche Speicher, wobei zwischen gasförmigem Erdgas, Compressed Natural Gas (CNG) und Liquified Propane Gas (LNG) zu unterscheiden ist. Die kurzfristige Lagerung von Gasen erfolgt bei einer mobilen Verwendung wie bei gasbetriebenen Fahrzeugen in komprimierter Form in den Tanks. Im Unterschied zu elektrischer Energie erfolgt beim Erdgas keine Energie»produktion«, sondern nur ein Transport über Pipelines aus seit Jahrmillionen vorhandenen Lagerstätten. Flüssige Brennstoffe wie Öl, Benzin oder Diesel sind problemlos in Tanks lagerfähig, was bei Heizöltanks gängig ist, bei eigenen Tankstellen für den Fuhrpark jedoch nur von wenigen Unternehmen praktiziert wird. Fernwärme ist nicht lagerfähig, jedoch ist der Aufwand für Fernwärmenetze nur dann rechtfertigt, wenn aus technischen Gründen die Wärme kostengünstig und mit hohem Wirkungsgrad zur Verfügung steht. Beispiele sind Abwärme aus Industriebetrieben oder Kraftwerke mit Kraft-Wärme-Kopplung, bei denen die nicht mehr zur Stromerzeugung nutzbare Wärme zur Heizung eingesetzt wird.

Absicherungen gegen Preissteigerungen

Sind nun andere Absicherungen gegen Preissteigerungen möglich? Der Kaufzeitpunkt und der Verwendungszeitpunkt der Energie lassen sich nicht nur durch physische Lagerung entkoppeln, sondern auch durch vertragliche Regelungen. Bei börsennotierten Energieformen (Strom, Öl und Ölderivate sowie Gas) besteht eine deutliche Analogie zum besser bekannten Wertpapierhandel. Konkrete Instrumente sind langfristige Kaufoptionen (Futures). Weiter lassen sich Individualverträge mit EVUs direkt oder mit Energiehändlern schließen, die Festpreise, gestaffelte Festpreise oder indizierte Preisentwicklungen festlegen. Bei Fernwärmenetzen ist eine lange, gegenseitige Bindung typisch, da das Leitungsnetz nicht anders genutzt werden kann und langfristig die Abschreibungen eingepreist sind.

Einfluss des Einkaufs auf Kohlendioxidemissionen

Der Einkauf kann Einfluss auf die Kohlendioxidemissionen nehmen, wobei es große Unterschiede gemäß der Energieform gibt. Bei elektrischem Strom kann fast die gesamte Kohlendioxidemission vermieden werden. Der Versorgungsvertrag muss dann vorsehen, dass die gesamte Stromlieferung aus regenerativen Quellen stammt. Die elektrische Energie, die bei einer Abnahmestelle aus dem Stromnetz kommt, ist zwar immer eine technisch bedingte Mischung aus unterschiedlichen Quellen der Stromerzeugung. Die EVUs sind jedoch verpflichtet, ihre Energieproduktion sowie den Zukauf zu bilanzieren und müssen so sicherstellen, dass sie mindestens so viel Strom aus Sonnenenergie oder Windkraft produzieren oder einkaufen, wie sie es den Kunden zugesichert haben. Einige Stromversorger haben sich darauf spezialisiert, während viele andere EVUs verschiedene Verträge und Tarife anbieten mit unterschiedlichen Mischungen zwischen regenerativen und nicht-regenerativen Quellen. Werden Lieferungsverträge über Strom aus regenerativen Quellen stärker nachgefragt, so entsteht die Notwendigkeit, die entsprechende Energieerzeugung stärker auszubauen.

Unter Gas wird zunächst Erdgas verstanden, allerdings kann auch mit Biomasse Biogas mit fast gleichen technischen Einsatzmöglichkeiten erzeugt werden. Theoretisch könnte deshalb der Einkauf auch hier eine fast vollständige Einsparung von Kohlendioxidemissionen erreichen. Jedoch gibt es anders als beim Strom kaum EVUs, die Gasversorgungsverträge mit Biogas anbieten. In einigen Regionen ist eine fünfprozentige Biogasbeimischung möglich, aber im Einzelfall sind Individuallösungen mit lokalen Biogasproduzenten zu prüfen, falls in der Region möglich.

Auch Heizöl, Diesel und Benzin (Ethanol) lässt sich aus Biomasse gewinnen. Heizölhändler bieten Ölsorten mit der Beimischung von Biokraftstoffen an. Es hängt von der technischen Anwendung ab, wie hoch die Beimischung zu fossilen Kraftstoffen sein kann. Handelsüblicher Diesel enthält eine fünfprozentige Beimischung von Biodiesel, eine höhere Beimischungsquote wurde aufgrund von Zweifeln der Autoindustrie, ob ältere Motoren Schäden erleiden könnten, gestoppt. In Brasilien sind fast alle Ottomotoren als Bifuel-Motoren ausgelegt, so dass sie konventionelles Benzin und aus Zuckerrohr gewonnenes Ethanol verbrennen können.

Die Überlegungen zu den Möglichkeiten der Minderung von Kohlendioxidemissionen durch den Einkauf sind von besonderer Bedeutung, denn dahinter steht die Frage der Mischung zwischen regenerativen und fossilen Energien. Nicht nur die sachlichen Notwendigkeiten und der politische Wille drängen hin zu regenerativen Quellen, sondern es sind auch größere Preissteigerungen bei fossilen Energieträgern durch zunehmende Knappheit zu erwarten.

4.4.2   Beschaffung elektrischer Energie

Es gibt für Unternehmen drei Grundtypen für die Beschaffung elektrischer Energie:

- Vollversorgung durch ein EVU mit einem standardisierten Tarifvertrag.
- Individuell ausgehandelte Verträge mit einem EVU.
- Direkter Einkauf an der Energiebörse.

Vollversorgung durch ein EVU mit einem standardisierten Tarifvertrag

Standardisierte Verträge sind nur für kleinere und mittlere Unternehmen mit vergleichsweise geringen Einkaufsvolumina empfehlenswert. Größere Unternehmen sollten Ihre Marktmacht nutzen, um bessere Konditionen auszuhandeln. Dabei sind vorrangig folgende Punkte in einem Individualverträgen für den Strombezug zu regeln:

- Maximalleistung/Anschlusswert: Die Summe der Leistung aller elektrischen Verbraucher, die gleichzeitig genutzt werden.
- Übergabestellen und Anschlussanlagen.

- Leistungspreis für die bereitzustellende Leistung in Euro pro Kilowatt. Es handelt sich um einen Fixpreis pro Periode, der durch Verbrauchsänderungen nicht beeinflussbar ist.
- Arbeitspreis in Cent pro Kilowattstunde oder Euro pro Megawattstunde. Hier kommt mit Smart Metering eine Differenzierung nach Leistungszeiten. Eine Vorstufe ist die Unterscheidung nach Tag- und Nachtstrom (HT – Hochtarif und NT – Niedrigtarif).
- Leistungsfaktorklausel zur Kompensation des Blindstroms.
  (Zur Erläuterung: Bei großen Stromverbrauchern – z.B. einer betrieblichen Maschine – und den Stromerzeugern/-umwandlern – z.B. einem Kraftwerk – pendelt elektrisch Energie, die nicht als Wirkstrom bezahlt werden muss.)
- Vertragsdauer, Festpreisvereinbarungen, Preisänderungsklauseln.
- Rechtliche Angaben wie Haftung, Gerichtsstand usw.

Die Stromtarife der EVUs haben sich nach der Liberalisierung schon stark differenziert und diese Entwicklung hält an. Elektrische Energie an sich ist ein homogenes Gut, das mit immer gleicher Qualität und Versorgungssicherheit durch das Stromnetz geliefert wird. Die EVUs müssen also andere Differenzierungsmöglichkeiten finden, um sich vom Wettbewerber zu unterscheiden. Smart Metering wird dazu führen, dass die Arbeitspreise sich nach den Bezugszeiten noch stärker unterscheiden werden. Bisher war eine Unterscheidung nach Hochtarif (HT) von 6.00 bis 22.00 Uhr und Niedrigtarif von 22.00 Uhr bis 6.00 Uhr mit einem Zweitarifzähler möglich, mit Smart Metering wird eine Abrechnung im 15-Minuten-Rhythmus oder sogar stetig möglich. Die Anzahl der von den EVUs angebotenen Tarife wird damit steigen und der Beschaffungsmarkt für die Unternehmen unübersichtlicher. Die EVUs versuchen zusätzlich, Kunden durch weitere Leistungen wie Beratungen zur Energieeffizienz zu binden und sich von ihren Wettbewerbern abzuheben.

Individuell ausgehandelte Verträge mit einem EVU

Der Übergang von Tarifverträgen und Individualverträgen wird fließend, wenn EVUs Tarifgruppen für verschiedene Kundengrößen anbieten. Der Stromeinkäufer kann dann verhandeln, in einen Stromtarif aufgenommen zu werden, der für größere Abnahmemengen vorgesehen ist. Die Anbieter profitieren von einer Markttransparenz und der Trägheit mancher Kunden, die den Energieeinkauf noch nicht als eigenständiges und regelmäßig zu behandelndes Feld erkannt haben.

Folgendes Beispiel macht deutlich, welche Möglichkeiten bei Unternehmen mit hohem Stromverbrauch bestehen und wie individuell die Verträge ausgestaltet sein können: EVUs müssen die Spitzenlast abdecken und daran ihre Produktionskapazitäten bemessen. Das hat zur Folge, dass die Kapazitätsauslastung sinkt, denn die Spitzenlasten werden nur kurzzeitig am Vormittag und frühen Nachmittag genutzt. Gelingt ein Peak Shaving, das Abrasieren von Spitzenlasten, müssen weniger Kapazitäten vorgehalten werden und die durchschnittlichen Kosten für eine erzeugte Kilowattstunde sinken beträchtlich. EVUs können nun mit großen Kunden wie Aluminiumhütten oder Stahlproduzenten mit Elektroöfen vereinbaren, dass die Energie verbrauchenden Anlagen auf einen Anruf hin kurzfristig ausgeschaltet werden, wenn die EVUs erkennen, dass die Stromversorgung knapp zu werden droht. Die EVUs können über diese Regelung Investitionen in weitere Kraftwerke oder teure Zukäufe vermeiden, ihre Kunden bekommen beispielsweise einen Abschlag auf den Strompreis für den gesamten Bezug.

Direkter Einkauf an der Energiebörse

Nun zum dritten Grundtyp der Strombeschaffung: Große Verbraucher können Strom und andere Energieträger seit 2000 direkt über die Energiebörse European Energy Exchange (EEX) in Leipzig kaufen. Besonders die Möglichkeiten der Strombeschaffung sind noch vergleichsweise neu, entwickeln sich weiter und sind noch nicht bei allen Unternehmen ihrer Bedeutung entsprechend bekannt. Die Kostensenkung durch den Bezug mit Hilfe der EEX ist durch mehrere Effekte bedingt:

- Der Zwischenhandel wird umgangen. Elektrische Energie ist immer mehr als Handelsware anzusehen und nicht nur als direktes Geschäft zwischen Energieerzeuger und Energieverbraucher.
- Es gibt Vertragsformen, die dem Energiekunden von EVUs nicht angeboten werden, die aber bei einer Anmeldung an der EEX zur Verfügung stehen.
- Ein auch aus technischer Sicht sehr interessanter Aspekt besteht in der Anpassung der Verträge und Stromversorgungspakte an das Verbrauchsprofils des Unternehmens. So trägt die EEX dazu bei, Nachfrage und Angebot zu koordinieren. Die Einsparungsmöglichkeiten sind dabei für die Unternehmen der Anreiz, nicht nur die Beschaffung an den Verbrauch, sondern auch umgekehrt den Verbrauch an die Beschaffung anzupassen.

Ein Grundproblem der Strommärkte für Unternehmen unterschiedlicher Größe ist es, wie weit Kostensenkungen an den Energiebörsen auch an kleine und mittlere Unternehmen weitergegeben werden. Um deutlich zu machen, welche Einsparungsmöglichkeiten in diesem Bereich liegen, sei der Strompreis für Privatkunden (den auch kleine Unternehmen mit Vollversorgungsverträgen bezahlen) dem Preis an der EEX gegenüber gestellt. Tarifkunden zahlen oft in der Größenordnung von 20 Cent pro Kilowattstunde (ein Blick in die eigene Stromrechnung aktualisiert diesen Wert), Nachtstrom an der EEX kostet weniger als ein Viertel dieses Werts. Die aktuellen Energiepreise sind unter www.eex.de ohne Anmeldung einzusehen. Dabei sei auch auf die große Spanne zwischen den vormittäglichen Spitzenzeiten und den Nachtzeiten geachtet. Es wird spannend bleiben, wie weit der Wettbewerb auch kleineren Unternehmen niedrigerer Tarife bringt.

Nun zum prinzipiellen Ablauf des Handels an der EEX, was als Hintergrundinformation auch für kleine Unternehmen interessant ist, denn sie finden zukünftig zunehmend auch in ihren Verträgen die zeitliche Differenzierung, die eine Voraussetzung für niedrige Preise und Kosten ist. An der EEX wird in folgende Leistungspakete differenziert:

- Bandbezug (Baseload), dauernde Stromlieferung zur Absicherung der Grundlast, ob abgerufen oder nicht. Hier lässt sich wieder nach langfristigen Verträgen und der Beschaffung über den Spotmarkt der Börse unterscheiden.
- Im Gegensatz zur dauernden Basislieferung legen Band- und Programmbezüge Stromlieferungen von definierter Menge zu bestimmten Zeiten in der Woche oder am Tag fest. Solche Stunden- und Blockkontrakte lassen sich ebenfalls langfristig vereinbaren oder kurzfristig (Peakload) abschließen.
- Ausgleichsenergie für Spitzenbelastung (Peakload) sind dem gegenüber teurer und lassen sich kurzfristig auf dem Spotmarkt vereinbaren.

Das Strombezugsprofil soll möglichst gut auf das Lastprofil des Werkes passen, wie es in der Abbildung gezeigt ist.

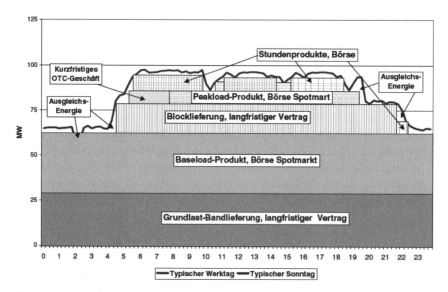

Abb. 56: Bedarfsdeckung mit Portfoliomanagement (Konstantin 2007, S. 50)

Die Kunst des strukturierten Stromeinkaufs besteht nun darin, zu den richtigen Zeitpunkten lange laufende Verträge mit niedrigen Preisen auszuhandeln und mit den übrigen Peakloadverträgen den Bedarf möglichst gut zu decken. Die Stromlieferverträge werden also zu einem Portfolio zusammengestellt. Dabei sollen natürlich keine langfristigen Verträge vereinbart werden, deren Stomlieferungen sich als nicht erforderlich erweisen, aber dennoch bezahlt werden müssen. Anderseits treiben nicht abgedeckte Bedarfe, die durch kurzfristige, teure Lieferungen zu decken sind, die Kosten nach oben. Als zusätzliche Aufbereitung der Daten für die Planung ist die Jahresdauerlinie üblich. Das folgende Diagramm zeigt eine Jahresdauerlinie des Leistungsbedarfs (auf der Ordinate abgetragen), wobei diese benötigte Leistung ähnlich wie bei einer ABC-Analyse abnehmend geordnet ist. Die Abszisse zeigt für die 8760 Stunden im Jahr, wie oft welcher Leistungsbedarf vorlag.

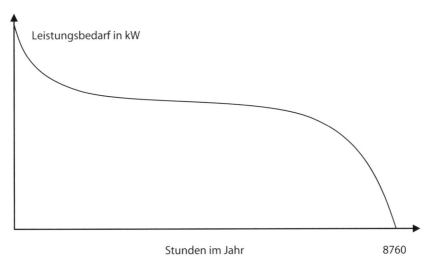

Abb. 57: Jahresdauerlinie

Die Jahresdauerlinie zeigt also, über welche Dauer welche Energieleistung benötigt wird. Die Dauerlinie, die auch für andere Zeiträume als Stunden-, Tages- oder Monatsdauerlinie erstellbar ist, sagt also nichts über die zeitliche Verteilung der Bedarfsstruktur, sondern nur die Anteile, die eine bestimmte Leistungsabnahme hat. Auf der Basis dieser Analyse wird das Bezugsleistungslimit (die Maximalleistung, der Anschlusswert) festgelegt. In der Abbildung ist das in einem Energieliefervertrag vereinbarte Bezugsleistungslimit als Waagerechte parallel zur Abszisse eintragen. Es hat keinen Sinn, für wenige Stunden im Jahr eine höhere Leistungsbereitstellung für das ganze Jahr zu vereinbaren. Im Vertrag ist zu klären, wie sehr der Preis steigt, wenn die abgerufene Leistung über dieses Limit steigt. Als Hintergrund ist in der folgenden Abbildung der Zusammenhang von Leistung und Energie bei einer Lastkurve dargestellt, wobei der Kurvenverlauf eine Tageslastkurve nahelegt.

Die Fläche unter der Kurve (mathematisch: das Integral) entspricht der benötigten Energie. Wenn nun alle hohen Leistungen nach links verschoben werden und alle niedrigen nach rechts, so ergibt sich die Dauerlinie. Die Lastkurve des Unternehmens ist die Aggregation der Lastkurven aller Verbraucher. Bei der Ermittlung der Lastprofile sind folgende wichtige Einflussgrößen zu beachten: Schichten, Wochenenden, Betriebsferien, jahreszeitliche Einflüsse mit Temperatur, Licht, Wind sowie der Verbrauch großer Anlagen abhängig von Auftragslage und Produktionsprogramm. Im Abschnitt über Produktionsplanung und -steuerung ist erläutert, wie der Schritt von einer lediglich dokumentierenden Ermittlung des Lastverlaufs zu einer gestaltenden Planung zu gehen ist.

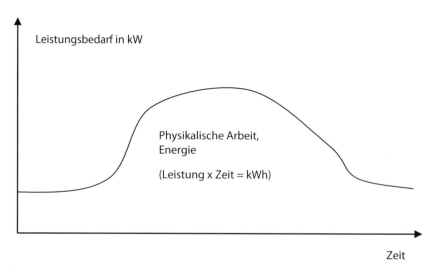

Abb. 58: Lastverlauf mit dem Zusammenhang von Leistung und Energie

Um auf der Basis dieser Informationsversorgung Verträge des Portfolios abzuschließen, kann sich der Einkauf folgender Handelsformen bedienen:

- Bilateraler Stromhandel (OTC – over the counter – Plattformen). Bilaterale Vereinbarungen von Stromerzeugern und Stromabnehmern. Die EEX stellt lediglich die Basis bereit, dass die Handelspartner individuelle Vereinbarungen treffen können.
- Spotmarkt oder Day-Ahead-Market: Physische Börsengeschäfte, da typischerweise einen Tag später Strom fließt. Die Preise werden von der EEX in Analogie zu Aktienbörsen festgelegt und sind somit für die Marktteilnehmer gegeben. Damit kann auf individuelle Verhandlungen und die Kenntnis eines direkten Handelspartners verzichtet werden.
- Terminmarkt/Futures: Preisabsicherungs- und Spekulationsgeschäfte für längerfristige Stromlieferungen. Auch hier stellt die EEX Transparenz her und die Preise für die Marktteilnehmer zur Verfügung. Beim Terminmarkt muss es nicht zu einer physischen Stromlieferung kommen, sondern der Ausgleich erfolgt durch finanzielle Zahlungen.

Ergebnisse einer Fallstudie für den Standort eines großen Industrieunternehmens zeigen, dass die bestehende Vollstromversorgung über ein EVU zu 2,4 Mio. Euro Kosten führt. Die strukturiere Beschaffung über die EEX könnte die Kosten laut einer Modellrechnung auf 1,8 Mio. Euro senken. Jedoch sind die Kosten für die Teilnahme am Handel nicht zu unterschätzen. Neben den Gebühren der EEX ist es vor allem der Aufbau einer Einkaufs- oder Handelskompetenz mit Mitarbeitern und IT-Ausrüstung, die ins Gewicht fallen.

Die folgende Abbildung zeigt die Struktur des Strommarktes mit den wichtigsten jeweiligen Marktteilnehmern unter Einbeziehung der EEX im Überblick.

Handelsform	Marktteilnehmer
Großhandelsmarkt (wholesale market): EEX mit Spotmarkt und Terminmarkt sowie OTC-Handelsplattform Individualverträge zwischen großen Partnern	Anbieter: EVU, independent power producer (IPP), Händler/Makler, ausländische Anbieter
	Nachfrager: EVU, Großunternehmen, Einkaufsgemeinschaften, Händler/Makler, ausländische Nachfrager, am Terminmarkt auch Finanzanleger wie Banken
Einzelhandelsmarkt (retail market)	Anbieter: EVU und Stromhändler
	Nachfrager: Tarifkunden

Abb. 59: Struktur des Strommarktes

4.5 Produktionsplanung und -steuerung

4.5.1 Planungsaufgaben und -ebenen

Im Industriebetrieb ist normalerweise die Produktion der Bereich mit dem größten Energieverbrauch und damit kommt der Produktionsplanung und -steuerung (PPS) eine herausragende Rolle zu. Die Aufgaben der PPS lassen sich strukturieren wie in Tabelle gezeigt.

Tabelle 60: Aufgabenbereich der Produktionsplanung und -steuerung

Planungsgegenstand	Strategische (und taktische) Ebene	Operative Ebene
Produktionsprogramm	Forschung und Entwicklung (F+E), Konstruktion	Kurzfristiges Produktionsprogramm
Produktionsfaktoren	Fabrikplanung Anlagenplanung Personalplanung	Bedarfsplanung (RHB) Beschaffung/Einkauf
Produktionablauf, -prozess	Layoutplanung	Ablauf-/Prozessplanung

Die Tabelle differenziert gemäß der üblichen Vorgehensweise in der Produktionswirtschaft gemäß der beiden Ebenen der strategischen und der operativen Planung. Der Bezug zur übergeordneten, ethisch-normativen Ebene wird im fünften Kapitel herausgearbeitet. Sowohl in Literatur als auch in der Praxis sind alle Planungsaufgaben und

Verfahren, die einen Zeithorizont von mehr als einem Jahr erfordern, dem strategischen Bereich zuzuordnen, die Planungen von der kurzfristigen Improvisation bis zu einem Jahr werden als operativ bezeichnet. Eine Hierarchisierung der Planung besteht darin, dass die strategische Planung die Rahmenbedingungen für die operative setzt. Die Zeilen der Tabelle sind angelehnt an den Planungsablauf, bei dem ebenfalls eine hierarchische Planung zu erkennen ist. Mit der Entscheidung über die Produkte ist gleichzeitig festgelegt, welche Produktionsfaktoren erforderlich sind. Erst wenn die Produktionsfaktoren verfügbar sind, kann die Produktion ablaufen. In den folgenden Abschnitten geht es im Wesentlichen um die operative Planung, denn die energiebezogenen Aspekte der strategischen Planung sind bereits in anderen Kapiteln dieses Buches abgehandelt: Der strategischen Produktplanung obliegt der Forschung und Entwicklung sowie der Konstruktionsabteilung. Die wesentlichen energiebezogenen Informationen für diese Aufgabe entstammen den Energiebilanzen (drittes Kapitel), die inhaltliche Stoßrichtung der Entwicklung wird durch die Energiestrategie bestimmt, die als ein Teil der der gesamten Unternehmensstrategie zu sehen ist (fünftes Kapitel). Die strategische Planung der Produktionsfaktoren entscheidet insbesondere über Gebäude, die Produktionsmaschinen, aber auch alle unterstützenden Anlagen wie Heizungen, Druckluftversorgung, Mess- und Regeltechnik einschließlich Computer oder auch die Logistikeinrichtungen mit dem Fuhrpark. Die energiebezogenen Aufgaben sind in den entsprechenden Abschnitten dieses Kapitels behandelt. Die strategische Planung des Produktionsablaufs legt die räumliche Anordnung der Betriebsmittel (Maschinen) am Standort und in den Werkhallen fest. Diese Layoutplanung determiniert dann den Materialfluss in den Werkshallen und am Standort. Die folgenden Abschnitte erläutern deshalb die energiebezogenen Aufgaben und wichtige Planungsverfahren der operativen Planung:

- Programmplanung (Abschnitt 4.5.2),
- Faktorplanung (Abschnitt 4.5.3),
- Prozess-/Ablaufplanung unter Rückgriff auf die Theorie der betrieblichen Anpassung und mit einer Systematisierung der Speichermöglichkeiten für Energie (Abschnitt 4.5.4).

Dabei wird eine stückorientierte Werkstattproduktion in Einzel- oder Serienproduktion als Auftrags- oder Lagerproduktion angenommen. Dieser Produktionstyp liegt beispielsweise bei einem Maschinenbauunternehmen vor, das die produzierten Spezialmaschinen in Serien oder als Sonderanfertigung auf Kundenwunsch herstellt. Auf die ganze Bandbreite energiebezogener Aufgaben bei anderen Produktionstypen und dementsprechend auch anderen Planungsverfahren kann hier nicht eingegangen werden.

Manche der folgenden Ausführungen erscheinen von theoretischer Natur und weit weg von der betrieblichen Realität. Jedoch sind sie für die Praxis zukunftsweisend: Bei elektrischer Energie wird in Zukunft die Differenzierung des Preises nach Tages-, Wochen- und Jahresablauf fortgesetzt, Smart Metering, strukturierte Strombeschaffung und Peak Shaving gewinnen an Bedeutung. Will ein Unternehmen seine Energieplanung und insbesondere die Stromplanung nicht nur auf Vergangenheitswerte basieren und nötigenfalls improvisieren, falls Belastungsspitzen entstehen und der Bedarf über den

Spotmarkt gedeckt werden muss, so ist eine explizite Berücksichtigung des Stromverbrauchs bei der Programm-, Faktor- und Ablaufplanung erforderlich. Deshalb wird der prinzipielle Ablauf der Planung hier dargestellt, auch wenn viele Unternehmen noch weit von der hier erläuterten energiebezogenen Herangehensweise entfernt sind und auch PPS-Programme nicht durchgängig Unterstützung bieten.

4.5.2   Operative Programmplanung

Die operative Planung des Produktionsprogramms entscheidet, welche Produkte in welchem Zeitraum hergestellt werden. Diese erste, für den Deckungsbeitrag, die Auslastung und die Erfüllung der Kundenwünsche grundlegende Entscheidung der operativen PPS benötigt eine umfangreiche Informationsversorgung. Aufgrund der Bedeutung und Komplexität der Planung ist es in der Praxis meist ein Entscheidungsgremium, welches das Produktionsprogramm festlegt: Der Vertrieb schätzt Absatzvolumina ein und legt die schon erteilten Aufträge vor. Der Betrieb, die Arbeitsvorbereitung und Instandhaltung bringen die verfügbaren Produktionskapazitäten in den Entscheidungsprozess ein. Die Kostenrechnung kalkuliert die Deckungsbeiträge der Produkte. Dabei liegt das Problem darin, dass sowohl Energiekosten als auch Kosten der Emission von Treibhausgasen den Produkten richtig zugeordnet werden müssen, um mit korrekten produktbezogenen Deckungsbeiträgen rechnen zu können. Das klingt banal, ist es aber nicht, denn die Voraussetzung ist eine auf Produkte bezogene Energiebilanz (Produktbilanz) differenziert nach Energieformen und deren jeweiliger Beschaffung. Oft finden sich in der Praxis nach grob geschätzten Schlüsseln verteilte Energiekosten, die in die Kalkulation der Produkte eingehen und die Planungsergebnisse verzerren.

Ein Standardverfahren zur Berechnung des optimalen Produktionsprogramms ist die Lineare Programmierung (LP). In der Literatur ist gut beschrieben, wie sich Umweltwirkungen wie Kohlendioxidemissionen in die Modelle einbinden lassen, so dass auf die modelltheoretischen Feinheiten an dieser Stelle nicht mehr eingegangen wird (Kals 1993, Rager 2006). Näherungsrechnungen sind natürlich auch mit Excel oder auf Papier möglich, denn in der Praxis verwenden Unternehmen Lineare Programme zur Programmplanung eher selten. Allerdings ist die Lineare Programmierung sehr leistungsfähig, um Simulationsrechnungen für das optimale Produktionsprogramm durchzuführen. So ist es mit diesem Verfahren möglich, den Periodenausstoß von Treibhausgasen zu begrenzen, um keine zusätzlichen Emissionszertifikate mehr kaufen zu müssen. Die Modellierung kann auch die Treibhausemissionen mit fiktiven Preisen versehen und auf dieser Basis das optimale Produktionsprogramm bestimmen. Es ist jedoch realistisch zu sehen, dass ein Unternehmen nur in besonderen Fällen wirklich auf Umsatze und Deckungsbeiträge verzichtet, indem es Produkte, die gemäß Produktbilanz eine hohe Belastung bringen, weniger oder nicht mehr produziert. Diese Entscheidung müsste beispielsweise als Marktingargument nutzbar sein oder das Unternehmen muss eine besonders ausgeprägte Moral entwickelt haben. Der Sinn von solchen Modellrechnungen, die Treibhausgasen einen Preis zuordnen oder sie begrenzen, liegt also nur in seltenen Fällen in unmittelbaren Verhaltensänderungen. Aber für alle Unternehmen sind solche Verschiebungen im Produktionsprogramm und bei den Stück- und Perioden-Deckungsbeiträgen wichtig für die Strategiebildung. Es handelt sich um schwache Signale im Rahmen der strategischen Frühwarnung. Energiepreise werden durch natürliche Knappheit steigen, die Emission von Treibhausgasen werden aufgrund politisch-rechtlicher Entscheidungen teurer. Es ist klug, die Auswirkungen auf das Produktionsprogramm, auf Deckungsbeiträge und den Gewinn zu kennen. Auch für die Nachhaltigkeits- und Umweltberichterstattung sind solche Daten verwendbar. Ein weiteres Ziel der energiebezogenen Programmplanung liegt darin, alternative Produktionsprogramme aufzuzeigen, deren Deckungsbeitrag gleich, aber deren Umweltbelastung unterschiedlich sind. Zudem lässt sich aus dem operativen Produktionsprogramm der Energiebedarf für die jeweilige Planungsperiode schon grob ableiten, was für die Energiebeschaffung und die innerbetriebliche Energieerzeugung wichtig sein kann.

Zusammengefasst sind bei der PPS (und bei anderen Planungsverfahren) die Unterscheidung in folgende Sichtweisen geboten: Das jeweilige Sachproblem kann betrachtet werden aus der Sicht der Energiemenge, der Energiekosten, der Treibhausgasemission sowie der internen und externen Kosten der Treibhausemissionen. Somit ist jeder Produktionsprozess als Kuppelproduktion anzusehen, denn neben dem eigentlich erwünschten Output gibt es mindestens einen weiteren: die energiebedingten Emissionen.

4.5.3　Operative Faktorplanung

Der nächste zu behandelnde Planungsbereich der PPS ist die operative Faktorplanung, oft auch als Materialwirtschaft bezeichnet – die Begriffe werden in Wissenschaft und Praxis uneinheitlich und wenig trennscharf verwendet. Innerhalb der Materialwirtschaft kommt der Materialdisposition die Aufgabe zu, den Bedarf an RHB so zu ermitteln, dass die Produktion reibungslos verläuft, aber auch keine großen Lagerbestände entstehen. Energie wird üblicherweise als Betriebsstoff aufgefasst oder auch neben die RHB-Systematik gestellt. Mit der programmgebundenen (deterministischen) und verbrauchgebundenen (stochastischen) Bedarfsermittlung werden in der Materialdisposition zwei grundlegende Verfahrensgruppen unterschieden:

- Die verbrauchgebundene Bedarfsermittlung schreibt mittels statistischer Verfahren die Vergangenheitswerte fort, was bei gleichmäßigem Energieverbrauch durchaus ausreichend sein kann. Diese Aufgabe liegt dann weniger bei der Abteilung Materialdisposition sondern eher bei den auf Strombeschaffung spezialisierten Einkäufern, deren Arbeit bereits in diesem Kapitel erörtert wurde.
- Die programmgebundene Energieplanung multipliziert das Produktionsprogramm mit den Produktions-(Energie-)koeffizienten, um so den Bedarf an Ressourcen zu ermitteln. Das Prinzip ist einfach: Wenn ein Auto (Produkt) vier (Produktionskoeffizient) Stoßdämpfer (Rohstoff) benötigt, so benötigen 1000 Autos 4000 Stoßdämp-

fer. Der Produktionskoeffizient (Ressourceneinsatz pro Produkteinheit) ist mit der Anzahl der Produkte aus dem Produktionsprogramm zu multiplizieren. Analog ist ein Energiekoeffizient zu ermitteln (Energieeinsatz pro Produkteinheit), um mit der gesamten geplanten Produktionsmenge den Energieverbrauch in der Planungsperiode zu prognostizieren.

Die Schwierigkeit besteht darin, dass der Produktionsablauf in zahlreiche Dispositionsstufen aufgeteilt ist. Die Rohstoffe müssen beschafft und bearbeitet werden, bevor sie in Zwischenprodukte und Baugruppen eingehen können, die schließlich zum Endprodukt zusammengefügt werden. Stammbaum- oder Gozinto- (»the part that goes into«-) Darstellung geben den Produktaufbau wider, wie in Abbildung 61 gezeigt.

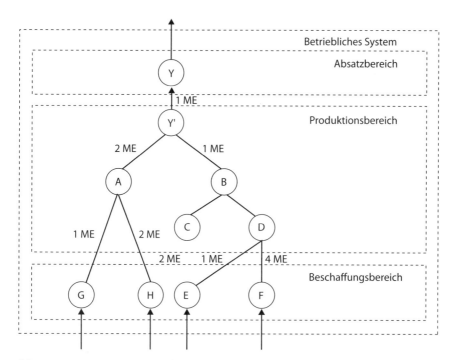

Abb. 61:   Gozintograph (Schieferdecker u.a. 2006, S. 233)

Diese Darstellung lässt sich nicht nur als abstrakter Produktaufbau interpretieren, wie er auch in Stücklisten (dem Grunddokument der Materialdisposition) enthaltener ist (hierzu auch Rautenstrauch 1999, S. 24 ff.). Die Abbildung kann auch als vereinfachtes Layout einer Fertigungshalle mit Eingangslagern (Beschaffungsbereich), Werkstätten (Produktionsbereich) und Ausgangslager (Absatzbereich) aufgefasst werden. Wird nun für jeden Knoten in diesem Graphen (also jedes Lager und jeden Produktionsprozess) nicht nur der Materialbedarf erfasst, sondern auch der Energiebedarf, so lässt sich der gesamte Energiebedarf recht genau planen. Die Grundlage für diese Anwendung ist in

Prozessbilanzen gelegt. Ergänzend kann die Stammbaum- oder Gozinto-Darstellung genutzt werden, um nicht nur den Materialfluss, sondern den Energiefluss im Betrieb darzustellen. In einer sehr differenzierten Planung lassen sich die Pfade im Graphen als innerbetriebliche Transporte interpretieren und können ebenfalls genau erfasst werden. Dabei ist jedoch der Energieeinsatz gering, wenn es sich nicht um standortübergreifende Produktionssysteme handelt. Die Verfahren der programmgebundenen Bedarfsermittlung beziehen die Vorlaufverschiebung ein, das heißt die Verweilzeiten des Materials an den einzelnen Knoten. Damit kommt die Materialdisposition der exakten zeitlichen Energiebedarfsermittlung einen Schritt näher. Die Besonderheiten betrieblicher Energieerzeugungs-, Energieumwandlungs- und Energieverteilungsanlagen würden hier den Rahmen sprengen. Im Prinzip lässt sich aber der Energiefluss analog dem hier erörterten Materialfluss planen.

4.5.4   Operative Prozess- und Ablaufplanung

Die Arbeitsvorbereitung plant nun im Rahmen eines hierarchischen Vorgehens auf der Basis der bisherigen Ergebnisse den genauen Produktionsablauf. Das Produktionsprogramm liegt fest und das Material ist beim Bedarfszeitpunkt verfügbar. Grundlegende energiebezogenen Aufgaben und Methoden der Prozessplanung sind im Abschnitt 4.5.4.1 erläutert. Eine Basis für Detailentscheidungen bietet die Theorie der betrieblichen Anpassung, mit der sich Abschnitt 4.5.4.2 beschäftigt. Eine wichtige Besonderheit stellt die Speicherung der Energie dar, die Gegenstand des Abschnitts 4.5.4.3 ist.

4.5.4.1   Aufgaben und Methoden

Die Abteilung Arbeitsvorbereitung heißt in der Praxis oft auch Auftragsdisposition, da sie von der gerade behandelten Materialdisposition zu unterscheiden ist. Die Arbeitsvorbereitung/Auftragsdisposition legt auf der Basis des Produktionsprogramms Produktionsaufträge/-lose fest. Das sind anschaulich gesagt Zusammenfassungen von Rohstoffen oder Halbprodukten, die in Folge die Fertigungsanlagen durchlaufen. Praktisch könnte es sich um Wellen oder Zahnradrohlinge handeln, die in einer Gitterboxpalette zusammengefasst sind. Diese Produktionsaufträge sind nun den Anlagen zuzuordnen. Es ist also festzulegen, welche Anlage/Werkstatt die Bearbeitung der Rohstoffe, Zwischenprodukte und die Montage der Endprodukte zu welchem Zeitraum vornimmt. Das wichtigste Dokument ist dabei der Arbeitsplan, der die Bearbeitungsreihenfolgen enthält. Dabei kann auch der Energieverbrauch der einzelnen Fertigungsschritte gemäß der Prozessbilanz aufgeführt werden, um den Energiebedarf zu planen und steuernd zu verfolgen. Das Ergebnis der Arbeitsvorbereitung ist der Ablaufplan, der Produktionsaufträge den Anlagen zuordnet. Die Abbildung 62 enthält ein Beispiel für einen Ablaufplan, der in einem Ablaufdiagramm (auch als Gantt-Chart bezeichnet) dargestellt ist. Ein Produktionsauftrag durchläuft innerhalb zwölf Zeiteinheiten die Werkstätten NC-

Fertigung (Numeric Control, also computergesteuerte Werkzeugmaschinen), Härterei und Qualitätssicherung.

Abb. 62:   Beispiel für einen Ablaufplan

QS												
Härterei												
NC-Fert.												
Zeit	1	2	3	4	5	6	7	8	9	10	11	12

Dabei kann auch der Energieverbrauch geplant werden, wie es die Abbildung 63 zeigt, in der wesentliche energiebezogene Daten des Fertigungsauftrags und der für die einzelnen Arbeitsschritte eingesetzten Anlagen visualisiert sind.

Die wichtigsten Ziele der Ablaufplanung sind die Minimierung der Durchlaufzeiten, die Maximierung der Kapazitätsauslastung und die Einhaltung der Fertigstellungstermine. Nun kommen weitere energiebezogene Ziele für die Ablaufplanung hinzu: Die Ablaufplanung soll den zukünftigen Energiebedarf möglichst gut prognostizieren, um für eine strukturierte Strombeschaffung gute Informationen zu bieten. Bei schon geschlossenen Stromlieferungsverträgen soll die Planung Spitzen vermeiden und sich der Verbrauch dem vertraglich festgelegten Lastprofil möglichst gut annähern. Es geht dabei beispielsweise um die Frage, ob es lohnend ist, die Arbeitsphase einer energieintensiven Maschine in die Spätschicht zu verlegen oder die Maschine – sofern möglich – in der Tagschicht einfach abzuschalten, wenn die Energiedatenerfassung zeigt, dass die abgerufene Gesamtleistung des Unternehmens außerhalb des vertraglichen Rahmens liegt. Ergänzend zu diesen auf die Planung, Beschreibung und Erfassung des Energieverbrauchs gerichteten Maßnahmen hat die Ablaufplanung aktive Handlungsmöglichkeiten, den Energieverbrauch zu verringern. Dabei geht es um

- die Zuordnung der Fertigungsaufträge zu Maschinen mit niedrigem spezifischen Energieverbrauch,
- die energieoptimale Fahrweise von Anlagen sowie
- die Vermeidung von energieintensivem An- oder Abfahren von Produktionsprozessen, beispielsweise durch die Bildung von geeigneten Produktionslosgrößen.

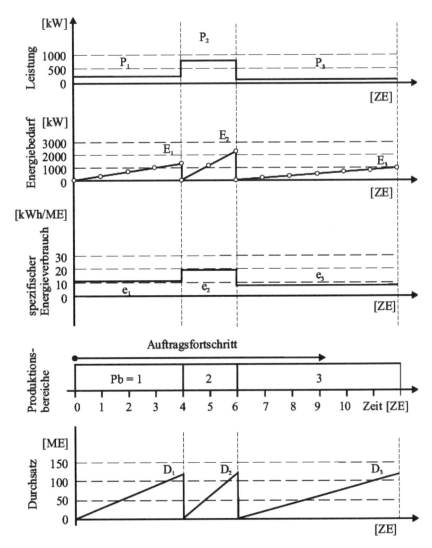

Abb. 63:   Planung des Energieverbrauchs aufgrund des Ablaufplans (Schieferdecker u.a. 2006, S. 267)

4.5.4.2   Theorie der betrieblichen Anpassung

Die Produktionstheorie bietet eine gute Basis, um deutlich zu machen, wie die umrissenen Optimierungspotenziale zu nutzen sind. Die »Theorie der betrieblichen Anpassung« beschäftigt sich mit der Anpassung von Produktionsanlagen an wechselnde Auslastungen. Die Überlegungen basieren auf der von Erich Gutenberg entwickelten Produktionsfunktion Typ B, ein im Ansatz operatives Modell, das also nur variable und keine fixen Kosten einbezieht. Die Grundidee besteht darin, zeitliche, intensitätsmäßige und kapazitätsmäßige Anpassungsvorgänge zu unterscheiden. Eine in diesem Modell einbezogene Kostenart sind dabei die Energiekosten, die hier im Mittelpunkt stehen. Führen wir die Grundideen am Beispiel eines Automobils in einem Kurierdienst ein, so dass auch Leser mit nicht-technischem Hintergrund leicht Zugang finden: Ein Student finanziere sein Studium mit Kurierfahrten und versucht zunächst, die wenigen Aufträge, die er bekommt mit möglichst geringen Kosten abzuwickeln. Dazu fährt er im Hinblick auf die Betriebskosten (Kraftstoffverbrauch, Reifenabnutzung usw.) mit optimaler Geschwindigkeit. Es muss die Verbrauchskurve in Abhängigkeit von unterschiedlichen Geschwindigkeiten bekannt sein. Sie ist in der folgenden Abbildung dargestellt.

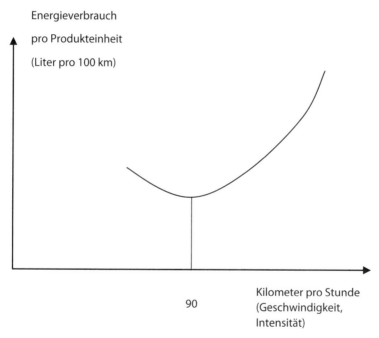

Abb. 64: Energieverbrauch in Abhängigkeit von der Intensität

Die Produktionsintensität ist definiert als Arbeitseinheiten pro Zeiteinheit, hier also Kilometer pro Stunde. Dahinter stehen technische Größen, im Beispiel die Anzahl der Kurbelwellenumdrehungen bei einer bestimmten Übersetzung des Getriebes. Bei einer Geschwindigkeit von 90 Kilometern pro Stunde sei der Kraftstoffverbrauch optimal, bei untertouriger Fahrweise steigt er leicht, bei sehr hohen Geschwindigkeiten steigt er stark an. So lange die verfügbare Zeit für die Aufträge (die Beschäftigung in der Terminologie der Kostenrechnung) ausreicht, passt sich unser Student zeitlich an und minimiert seine variablen Energiekosten. Bei automatisch gesteuerten Anlagen würde sich das hier vernachlässigte Problem der Personalkosten nicht stellen. Wenn der Student nun mehr Aufträge bekommt und sie in der ihm zur Verfügung stehenden Zeit in einer Periode (pro Tag) nicht ausführen kann, ist er gezwungen, schneller zu fahren. Er passt sich intensitätsmäßig an. Bei der Ausschöpfung der maximalen Kapazität fährt er die gesamte verfügbare Zeit mit Höchstgeschwindigkeit über die Autobahn, der Kraftstoffverbrauch ist maximal, sowohl spezifisch (pro Kilometer) als auch absolut (pro Periode, pro Tag). Zusätzliche, in diesem Modell nicht berücksichtigte Gesichtspunkte sind darin zu sehen, dass die Lebensdauer des Motors sinkt und die Unfallwahrscheinlichkeit ansteigt. Bei der Ermittlung der Kostenverläufe anderer Anlagen kann es zwar nicht zu Unfällen kommen, aber oft spielt die Ausschussquote bei steigender Produktionsgeschwindigkeit eine große Rolle. Die folgende Abbildung zeigt die variablen Energiekosten (Kraftstoffkosten) in Abhängigkeit von den gefahrenen Kilometern pro Planungsperiode (pro Tag) bis zur Kapazitätsgrenze einer Produktionsanlage (eines Kurierfahrzeugs).

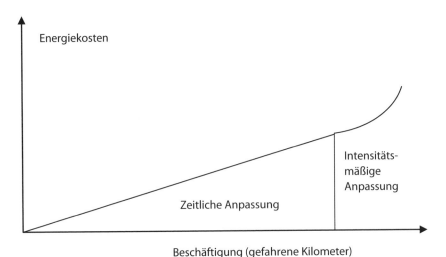

Abb. 65:   Verlauf der variablen Energiekosten bei zeitlicher und intensitätsmäßiger Anpassung

Der lineare Kostenverlauf im Bereich der zeitlichen Anpassung bedeutet, dass bei jedem Kilometer gleich viel Energie verbraucht wird, die spezifischen (Stück-)Kosten pro Outputeinheit sind gleich. Bei intensitätsmäßiger Anpassung durch schnellere Fahrt steigen die Kosten, wobei gleichmäßig über die gesamte verfügbare Zeit schneller gefahren wird. Das muss die Tagesplanung abhängig von der geplanten Strecke (Beschäftigung, Output) vorsehen. Die Kapazitätsgrenze ist dort erreicht, wo über die gesamte Zeit mit maximaler Geschwindigkeit (Intensität) gefahren wird. Bei weiter steigender Auslastung ist das Produktionssystem kapazitiv anzupassen, im Beispiel ist ein zweites Auto in Betrieb zu nehmen. Das könnte im ein Kommilitone sein, der einige Fahrten übernimmt. Die Inbetriebnahme einer weiteren, bereits angeschafften Anlage kann mit Rüstkosten verbunden sein, beispielsweise Reinigungskosten, Einrichtekosten oder der Energieverbrauch einer Vorwärmphase. Deshalb ist graphisch, rechnerisch oder durch Versuchsrechnungen (Simulation) zu ermitteln, ab welcher Ausbringungsmenge diese Rüstkosten den durch die intensitätsmäßige Anpassung entstandenen Mehrkosten entsprechen. Im Beispiel siedeln wir jetzt den Kommilitonen in einer Nachbarstadt an, so dass Kraftstoffkosten für die Anfahrt entstehen, sobald er an einem Tag Fahrten übernimmt (siehe den Kostensprung in der folgenden Abbildung). Die Inbetriebnahme des zweiten Autos erhöht die Kapazität, so dass es möglich wird, beide Betriebsmittel (Autos) mit optimaler Intensität (Geschwindigkeit) zu betreiben. Die dadurch erfolgte kapazitive (kapazitätsmäßige) Anpassung ist lohnend bei einer Beschäftigung, die nach dem Schnittpunkt der Kurven liegt. Dann sind die Mehrkosten der Anfahrt geringer als die Kosten durch eine hohe Geschwindigkeit beim Einsatz eines einzigen Autos. Im linken Teil der Abbildung ist die zeitliche Anpassung optimal, im mittleren Teil ist eine intensitätsmäßige Anpassung durch schnellere Geschwindigkeit angeraten und bei einer hohen Auslastung im rechten Teil lohnt sich der Einsatz eines zweiten Autos (Betriebsmittels, Maschine, Anlage), wobei beide Autos mit optimaler Geschwindigkeit gefahren werden.

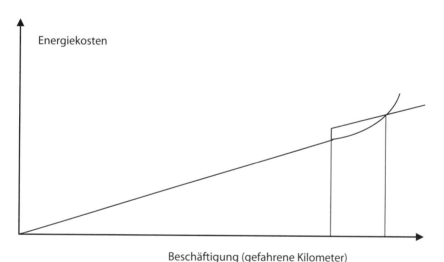

Abb. 66: Verlauf der variablen Energiekosten bei zeitlicher, intensitätsmäßiger und kapazitiver Anpassung

Dieses hier auf Energieverbrauch und -kosten konzentrierte Standardmodell der betrieblichen Anpassung bezieht normalerweise alle relevanten Kostenarten ein. Die Energiekosten gewinnen mit steigenden Energiepreisen an Bedeutung und bei manchen Anlagen (z.B. in der Rohstoffindustrie mit Öfen und Trocknungsanlagen) sind die dominant. Eine isolierte Betrachtung des Energieverbrauchs hilft zum Verständnis der Prozesse und der darauf aufbauenden Ablaufplanung, auch wenn bei der konkreten Steuerung in der Praxis viele weitere, oft dominierende Einflussfaktoren zu beachten sind. Dazu gehören verschiedene Qualitätsmerkmale bei den Anlagen, der Stand der Überstundenkonten der Werker, Überstunden- oder Nachtzuschläge auf den Lohn oder auch ein Eilauftrag für einen wichtigen Kunden, der die sorgfältige Planung durcheinanderbringt. Das Modell ist auch hilfreich bei der strategischen Planung neuer Anlagen, beim Ersatz von alten Anlagen oder bei einer dauerhaft höheren Produktionsmenge. Dann kommen fixe Kosten ins Spiel, die durch die Anschaffung von Betriebsmitteln entstehen.

Eine einfache Möglichkeit, den Energieverbrauch in verbrauchsschwache Nachtzeiten zu verschieben, sind automatisierte Prozesse. Im Privathaushalt sind viele elektrische Verbraucher wie Spülmaschine, Trockner oder Waschmaschine bereits mit einer Zeitschaltuhr versehen. Computergesteuerte Werkzeugmaschinen in Unternehmen bieten auch diese Möglichkeit, jedoch sind die Produktionsprozesse und ihre Rahmenbedingungen deutlich komplexer. Störungen können beispielsweise erst am folgenden Morgen behoben werden oder es ist ein Bereitschaftsdienst mit zusätzlichen Kosten einzurichten. Manche Produktionsanlagen mit hohen Qualitätsanforderungen benötigen eine ausreichende Betriebstemperatur, um die Toleranzen einzuhalten. Normalbetrieb, Stand-by-Betrieb, Aufwärmphasen und das Ausschalten der Maschinen sind damit als Betriebszustände zu unterscheiden und einzeln im Ablaufplan zu berücksichtigen. Die Senkung der Lastspitzen, das Peak Shaving, lässt sich auch durch das Abschalten von Verbrauchern erreichen, wenn der Produktionsablauf das erlaubt. Dazu sind »Maximumwächter« (Kleinevoß/Zartmann 1998, S. 36 f.) einzurichten, Warnfunktionen, die die Annäherung an das Bezugsleistungslimit signalisieren. Sie setzen ein ständiges Monitoring des Energieverbrauchs mit Echtzeit-Daten voraus.

4.5.4.3 Energiespeicherung

Eines der Grundprobleme des Energiemanagements ist die eingeschränkte Lagerfähigkeit von Energie. In Industrieunternehmen spielt die PPS und besonders ihr Teilgebiet Ablaufplanung eine zentrale Rolle, Lastverläufe zu glätten, wobei Speichermöglichkeiten zu nutzen sind. Hier werden die naturwissenschaftlichen Möglichkeiten der Energiespeicherung (in Anlehnung an Synwoldt 2008, S. 107) mit technischen Beispielen erläutert. Dabei ist vorauszuschicken, dass einige Optionen nur größeren EVUs zu Verfügung stehen, dennoch sind sie hier im Interesse eines systematischen Überblicks integriert. Das ist zusätzlich dadurch begründet, dass die Rolle von energieverbrauchenden und energieerzeugenden Unternehmen durch das EEG und intelligente Stromnetze verwischt. Schreitet die Entwicklung der Dezentralisierung und Liberalisierung fort, ist durchaus vorstellbar, dass etwa ein Joint Venture von Unternehmen eine Kaverne in einen Salzstock herstellt, um ihn gemeinschaftlich als Druckluftspeicher zu nutzen (zu den technischen Details s.u.). Grundsätzlich bestehen die Möglichkeiten, Energie mechanisch, elektrische, chemisch oder thermisch zu speichern.

Mechanische Energiespeicherung:

- Pumpspeicher sind höher gelegene Stauseen, in die Wasser in verbrauchsarmen Zeiten von einem niedrigeren Höhenniveau gepumpt wird. In Spitzenzeiten fließt das Wasser über Pumpspeicherkraftwerk hinunter, um so Energie wiederzugewinnen.

- Druckluftspeicher sind unterirdische, luftdicht abgeschlossene Höhlen (Kavernen), in die ein elektrischer Kompressor Druckluft pumpt. In Zeiten hohen Bedarfs strömt die komprimierte Luft zurück. Über eine Turbine und einen Generator wird die elektrische Energie wiedergewonnen (Elektromotoren/Generatoren und Turbinen sind im Kapitel über Hintergründe erläutert). Eine Anlage bei Huntdorf in der Wesermarsch kann bis zu 2 Stunden 321 MW bereitstellen als Ausgleich für ein Kernkraftwerk. Das Fassungsvermögen des Speichers beträgt 300 000 Kubikmeter Druckluft, das ist die Hälfte des umbauten Raums der Bahnsteighalle des Kölner Hauptbahnhofs. Druckluftspeicher lassen sich in Salzstöcken künstlich herstellen, indem über Bohrungen Wasser eingespült wird, um das Salz Schicht für Schicht zu lösen und mit nach oben zu spülen, so dass Höhlungen im Salzstock entstehen.
- Schwungräder sind als weitere Möglichkeit der mechanischen Energiespeicherung zu nennen, deren Kapazitäten jedoch zeitlich und leistungsmäßig begrenzt sind.

Chemische Energiespeicherung:

- Batterien (nicht aufladbar) und Akkumulatoren (wiederaufladbar) sind Möglichkeiten der chemischen Speicherung elektrischer Energie.
- Die Aufspaltung von Wasser durch die Elektrolyse in Sauerstoff und Wasserstoff ermöglichst es, einen Teil der eingesetzten Energie durch den Einsatz des Wasserstoffs in Brennstoffzellen wiederzugewinnen. Metalle, zu denen im chemischen Sinne auch Wasserstoff gehört, geben bei der Oxidation (der Verbindung mit Sauerstoff) eine große Menge Energie frei. Nichts anderes geschieht in einer Brennstoffzelle, wenn Wasserstoff mit dem Sauerstoff der Luft zu Wasser (H_2O) reagiert.

Elektrische Energiespeicherung:

- Die elektrische Energiespeicherung kann über Kondensatoren geschehen, deren Speichervolumen und Speichzeiten jedoch begrenzt sind. Als kleine, dezentrale Kurzzeitspeicher mit hohem Wirkungsgrad sind sie im betrieblichen Einsatz.
- Supraleitende Magnetspule sind teuer, instandhaltungsintensiv und stehen noch vor der Schwelle zum kommerziellen Einsatz.

Thermische Energiespeicherung:

- Alle Massen, die erwärmt oder gekühlt werden müssen, sind daraufhin zu überprüfen, ob sie als Energiespeicher das Tageslastprofil glätten können. Öfen können bereits in der Nacht vorgeheizt, Kühllager vorgekühlt werden.
- Thermochemische Speicher einschließlich Latentwärmespeicher sind bereits im Facility Management erläutert. Sie können Wärmeenergie über den Tagesverlauf sowie über die Jahreszeiten, aber im Prinzip auch noch länger puffern.

Die Ablaufplanung muss die dem Unternehmen zur Verfügung stehenden Möglichkeiten der Energiespeicherung erfassen und systematisch zur Glättung des Lastprofils über den Tag, die Woche und das Jahr nutzen. Damit wird die Tätigkeit der Arbeitsvorbereitung noch komplexer.

4.6   Produktion

In der Produktion schlägt das Herz des Unternehmens, hier erfolgt die Wertschöpfung, für die der Kunde letztlich bezahlt. Dieser Kernprozess ist sehr stark abhängig von der Branche. Dienstleistungsproduktion bei Banken oder Versicherungen ist weitgehend dematerialisiert, so dass die energiebezogenen Problemschwerpunkte bei Facility

Tabelle 67: Einsparmöglichkeiten bei verschiedenen Bereichen des Energieeinsatzes in der Industrie (Synwoldt 2008, S. 131, aufgrund von Zahlen des Fraunhofer Instituts für System- und Innovationsforschung)

Bereich des Energie-einsatzes	Durchschnittliches Einspar-potenzial in Prozent	Gesamtes Einsparpotenzial in Deutschland in Milliar-den Kilowattstunden (Terawattstunden)
Druckluft	33	14
Prozesswärme	20	265
Elektromotoren	20	132
Raumwärme und Warmwasser	20	64
Pumpen	20	27
Ventilatoren	28	23
Kälteanlagen	15	12
Beleuchtung	15	11

Management oder Green IT anzusiedeln sind. Der Energieverbrauch von Logistik-dienstleistern entfällt vor allem auf die Transporte. Industrieunternehmen betreiben so unterschiedliche Anlagen wie Werkzeugmaschinen (Maschinenbau), Extruder (kunst-stoffverarbeitende Industrie) oder chemische Reaktoren. Die notwendige produktions-individuelle Herangehensweise würde den Rahmen dieses Buches sprengen. Viele energierelevante Probleme, die in die Produktion hineinspielen, werden in diesem Kapitel bereits behandelt. Hier stehen deshalb zwei bisher nicht zusammenhängend diskutierte Themen im Mittelpunkt, die komplex, in hohem Maße energierelevant und vielfach vernachlässigt sind: Drehzahlveränderliche elektrische Antriebe im Abschnitt 4.6.1 und

– damit zusammenhängend – die Druckluftversorgung im Abschnitt 4.6.2. Dabei werden technische, wirtschaftliche und organisatorische Aspekte erörtert. Die Relevanz einzelner Problemstellungen des Energiemanagements lässt sich aus folgender Tabelle ablesen, die Einsparpotenziale in deutschen Unternehmen beziffert. Elektrische Antriebe spielen dabei in fast alle Bereiche hinein.

4.6.1   Elektrische Antriebe

Zwei Drittel des industriellen Stromverbrauchs werden in Deutschland in elektromotorischen Antrieben zur Erzeugung mechanischer Nutzenergie umgesetzt (Waltenberger 2005, S. 109). Beispiele sind Antriebe für Werkzeugmaschinen, Pumpen für Rohrleitungen, Elektromotoren für Förderbänder oder Kompressoren zur Erzeugung von Druckluft. Gemäß einer Faustregel entfallen bei einem Standardmotor mit einer jährlichen Nutzungsdauer von 3000 Stunden (etwa eine Schicht pro Tag an 365 Tagen) etwa 3 Prozent der Lebenszykluskosten auf die Anschaffung, aber über 95 Prozent auf den Energieverbrauch während der Nutzung.

Technischer Fortschritt hat in den letzten Jahren in zweifacher Weise zu großen Verbesserungen geführt hat: Zum einen hat sich die Energieeffizienz moderner Elektromotoren erheblich verbessert, zum zweiten sind sie regelbar, das heißt elektronische Drehzahlregler führen dem Motor zu jeder Zeit nur soviel Energie zu, wie er für seine Antriebsaufgabe gerade benötigt. Hohe Verluste, beispielsweise durch eine nachträgliche Drosselung eines Förderstromes, sind dann ausgeschlossen. Da die Lebensdauer von Elektromotoren sehr hoch ist und trotz intensiver Nutzung Jahrzehnte betragen kann, ist davon auszugehen, dass erhebliche Teile des Bestands an elektrischen Antrieben in der Industrie veraltet sind. Dies bedeutet konkret, dass es bei alten Aggregaten mit geringer Effizienz nur zwei Betriebszustände gibt: Sie sind ausgeschaltet oder laufen unter Volllast. Ein großes Rationalisierungspotenzial tut sich für die Unternehmen auf, die Aggregate nicht bis zur Grenze der technischen Nutzungsdauer betreiben, sondern den wirtschaftlich optimalen Ersatzzeitpunkt bestimmen. Es sind in solchen Fällen also Pumpen, die tadellos und störungsfrei funktionieren, durch neue zu ersetzen. Das Einsparpotenzial hängt von der Häufigkeit, der Dauer und dem Ausmaß von Teillastphasen ab. Weiter ist zu prüfen, wie stark der Wirkungsgrad des alten Aggregats von dem eines neuen Geräts mit einer guten Energieeffizienzklasse abweicht. Gemäß dem Klassifikationsschema für Motorwirkungsgrade von Elektromotoren der EU gibt es die Effizienzklassen 1 bis 3, wobei die Klasse 1 die beste ist.

Anlagenbauer neigen zu einer konservativ-vorsichtigen Auslegung ihrer Aggregate, die ja Jahrzehnte ihren Dienst verrichten sollen. Sie werden deshalb eher leistungsstärkere Motoren wählen, um die Produktivität des gesamten technischen Systems auf keinen Fall zu gefährden. Das kann dann bei ungeregelten Antrieben dazu führen, dass Jahrzehnte viel mehr Energie verbraucht wird als wirklich nötig wäre. In der Literatur und nach den Ergebnissen einer eigenen Untersuchung sind Energie- und Kosteneinsparungen von 20 bis 40 Prozent eine typische Größenordnung. Die eigene Studie ist in einem Kraftwerk entstanden und wird nun etwas genauer dargestellt, da sie viele typische Muster aufweist. In dem Kraftwerk fördern Speisewasserpumpen das Wasser, das in den Kesseln verdampft wird und dann die Turbinen betreibt, in einem geschlossenen System. Nach den gesetzlichen Vorschriften besteht das Antriebssystem aus zwei gleich großen Hochdruckpumpen. Eine Pumpe dient als Reserve und wird bei Ausfall oder Revisionen der Hauptpumpe eingesetzt. Die Pumpen verfügen über eine erhebliche Leistung von 650 Kilowatt (das entspricht etwa 850 PS). Es ist durchaus bemerkenswert, dass im gegebenen Fall keine exakten Verbrauchswerte verfügbar waren, also weder war ein Stromzähler für die Pumpen vorgesehen noch wurden je Messungen gemacht. Mit einem aufwändigen Rechenverfahren konnte der jährliche Energieverbrauch auf etwa 4000 Megawattstunden abgeschätzt werden, was bei einem Energiepreis von 60 Euro pro Megawattstunden Kosten von etwa 240 000 Euro pro Jahr bedeutet. Bei der Berechnung der benötigen Pumpenleistung zeigte sich, dass die Pumpen für die aktuellen Gegebenheiten zu groß ausgelegt waren und zwei geregelten 335 kW-Motoren der Energieeffizienzklasse 1 ausreichen, eine Einsatz- und eine Reservepumpe. Deren Stromverbrauch ist bei den zugrunde gelegten Daten mit 2500 Megawattstunden zu beziffern. Die Einsparung von 37,5 Prozent beträgt somit 1500 Megawattstunden und 90 000 Euro pro Jahr. Die Investition von 230 000 Euro einschließlich Montage und Inbetriebnahme ist damit in gut 2,5 Jahren amortisiert. Ein wichtiger technischer Grund für dieses Ergebnis sind die stark schwankenden Volumenströme im Kraftwerk, die im Winter doppelt so hoch sind wie im Sommer. Geregelte Motoren können darauf eingestellt werden, ungeregelte nicht. Die Grundmuster dieser Wirtschaftlichkeitsrechnung stellten sich dann auch für zwei kleinere Pumpen heraus: Eine zu große Dimensionierung, schwankende Anforderungen und schon bei einem niedrigen Energiepreis (6 Cent pro Kilowattstunde, Privathaushalte zahlen etwa 20 Cent) eine Amortisationszeit von knapp unter drei Jahren. Steigende Energiepreise machen die Maßnahmen noch rentabler.

Ein Hemmschuh für die Wahl effizienter elektrischer Antriebe bei Neuanlagen besteht darin, dass solche Anlagen als Gesamtlösungen von Anlagenhersteller oder Ingenieurbüros geplant werden. Deren Kunde und späterer Nutzer, der die Energierechnung bezahlt, hat oft nicht die Detailkenntnisse, auf die richtige Wahl bei elektrischen Antrieben zu achten. Externe Planer werden vor allem danach beurteilt, ob sie den Kostenrahmen einhalten. Sie achten deshalb vor allem auf die wenigen Prozent Anschaffungskosten, statt die hohen Energiekosten während der langen Nutzungsdauer in den Mittelpunkt zu stellen. Eine zu kleine Dimensionierung der Aggregate wird vom Kunden bemerkt und reklamiert, während eine zu große Dimensionierung lange Zeit überhöhte Kosten verursacht, die aber nur aufgedeckt werden, wenn danach gesucht wird. Sie betreffen auch nur den Kunden und nicht den externen Planer.

4.6.2 Druckluft

Druckluft ist ein Energieträger, der in vielen Industrieunternehmen vielfältig eingesetzt wird. Beispielsweise kann Druckluft als Antrieb für Werkzeugmaschinen oder Fördersysteme dienen, Druckluft ist notwendig für aufblasbare Manschetten zur Abdichtung zwischen Hallentor und LKW, auch Handwerkzeuge wie Bohrmaschinen können von Druckluft angetrieben sein. Wie funktionieren zentrale Druckluftsysteme? Das Prinzip ist einfach: Ein elektrischer Kompressor steht an einem zentralen Ort (oft in einem Keller oder einem Nebenraum, da das Gerät laut ist) und drückt Luft in ein Leitungssystem. Im Grunde handelt es sich um einen Elektromotor, der eine Pumpe antreibt, die wiederum über einen Filter Luft ansaugt und in das Leitungsnetz einspeist. Über ein Manometer (Druckmesser) prüft eine automatische Steuerung, ob der Druck im Leitungssystem dem Sollwert entspricht. Wenn der Druck absinkt, so wird gerade Druckluft verwendet, der Kompressor springt an und stellt den benötigten Druck wieder her. Es sind Kühleinrichtungen notwendig, dass das System nicht überhitzt. Das Leitungsnetz für Druckluft verläuft zu allen Stellen im Betrieb, an denen dieser Energieträger nötig ist. Entweder sind die Geräte, die mit Druckluft betrieben werden, fest angeschlossen oder Geräte wie Druckluftpistolen können mit einem Handgriff an Ventilen eingesteckt werden. Etwa sieben Prozent des industriellen Strombedarfs werden für Druckluft verwendet (vgl. Bayerisches Landesamt für Umweltschutz, 2004). Bis zu 90 Prozent der eingesetzten Energie fallen als potenziell nutzbare Abwärme an, wovon jedoch nur 20 Prozent genutzt werden. Damit ist Druckluft eine der teuersten Energieformen, bei der das Einsparpotenzial bei 50 Prozent liegen kann, was mit der Angabe in der obigen Tabelle von einer durchschnittlichen Einsparung von 33 Prozent korrespondiert. Bahr (2007, S. 33) spricht von bis zu 71 Prozent Einsparungsmöglichkeiten. Die nergiekosten machen bei Druckluftanlagen gemäß Fraunhofer Institut 75 Prozent der gesamten Lebenszykluskosten aus (www.isi.fhg.de/publ/downloads/isi04p65/querschnittstechnologie_druckluft.pdf). Die folgenden Gründe machen plausibel, weshalb gerade hier schnell Verschwendung entstehen kann.

Technische Empfindlichkeit der Druckluftanlagen

Die Tabelle 68 zeigt, wie schnell kleine Undichtigkeiten dazu führen, dass die Verdichtung von Luft die Vernichtung von Geld mit sich bringt. Es reicht, dass ein Gabelstaplerfahrer mit einer sperrigen Ladung eine Leitung touchiert, so dass sich optisch kaum wahrnehmbar ein Flansch löst.

Tabelle 68: Kosten für Undichtigkeit im Druckluftnetz (Bayerisches Landesamt für Umweltschutz 2004, S. 10)

Lochdurchmesser im Druckluftsystem in Millimetern	1	3	5	10
Luftverlust in Liter pro Sekunde	1,24	11,14	30,95	123,8
Energieverlust pro Jahr bei 8760 Stunden in kWh	2891	26017	27270	289080
Kosten in Euro pro Jahr bei 9 Cent/kWh	260	2341	6504	26017

Schwierige Zuordnung der Betreiberverantwortung

Die lauten Kompressoren stehen üblicherweise in separaten Räumen, so dass die Leitungen quer durch den Betrieb und zu den zahlreichen Nutzern von Druckluft führen. Aufbauend auf den Erläuterungen zur Betreiberordnung (Abschnitt 4.2.1) und Instandhaltung (Abschnitt 4.7), müssen also sehr viele Abteilungen in die Abstimmung einbezogen werden, wer die Anlagen wann auf welche Weise instand hält und – vor allem – wer wie oft nach welchen Kriterien die Leitungen überprüft. Die Erfahrung zeigt, dass viele Unternehmen diese Fragen nicht ausreichend beantwortet haben.

Pauschalisierte Kostenverantwortlichkeit

Eine Ursache dafür, dass die Verantwortung für Druckluft nicht ausreichend geregelt ist, liegt in der üblicherweise pauschalen Verteilung der Kosten. Es ist meist zu aufwändig, die Entnahme von Druckluft als Betriebsdaten zu messen und auf diesen Messergebnissen eine verursachungsgerechte Kostenverteilung vorzunehmen. Durch die pauschale Schlüsselung hat auch kein Kostenstellenverantwortlicher den Anreiz, sich des Themas anzunehmen, denn die Zeit und Kosten würden seiner Kostenstelle zugerechnet, der Nutzen käme allen zu Gute.

Aufwändige Bedarfsermittlung für die Druckluft

Einer Abteilung ist die Steuerung des Kompressors zugeordnet, typische Lösungen sind Betriebstechnik, Facility Management oder ein Nutzer mit großem Druckluftbedarf. Die verantwortlichen Mitarbeiter stellt dabei die Anlage normalerweise so ein, dass sich niemand beschwert. Die Anlage läuft also zeitlich lange und im Hinblick auf den eingestellten Druck (intensitätsmäßig) sehr hoch, orientiert an den Nutzern, die den höchsten Bedarf haben. Dieser Bedarf müsste mit wechselndem Fertigungsprogramm, Überstunden und technischen Änderungen für jede Schicht neu erfasst werden. Wenn die verantwortliche Abteilung nicht besonders pflichtbewusst ist, geschieht das nicht und die Anlagen produziert Druckluft, die niemand benötigt.

Die Angaben zum Wirkungsgrad von Druckluftanlagen schwanken in der Literatur zwischen zwei Prozent (Ruppelt 2003, S. 489) und fünf Prozent (Müller u.a., 2009,

S. 174). Eine Effizienzsteigerung und Energieeinsparung lässt sich mit folgenden Maßnahmen erreichen (in Erweiterung von Radgen 2007, S. 10): Im Rahmen größerer Investitionen lassen sich alte, nicht geregelte Kompressoren ersetzen, Wasserkühler durch
bessere Luftkühler austauschen und Wärmerückgewinnungen installieren. Es ist zu prüfen, ob kleine, kostengünstige Maßnahmen zu wesentlichen Verbesserungen führen,
hier sind insbesondere die Beseitigung von Leckagen, die Anpassung von Rohrdurch-
messern und die Beseitigung von Flaschenhälsen zu nennen. Die Luft zur Kühlung muss
an der Gebäudenordseite angesaugt und gefiltert werden, die Filterelemente sind –
ebenso wie die gesamte Anlage – regelmäßig zu überprüfen instandzuhalten. Als wichtige organisatorische Maßnahmen sind die Reduzierung des Systemdrucks und die
Abschaltung der Anlage oder von Anlagenteilen bei Betriebsruhe zu nennen. Bei komplexeren, größeren Anlagen mit mehreren, manchmal räumlich verteilten Kompressoren ist auch die Kombination der Steuerung dieser Anlagen zur Energieeinsparung
wichtig. Die Einbeziehung der Druckluft über ein Contracting kann technisches Know-
how ins Unternehmen bringen und Kosten senken.

4.7 Instandhaltung

Eine gute Instandhaltung ist unabdingbar, um unnötige Energieverluste zu vermeiden.
Im Umkehrschluss kann es bei einer vernachlässigten Instandhaltung zu enormen Ver-
brauchs- und Kostensteigerungen kommen. Zudem wird schnell aus einer kleinen
Instandhaltungsmaßnahme eine große Reparatur. Instandhaltung spielt in der Literatur
zur Produktionswirtschaft eher eine untergeordnete Rolle und auch in vielen Unternehmen überrascht, dass faktisch im Hinblick auf viele wichtige Anlagen eine ausfallbedingte Instandhaltungsstrategie zu beobachten ist. Deshalb einige Erklärungen dazu,
wie es gelingen kann, komplexe Industrieanlagen in effizientem, sicherem und energie-
sparendem Zustand zu halten. Dazu ist zunächst zu klären, wie die Instandhaltung
grundsätzlich funktioniert (Abschnitt 4.7.1). Um die Umsetzung in die betriebliche Praxis zu realisieren, ist die organisatorische Verantwortlichkeit zu klären (Abschnitt 4.7.2).
Abschließend wird der Energiebezug durch Beispiele vertieft (Abschnitt 4.7.3).

4.7.1 Funktionsweise

Bei einer korrekten Begriffsdefinition gliedert sich die Instandhaltung in zumindest drei Teilbereiche, wie es die Abbildung darstellt. Die DIN 31 051 unterscheidet weiter die hier nicht aufgegriffenen Kategorien Anlagenverbesserung und Schwachstellenanalyse.

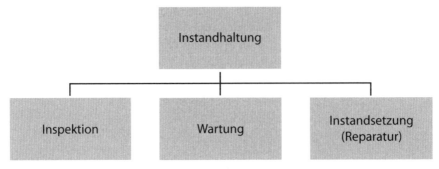

Abb. 69:   Teilgebiete der Instandhaltung

Bei der Inspektion wird der Ist-Zustand des Instandhaltungsobjekts festgestellt (beispielsweise Sichtprüfung auf Undichtigkeiten der Ölwanne beim Auto). Die Wartung bewahrt den Soll-Zustand (beispielsweise Ölwechsel). Die Instandsetzung stellt den Soll-Zustand wieder her (beispielsweise Ersetzen der Benzinpumpe nach einem Defekt). Selbst Privatleute vergessen schon mal einen Instandhaltungstermin beim Auto (umgangssprachlich »Inspektion«) oder der Heizung (meist »Wartung« genannt). Bei Industrieunternehmen ist es ungleich schwieriger, den Überblick zu behalten. Eine Schwierigkeit stellen die durch die Arbeitsteilung notwendigen Regelungen dar, weiter geht die Zahl der separat zu erfassenden Instandhaltungsobjekte schnell in die Zehntausende, bei Großanlagen in die Hunderttausende. Jedes einzelne Objekt (jede Pumpe, jeder Satz Gabelstaplerreifen, jede Rohrleitung) ist also zunächst hierarchisch zu erfassen, wie es die folgende Abbildung 70 für das eingängige Beispiel des Fuhrparks zeigt.

Auf dieser Basis ist jedes Instandhaltungsobjekt in Instandhaltungsplänen zu berücksichtigen. Das können banale, schnell zu erledigende Dinge wie beispielsweise die Überprüfung des Luftfilters bei einem Gabelstapler sein. Allerdings kann die Instandhaltung auch die umfangreiche Revision von Großanlagen umfassen. Um beurteilen zu können, wann welche Instandhaltungsmaßnahmen sinnvoll sind, zeigt die folgende Abbildung 71 den idealtypischen Verlauf der Kostenkurven im Spannungsfeld zwischen maximaler und unterlassener Instandhaltung.

Beide Extreme sind teuer. In der Praxis tendieren Unternehmen eher zu einer zu geringen Instandhaltung. Beispielsweise treiben die Kosten eines höheren Energieverbrauchs die Kurve der Kosten unterlassener Instandhaltung in der Abbildung in die Höhe. Mit diesem Kostenverlaufsmodell im Hintergrund, orientiert sich die Instandhaltung inhaltlich an einer der drei folgenden Instandhaltungsstrategien (siehe Abbildung). Diese Instandhaltungsstrategien erklären den obigen Kostenverlauf. Die ausfallbedingte

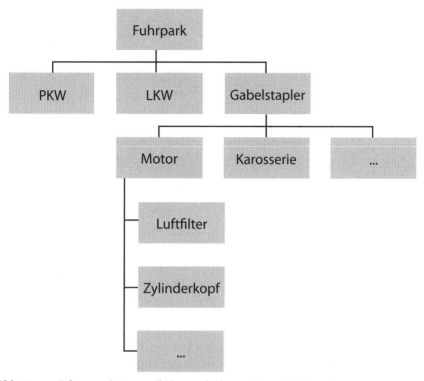

Abb. 70:   Erfassung der Instandhaltungsobjekte am Beispiel Fuhrpark

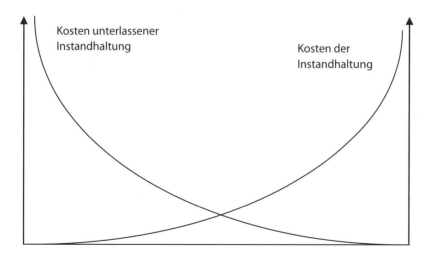

Abb. 71:   Kostenveräufe zwischen maximaler und unterlassener Instandhaltung

Instandhaltungsstrategie entspricht der minimalen Instandhaltung, die vorbeugende Instandhaltung geht in Richtung der maximalen Instandhaltung, die zustandsabhängige sucht einen Kompromiss.

Abb. 72: Instandhaltungsstrategien

Die zustandsabhängige Strategie entscheidet auf Basis der Ergebnisse einer Inspektion über die Wartungs- und Reparaturmaßnahmen. Der Zustand von Reifen, Werkzeugen oder Filtern wird beurteilt und dementsprechend entschieden, ob ein Ersatz zweckmäßig ist. Dies ist die Strategie, die für die meisten Instandhaltungsobjekte – auch aus energetischer Sicht – wünschenswert ist. Die vorbeugende Instandhaltung tauscht technische Komponenten (Rohrleitungen, Ventile usw.) nach einer festgelegten Zeit aus, ohne den aktuellen Zustand zu beachten. Das kommt beispielsweise bei einer großen Revision einer Raffinerie in Frage, wenn der Austausch vor der nächsten großen Revision sehr aufwändig wäre. Auch die Betreiber von Atomkraftwerken, die um jeden Preis materialbedingte Unfälle im Primärkreislauf vermeiden müssen, verwenden diese Strategie. Eine schlechte, unsystematische Instandhaltung führt zur ausfallbedingten Strategie. Die Instandhalter werden dann wie die Feuerwehr gerufen, wenn Komponenten nicht funktionieren. Es ist leicht vorstellbar, wie sich der Energieverbrauch verhält, wenn Motoren, Heizungen, Rohrleitungen, Kälteanlagen usw. sich so lange selber überlassen bleiben, bis sie ganz ausfallen.

4.7.2   Verantwortlichkeiten

Anhand eines energiebezogenen Beispiels seien die Schnittstellenprobleme bei der Zuordnung der organisatorischen Verantwortlichkeiten erläutert: In der Chipindustrie ist die Klimaanlage instandzuhalten einschließlich der Filter für die Reinräume. Bei einigen Arbeiten ist die Anlage auszuschalten, so dass die Produktion ebenfalls zu unterbrechen ist. Wer hat nun die Verantwortung, die Instandhaltung anzustoßen und durchzuführen?

- Der Produktionsleiter? Er ist ohnehin schon stark belastet und hat zudem nicht alle Detailkenntnisse für die auszuführenden Tätigkeiten, er ist beispielsweise nicht der Fachmann für die Filter.
- Eine interne, zentrale Instandhaltungsabteilung, sofern sie diese Aufgabe des Facility Managements mit übernimmt? Diese Abteilung kennt die Produktionsabläufe nicht so genau wie der Produktionsleiter.
- Oder externe Dienstleister wie beispielsweise der Anlagenhersteller, der einen Instandhaltungsvertrag bekommen hat? Es ist für den Chiphersteller problematisch, sich bei einer so entscheidenden Aufgabe mit Qualitätsrelevanz auf Externe zu verlassen, zudem bleiben die Abstimmungsprobleme mit der Produktion bestehen.

Anhand dieser Fragen wird deutlich, welche Schnittstellen zwangsläufig entstehen. Hier kommt die volle Bedeutung der Betreiberordnung und der Ablaufbeschreibungen zum Tragen. Darin ist für jedes Instandhaltungsobjekt zu regeln,

- wer die Dokumentationen führt (also die Stamm- und Bewegungsdaten in die Programme einpflegt),
- wer die Termine, Strategien und Pläne festlegt,
- wer über die Durchführung durch interne oder externe Kräfte entscheidet und sie überwacht,
- welche Abstimmungs- und Freigabeprozesse zu durchlaufen sind, um nicht bei laufender Produktion plötzlich Staub auf den Chips zu haben. (Im sechsten Kapitel wird für die Prozessorganisation das detaillierte Beispiel einer Arbeitskarte für die Wartung einer Pumpe dargestellt.)

Kleinere und mittlere Unternehmen neigen zu einer dezentralen Lösung, bei der der Nutzer der Anlagen auch die Instandhaltung verantwortet, also auch diesen Teil der Betreiberverantwortung wahrnimmt. In den Organigrammen sucht man den Begriff »Instandhaltung« vergebens, findet aber Schlosser- und Elektrikerwerkstätten. Die Werkstätten werden also vom Betreiber beauftragt. Sie stehen somit in Konkurrenz mit externen Anbietern, so dass viele Unternehmen die Instandhaltungsdienstleistungen outsourcen. Diese einfache Herangehensweise an Instandhaltung überfordert leicht den Nutzer/Betreiber, sie birgt Gefahren im Hinblick auf Produktivität, Qualität, Umwelt, Haftung und auch für die Energiekosten. Je zahlreicher und komplexer die Anlagen sind, umso mehr Know-how ist erforderlich und desto eher bietet sich eine zentrale Lösung an. Große Konzerne und Standorte richten deshalb häufig zentrale Instandhaltungsabteilungen ein, die die Objekte systematisieren, die Strategien festlegen, die Pläne erstellen und sie auch ausführen. Dabei bietet sich eine Spezialisierung auf Instandhaltungsobjekte an, also beispielsweise auf Elektrik, Mechanik, Filter usw. Auf diese Weise kommt es leicht zu zersplitterten, unübersichtlichen Lösungen. Den Vorteilen der Bündelungseffekte durch eine Zentralisierung stehen also die Nachteile der Unübersichtlichkeit sowie der Entfernung vom Nutzer entgegen.

Eine sorgfältig aufgebaute Instandhaltung, die in Abstimmung mit allen Beteiligten im Rahmen der Betreiberordnung dokumentiert wurde, erfüllt in aller Regel auch die rechtlichen Anforderungen. Im Energiebereich kann es dazu kommen, dass ein externer Dritter mit rechtlich verbrieften Kompetenzen die Sachverhalte noch einmal überprüft, wie es bei Schornsteinfegern oder den Ausstellern von Energieausweisen der Fall ist. Aber das eigene Kosteninteresse der Unternehmen liegt gerade unter dem Energieaspekt darin, über eine systematische, rationale Instandhaltung zu verfügen.

4.7.3   Energierelevanz unterlassener Instandhaltung

Zur Verdeutlichung der Aufgaben und Bedeutung der Instandhaltung für das Energiemanagement sind hier einige wichtige Beispiele aufgeführt. Zur Gliederung ist der Aufbau dieses Kapitels herangezogen.

Facility Management

- Die Brenner von Heizungen sind großen Temperaturschwankungen ausgesetzt, so dass Ersatzteile notwendig werden und die Steuerung nachgestellt werden muss. Geschieht das nicht, steigt der Brennstoffverbrauch und die Lebensdauer des Benners sinkt. Gleiches gilt für auch die Zündkerzen in Benzinautos.
- Undichtigkeiten an Gebäudehüllen (verzogene Fenster, defekte Gummilippen an Rolltoren usw.) führen zu Zugluft und höheren Heizkosten. Auch die Isolierung von besonders heißen Anlagen wie Öfen muss die Instandhaltung überprüfen.
- Alle Filter (beispielsweise beim Ansaugen von Außenluft für die Hallenbelüftung) setzen sich zu mit der Folge, dass die Pumpen stärker arbeiten müssen und die Luftqualität sich verschlechtert.
- Nach den technischen Regeln für Gasinstallationen (TRGI) ist der Grundstückseigentümer zur regelmäßigen und sachkundigen Überprüfung seiner Gasleitungen verpflichtet, um sie bei Bedarf instandzusetzen. Spätestens im Schadensfall muss dokumentiert sein, dass sachgemäße und regelmäßige Überprüfungen der Leitungen stattgefunden haben.

Logistik

- Der Treibstoffverbrauch von PKW und LKW steigt bei zu niedrigem Reifendruck. Zudem nutzen die Reifen schneller ab und die Unfallwahrscheinlichkeit steigt durch eine geringere Bodenhaftung.
- Vereiste Kühlräume verhindern, dass die erzeugte Kälte den Raum kühlen kann, so dass mehr Kälte erzeugt als genutzt wird.

Produktion

- Die Folgen von Undichtigkeiten an Druckluftanlagen wurden bereits im Abschnitt über Produktion erörtert. Gleiches gilt für alle Energieleitungen im Unternehmen wie

Warmwasser, Dampf, Strom. Bei schlechter Instandhaltung von Gas- oder Ölleitungen kommt es zur Gefährdung von Mensch und Umwelt.

- Die Instandhaltung kann (mit-)entscheiden, welche Schmieröle Verwendung finden. Leichtlauföle reduzieren den Energieverbrauch deutlich und sind sehr wirtschaftlich.
- Jede Art von Hydraulik ist einer starken mechanischen Beanspruchung ausgesetzt und Undichtigkeiten führen (neben dem für die Umwelt gefährlichen Austreten von Hydrauliköl) auch zu höheren notwendigen Pumpenleistungen und damit zu höherem Energieverbrauch.
- Stumpfe Werkzeuge zum Häckseln, Fräsen oder Sägen, die ihre Standzeit überschritten haben, brauchen einen höheren Andruck und damit mehr Energie – ganz abgesehen von den damit einhergehenden Qualitätsproblemen. Gleiches gilt für Kugellager und die vibrationsfreie Rotation von Wellen.
- Die Steuerung von technischen Prozessen kann nur so gut sein, wie die Informationen, die die Betriebsdatenerfassung liefert. Eine gute Instandhaltung muss deshalb jeden defekten Messfühler, jedes falsch eingestellte Thermometer und jede Leitung mit Wackelkontakt bemerken und reparieren.

Diese Beispiele haben sind auch für den technischen Laien verständlich. In Industrieunternehmen kommt es abhängig von der eingesetzten Technologie zu energiebezogenen Instandhaltungsaufgaben, die erklärungsbedürftiger sind und die hier nur exemplarisch genannt werden können. Beispiele sind die Instandhaltung von Heizelementen in Extrudern (Anlagen zur Herstellung von Kunststofffolien), chemischen Reaktoren oder Bleichanlagen zur Papierherstellung. Die ständige Überwachung der Kennzahlen aus der Energiedatenerfassung und -auswertung (Monitoring) ist für die Instandhaltung von besonderer Bedeutung. Eine Veränderung des Energieverbrauchs pro Leistungseinheit (beispielsweise Kilowattstunden pro geförderte Menge bei Pumpen oder Dieselverbrauch pro 100 Kilometer bei LKWs) kann auf Instandhaltungsbedarf hinweisen.

4.8 Informationstechnologie

Unter Green IT ist die umwelt- und ressourcenschonende Gestaltung der Informationstechnologie (IT) über deren gesamten Lebenszyklus, also Produktion, Betrieb und Entsorgung, zu verstehen. Im Zentrum von Green IT stehen somit ein möglichst geringer Materialverbrauch und eine optimal gestaltete Nutzung der eingesetzten Energie. Im Bezug auf die Energie ergibt sich hier als Ansatzpunkt nicht nur die Verbesserung der Verbräuche der eingesetzten IT selbst, sondern darüber hinaus auch die grundsätzliche Frage, ob durch den Einsatz von IT Energie eingespart werden kann. Dies kann dann der Fall sein, wenn durch IT Arbeitsprozesse wegfallen oder energetisch verbessert werden können. Hier zusammengefasst die Ansatzmöglichkeiten als Struktur dieses Abschnitts:

- Produktion der IT-Geräte (Abschnitt 4.8.1)
- Energieeinsparung bei der IT Anwendung (Abschnitt 4.8.2)
- Energieeinsparung durch die Nutzung von IT (IT als Enabler, Abschnitt 4.8.3)
- Entsorgung der IT-Geräte (Abschnitt 4.8.4)

Für die Beschaffung der IT-Geräte selber sind die ersten beiden Abschnitte von besonderer Bedeutung. Die IT-Abteilungen als Betreiber von Servern und Rechenzentren konzentrieren sich auf die Energieeinsparung bei der Nutzung und bestimmen durch ihre Anforderungen und Vorgaben wesentlich mit über die Beschaffung. Anwender der IT selber haben wenig Einfluss auf den Energieverbrauch bei der täglichen Arbeit. Viele Nutzer können jedoch die Energieeffizienz in ihrem Aufgabenbereich durch IT steigern, was der Abschnitt über IT als Enabler umreißt.

4.8.1 Produktion der Geräte

Will man die Produktion von IT nach ökologischen Gesichtspunkten betrachten, gestaltet sich vor allem der Blick auf die stofflich-energetische Vergangenheit der eingesetzten Materialien interessant. So wird deutlich, welch großer Aufwand mit der Erstellung der Güter verbunden ist. Einige Beispiele:

Die Herstellung eines 2 Gramm schweren Computerchips bedarf des Einsatzes von 1,6 Kilogramm fossiler Brennstoffe, 72 Gramm Chemikalien und 32 Litern Wasser. Damit erreicht mit dem 1,2 Quadratzentimeter großen Speicherchip nur ein Bruchteil der für seine Herstellung notwendigen Ressourcen letztendlich den Schreibtisch des Anwenders. Verantwortlich für den hohen Energieverbrauch ist vor allem die Herstellung des Halbleiters, der bis zu 400 Prozessschritte mit zum Teil hochtoxischen Chemikalien durchläuft. Der größte Energieverbrauch mit bis zu 60 Prozent entsteht hierbei aus der Erzeugung der notwendigen Reinraumatmosphäre in der Waferfabrikation (Wafer sind die hochreinen Siliziumscheiben, aus denen die Chips hergestellt werden). Weitere 35 Prozent der Energie verbrauchen die Anlagen zur Herstellung des Chips.

Die Herstellung eines PCs mit Monitor verbraucht im Schnitt 72 Liter Wasser, 5300 Kilowattstunden Strom, 240 Kilogramm fossile Brennstoffe und 22 Kilogramm diverser Chemikalien. Diese Ergebnisse (http://www.heise.de/tp/r4/artikel/13/13565/1.html) rücken die Diskussion über Umweltauswirkungen und -belastungen, die durch den Computer hervorgerufen werden, zurecht, denn hier steht bislang die während der Nutzungsphase verbrauchte Energie im Vordergrund. Gemessen am Energieverbrauch, den der Speicherchip während seines gesamten Lebens hat, entfällt aber etwa die Hälfte auf seine Herstellung, hingegen nur 27 Prozent der Energie werden in der Nutzungsphase, also im PC des Anwenders, verbraucht bei einer angenommenen Lebensdauer von vier Jahren und täglich zweistündigem Gebrauch. Der ökologische Vorteil von sogenannten Öko-PCs reduziert sich also auch weiterhin auf die Möglichkeit, während des Betriebs weniger Strom zu verbrauchen und recyclingfreundlicher zu sein – eine ökologische Produktion gibt es derzeit nicht.

Gerade bei Laptops verbraucht die Erzeugung von leichten Metallteilen, wie Aluminium, viel Energie. Gleiches gilt für die aufwendige Produktion von Lithium-Ionen-Akkus. Grundsätzlich gilt allerdings: Laptops sind aufgrund ihrer im Vergleich zu einem PC geringeren Materialbeanspruchung und der bauartbedingten energetischen Vorteile hinsichtlich des Stromverbrauchs umweltfreundlicher als Desktop-Computer. Die Miniaturisierung führt gleichzeitig zu gesteigertem Kundennutzen, da kompakte Geräte tendenziell bevorzugt werden.

4.8.2   Betrieb der Geräte

Beim Betrieb von Informationstechnologie steht vor allem deren Stromverbauch im Vordergrund. Dieser wird teilweise in Wärmeenergie umgesetzt und geht verloren. Bei Computerprozessoren wird sogar die komplette aufgenommene Energie in Wärme umgewandelt, was in der Funktionsweise begründet ist, da auf keine andere Art Energie gespeichert oder gewandelt werden kann. Somit ist 100 Prozent der aufgenommenen Leistung bei einem Prozessor Verlustleistung. Einzelne aktuelle Prozessoren bringen es auf bis zu 125 Watt Verlustleistung, manche Grafikkarten sogar auf bis zu 290 Watt. Hier kann in Zukunft erheblich Energie eingespart werden. Beispielsweise spielt dies bei der Entwicklung aktueller Laptopprozessoren schon allein aufgrund der Akkukapazität eine entscheidende Rolle und erklärt manchen technologischen Fortschritt. So sind beispielsweise Low-Voltage-Prozessoren entwickelt worden, da die Verlustleistung quadratisch mit der Spannung steigt. Auch wird versucht, kleinere Strukturen einzusetzen, um so Widerstände und in der Folge den Verbrauch zu verringern. Weitere Möglichkeiten ergeben sich aber auch durch das Herunterfahren der Spannung oder Taktung des Prozessors während Leerlaufzeiten oder aber durch das Systemdesign, da je nach Befehlssatz unterschiedlich viele Rechneroperationen (also unterschiedlich viele Takte, welche dann entsprechend Strom verbrauchen) nötig sein können, um denselben Effekt zu erzielen. Green IT meint hier eine Fokussierung auf technologischen Fortschritt durch energieeffizientere Geräte. So sind folgende Entwicklungen beispielhaft zu nennen:

- Prozessoren mit weniger Verbrauch bei gleicher Leistung,
- moderner Standby-Betrieb (kleiner ein Watt),
- effizientere Netzteile (erhöhter Wirkungsgrad) und
- lastabhängiger Energieverbrauch.

Zur Signalisierung eines sparsamen Produkts wurde das amerikanische Gütesiegel Energy Star ins Leben gerufen, das auch in EU-Recht übernommen wurde. Diese freie Produktkennzeichnung, welche stromsparende Eigenschaften bescheinigt, stellt ein wichtiges Kaufkriterium für Unternehmen dar. Allerdings sind die Vorgaben, so die Kritik, zu wenig ambitioniert und können faktisch von jedem auf dem Markt erhältlichen Gerät erreicht werden. Des Weiteren ist keine Überprüfung vorgesehen, weshalb theoretisch jeder Hersteller seine Produkte mit einem Energy Star kennzeichnen könnte. Dennoch ist ein solches Siegel eine gute, wenn auch ausbaufähige Entwicklung.

Ähnliche Ansätze verfolgt die EU-Verordnung 1275/2008, welche die EU-Richtlinie 2005/32/EG (auch Ökodesign-Richtlinie oder Energy-using-Products-Richtlinie) umsetzt und zum deutschen Energiebetriebene-Produkte-Gesetz (EBPG) führte. Die Richtlinie befasst sich mit der Festlegung von Anforderungen an den Stromverbrauch elektrischer und elektronischer Haushalts- und Bürogeräte im Bereitschaftszustand und im ausgeschalteten Zustand. So soll innerhalb der EU der jährliche Standby-Verbrauch um bis zu 50 Terawattstunden reduziert werden. Des Weiteren gelten Vorgaben für den zulässigen Maximalverbrauch von Geräten im Standby-Modus von einem Watt ab 2010 und einem halben Watt ab 2013. Ziel ist es, bis 2020 den Verbrauch um 75 Prozent zu senken und so eine Einsparung von 14 Millionen Tonnen Kohlendioxid zu erzielen.

Die größten Stromverbraucher im IT-Bereich und damit die größte Herausforderung für Green IT stellen Rechenzentren dar. In diesen sind viele Server auf engstem Raum zusammengefasst, was einen erheblichen Energiebedarf und immense Abwärme verursacht. So wird Kühlung erforderlich, welche durch die Erzeugung von Prozesskälte wiederum zu energetischen Verbräuchen führt. Problematisch ist dabei vor allem die geringe durchschnittliche Auslastung der Rechner, die nur bei 10 bis 20 Prozent liegt. Im Jahr 2008 verursachten Rechenzentren zwei Prozent des deutschen Energiebedarfs mit 10,11 Terawattstunden Verbrauch. Bei Fortschreibung des Trends werden es gemäß Schätzungen der Bitcom pro Jahr etwa zehn Prozent mehr sein, bei konsequenter Nutzung von Green IT kann der Verbrauch aber auch auf unter sieben Terawattstunden (etwa der Energieproduktion der Großkraftwerke Mannheim) sinken. Das zeigt die Potenziale zur Energieeinsparung. 2006 hat die US-Umweltbehörde geschätzt, dass amerikanische Rechenzentren pro Jahr rund 61 Terawattstunden an Strom verbrauchen. Das entsprach damals dem doppelten Stromverbrauch Großbritanniens (www.channelpartner.de/news/276627/). Eine interessante Möglichkeit ist die Nutzung von Rechenzentren als Energielieferanten für Fernwärme, wie im Abschnitt 4.2.4.2 über Wärmenutzung ausgeführt. Die Deutsche Energie-Agentur (Dena) fasst aufgrund ihrer Erfahrungen mit Beispielprojekten mögliche Maßnahmen für Kostensenkungen in Rechenzentren und ihr Einsparpotenzial folgendermaßen zusammen:

• Reduzierung von Daten und Anwendungen mit einem Einsparpotenzial von fünf Prozent der gesamten Energiekosten.
• Optimierung der Klimatisierung mit 20 Prozent Einsparpotenzial.
• Beschaffung energieeffizienter Geräte mit 25 Prozent Einsparpotenzial.
• Verbesserung der Serverauslastung mit 35 Prozent Einsparpotenzial.

Der Energieverbrauch nach der Durchführung dieser Maßnahmen beträgt nur noch 25 Prozent des Ausgangsniveaus.

Eine interessante Frage ist der Energieverbrauch durch Internetsuchen. So ist einer Studie der Zeitschrift New Scientist zu entnehmen, dass Suchanfrage per InternetSuchmaschine 0,2 Gramm Kohlendioxid erzeugt (andere Untersuchungen kommen sogar auf 2 bis 10 Gramm, womit die folgenden Zahlen in eine höhere Zehnerpotenz gerückt würden). Demzufolge entsprechen 1000 Suchanfragen einem Autokilometer. Es lohnt sich also nicht aus Kosten- oder Energiespargründen, Internetsuchen einzuschränken –

allerdings sollten solche Anfragen zur Verbesserung der Arbeitseffizienz überlegt abgeschickt werden. Dennoch führt die Summe der Suchanfragen auf volkswirtschaftlicher Ebene zu erwähnenswerten Größenordnungen: Neun Milliarden Suchanfragen allein im März 2009 entsprechen neun Millionen Autokilometern. Das ist die jährliche Emission von 782 Autos mit einer durchschnittlichen Fahrleistung von 11 500 Kilometern pro Jahr. Der weltweite Energieverbrauch durch Internetsuche beträgt 152 Terawattstunden, also mehr als dem 21-fachen der jährlichen Abgabe eines Großkraftwerks.

Obwohl die Optimierung der Daten und Anwendungen nur ein vergleichsweise geringes Einsparpotenzial besitzen, kann diese Maßnahme mit großen Effizienzgewinnen für die Mitarbeiter einhergehen. Die Arbeit am Rechner geht schneller von der Hand, wenn die Aufmerksamkeit des Benutzers nicht von Datenfriedhofe oder vielen nie benutzten Schaltfläche in Anspruch genommen wird.

Die Steigerung der Auslastung der Rechenzentren kann u.a. über Entwicklungen geschehen, die mit dem Begriff »Cloud Computing« gekennzeichnet werden: Anwendungen und Anwender wurden in der Vergangenheit feste Rechnerressourcen (Prozessorleistung, Speicherplätze) zugeordnet. In Zukunft wird diese Zuordnung aufgehoben und der Nutzer zahlt nur für die Rechnerleistung, die er in Anspruch nimmt, wo immer der Rechenzentren-Dienstleister diese Ressourcen gerade frei macht. Die Rechenzentren vernetzen sich und bilden bildlich gesprochen eine Wolke, in der der Benutzer seine Rechner- und Speicherleistung zur Verfügung bestellt bekommt, ohne genau zu wissen, wo die Operationen gerade abgewickelt werden.

4.8.3 Informationstechnologie als Enabler

Informationstechnologie eröffnet Lösungen im technischen und organisatorischen Energiemanagement, sie wirkt als »Ermöglicher« (Enabler). Teilen wir die IT-Unterstützung im Hinblick auf Energie in vier Ebenen auf:

- Erste Ebene: Große, integrierte Softwarepakete (Enterprise Resource Planning – ERP auf der betriebswirtschaftlichen Seite, Mess-, Steuer-, Regeltechnik – MSR auf der technischen Seite).
- Zweite Ebene: IT-Lösungen für energiebezogene Aufgaben innerhalb der einzelne betrieblichen Funktionen wie Computer Aided Facility Management (CAFM), PPS usw.
- Dritte Ebene: Einzelaufgaben innerhalb der Funktionen, beispielsweise Programme zur Lichtsteuerung im CAFM oder zur Druckluftsteuerung innerhalb der PPS.
- Vierte Ebene: IT-Unterstützung energierelevanter technischer Prozesse, beispielsweise elektronische Steuerung von Heizungsbrennern oder Verbrennungsmotoren. Auf die Diskussion dieser technischen Detailebene wird hier verzichtet.

Auf der ersten Ebene finden sich übergreifende, integrierende Programme. Auf der betriebswirtschaftlichen Seite sind das ERP Systeme wie SAP, die Unterstützung für alle wirtschaftlich geprägten Probleme des Unternehmens anbieten. Diese Softwarepakete sind in Module gemäß der Einzelfunktionen der zweiten Ebene (Logistik, Produktions-planung, Controlling usw.) strukturiert. Data Warehousing und Data Mining zeigen, wie weit die Entwicklung hin zur Integration und Verfügbarkeit der Daten hier gediehen sind. Auf dieser ersten Ebene sind Unterstützungen der übergreifenden Aufgaben des Energiemanagements hervorzuheben, insbesondere Programme zur Erstellung von Stoffstrom- und Energiebilanzen wie Emerto oder GaBi. Auf der technischen Seite stellen MSR-Programme die Software auf der höchsten Integrationsstufe dar. In einer Leitwarte lassen sich damit in Raffinerien oder der Papierherstellung zentral die Prozesse steuern. Nach wie vor ist die Schnittstelle zwischen ERP und MSR schwierig, denn jede Produktion ist anders und in den Teilbereichen der Leistungserstellung von Beschaffung, Produktion und Absatz verbergen sich zahlreiche IT-Einzelprobleme und Lösungen, die auch die MSR nicht flächendeckend erfasst. Einige energiebezogene Beispiele für die Schnittstellenproblematik:

- Wird in eine Werkzeugmaschine ein härteres Werkstück eingespannt, so erhöht sich der Energieverbrauch bei der Bearbeitung. Das müsste das ERP-System erfahren, um die Energiebilanz zu aktualisieren.
- Entscheidet sich die Entwicklungsabteilung für eine kleinere Produktverpackung, so müsste die Veränderung der Artikelstammdaten zu einer Reihe von Anpassungen führen, die Versandeinheiten können vergrößert werden, es ist weniger Lagerfläche für das Verpackungsmaterial vorzusehen und natürlich sind Energie- und Kohlendioxidbilanz nachzuführen.

Bei der Analyse der IT-Landschaft in vielen Unternehmen ist erkennbar, wie sie gewachsen ist, welche Anlagen mit welcher neuen Hard- und Software angeschafft wurde, welche Einzellösungen welcher Abteilungsleiter »quick and dirty« hat als Stand-alone-Lösung stricken lassen, um schnell und kostengünstig ein Problem zu lösen. IT-Integration ist teuer, zeitlich aufwändig und neigt zudem zur Überschreitung der Zeit- und Kostenbudgets. Es kann deshalb durchaus sinnvoll sein, eine preiswerte, schnelle Lösung für energiebezogene IT-Unterstützungen einzuführen und damit Erfahrungen zu sammeln, statt über die zentralen Konzerninstanzen ein neues Modul des Anbieters integrierter IT-Lösungen zu kaufen und in einen jahrelangen Prozess einzuführen. Auch in Zukunft ist aufgrund dieser Gründe mit einem IT-Flickenteppich in Unternehmen zu rechnen.

Die zweite und dritte Ebene zeigt IT-Lösungen für einzelne energiebezogene Funktionen im Unternehmen. Als Beispiele können Programme zur Unterstützung des Facility Managements einschließlich Smart Metering, die Steuerung von Beleuchtungsanlagen und Programme zur Erstellung von Energieausweisen für Gebäude genannt werden. IT-Lösungen für die Logistik lassen sich mit dem vorgestellten Programm EcoTransIT ergänzen. Die Energiebeschaffung kann mit dem EEX Tradingsystem arbeiten, der Beschaffung und PPS dienen Systeme zur Lastprognose. Bei der Forschung und Entwicklung sind Computersimulationen eine Möglichkeit, hohe Entwicklungskosten (und damit einhergehende stoffliche und energetische Aufwände) zu umgehen, indem nur Prototypen gefertigt werden, die schon vorab erfolgreich in virtuellen Simulationen erprobt werden konnten. In der Gesamtheit lässt sich das IT-gestützte Energiemanage-ments in Anlehnung an die CAx-Terminologie als Computer Aided Energie Management (CAEM) bezeichnen.

Gerade die Märkte für Software sind extrem schnelllebig und unübersichtlich. Die Programme und die dafür notwendige Hardware sollten gemäß einem Gesamtplan, einer »Architektur«, zusammenwachsen. Dabei ist zu klären, welche Module eigenstän-dig verwendet werden können, welche Schnittstellen für eine automatisierte, systemati-sche Verarbeitung der Daten notwendig sind und nicht zuletzt ist das IT-Konzept nur so gut wie das Organisationkonzept – letztlich entscheiden Menschen über die automa-tisierten täglichen Abläufe und über die Weiterentwicklung des Gesamtsystems.

4.8.4   Entsorgung der Geräte

IT-Hardware unterliegt einer schnellen Veralterung. So ist laut einer Studie von Gartner Inc., dem weltweit führenden IT-Forschungs- und -Beratungsunternehmen, mit Nut-zungszeiten von vier bis fünf Jahren bei Desktop PCs und drei Jahren bei Laptops zu rechnen. Zwar treten je nach Einsatzzweck Schwankungen auf, doch erfüllt sich diese grobe Prognose für 85 Prozent aller gewerblichen Anwender (http://www3.villa-nova.edu/gartner/research/137700/137742/137742.pdf). Steuerlich werden Computer, Laptops und Peripheriegeräte wie Drucker, Scanner und Bildschirme grundsätzlich über drei Jahren abgeschrieben, was ein weiterer Grund für Erneuerungen sein kann. Mobil-telefone verlieren ihren Wert laut AfA-Tabelle (Abschreibungstabelle, »Absetzung für Abnutzung«) allerdings erst nach fünf Jahren. So steigt die Masse an Elektroschrott: Schon im Jahr 2004 wurden 180 Millionen neue PCs gekauft und gleichzeitig 100 Mil-lionen Computer entsorgt. Dass Elektroschrott wertvoll ist, beschreibt folgender Ver-gleich. So ist in einem Laptop circa ein Gramm Gold verarbeitet. Um diese Menge aus einer Goldmine zu gewinnen, müsste ungefähr eine Tonne Gestein aufbereitet und durchsucht werden. Auch andere Metalle wie Kupfer machen das aufwändige und zum Teil umweltschädigende Recyceln zu einem lohnenden Geschäft.

Die Wichtigkeit des Einsatzes von umweltverträglichen Materialien wurde durch die EG-Richtlinien 2002/95/EG zur Beschränkung der Verwendung bestimmter gefährli-cher Stoffe in Elektro- und Elektronikgeräten und 2002/96/EG über Elektro- und Elek-tronik-Altgeräte bekräftigt. Diese, auch RoHS-Verordnung (Restriction of the use of certain hazardous substances) beziehungsweise WEEE-Richtlinie (Waste Electrical and Electronic Equipment) genannten Richtlinien wurden mit dem Elektro- und Elektro-nikgerätegesetz (ElektroG) in nationales Recht umgesetzt und traten 2005 in Kraft. Das Gesetz beschäftigt sich mit dem Inverkehrbringen, der Rücknahme und der umwelt-verträglichen Entsorgung von Elektro- und Elektronikgeräten. Neben dem Verbot bestimmter Schadstoffe sind alle Hersteller, die am deutschen Markt partizipieren wol-len, zur Rücknahme und Entsorgungs- beziehungsweise Recyclingabwicklung der Alt-geräte verpflichtet. Die Entsorgung von Geräten über den Restabfall ist nicht mehr erlaubt. Vielmehr sind Sammelstellen zur Entgegennahme des Schrotts errichtet. Hauptgrund für eine solche Entsorgungsabwicklung ist die zu erwartende umweltverträglichste Form der Wiederverwertung, gelangen die Altgeräte doch wieder in die Hände der Hersteller. Darüber hinaus existiert die Basler Konvention, an welche auch Deutschland seit 1995 vertraglich gebunden ist. Ziel ist ein weltweites, umweltfreundliches Abfallmanagement und die Kontrolle grenzüberschreitender Transporte von gefährlichen Abfällen. Dabei gilt für Abfälle wie Elektroschrott ein Exportverbot, das jedoch über Fremdfirmen und die Deklaration als Gebrauchtgeräte umgangen werden kann, insbesondere aus Herkunftsländern mit geringen Kontrollen. In Ländern mit niedrigen Umweltstandards und geringen Löhnen ist eine ganze Industrie zur Entsorgung von elektronischen Geräten entstanden, die extreme Auswirkungen auf Mensch und Umwelt hat, da mit offenem Feuer, Säurebädern, einfachem Werkzeug und bloßen Händen recycelt wird. So werden Giftstoffe und Treibhausgase emittiert, die bei einer Entsorgung oder Recycling innerhalb der Industrieländer verringert oder ganz vermieden werden könnten.

5 Wirtschaftlichkeit, Strategie und Ethik

5.1 Ein controllingorientierter Ansatz

Die bisherigen Kapitel gingen von den Sachaufgaben des Energiemanagements aus und haben technisch-organisatorische Maßnahmen vorgeschlagen. In diesem Kapitel werden die wichtigsten betriebswirtschaftlichen Verfahren vorgestellt, um zu entscheiden, welche Maßnahmen und Projekte realisiert werden sollen. Als Rahmen für das Vorgehen wird ein controllingorientierter Ansatz gewählt, der implizit bereits in den vorgehenden Kapiteln angewendet wurde. Das Controlling unterstützt das Management bei den Zielbildungs-, Planungs-, Realisierungs-, Kontroll- und Informationsprozessen. Es ist aus betriebswirtschaftlicher Sicht besonders geeignet, sich energiebezogener Fragen anzunehmen, denn es verschafft sich einen Überblick über alle möglichen energiebezogene Maßnahmen, beurteilt ihre Wirtschaftlichkeit und bildet zudem eine Klammer zwischen Abteilungen und Hierarchieebenen. Der Controller gilt – so eine anschauliche Definition – als Lotse, Navigator oder Kartenhalter des Managements. Manager tragen die Verantwortung für ihren jeweiligen Aufgabenbereich, sind oft chronisch überlastet, werden manchmal vom Tagesgeschäft überrollt, sind nicht Herr ihres Terminkalenders. Sie müssen manche nervenaufreibenden Machtkämpfe ausfechten oder unangenehme Personalangelegenheiten handhaben. Bei »Hierarchen« kommen Repräsentationstermine hinzu. Bildlich gesprochen tragen Manager als Kapitän des Schiffes die Verantwortung, haben aber oft nicht die Zeit, Entscheidungen voll zu durchdenken. Deshalb steht dem Kapitän (Manager) als Entscheidungsvorbereiter ein Lotse (Controller) zur Seite, der die Gewässer kennt, der vor Felsen im Wasser warnt und der die Route berechnet, um sicher ans Ziel zu kommen. In der betrieblichen Praxis wählt der Controller Verfahren für die anstehenden Entscheidungen aus, sorgt für die notwendigen Informationen, rechnet sie durch und empfiehlt dem Manager dann eine Entscheidung. Management und Controlling sind – so eine fachlich anspruchsvollere Definition – Teil des Führungssystems des Unternehmens. Die Abbildung 73, die auf Horváth zurückgeht, macht die Zusammenhänge deutlich.

Das Führungssystem umfasst im linken Block das Management, also die im vorhergehenden Abschnitt aufgefächerten Fragen des Energiemanagements in den betrieblichen Abteilungen. Hier sind die Entscheidungen und Entscheidungsverfahren – wie in der Abbildung exemplarisch genannt – angesiedelt. Die Entscheidungsverfahren benötigen eine Informationsversorgung (rechter kleiner Block), um belastbare Ergebnisse zu erzielen. Die Aufgabe des Controllings ist es, diese beiden Systeme aufzubauen, zu koordinieren und auch zu nutzen.

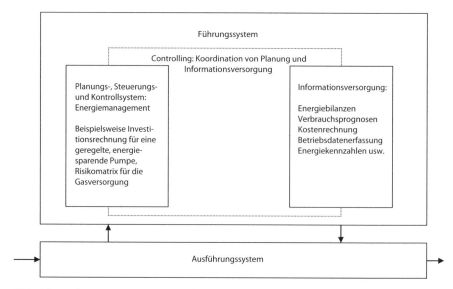

Abb. 73: Energiemanagement und -controlling als Teil der Führung

Das energiebezogene Controlling lässt sich gemäß unterschiedlicher Planungsebenen, -stufen oder -hierarchien differenzieren, wie in der folgenden Tabelle gezeigt.

Tabelle 74: Planungsebenen mit Zeithorizont und Verantwortlichkeit

Bezeichnung der Planungsebene	Zeithorizont	Primäre Verantwortlichkeit
Ethisch-normative Planung	Sehr langfristig	Eigentümer, Top Management
Strategische Planung	Über fünf Jahre	Top Management
Taktische Planung	Ein bis vier Jahre	Middle Management
Operative Planung	Bis ein Jahr	Lower Management

Oft verdichten Theorie und Praxis diese vier Ebenen auf zwei, die operative und die strategische Ebene. Diese Vereinfachung erscheint für das Energiemanagement nicht angemessen, denn auf eine bewusste, explizite Fundierung auf einem ethisch-normativen soll nicht verzichtet werden, so dass im Folgenden die normative, strategische und operative Ebene zu unterscheiden ist. Mit zunehmendem Zeithorizont werden die verfügbaren Daten für eine Wirtschaftlichkeitsrechnung unsicherer. Gerade bei der Entscheidung über energiebezogene Investitionen ist eine enge Sichtweise, die nur die derzeit zuverlässig abschätzbaren Kosten in die Entscheidung einbezieht, nicht ausreichend. Energiebezogene Technologien mit ihren langen Nutzungsdauern unterliegen besonderen Risiken durch mögliche Steigerungen der Preise für Energieträger und Kohlendioxidemissionen, zudem haben sie einen ethischen Bezug. Deshalb sind drei Kategorien von Daten zu beachten:

- Harte, rechenbare, deterministische Kosten- und Erlöswirkungen von Energiemaßnahmen, die in der Kostenartenrechung erfasst werden und in Investitionsrechnungen einfließen. Bei diesen »Tangibles« ist die operative Ebene angesprochen und auch manche Daten für strategische Planungen sind festliegend. Beispiele sind Abschreibung, Zinsen, Instandhaltungskosten, Senkung der variablen Kosten der Energieversorgung durch Einsparmaßnahmen. Je länger der Planungshorizont, desto unsicherer werden die Daten.
- Weiche, schwerer abschätzbare, stochastische Faktoren, »Intangibles«, die insbesondere die strategische Planung betreffen: Senkung des Kostensteigerungsrisikos für die Zukunft, Verbesserung der Versorgungssicherheit, Image des Unternehmens gegenüber Kunden, Öffentlichkeit, Behörden usw., Motivation der Mitarbeiter.
- Ethische Werte sind Basis der Planung. Solche Grundeinstellungen sind Teil der Unternehmenskultur, die definiert wird als Gesamtheit der Werte und Normen des Unternehmens.

In der Praxis und auch in der Literatur lässt sich oft ein Verständnis von Controlling erkennen, dass diesem hier vertretenen Anspruch nicht gerecht wird. Controlling konzentriert sich dann auf die Sammlung und Aufbereitung von Daten (»Numbercrunching«), wobei im Energiebereich die wichtigsten Daten diejenigen der Energiebilanzen und ihre Bewertung mit Kosten sind. Doch ein Energiecontrolling das seiner Aufgabe gerecht wird, geht weit darüber hinaus: Es schließt die Gestaltung von Managementsystemen auf allen Planungsebenen ein. Dazu ist erforderlich, dass das Controlling nicht auf quantitative Aspekte beschränkt, sondern auch auf strategischer und normativer Ebene mit ihrem eher qualitativen Charakter Entscheidungsunterstützung für das Management leistet.

Die operative, strategische und ethisch-normative Planungsebene mit ihrer unterschiedlichen Qualität strukturieren das Kapitel: Im Abschnitt 5.2 sind Besonderheiten energiebezogener Wirtschaftlichkeitsrechnungen mit quantitativen Daten vorgestellt. Der Abschnitt 5.3. systematisiert Energiestrategien und beschreibt Methoden der strategischen Planung, die im Wesentlichen qualitativen Charakter aufweisen. Der Abschnitt 5.4 zeigt, wie ethische Theorien mit wissenschaftlicher Stringenz zur Fundierung der Strategien und der daraus resultierenden Entscheidungen über konkrete Maßnahmen genutzt werden können.

5.2 Wirtschaftlichkeitsrechnung

Die Kostenrechnung baut auf den Energiebilanzen auf, die Informationen über die physikalischen Energieströme werden mit Kosten bewertet und verrechnet (Abschnitt 5.2.1). Kern des Energiemanagements sind letztlich Maßnahmen und Projekte zur Steigerung der Energieeffizienz, also Investitionen, deren Wirtschaftlichkeit zu prüfen ist. Da Energiekosten als Teil der Betriebskosten in der Nutzungsphase entstehen, sind die Life-Cycle-Cost beziehungsweise die Total Cost of Ownership in den Investitionsrechnungen zu berücksichtigen, um Fehlentscheidungen zu vermeiden (Abschnitt 5.2.2). Vergangene Investitionsentscheidungen sind in den energieverbrauchenden Anlagen des Unternehmens manifestiert. Steigen jedoch Energiepreise oder und gibt es technische Innovationen, so ist aus wirtschaftlicher Sicht zu überprüfen, ob der Ersatz von Geräten und Anlagen zu Kostensenkungen führt. Der optimale Ersatzzeitpunkt ist zu bestimmen (Abschnitt 5.2.3). In Analogie zur wirtschaftlichen Amortisation von Investitionen gibt es eine energetische Amortisation (Abschnitt 5.2.4). Im Energiebereich ist zu prüfen, ob sich Investitionen mit Hilfe des Contracting finanzieren lassen (Abschnitt 5.2.5). Bei der Berechnung oder einer schnellen Abschätzung der Wirtschaftlichkeit von Maßnahmen gibt es insbesondere durch den schwankenden Energiepreis große Unsicherheiten, die sich mit Sensitivitätsanalysen systematisch einbeziehen lassen (Abschnitt 5.2.6).

5.2.1 Energiebezogene Kostenrechnung

Eine der wichtigsten Informationsquellen für das Management und seine Entscheidungsverfahren stellt die Kostenrechnung dar. Eine Zielsetzung der Kostenrechnung ist die verursachungsgerechte Zurechnung der Kosten auf Prozesse und letztlich Produkte, da sonst die Kalkulation nicht stimmt und Fehlentscheidungen die Folge sein können. Eine pauschale Verteilung der Energiekosten ohne genaue Unterscheidung der Energieformen ist nur bei geringen Kostenvolumina sinnvoll. Durch die Energiepreissteigerungen sowie die Einführung von Kohlendioxidzertifikaten in den letzten Jahren ist es für Unternehmen notwendig zu überprüfen, ob die Kostenrechnungssysteme stärker gemäß energiebezogenen Gesichtspunkten zu entwickeln sind. Basis der energiebezogenen Kostenrechnung sind die im dritten Kapitel schon umfangreich behandelten Energiebilanzen. Die Abbildung zeigt einen Überblick über den Rechengang der Kostenrechnung, der dann im Hinblick auf Energie erläutert wird. Es ist eine Zuschlagskalkulation angenommen, die in der Literatur weit verbreitet und in einer stückorientierten Produktion wie dem Maschinenbau gut anwendbar ist.

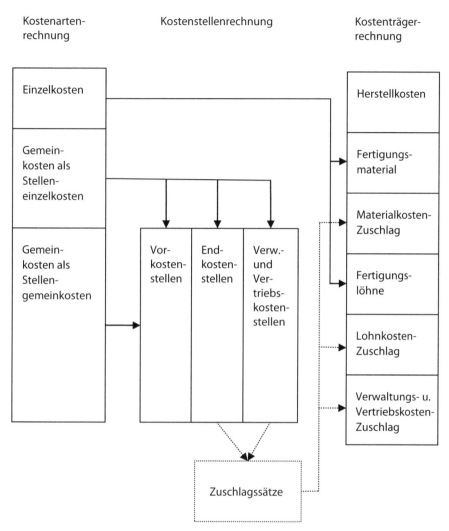

Abb. 75: Überblick über den Rechengang der Kostenrechnung (in Anlehnung an BMU/ UBA 1996, S. 21)

Kostenartenrechnung

Die Kostenartenrechnung erfasst und strukturiert die Kosten aus der Buchhaltung gemäß Einzelkosten, die direkt einem bestimmten Kostenträger (Produkt) zurechenbar sind. Das sind insbesondere Kosten für Fertigungsmaterial und Fertigungslöhne. Als energiebezogenes Beispiel dienen Schweißarbeiten im Maschinenbau in einer auftragsbezogenen Einzelfertigung. Sowohl der Arbeitslohn als auch die Kosten für die Schweißgase lassen sich diesem Auftrag zuordnen und werden für die Nachkalkulation erfasst.

Alle nicht direkt den Produkten zurechenbaren Kosten sind Gemeinkosten. Dabei ist zu unterscheiden, ob sie einer Kostenstelle zurechenbar sind (Gemeinkosten als Kostenstelleneinzelkosten) oder ob das nicht möglich ist (Gemeinkosten als Kostenstellengemeinkosten). Als energierelevante Kosten sind zu unterscheiden (hier mit einigen entscheidenden Unterschieden zu Fuenfgeld 1998, S. 96 f., und Fuenfgeld 2005, S. 108):

Bezugskosten für Energie

- Flüssige Energieträger wie Heizöl oder Diesel
- Gasförmige Energieträger wie Erdgas oder technische Gase
- Feste Energieträger wie Kohle oder Holz
- Weitere leitungsgebundene Energien wie elektrische Energie, Fernwärme
- Kosten für die innerbetrieblichen Anlagen der
- Energielagerung (Öltanks, Akkumulatoren usw.),
- Energieumwandlung (Kraftwerke, Kompressoren usw.),
- der Energieverteilung (Stromnetz, Druckluftleitungen usw.).

Die Kosten umfassen die ganze Breite der durch Anlagen verursachten Kostenarten wie Personalkosten, Instandhaltung, Versicherungen, Abschreibungen usw.

Kosten für energiebezogene Management-, Verwaltungs-, Planungs- und Entwicklungsaufgaben, insbesondere:

- Kosten des Energiemanagements als aufbauorganisatorisch angebundene Funktion,
- Anlagenbuchführung für Energieanlagen,
- relevante technische Planung einschließlich der extern vergebenen Planungsaufgaben.

Nicht in das Schema der Kostenartenrechnung fallen Kosten durch fehlende Energieversorgung (Stromausfälle oder Versorgungsausfälle bei Gas) sowie Risiken durch Preissteigerungen. Diese Aspekte werden im Abschnitt über strategische Planung behandelt.

Kostenstellenrechnung

Die Kostenstellenrechnung verteilt die Gemeinkosten auf Kostenstellen und ermittelt Zuschlagssätze für die Kalkulation. Kostenstellen sind Orte der Kostenverursachung, für die ein Kostenstellenverantwortliche benannt ist. Es kann sich um konkrete, räumliche Orte mit Maschinen und/oder Personal handeln (Werkstätten, Klimaanlagen, Kläranlagen), oder auch um eher virtuelle Orte, beispielsweise eine Vertriebsabteilung, deren Mitarbeiter keinen eigenen Schreibtisch brauchen, da sie immer im Außendienst unterwegs sind. Bei Energiekosten ist zu unterscheiden, ob die Energie nur für eine Kostenstelle verwendet wird oder für mehrere. Betreibt beispielsweise eine Kostenstelle »Hochregallager« mit einem eigenen Gebäude selber eine Heizung, so handelt es sich bei den Brennstoffkosten um Kostenstelleneinzelkosten. Energiekosten durch zentrale Klimatisierung, Druckluftversorgung oder innerbetrieblichen Transport sind Beispiele für Kostenstellengemeinkosten. Je exakter die Erfassung, desto mehr Kosten lassen sich von einer Verteilung gemäß Schlüsselgrößen (Quadratmeter, Zeit, Anzahlen) auf das Niveau einer exakten Zurechnung bringen. Über Zähler lässt sich die Verteilung von Druckluft beispielsweise für Kostenstellen genau erfassen. Die Kostenstellen müssten dann ihrerseits erfassen, für welche Produkte sie konkret die Druckluft verwenden, dann würden aus den Gemeinkosten Einzelkosten. Jedoch ist ein vernünftiger Grad des Erfassungsaufwandes abzuschätzen, denn nicht alles, was möglich ist, ist auch wirtschaftlich sinnvoll. In manchen Fällen trifft die verursachungsgerechte Erfassung der Energieströme und -kosten auch auf prinzipielle Grenzen: Die Heizung einer Halle mit verschiedenen Werkstätten ohne räumliche Trennung zeigt, dass zur Kostenverteilung Ersatzgrößen (z.B. Quadratmeter oder Kubikmeter umbauter Raum bei unterschiedlichen Deckenhöhen) zwingend notwendig sind. Wenn nun einzelne Werkstätten Energie abgebende Anlagen betreiben (z.B. Öfen) und im Bereich anderer Kostenstellen liegen Gebäudeöffnungen nach, so wird deutlich, wie schwierig eine verursachungsgerechte Heizkostenverteilung ist und wie sehr sie auf letztlich nicht beweisbaren Annahmen beruhen kann.

Bei den Kostenstellen werden Vorkostenstellen, Endkostenstellen sowie Verwaltungs- und Vertriebskostenstellen unterschieden. Vorkostenstellen (Kantine, Kläranlage usw.) sind typischerweise auch Stellen der zentralen Energieversorgung und -verteilung, beispielsweise Heizkraftwerke, Transformatoren, Energieleitungsnetze, BDE und Prozessleittechnik. Aber auch energieintensive innerbetriebliche Dienstleistungen wie Logistik, Fuhrpark, Facility Management können als Vorkostenstellen eingerichtet sein. Endkostenstellen sind die Materialkostenstellen sowie die Fertigungskostenstellen mit den Produktionsanlagen, in denen der Kernprozess des Unternehmens stattfindet. Die Bezeichnung Verwaltungs- und Vertriebskostenstellen spricht für sich. Die innerbetriebliche Kostenverrechnung kann entweder von den Vorkostenstellen auf weitere Kostenstellen im Stufenleiterverfahren (Treppenverfahren) geschehen oder simultan im Gleichungsverfahren, wodurch auch Leistungen auf die Vorkostenstellen rückverrechnet werden können. In der Terminologie der Energiebilanzierung ist hier der Übergang von der Standortbilanz zur Betriebsbilanz hin zur Werkstattbilanz anzusiedeln. Die gesamten Gemeinkosten einer Materialkostenstelle oder einer Fertigungskostenstelle werden dann auf die Fertigungseinzelkosten und Materialkosten dieser Stelle bezogen: Die Division von Gemeinkosten einer solchen Endkostenstelle durch die Einzelkosten einer Kostenstelle ergibt den Zuschlagssatz. Analog wird mit den Verwaltungs- und Vertriebsgemeinkosten verfahren, die jedoch auf die gesamten Herstellkosten bezogen werden.

Kostenträgerrechnung

Bei der Kostenträgerstückrechnung (also der Kalkulation der Produkte als einzelne Stücke/Kostenträger) liegen die Material- und Fertigungseinzelkosten für ein bestimmtes Produkt bereits vor. Mit den Zuschlagssätzen lassen sich jetzt die Herstellkosten dieses Produkts problemlos berechnen (in der obigen Abbildung durch gestrichelte Pfeile dargestellt, da nicht direkt Kosten verrechnet, sondern lediglich Prozentsätze zur Kalkulation übertragen werden). Entscheidend bei diesem Verfahren ist jetzt, dass die Kostenarten mit Energiebezug in den Zuschlagssätzen erkennbar bleiben. Die exakte, nach Energieformen differenzierte Erfassung in der Kostenartenrechnung kann für die Kalkulation und die darauf basierende Preisbildung und strategische Planung nur Früchte tragen, wenn die energiebezogenen Anteile in den Zuschlagssätzen erhalten bleiben. Ein neueres, wichtiges Argument dafür sind die unterschiedlichen Kohlendioxidemissionen verschiedener Energieformen, mit deren Steigen angesichts des Klimawandels zu rechnen ist. Wenn ein Unternehmen nicht weiß, welche Produkte in welchem Maße zur Klimagasemission des Unternehmens beiträgt, ist bei seinen Forschung- und Entwicklung- sowie Marktstrategien blind für diesen zukunftsweisenden Aspekt.

Es besteht eine Tendenz zur Automatisierung und damit zur Substitution von menschlicher (ausführender) Arbeitsleistung durch Maschinen. Deshalb werden oft nicht die Fertigungseinzelkosten (insbesondere Fertigungslöhne) als Zuschlagsbasis herangezogen, sondern Maschinenstunden. Für die Kalkulation wird die Belegungszeit einer Maschine durch ein Produkt mit dem Maschinenstundensatz multipliziert. Die Fertigungslöhne sind eine wichtige Bestimmungsgröße der Maschinenstundensätze, aber auch der Energieeinsatz und die Energiekosten können direkt einfließen. Hier besteht eine unmittelbare Parallele zur Energiebilanzierung für Prozesse (Prozessbilanz) und für Produkte (Produktbilanz).

An dieser Stelle besteht ein Zusammenhang zur Prozesskostenrechnung, wobei die Begriffe zu Missverständnissen einladen: Die Prozesskostenrechnung versucht zusammenhängende, administrativ-technische Prozesse als Ganzes zu sehen und kostenmäßig zu bewerten. Die Bezeichnung Geschäftsprozess betont das administrative Element im Gegensatz zu technischen Prozessen. Ein Beispiel aus dem Energiebereich ist die Energiebeschaffung, bei der der Vertrieb ein Produktionsprogramm vorgibt, die Arbeitsvorbereitung ein Lastprofil ermittelt und der Einkauf schließlich an der Energiebörse einkauft. Die Grundidee ist nun, die aufgewendeten Stunden und sonstigen Kosten zu erfassen und die gesamten Kosten des Vorgangs für eine Periode zu berechnen. Dann muss ein Kostentreiber gefunden werden, beispielsweise die Anzahl der Beschaffungsvorgänge oder die eingekauften Megawattstunden. Die Gesamtkosten werden dann durch den Kostentreiber dividiert, um die Vollkosten für einen Beschaffungsvorgang oder die Beschaffung einer Kilowattstunde Energie zu berechnen. Dieser Begriff von Prozesskosten entspricht nicht der Verwendung des Begriffs Prozessbilanz im Sinne von Energiebilanzen. Die energiebezogene Prozessbilanzierung stellt in erster Linie einen eingegrenzten, vorwiegend technischen Prozess (Bearbeitung eines Werkstücks an einer Maschine) in den Mittelpunkt. Jedoch lassen sich solche Energiebilanzen auf größere Prozesse ausdehnen, wie es bei der Erstellung von Produktbilanzen geschieht, bei der verschiedene Prozesse zur Herstellung eines Produkt zusammengeführt werden. Die betriebswirtschaftliche Prozesskostenrechnung stellt jedoch Kosten und oftmals administrative Prozesse in den Mittelpunkt, während sich die Energiebilanzierung auf physische Prozesse und ihren Energieverbrauch sowie die Emission von Treibhausgasen konzentriert. Die Prozesskostenrechnung kann deshalb die Energiebilanzen als Teil ihrer Informationsversorgung nutzen.

Die skizzierten Abläufe der Kostenrechnung lassen sich in unterschiedlichen Kostenrechnungssystemen durchführen, die in der folgenden Tabelle systematisiert sind.

Tabelle 76: Systematisierung von Kostenrechnungssystemen

	Ist-Kostenrechnung	**Plan-Kostenrechnung**
Vollkostenrechnung	Ist-Vollkostenrechnung	Plan-Vollkostenrechnung
Teilkostenrechnung	Ist-Teilkostenrechnung	Grenz-Plankostenrechnung

Die beiden Differenzierungskriterien für Kostenrechnungssysteme (Ist- und Plankosten sowie Voll- und Teilkosten) sind für energiebezogene Fragestellungen von großer Bedeutung. Ist-Kosten bilden das gegenwärtige Preisniveau ab, das wenig aussagekräftig für die Zukunft ist. Das liegt einerseits an den zu erwartenden Preissteigerungen, anderseits an der Volatilität (den Schwankungen) der Preise. Die Teilkostenrechnung spaltet die Kosten nach fixen (zur Aufrechterhaltung der Betriebsbereitschaft nötigen) und variablen (von der Beschäftigung/Auslastung abhängigen) Kosten auf. Gemäß der obigen Kostenartengliederung der energiebezogene Kosten werden nun einige Beispiele aufgeführt, um zu zeigen, dass diese Aufspaltung schwierig ist:

- Bezugskosten für Energie:
  - Die grundlegende Unterscheidung zwischen fixem Leistungspreis und variablem Arbeitspreis ist zu beachten (vgl. viertes Kapitel zur Energiebeschaffung).
  - Manche Bezugskosten verhalten sich teilweise variable, wie es das Beispiel einer Werkzeugmaschine in der Produktion zeigt: Sie braucht keinen Strom, wenn sie kein Werkstück bearbeitet – außer dem Strom für den Leerlauf- oder Stand-by-Betrieb. Auch Heizkosten folgen eigenen Regeln: Im Prinzip sind sie fix, denn die Heizung wird auch am Wochenende nicht ausgeschaltet, allerdings gibt es Einsparungen durch die Temperaturabsenkung. Bei vollem Betrieb können sie paradoxerweise durch die Wärmeabgabe der Produktionsmaschinen sogar sinken (eines der wenigen Beispiele für einen regressiven Kostenverlauf).
  - Die Kosten für Logistikprozesse verhalten sich teilweise vollständig variabel im Hinblick auf Energie: Wenn ein LKW nicht fährt, verbraucht er keinen Dieseltreibstoff.
- Kosten für die innerbetrieblichen Anlagen der Energielagerung, Energieumwandlung, Energieverteilung: Die meisten Kostenarten wie Abschreibung, Personal, Instandhaltung reagieren fix mit einigen, geringen Ausnahmen. Eine nutzungsabhängige Abschreibung oder Instandhaltung würde die Kosten in geringem Maße variabel machen.
- Energiebezogene Management-, Verwaltungs- und Entwicklungskosten sind im Wesentlichen als fix anzusehen.

Die Kostenrechnung wird mit der Leistungsrechnung als Kosten- und Leistungsrechnung korrekterweise in einem Atemzug genannt, wobei der Schwerpunkt im Hinblick auf die Energie bei den Kosten liegt, sofern es sich nicht um ein EVU handelt. Jedoch verschwimmen die Grenzen, denn immer mehr Unternehmen (und sogar Haushalte) können energiebezogene Leistungen anbieten und monetär bewertet den Kosten gegenüber stellen. Beispiele sind die Fernwärmeversorgung für das Nachbarunternehmen durch überschüssige Prozesswärme oder die Einspeisung von Elektrizität gemäß des Erneuerbare Energien Gesetzes, was auch für Land- oder Forstwirtschaft Chancen in der Biogasproduktion eröffnet. Die Zurechnung der Leistungen der Energieabgabe ist normalerweise weitgehend unproblematisch und spielt bei Unternehmen, die keine Energieversorger sind, eine geringe Rolle gegenüber den Energiekosten auf der Bezugsseite. Auf die sorgfältige Interpretation des Begriffs der Leistung im technisch-physikalischen Sinne (Energieaufnahme oder -abgabe einer Anlage als Arbeit pro Zeit) und im betriebswirtschaftlichen Sinne (Produkte als Leistungen des Unternehmens) ist im jeweiligen Zusammenhang zu achten.

Das operative Energiecontrolling stellt sicher, dass die Kosten- und Leistungsrechnung dem Management die notwendigen Informationen liefert. Zu den Grundfunktionen gehört (in Anlehnung an Paul 2003, S. 51 ff.) die Erstellung der Energiebilanzen zur Auswertung für das Rechnungswesen:

- Erfassung von Mess- und Zählerwerten aus inhomogenen Datenquellen.
- Mess- und Zählerdatenverwaltung.
- Verdichtung, Plausibilitätsprüfung und Ersatzwertbildung, so dass die Gesamtfunktion nicht bei jedem Messausfall gefährdet ist.
- Bilanzierung der Medien nach Verrechnungszählern, entweder reale Zähler oder sich aus Bilanzierung ergebende virtuelle Zähler, so dass eine fächendeckende Bilanzierung des Energieverbrauchs ermöglicht ist, ohne flächendeckend Zähler zu installieren.

Aufgrund dieser Daten sind die Kosten getrennt nach Arbeits- und Leistungspreis sowie verschiedenen Tarifen zu verrechnen, so dass folgende beispielhafte kostenstellen-, produktionsauftrags- und produktbezogene Abfragen möglich werden:

- Welchen Strom-, Gas-, Ölverbrauch hatte ein Betrieb gestern?
- Welche Maximalleistung hat eine bestimmte Kostenstelle im letzen Monat?
- Wie hoch war der Leistungsbedarf der Kostenstelle zum Zeitpunkt des maximalen Tagesleistungsbedarfs des Unternehmens an einem bestimmten Tag?
- Wie hoch sind die Arbeitskosten für elektrische Energie einer Kostenstelle im laufenden Monat?

Darüber hinaus besteht die Aufgabe in Planung und Budgetierung, Soll-Ist-Auswertungen sowie dem Berichtswesen jeweils mit den festgelegten Kennzahlen. Auf die Erfassung und Analyse von Ausreißerwerten ist besonderer Wert zu legen.

Die Weiterentwicklung von IT-gestützten Kostenrechnungssystemen in Unternehmen ist eine Aufgabe, die keine unbedachte Improvisation verträgt: Die Änderung von Parametern wie Schlüsseln, Zuschlagssätzen oder Verrechnungspreisen führt dazu, dass die Daten der Abrechnungsperioden nicht mehr vergleichbar sind. Das spricht dafür, energiebezogene Änderungen in größeren Schritten – sowohl in zeitlicher als auch sachlicher Hinsicht – vorzunehmen. Gerade durch zwingende und komplexe Verbindung zwischen Energiebilanzen und Kostenrechnung entstehen besondere inhaltliche und organisatorische Schwierigkeiten, die dafür sprechen, Auswertungen, Vergleichs- und Planungsrechnungen zunächst in der Form von Nebenrechnungen durchzuführen, die durchaus auch IT-gestützt sein können. Jedoch sollten diese improvisatorisch-versuchsmäßig angelegten Nebenrechnungen sich nicht in einem solchen Maß etablieren, dass auf ein Customizing der Kostenrechnungsprogramme ganz verzichtet wird. Denn damit würde auch auf die automatisch erstellten, integrierten Verrechnungen und Abrechnungen von Energiedaten verzichtet, was langfristig der Bedeutung energiebezogener Aufgaben nicht gerecht wird.

5.2.2   Life Cycle Costing und Total Cost of Ownership

Life Cycle Costing (LCC) und Total Cost of Ownership (TCO) sind zwei zusammenhängende Verfahren der Kostenrechnung, die für Energieprojekte besondere Bedeutung haben. Bei Investitionen und Kaufentscheidungen neigen Personen und Unternehmen dazu, in einer Vergleichsrechnung die Preise beispielsweise beim Bau von Hallen oder beim Kauf von Anlagen gegenüber zu stellen und dann die »billigere« Variante mit der niedrigsten Auszahlung zu wählen. Das führt aber nur unter gleichen sonstigen Rahmenbedingungen (ceteris paribus) zu langfristig vernünftigen Ergebnissen. Alle anderen Leistungsmerkmale und Kosten neben der Investitionshöhe müssten gleich sein, was aber fast nie der Fall ist. Wie schwerwiegend Fehlentscheidungen bei langlebigen Investitionsgütern sein können, zeigt das Beispiel von elektrischen Antrieben, bei denen gemäß einer Faustregel ja 95 Prozent der Gesamtkosten auf Energie entfallen. Angesichts einer jahrzehntelangen Lebensdauer und der Energiepreissteigerung in den letzten Jahren sind solche Zahlen schwer abzuschätzen, können aber für die Zukunft noch extremer ausfallen. Hier setzen die Konzepte des LCC und TCO an (vgl. für Einführung und Überblick Geissdoerfer 2009). Es besteht eine positive Korrelation zwischen dem technischen Entwicklungsstand von Betriebsmitteln, der Investitionshöhe und niedrigen Betriebskosten. Moderne, energiesparende Anlagen erfordern also höhere Investitionen als Anlagen, die hinter dem technisch Möglichen zurückbleiben. Die Energieeffizienz der Anlage ist dabei für das Energiemanagement der entscheidende Faktor, was sich sowohl auf reine Anlagen der Energieumwandlung und -versorgung (Heizungen, Motoren) als auch auf größere Anlagen ohne dominierenden Energiebezug (Montagelinien, Immobilien) beziehen kann. Bei jeder Investition sind in allen Phasen des Lebenszyklus alle Kosten der zur Wahl stehenden Alternativen einzubeziehen. Die folgende Tabelle zeigt exemplarisch für elektrisch betriebene Geräte die Phasen und die wichtigen zu beachtenden Kostenarten des LCC.

Das TCO-Konzept unterscheidet zwischen den dem Betrachtungsobjekten direkt zuzuordnenden Kosten und indirekten Kosten (diese Definition unterscheidet sich von der üblichen Definition von direkten Kosten, die Kosten durch Material bezeichnen, das

Tabelle 77: Lebenszyklusphasen und wichtige Kostenarten

Phase im Lebenszyklus (aus Nutzersicht)	Wichtige Kostenarten
Planung oder Kaufentscheidung und Kauf	Interne Kosten für die Erstellung des Lastenheft, der Ausschreibungsunterlagen und der Angebotseinholung, Bewertung und Entscheidung, Finanzierungskosten
(Ein-)Bau/Installation, Testphase und Inbetriebnahme	Interne Begleitung des Lieferanten, u.U. vorbereitende Arbeiten
Betrieb	Abschreibungen, Zinsen, Instandhaltung, Energiekosten
Deinstallation/Rückbau und Entsorgung	Kosten für Dienstleister und eigene Mitarbeiter, Entsorgungskosten

direkt in die Produkte einfließt). Direkt zuzuordnende Kosten sind in der Tabelle gemäß des Lebenszyklus aufgeführt. Beispiele für indirekte Kosten sind folgende:

- Transaktionskosten bei Kauf, also Personalkosten für den Einkauf oder Kosten für die Nutzung des Materialeingangs.
- Einweisungen oder Schulungen im Hinblick auf das neue Gerät bis hin zur informellen, kollegialen Unterstützung (»Hey-Joe-Effekte«).
- Bewerteter Zeitaufwand der Anlagenbuchführung, Inventarisierung und sonstiges Datenmanagement.
- Anteilige Raummiete, kalkulatorische Wagnisse, IT-Kosten usw.

Um Größenordnungen für die Bedeutung der Energiekosten deutlich zu machen, ist hier ein Beispiel für eine Produktionshalle in Stahlgerüstbauweise von 1000 Quadratmetern Grundfläche aufgeführt. Die Halle kann für 300 000 Euro errichtet werden und ist für eine Nutzungsdauer von 50 Jahren geplant. Diese niedrige Investitionshöhe ist nur möglich, indem der Energieeffizienz kaum Beachtung geschenkt wird, was sich in einem Verbrauch von 200 kWh/QM a niederschlägt. Das ist zwar im Hinblick auf die EnEV 2009 problematisch, doch diese Verordnung trägt den Besonderheiten von Industriebauten wenig Rechnung und das Unternehmen setzt deshalb auf ein Vollzugsdefizit (oder hat die Halleninvestition beschlossen, ohne sich der rechtlichen Regelungen bewusst zu sein). Bei einem Brennwertfaktor von Heizöl von etwa 10 beträgt der Verbrauch pro Quadratmeter 20 Liter, also 20 000 Liter für die gesamte Halle im Jahr. Die Energiekosten betragen damit bei einem Heizölpreis von 75 Cent pro Liter 15 000 Euro pro Jahr. Ohne Berücksichtigung von Zinsen betragen die Heizkosten also bereits in den ersten 20 Jahren der Nutzungsdauer mit 300 000 Euro genau so viel wie die Anschaffungskosten. Da wahrscheinlich ist, dass die Energiepreise in diesen Zeiträumen stark steigen und die Zahlen ohnehin mit großen Unsicherheiten behaftet sind, sei es hier angenommen, dass die Abzinsung der Energiekosten auf einen Barwert und die Energiepreissteigerung sich die Waage halten. Damit ist die Energieeffizienz für die Halle etwa genau so wichtig wie der Anschaffungspreis – in einer Perspektive auf zwei Jahrzehnte. Bei stark steigenden Energiepreisen wird der Betrieb der Halle im gegenwärtigen Zustand durch die höheren Energiekosten unwirtschaftlich. Faktisch verkürzt sich also die Nutzungsdauer je nach Energiepreis. Bei einer realistisch-seriösen Bewertung solcher Gebäude sind Abschreibungsdauern zu verkürzen, Rückstellungen für energetische Sanierungen oder Wertkorrekturen vorzunehmen. Es kann zur Situation kommen, dass der Wert eines voll funktionstüchtigen Gebäudes mit zu hohem Energieverbrauch faktisch negativ ist, da niemand die weitere Nutzung bezahlen kann oder will. Der Wert berechnete sich dann aus dem Grundstückswert verringert um die Abrisskosten.

LCC und TCO sind hier aus der Sicht des Unternehmens erörtert, das ein Objekt kauft, nutzt und entsorgt. Diese Überlegungen gewinnen mit steigenden Energiepreisen natürlich auch Bedeutung für die Kaufentscheidungen der eigenen Kunden im Hinblick auf die selber hergestellten Produkte. Damit wird das LCC und die TCO ein Thema für die strategische Produktplanung, die die Grundlage der Arbeit von Forschung und Entwicklung oder Konstruktion bildet, um dann durch Marketing und Vertrieb zu konkretem Absatz umgemünzt zu werden.

5.2.3 Optimaler Ersatzzeitpunkt

Das vorstehende Beispiel einer Halle mit geringer Energieeffizienz leitet über zur Berechnung des wirtschaftlich optimalen Ersatzzeitpunkts (Steven 2002, S. 127–131). Bei der Zeitbetrachtung im Hinblick auf Anlagen als Investitionsobjekte sind die Rückflussdauer des investieren Kapitals, die wirtschaftlich optimale Nutzungsdauer und die technische Lebensdauer einer Anlage zu unterscheiden. Der gesunde Menschenverstand scheut sich, technisch perfekt funktionierende Geräte gegen neue zu ersetzen, insbesondere in der Abschreibungsphase. Das ist jedoch wirtschaftlich geboten, wenn die zukünftigen Kosten bei einem Ersatz geringer sein werden. Es ist deshalb auch unerheblich, ob die Anlage bereits voll abgeschrieben ist. Die normalerweise verwendeten zeitabhängigen Abschreibungen sind fixe Kosten, die im Hinblick auf Ersatzinvestitionen als Sunk Costs zu sehen sind: In der Vergangenheit versunkene Kosten, die in eine zukunftsgerichtete Sicht nicht eingehen dürfen. In Investitionsentscheidungen dürfen nur Kosten eingehen, die durch die Entscheidung verändert werden, alle anderen Kosten sind entscheidungsirrelevant. Dazu gehören eben auch Abschreibungen, die in der Folge vergangener, irreversibler Investitionen entstanden sind. Wie schwer es fallen kann, Sunk Costs aus der Betrachtung auszublenden, macht das »Gesetz der ersten Schubkarre« deutlich. Sobald bei einem gewaltigen Projekt wie einem Staudamm der erste physische Spatenstich erfolgt ist, stoppen die Verantwortlichen es nicht mehr, selbst wenn sich die Unrentabilität des Gesamtprojekts erweisen sollte, um diese ersten sichtbaren Aktivitäten zu rechtfertigen und nicht als Fehlinvestition zu offenbaren. Rational ist es hingegen, bei jeder Steigerung der Energiepreise alle Energieverbraucher im Unternehmen daraufhin zu überprüfen, bei welchen Aggregaten es neue technische Entwicklungen gibt und ob sich der Ersatz lohnt. Innovationen sind jedoch oft nicht nur im Hinblick auf das Kriterium des Energieverbrauchs besser als vorhandene Geräte, sondern auch bei Faktoren wie der Produktivität, Flexibilität, Qualität, Bedienerfreundlichkeit, Einbindung in die Prozessleittechnik, Betriebsdatenerfassung usw. Deshalb fließt die Senkung der Energiekosten nur als ein Kriterium unter anderen in die umfassende Investitionsentscheidung ein, die mit Scoringverfahren wie der Nutzwertanalyse gefällt werden kann.

Wie lässt sich die Wirtschaftlichkeit von Ersatzinvestitionen berechnen? Greifen wir auf die Daten der Ersatzinvestition einer elektrisch betriebenen Pumpe im Abschnitt 4.6.1 zurück, um die für die Praxis wichtigsten Möglichkeiten aufzuzeigen. Die folgende Tabelle zeigt die relevanten Zahlen im Überblick:

Tabelle 78: Daten für die Berechnung der Ersatzinvestition in eine elektrisch betriebene Pumpe

Kennzahl	In Betrieb befindlicher elektrischer Pumpenantrieb	Ersatzinvestition mit geringerer Dimensionierung und geregeltem Antrieb
Anschaffungspreis	Irrelevant, da 38 Jahre im Betrieb und voll abgeschrieben	230 000 Euro
Verbrauch elektrischer Energie pro Jahr	4000 MWh	2500 MWh
Energiekosten pro Jahr bei 60 Euro/MWh	240 000 Euro	150 000 Euro, Einsparung also 90 000 Euro
Technische (Rest)nutzungsdauer	Unklar, aber mindestens fünf Jahre nach Schätzung	Über 40 Jahre
(Rest)Wert der Anlagen und Abschreibung	Null, der Schrottwert entspricht den Deinstallations- und Entsorgungskosten	230 000 Euro kalkulatorisch über 40 Jahre (also mit 2,5 Prozent) abzuschreiben, entspricht 5750 Euro/Jahr
Sonstige Betriebskosten	Für beide gleich	
Kalkulationszinssatz	5 Prozent	

Es bieten sich zwei Verfahren der Investitionsrechnung an: Die Kostenvergleichsrechnung und die Interpretation des Entscheidungsproblems als übliches Grundmodell der Investitionsrechnung mit einer Auszahlung und Einzahlungen über die Restlaufzeit der alten Anlage.

Kostenvergleichsrechnung

Die Kostenvergleichsrechnung addiert alle Kosten, die von der Entscheidung abhängen und wählt die Möglichkeit mit den geringsten Kosten. Dabei können die gesamten Kosten über die Lebensdauer oder – wie in der folgenden Tabelle – die Kosten pro Jahr herangezogen werden.

Tabelle 79: Investitionsrechnung mit Kostenvergleichsrechnung

Kostenart	In Betrieb befindlicher elektrischer Pumpenantrieb	Ersatzinvestition mit geringerer Dimensionierung und geregeltem Antrieb
Energiekosten/Jahr	240 000 Euro	150 000 Euro
Sonstige Betriebskosten/ Jahr	Für das Ergebnis irrelevant, da für beide Anlagen gleich	
Abschreibung/Jahr	0 Euro	5750 Euro
Zinskosten	0 Euro	11 500 Euro im ersten Jahr, dann langsam sinkend, da Zinsen nur für den Restwert der Anlage anzusetzen sind
Gesamtkosten pro Jahr	240 000 Euro	167 250 Euro

In diesem Fall ist das Ergebnis schon für das erste Jahr eindeutig, denn die Energiekosteneinsparungen sind höher als die hinzukommenden Abschreibungen und Zinsen. Unter anderen Voraussetzungen kann aber die Entscheidungsfindung schwieriger sein. Die Altanlage kann beispielsweise noch einen abzuschreibenden Restwert haben, die Zinsen können schwanken, die Energiepreise steigen, die technische Restnutzungsdauer unklar sein. Dann sind für verschiedene Ersatzzeitpunkte mehrere Berechnungen mit unterschiedlichen Annahmen durchzuführen, um ein Gefühl für die Problematik zu bekommen. Im Zweifel gebieten es ethische Gründe, den Ersatz der alten Anlagen vorzuziehen, denn neben den hier einbezogenen internen Kosten entstehen ja auch noch externe Kosten in Form der Emission von Treibhausgasen und des Klimawandels.

Grundmodell der Investitionsrechnung

Die üblichen Grundmodelle der Investitionsrechnung sehen eine Auszahlung vor, die zu gleichmäßig verteilten Einzahlungen über die Nutzungsdauer des Investitionsgegenstandes führen. Bilden wir die Ersatzentscheidung mit Varianten dieses Modells ab. Die Auszahlung des Investitionsprojekts ist bekannt: Anschaffungskosten plus Nebenkosten wie Transport, Installation und Probeläufe vermindert um einen möglicherweise realisierbaren Restwert der Altanlage. Als Rückflüsse der Investition können die Einsparungen von Energie- und anderen Kosten gegenüber dem im Betrieb befindlichen Aggregat interpretiert werden. Überlegungen zur Laufzeit zeigen, dass sich hier zwei unterschiedliche Berechnungen verbergen: Einerseits ist die Laufzeit durch die restliche technische Nutzungsdauer der Altanlage definiert. Andererseits muss die Anschaffung der neuen Anlage auf die gesamte Laufzeit verteilt werden, denn Kosten entstehen ja nicht durch die Investition (der Begriff »Investitionskosten« ist deshalb auch falsch), sondern durch den tatsächlichen Werteverzehr, der sich in den Abschreibungen (die Kosten sind) widerspiegeln. Also sind mehrere Zahlungsreihen aufzustellen bei der Modellierung des Projektes Ersatzinvestition: Eine erste Rechnung mit den vollen Auszahlungen für die neue Anlage, die aber nur der Berechnung der Amortisationsdauer dienen darf. Der Zeithorizont ist nicht begrenzt. In einer zweiten Rechnung werden die jährlichen Energieeinsparungen um die jährlichen Mehrkosten durch die neue Anlage vermindert, um so in den nächsten fünf Jahren die gesamte Einsparung zu berechnen. Der Zeithorizont ist auf die geschätzte Restnutzungsdauer der Altanlage begrenzt. Zunächst sind in der ersten Rechnung zur Begrenzung der Amortisationszeit in einer statischen Betrachtung keine Zinsen berücksichtigt.

Tabelle 80: Ermittlung der statischen Amortisationszeit für eine Ersatzinvestition

Jahr	**1**	**2**	**3**	**4**	**5**
Auszahlung (Zeitpunkt t=0) 230 000	Einzahlung 90 000 −5750 =84 250	Einzahlung 90 000 −5750 =84 250	Einzahlung 90 000 −5750 =84 250	Einzahlung 90 000 −5750 =84 250	Einzahlung 90 000 −5750 =84 250

Hier ist die Auszahlung den »Einzahlungen« im Sinne von Kostensenkungen gegenüber gestellt. Die jährlichen Einsparungen von Energiekosten sind jedoch um die Abschreibung der neuen Anlage von 5750 Euro zu vermindern. Die Amortisationzeit berechnet sich als Quotient von Auszahlung und jährlicher Einzahlung:

$$\frac{230\,000}{84\,250} = 2{,}73 \text{ Jahre}$$

Bei einer dynamischen Amortisationsrechnung sind zusätzlich die Zinsen zu berücksichtigen. In der zweiten Periode ist die Anlage von 230 000 um 5750 Euro auf 224 270 Euro abgeschrieben, so dass fünf Prozent Zinsen 11 212,50 Euro betragen, für die weiteren Perioden sind ähnliche Rechnungen durchzuführen.

Tabelle 81: Ermittlung der dynamischen Amortisationszeit für eine Ersatzinvestition

Jahr	**1**	**2**	**3**	**4**	**5**
Auszahlung (Zeitpunkt t=0) 230 000	Einzahlung 90 000 −5750 −11 500 =72 750	Einzahlung 90 000 −5750 −11 212,50 =73 037,5	Einzahlung 90 000 −5750 −10 926 =73 324	Einzahlung 90 000 −5750 −10 637,50 =73 612,50	Einzahlung 90 000 −5750 −10 350 =73 900

Die Amortisationszeit hat sich jetzt auf 3,14 Jahr verlängert. Bei der Berechnung von Barwert, Endwert, Rentabilität oder internem Zinsfuß mit diesen Daten kämen unsinnige Ergebnisse heraus, da die Nutzungsdauer des Antriebs ja über 40 Jahre beträgt. Die Berechnung der Amortisationszeit ist für die Praxis wichtig, da sie eine wichtige Kennzahl ist, sehr oft verwendet wird und nicht aus der Kostenvergleichsrechnung hervorgeht. Die Amortisationszeit zeigt, wie schnell die Anfangsauszahlung wieder erwirtschaftet ist, sie dient deshalb der Risikoabschätzung und nicht im engeren Sinne als

Kennzahl der Wirtschaftlichkeit. Je länger die Laufzeit ist, desto wichtiger ist die Berücksichtigung des Zinses, im Energiebereich sind dann aber auch Steigerungen des Energiepreises einzubeziehen. Das ist jedoch über eine Laufzeit von 40 Jahren kaum möglich, da die Daten und Entwicklungen nicht seriös abschätzbar sind.

Nun zur zweiten Rechnung, die die gesamte Kostensenkung für den Zeitraum von fünf Jahren abschätzt, in dem die alte Anlage voraussichtlich noch ihren Dienst tun könnte. Dazu stellt die folgende Tabelle die jährlichen Energiekosteneinsparungen den wesentlichen jährlichen Mehrkosten durch die neue Anlage (Abschreibung und Zinsen) gegenüber.

Tabelle 82: Berechnung der jährlichen Kostensenkung

Jahr	1	2	3	4	5
Energiekostensenkung	90 000	90 000	90 000	90 000	90 000
Mehrkosten (Abschreibungen und Zinsen)	5750 +11 500 =17 250	5750 +11 212,50 =16 762,50	5750 +10 926 =16 676	5750 +10 637,50 =16 387,5	5750 +10 350 =16 100
Gesamte Kostensenkung	72 750	73 237,5	73 324	73 612,5	73 900

Über das hier gewählte reale Beispiel ist durch die hohe Rentabilität leicht zu entscheiden, denn Mehrkosten von maximal 17 250 Euro pro Jahr führen zu 90 000 Euro Kostensenkung pro Jahr. In der Praxis kommt es zunächst auf eine Abschätzung von Größenordnungen an. Viel mehr als von Feinheiten der Zinsrechnung hängt das Ergebnis von der angenommenen Laufzeit ab, die regelmäßig schwer zu bestimmen ist. Das liegt oft daran, dass schwer zu sagen ist, wie lange ein altes Aggregat noch ohne große Reparaturen und ohne Störungen seinen Dienst verrichten wird.

5.2.4 Energetische Amortisation

Anlog zur wirtschaftlichen Amortisationszeit ist im Energiemanagement die energetische Amortisationszeit zu berechnen. Sie ist im engeren Sinne eine Kennzahl für Energieanlagen, die regenerative Quellen nutzen. Die energetische Amortisationszeit lässt sich aber auch im Prinzip für sonstige Maßnahmen der Energieeffizienz (Gebäudeisolierung usw.) heranziehen. Bei der engeren Definition umfasst sie die Betriebsdauer einer energieumwandelnden Anlage, in der die kumulierte jährliche Nettoenergieerzeugung genauso groß geworden ist wie der kumulierte Energieaufwand (KEA) für die Herstellung der Anlage. Die energetische Amortisationszeit wird auch als Energierücklaufzeit bezeichnet. Gemäß der VDI Richtlinie 4600 » Kumulierter Energieaufwand – Begriffe, Definitionen, Berechnungsmethoden« ist im KEA bereits die zum Betrieb der Anlage notwendige Energie eingerechnet. Bei einer Fotovoltaikanlagen ist dies nicht relevant, da ihr Betrieb keine Betriebsenergie erfordert, was beispielsweise bei einer Wärmepumpe anders ist. Handelsübliche thermische Solaranlagen amortisieren sich nach etwa vier Jahren, bei Fotovoltaikanlagen liegt die Zeit je nach Typ und Standort bei zwei bis sechs Jahren, bei Windkraftanlagen bei nur vier bis sechs Monaten. Die energetische Amortisationszeit ist zwar nicht im engeren Sinne eine Kennzahl der Wirtschaftlichkeit, ist aber bei der Bewertung der Technologien im Hinblick auf Kostensteigerungspotenziale relevant. Weiter spielt sie für die gesellschaftsbezogene Rechnungslegung eine Rolle und nicht zuletzt können Unternehmen aus intrinsisch-moralischen Motiven kurze Zeiten anstreben.

Neben dem etablierten Begriff der energetischen Amortisation kann die Treibhausgas- oder Kohlendioxidamortisation definiert werden, die besagt, wie lange es dauert, bis die bei der Produktion einer Energieanlage emittierten Treibhausgase über die Energiegewinnung aufgewogen sind. Im dritten Kapitel über Energiebilanzen sind alle Informationen enthalten, um die notwendigen Umrechnungen vorzunehmen. Es gibt unterschiedliche Auffassungen darüber, ob auch für Anlagen, die mit fossilen Energieträgern betrieben werden, eine Amortisationszeit berechnet werden soll und ob bei dieser Berechnung die Energie des Brennstoffs einzubeziehen ist. Die Bezeichnung Amortisationszeit für mit fossilen Rohstoffen betriebene Anlagen erscheint kritisch, da keine Rückgewinnung im Sinne der Nutzung regenerativer Quellen stattfindet. Bei der Berechnung der energetischen Amortisationszeit von Energieeffizienzmaßnahmen kann die Berechnung des Energieaufwandes schwierig sein, wenn relevante Daten nicht verfügbar sind. So sind beispielsweise bei einer Gebäudeisolierung die Energiebilanz des verwendeten Materials und der Energieaufwand für die Montage einzubeziehen. Bei der Einsparungsseite ist die Senkung des bisherigen Energieverbrauchs zu berechnen, was ebenfalls Zurechnungsprobleme mit sich bringt.

Der Erntefaktor ist das Verhältnis der in der gesamten Nutzungsdauer einer Energieanlage »geernteten« Energie zur eingesetzten Energie. Verwandt mit dem Begriff Erntefaktor aber etwas breiter definiert ist die Kennzahl Energy Returned On Energy Invested (ERoEI). Bei diesen Kennzahlen werden der kumulierte Energieaufwand für Bau, Betrieb (einschließlich Energiekosten) und Rückbau eingeschlossen. Bei Anlagen, die mit fossilen Brennstoffen betriebenen werden, ist der Erntefaktor deshalb immer kleiner als eins. Bei Windkraftanlagen mit einer energetischen Amortisationszeit von vier bis sechs Monaten und einer angenommenen Nutzungsdauer von 25 Jahren liegt der Erntefaktor über 50. Das heißt, dass jede in den Bau einer Windkraftanlage fließende Kilowattstunde fünfzigmal zurückfließt im Laufe des Anlagenbetriebs. Bei Fotovoltaikanlagen ist eine Größenordnung von fünf anzunehmen. Die in der Literatur angegebenen Zahlen schwanken sehr stark, da Nutzungsdauer, Energieausbeute, Bautyp ebenfalls variabel sind. Durch technischen Fortschritt ist zudem von besseren Werten für die Zukunft auszugehen. Es ist also unabdingbar, in jedem Einzelfall mit den jeweils relevanten Faktoren die Amortisationszeit und den Erntefaktor abzuschätzen.

5.2.5   Contracting

Contracting – abgeleitet von »Contract« für Vertrag – ist ein Oberbegriff für eine Bandbreite von technischen und energiebezogenen Leistungen, die ein Energieanbieter (Contractor, Contractinggeber) für den Energienutzer (Contractingnehmer, Contractingkunde) erbringt. Die Grundidee besteht darin, dass der Contractor mit seinen Investitionen und seinem Know-how für den Kunden Energieeinsparungen erzielt, aus denen er dann bezahlt wird. Die Einsparungen sollen so hoch sein, dass zusätzlich auch der Kunde profitiert. Anhand der Leistungen des Contractors lassen sich verschiedene Formen des Contracting unterscheiden:

Beim Energieliefercontracting (Anlagencontracting) sichert der Contractor dem Kunden zu, Energie in einer bestimmten Menge zu einem bestimmten Preis an einem Übergabepunkt bereitzustellen. Dieser Übergabepunkt liegt aber nicht vor einer betrieblichen Anlage zur Energieumwandlung (z.B. einer Heizung), sondern dahinter. Ein Stadtwerk liefert also beispielsweise nicht nur das Gas, sondern übernimmt die gesamte Verantwortung für Finanzierung, Planung, Bau und Betrieb der Heizung. Das Eigentum an den Anlagen geht nach der Vertragslaufzeit, typisch sind hier 5 bis 12 Jahre, auf den Contractingnehmer (das Unternehmen) über. Um Steuern auf Energie zu sparen, kann sich das Contrating direkt auf die Nutzenergie beziehen, beispielsweise in Form von Druckluft oder Wärme.

Das Contracting kann als Einsparcontracting (Performancecontracting) ausgestaltet sein, bei dem der Contractinggeber eine erfolgsabhängige Vergütung bekommt. Die Entwicklung der Energiekosten der letzten Jahre wird fortgeschrieben, um eine »Base Line« zu definieren. Diese Basislinie wird verdichtet in einer Zahl: den durchschnittlichen Energiekosten pro Periode in der Vergangenheit. Dies ist dann die Basis, um die Einsparungen durch die Maßnahmen des Contractings zu berechnen. Schwierigkeiten ergeben sich aus schwankenden Energiepreisen und schwankenden Auslastungen in der Vergangenheit, die bei der Festlegung der Base Line zu unterscheiden sind. Auf dieser Basis sind dann faire Vereinbarungen zu treffen, wie die zukünftigen Einsparungen bei einer möglichen Entwicklung von Energiepreisen und Auslastungen zwischen den Partner aufgeteilt werden. Das Einsparcontracting kann auch andere Maßnahmen als die Energielieferung betreffen, deshalb ist es in der folgenden Überblickstabelle gesondert aufgeführt. Insgesamt gilt, dass das Einsparvolumen ausreichen muss, um den Aufwand des Contracting zu rechtfertigen. Als Schwellenwert gelten Energiekosten für eine Einzelliegenschaft in Höhe von 150 000 Euro.

Beim Finanzierungscontacting (Third-Party-Financing, Anlagenbau-Leasing) liegt der Anlagenbetrieb beim Contractingnehmer. Das Betriebsführungscontracting ist als umfassendes technisches Anlagen- oder Gebäudemanagement zu sehen. Der Contractor übernimmt als externer Facility Manager die gesamte Verantwortung für vertraglich festgelegte energietechnische Anlagen, die er allerdings nicht notwendigerweise geplant und finanziert hat.

Eine Sonderform des Einsparcontracting liegt vor, wenn Vermieter als Contractinggeber Maßnahmen der Energieeinsparung durchführen (z.B. Beleuchtung, Klimatisie-

Tabelle 83: Formen des Contracting

	Finanzierung	Planung und Bau	Betriebs-führung	Erfolgsab-hängige Ver-gütung für Contracting-geber
Energieliefer-contracting	x	x	x	(x)
Finanzierungs-contracting	x	(x)		(x)
Betriebsführungs-contracting			x	(x)
Einsparcontracting	x	x	x	x

rung, Wärmerückgewinnung), wobei die Einsparungen jedoch dem Mieter als Contrac-tingnehmer zugute kommen. Um dem Vermieter einen Anreiz zu geben, können sich die Partner auf eine Mieterhöhung einigen. Bei der Vermietung von Industriehallen ist es noch schwieriger umzuziehen als bei Wohnhäusern. Die asymmetrische Verteilung der Kosten von baulichen Energiesparmaßnahmen (trägt der Vermieter) und des Nut-zens (für den Mieter) verhindert viele rentable Projekte. Mit einer erfolgsabhängigen Honorierung für den Vermieter oder einer festen Mieterhöhung lassen sich Wege fin-den. Im industriellen Bereich haben die Mieter, die ja Unternehmen sind, oft viel Know-how bei Planung, Projektdurchführung und Betrieb, so dass der Vermieter (oft eine Verwaltungsgesellschaft) mit diesen technischen Detailfragen nicht belastet wird. Damit wäre ein zusätzlicher Vorteil realisiert.

Die Idee des Contracting ist bestechend: Durch steigende Energiekosten entsteht in Unternehmen ein Problem, dass manchen Mittelständler überfordert. Das Management hat oftmals nicht die Zeit, das Know-how und das Geld, das Problem anzugehen. Ein spezialisierter Partner mit dem nötigen Know-how übernimmt den Arbeitsaufwand bei der Vertragsgestaltung, bei der Planung der Anlagen und beim Betrieb und insgesamt ist damit eine Senkung der Energiekosten für den Contractingnehmer verbunden. Eine dreifache Win-Situation, denn neben den Contractingpartnern gewinnt auch die Gesell-schaft durch geringere Treibhausgasemissionen.

Leider können sich beim Contracting komplizierte Detailfragen auftun, so dass viele Projektideen Ideen bleiben oder realisierte Projekte in Konflikten münden, ohne dass die Partner sich vor Ablauf der Laufzeit trennen könnten. Mögliche Probleme liegen in der eingeschränkten Flexibilität und der möglichen Änderung äußerer Rahmenbedin-gungen im Laufe der langen Bindungsdauer. Das Unternehmen als Contractingkunde kann beispielsweise bei großem wirtschaftlichen Erfolg oder Misserfolg den Energiever-brauch nicht ausreichend verändern, die Hallen abmieten oder die Nutzung in den Gebäuden umwidmen. Beim Konkurs eines Partners kann es für den wirtschaftlich gesunden Part zu erheblichen Kostenbelastungen kommen. Je nach Contractingvertrag sind Behinderungen anderer technischer Maßnahmen möglich. Ein Umbau der Halle mit einem anderen Layout und neuen Gebäudeöffnungen beeinflusst beispielsweise die Führung der Leitungen der Klimatechnik. Es ist klar zu regeln, wer unter welchen Bedingungen die Kosten bis zu welcher Höhe trägt.

Die Haftung für Schäden, die der Contratinggeber verursacht, ist zwar schon im BGB geregelt, sollte jedoch bei den Vereinbarungen im Detail festgeschrieben werden, denn die Schadenshöhe kann außerordentlich hoch sein. Fehlt Energie, können Betriebsunterbrechungen zu Umsatzausfällen und Good-Will-Verlusten führen. Sinkt die Temperatur in einem Lager mit einer wasserbetriebenen Sprinkleranlage unter null Grad, so ist die Sprinkleranlage zerstört und – im ungünstigen Fall – auch noch das feuchtigkeitsempfindliche Lagergut. Um solche Schäden ausschließen zu können, muss der Contractinggeber bei einer vereinbarten Betriebsführung jederzeit Zugang zu allen notwendigen Anlagen und Räumlichkeiten haben. Damit sind alle Probleme des Werkschutzes angesprochen, von der Zugangskontrolle und -dokumentation zur Personalauswahl bis hin zur Verhinderung von Sabotage und Industriespionage.

Der Contractingnehmer muss sicherstellen, dass der Contractinggeber die Einhaltung aller rechtlichen und internen Regelungen garantiert. Dazu gehören die Auflagen und Nebenbestimmungen der Betriebsgenehmigung, die Abstimmungen mit externen Behörden, aber auch die Einhaltungen der internen Bestimmungen von Arbeitssicherheit, Qualitätsmanagement, Umweltschutz, Werkschutz usw. Die Verflechtungen können kompliziert sein, denn der Contractor ist Genehmigungsinhaber und Betreiber der Energieanlagen innerhalb des Gebäudes, für das der Contractingnehmer die Verantwortung trägt. Dieses Argument lässt sich allerdings auch umdrehen: Der Contractinggeber ist als Energiespezialist (z.B. Stadtwerk) normalerweise der Erfahrenere, so dass es dem Contractingnehmer (ein mittelständisches Unternehmen) eher Probleme löst statt neue zu schaffen.

Bei einem Einsparcontracting entstehen Interessenkonflikte, nicht nur bei der Definition der Baseline, sondern auch bei der Messung der Einsparung, falls der Vertrag in diesen zentralen Punkten unpräzise ist. Während des Betriebs drängt der Contractor auf einen minimalen Energieverbrauch, der Contractingkunde auf einen optimalen oder hohen Energieverbrauch.

Diese lange Liste möglicher Schwierigkeiten muss nicht in jedem Fall abgearbeitet werden, es gibt auch völlig problemlose Fälle. Übernimmt bei einer anstehenden Heizungssanierung ein benachbartes Unternehmen die Versorgung mit Fernwärme, so sind alle Vorteile realisierbar, aber die vielen Probleme bei einer engen Verflechtung im Betriebsalltag fallen weg. Richtet man den Blick auf andere Bereiche des Outsourcings, so soll auch beim Contracting ein Vertrauen in die Professionalität und Zuverlässigkeit des Partners angenommen werden. Auch beim sensiblen Werkschutz, der Instandhaltung gefährlicher Anlagen oder bei der Beauftragung von Forth-Party-Logistics-Providern setzen viele Unternehmen auf externe Dienstleister. Diese Erfahrungen bei der Auswahl, Anweisung und Kontrolle von Auftragnehmern und Partnern dient als Argument für eine grundsätzlich positive Herangehensweise an das Energiecontracting.

Neben dem Contracting sind bei der Finanzierung von energiebezogenen Projekten weitere Besonderheiten durch öffentliche Förderungen zu beachten. Es sind zu nennen (in Anlehnung an Hessel 2008, S. 113 ff.) Darlehen und Garantien der Europäischen Investitionsbank (EIB), Umwelt- und Energiesparprogramme des European Recovery Program (ERP), Förderungen und zinsgünstige Kredite durch die Kreditanstalt für Wiederaufbau (KfW), das Kraft-Wärme-Kopplungs-Gesetz (KWKG), das Erneuerbare Energien Gesetz (EEG), Förderprogramme auf Landes- und Kommunalebene einschließlich subventionierter Energieberatung sowie Förderung von Pilotprojekten durch Institutionen wie die Deutsche Energie-Agentur (Dena) oder das Umweltbundesamt (UBA).

5.2.6 Sensitivitätsanalysen

In diesem Abschnitt werden Erfahrungen aus der Beratungspraxis beschrieben sowie ausgewählte Methoden, mit besonderen Schwierigkeiten bei der Datenbeschaffung für Investitionsrechnungsverfahren umzugehen. Denn darum geht es in den meisten Fällen: Wenn die Daten über die Maßnahmen vorliegen, ist es Handwerk, die Wirtschaftlichkeit der Projekte durchzurechnen. Es sind jedoch die als »Kunst des Managements« bezeichneten Fähigkeiten erforderlich, um in einer unübersichtlichen, von fehlenden Informationen, Unwägbarkeiten und widerstrebenden Interessen geprägten Umgebung strukturiert sinnvolle Maßnahmen zu finden und umzusetzen. Ausgangspunkt sind gemäß der folgenden Abbildung die wichtigsten Einflussfaktoren auf die Wirtschaftlichkeit und die Amortisationszeit von Investitionsvorhaben.

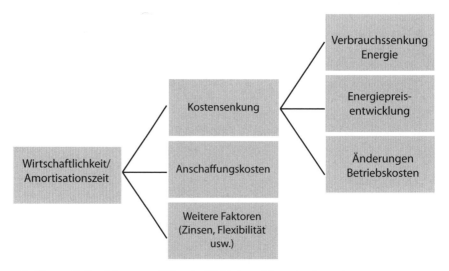

Abb. 84:   Einflussfaktoren auf Wirtschaftlichkeit und Amortisationszeit

Wirtschaftlichkeit und als Risikoindikator die Amortisationszeit hängen insbesondere von der Investitionshöhe und den Rückflüssen durch Energiekostensenkungen ab. Die Energiekostensenkung hängt ab von Mengeneinsparung und der zukünftigen Preisentwicklung der relevanten Energieform. Die Mengeneinsparung ist wiederum von den jeweils fallbezogenen technischen Einflussfaktoren abhängig. Weitere Einflussfaktoren wie die Betriebskosten, Zinshöhe, Finanzierung über Contracting, veränderte (meist verbesserte) Leistungsmerkmale der neuen Anlage oder die veränderte (meist verringerte) Flexibilität für zukünftige Planungen werden als gleichbleibend vorausgesetzt. In der Phase der Konzeptausarbeitung von Energieprojekten entsteht nun regelmäßig das Problem, dass sich eine Vielfalt technisch-organisatorischer Lösungsvarianten anbietet, für die keine verlässlichen Daten verfügbar sind. Um die Investitionshöhe für industrielle technische Lösungen (z.B. Umbau der Klimaanlage) abschätzen zu können, sind Angebote einzuholen, wobei die internen oder externen technischen Planer die Anlagen begehen müssen. Schon für die Erstellung der Angebote sind also Grobplanungen durchzuführen, die zwar zunächst nicht in Rechnung gestellt werden, aber dennoch Arbeitsaufwand erfordern. Die möglichen Kostensenkungen sind oft sogar noch nach einer Detailplanung mit Unsicherheiten behaftet und der zukünftige Energiepreis ist ebenfalls unsicher. Mittels Sensitivitätsanalysen lässt sich nun mit wenig Aufwand abschätzen, welche Maßnahmen weiter verfolgt werden sollten und welche Ideen aufgegeben werden müssen. Normalerweise gibt es in Unternehmen grundlegende Erwartungen oder klare, definitiv einzuhaltende Vorgaben, welche Amortisationszeiten einzuhalten sind, um Investitionsmittel bewilligt zu bekommen. Die folgende Abbildung zeigt eine erste Herangehensweise.

Die Kostensenkung pro Jahr (Einsparung E) ist auf der Ordinate als abhängige Variable einzeichnet. Als unabhängige Variable ist die Investitionshöhe (I) auf der Abszisse eingetragen. Der Wert für die Einsparung lässt sich nun gemäß der folgenden Formel berechnen, wenn eine Amortisationszeit (A, in der Abbildung ein und vier Jahre) vorgegeben wird.

$$E = \frac{I}{A}$$

Mit dieser Formel oder einer Graphik lässt sich abschätzen, wie hoch die Einsparung einer Maßnahme sein muss, um bei einer bestimmten Investitionshöhe eine vorgegebene Amortisationszeit zu erreichen. Die Winkelhalbierende repräsentiert eine Amortisationszeit von einem Jahr. Die Verbindungslinie zwischen dem Ursprung und dem Punkt, der durch eine Investitionshöhe von 1000 Geldeinheiten und einer jährlichen Einsparung von 250 gekennzeichnet ist, zeigt Amortisationszeiten von vier Jahren. Die Problematik lässt sich weiter durchleuchten, indem die Amortisationszeit direkt in Abhängigkeit von Investitionshöhe oder Einsparung dargestellt wird, wobei der jeweils explizit in die Graphik aufgenommene Faktor dabei konstant ist. Dies zeigt die Abbildung für die Investitionshöhe bei einer als fest angenommenen jährlichen Einsparung.

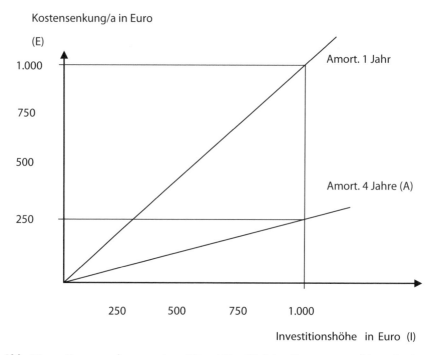

Abb. 85:   Zusammenhang von Investitionshöhe, jährlicher Einsparung und Amortisationszeit

In der Formel sind nun Amortisationszeit (A) und Einsparungen (E) vertauscht, A ist
unabhängige Variable, E eine Konstante (in der Abbildung mit 250 und 500 Geldeinheiten pro Jahr).

$$A = \frac{I}{E}$$

Für unterschiedliche Einsparungshöhen lassen sich nun die Amortisationszeiten auftra-
gen. Die folgende Abbildung zeigt die dritte Variante der Darstellung dieser drei Größen.
Dabei ist die Höhe der Investition als Konstante mit 1000 angenommen.

Natürlich lassen sich auch hier wieder verschiedene Graphen für unterschiedliche
Investitionshöhen erstellen oder unterschiedliche Graphen eintragen, die jeweils die
Form einer Hyperbel annähern. Die Formel bleibt dabei gleich, aber die Investitionshöhe
ist jetzt im Zähler die Konstante und die Einsparung in Nenner die unabhängige Variable.

$$A = \frac{I}{E}$$

Das Spiel mit diesen Varianten der Sensitivitätsanalyse sollte als Konstante jeweils die
Größe (Investitionshöhe, Einsparung, Amortisationszeit) vorsehen, die am besten

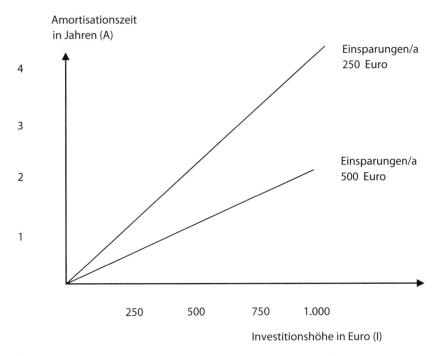

Abb. 86: Amortisationszeit in Abhängigkeit von der Investitionshöhe bei gegebenen Einsparungen

bekannt ist. Weiter ist darauf zu achten, welche Interessenlage und bewusste oder unbewusste Entscheidungskriterien die Entscheider zur Freigabe von Mitteln verwenden. Controller wissen normalerweise, welche Entscheidungsheuristiken die beratenen Manager verwenden. Heuristiken sind im Gegensatz zu Optimalitätsverfahren Methoden, die einfach anzuwenden sind und erfahrungsgemäß zu guten Ergebnissen führen. Es kann sich um einfache Rechenverfahren handeln, aber auch um Faustregeln, die Unternehmen oder Manager entwickelt haben. Folgende beispielhafte Regeln könnten in der Praxis relevant sein:

- Investitionssummen von mehr als einer Million Euro alleine für Energieeffizienz überfordert die Finanzkraft des Unternehmens und führen zur Vernachlässigung anderer Investitionen im Kerngeschäft.
- Einzelmaßnahmen mit einem möglichen jährlichen Einsparvolumen von weniger als 5000 Euro führen zu einer hohen Zahl von Investitionsprojekten, so dass sich die Mitarbeiter nicht mehr auf die wichtigen Maßnahmen konzentrieren können. Solche kleinen Projekte werden deshalb nicht aufwändig geprüft.
- Die Amortisationszeit muss unter vier Jahren liegen.

Die Analysen lassen sich auf einer detaillierteren Ebene mit technischen Größen variieren und verfeinern, indem beispielsweise unterschiedliche Dicken von Gebäudedäm-

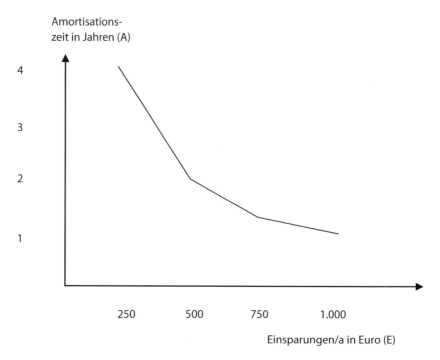

Abb. 87:   Amortisationszeit in Abhängigkeit von der jährlichen Einsparung bei einer festen Investitionshöhe von 1000 Geldeinheiten

mungen angenommen werden oder unterschiedliche Leistungsaufnahmen von elektrischen Antrieben. Auch sind Varianten abhängig von der Nutzungsdauer der Anlagen sowie Modellrechnungen mit unterschiedlichen Entwicklungen des Energiepreises durchzurechnen.

Bei der Verwendung aktueller Energiepreise kann der Eindruck entstehen, dadurch konservativ-vorsichtig vorzugehen, um keine Einsparungen zu berechnen, die vielleicht nicht eintreten. Ein zukünftiges Sinken der Energiepreis ist praktisch ausgeschlossen, geht man nicht von einer langandauernden Weltwirtschaftskrise aus. Die folgenden Überlegungen zur Strategieentwicklung zeigen jedoch, dass durch zu niedrig angesetzte Energiepreise ebenfalls Risiken entstehen.

Solche Sensitivitätsanalysen eigenen sich nicht nur für Einzelmaßnahmen, sondern auch für die schnelle Einschätzung komplexer Konzepte in einer frühen Planungsphase. Angenommen, der Heizbedarf einer Halle sei abhängig

- von der Wirkung der ins Auge gefassten Isolierung
- in Kombination mit der Abdichtung von Toröffnungen und
- der Wärmeabgabe einer geplanten aber noch nicht in Betrieb genommenen Großanlage.

Nun soll darüber entschieden werden, ob sich der Ersatz der alten Heizung rechnet. Jede einzelne Komponente (Isolierung, Abdichtung, Wärmeabgabe) ließe sich sogar noch mit Zeit- und Kostenaufwand berechnen, aber in der Kombination sind die Zahlen zwangsläufig mit Unsicherheiten behaftet. Verzichtet man auf groben Schätzungen im Stil von Sensitivitätsanalysen, kann die Entscheidung entweder grob falsch fallen oder gar nicht erfolgen. Und da keine Entscheidung auch eine Entscheidung ist: Lieber Varianten durchrechnen, um Gefühl für die »Sensitivität« der Wirtschaftlichkeit zu bekommen, statt den Blick gar nicht in die schwarzen Datenlöcher zu richten.

5.3   Energiestrategien

Mit den üblichen Verfahren der Investitionsrechnung lassen sich Einzelmaßnahmen und größere Projekte des Energiemanagements beschreiben, womit aber noch keine Entscheidung über deren Realisierung verbunden sein muss. Erst nach der Formulierung einer in die Gesamtstrategie des Unternehmens eingebetteten Energiestrategie ist es rational möglich zu entscheiden, wofür knappe Investitionsmittel zu verwenden sind. Es soll nicht dazu kommen, dass beispielsweise der Leiter der Logistik den Fuhrpark mit einer Rentabilität von fünf Prozent auf gasbetriebene Fahrzeuge umstellt, weil er noch Budgetmittel frei hat, während das Facility Management die Investition in eine neue Heizung mit zehn Prozent Rentabilität unterlässt, da niemandem die ineffiziente Arbeitsweise der alten Heizung auffällt. In der Vergangenheit war eine eigene Strategie für Energie in Unternehmen mit geringen Energiekosten nicht notwendig. Doch die Bedeutung von Energie ist in einem solchen Maß gewachsen, dass der Umgang mit Energie zum strategischen Wettbewerbsfaktor für einen immer größeren Anteil der Unternehmen wird. Unternehmen, die im Vergleich zu den Wettbewerbern frühzeitig eine Energiestrategie formulieren, gewinnen Wettbewerbsvorteile und vermeiden Risiken.

Im Prinzip ist die Energiestrategie Teil der Gesamtstrategie, denn Literatur und Praxis der strategischen Planung erheben den Anspruch, energetische Probleme einzubeziehen. Hier werden deshalb nur Besonderheiten aufgezeigt, auf die bei der strategischen Energieplanung Wert zu legen ist. Dazu werden zunächst mögliche Energiestrategien systematisiert und beschrieben (Abschnitt 5.3.1), um dann auf Methoden strategischer Entscheidungsfindung für energiebezogene Technologien einzugehen, die letztlich den Kern der Strategien darstellen (Abschnitt 5.3.2). Dabei sind Überlegungen zur Energiepreisentwicklung sowie Risikoidentifikation und -behandlung eingeschlossen.

5.3.1   Systematisierung

Einführend sind in dieser Tabelle die Grundtypen von Energiestrategien im Überblick gekennzeichnet.

Tabelle 88:   Systematisierung von Energiestrategien

Strategie	Typische Rentabilitäts- und Amoratisations- erwartung für Energieprojekte	Einbezogene Aufwendungen und Erträge	Planungshorizont
Passive Strategie	25 Prozent, 4 Jahre	Kurzfristig, quantifizierbar	Keine systematische Planung
Kurzfristig-rechenbare Strategie	25 Prozent, 4 Jahre	Kurzfristig, quantifizierbar	1–5 Jahre
Langfristige Strategie mit schwer rechenbaren Einflussfaktoren	5 bis 10 Prozent 10 bis 20 Jahre	Quantitative und qualitative Faktoren	Jahrzehnte
Offensiv-ethische Strategie: Realisierung aller wirtschaftlichen Energiesparmaßnahmen	Weighted Average Cost of Capital (WACC)	Quantitative und qualitative Faktoren	Jahrzehnte/generationenübergreifend
Maximale Strategie, Veränderung des Unternehmenszwecks	Unterschiedlich, nicht zwangsläufig mit der offensiven Strategie verbunden	Rechenhafte und qualitative Faktoren	Jahrzehnte/generationenübergreifend

Passive Strategie

Energie wird nicht als eigenes, zusammenhängendes Handlungsfeld wahrgenommen. Das Management ist überlastet oder im Hinblick auf diese Problematik noch nicht aufgewacht. Das Umweltmanagement (das zwingend die Energieproblematik umfasst) wird lustlos mit Minimalaufwand betrieben, entweder gemäß der rechtlichen Vorschriften oder um das Re-Audit für die Zertifizierung gerade zu bestehen. Energiesparmaßnahmen werden realisiert, wenn sie sich den überlasteten Mitarbeitern aufdrängen und jemand bemerkt, dass sie eine hohe Rentabilität haben, aber nach ihnen wird nicht gesucht. Diese Strategie ist unprofessionell und birgt zunehmende Risiken. Sie wird deshalb im Weiteren nicht aufgegriffen.

Strategie der kurzfristigen Gewinnoptimierung

Das Management verlässt sich auf Zahlen, die vorliegen oder gut abschätzbar sind. Das passt zu den Kriterien, die für alle Investitionsvorhaben in solcherart geführten Unternehmen gelten: Rentabilität mindestens 25 Prozent, Amortisationszeit höchsten vier Jahre. Das sind realistische Zahlen für erfolgreiche Unternehmen in Zeiten des Booms. Viele der im Vorkapitel entfalteten Maßnahmen sind kurzfristig zu realisieren und extrem rentabel, beispielsweise die Verbesserung des Strombezugs, die Optimierung der Steuerung der Klimaanlage oder die Bündelung von Transporten. Hier geht es häufig um verbesserte Planung und Steuerung. Damit sind langfristige Überlegungen über Technologie- und Energiepreisentwicklung gar nicht erst relevant und viele Energiesparmaßnahmen mit geringerer Rentabilität fallen heraus. Diese Strategie ist weit verbreitet. Sie wird befördert durch institutionelle Anleger, die das Aktienportfolio nach Quartalsberichten umschichten, und durch Manager, die die Verlängerung Ihres Vertrages anstreben.

Strategie der langfristigen Gewinnoptimierung

Unternehmer, die über Dekaden denken, versuchen alle Faktoren für die langfristige Gewinnoptimierung ins Kalkül zu ziehen. Je langfristiger die Überlegung, desto unsicherer die Daten und desto qualitativer die Erfolgsfaktoren. Die langfristigen, größeren und wichtigeren Maßnahmen im Energiebereich sind mit Investitionen verbunden, die eine außerordentlich lange technische und wirtschaftliche Laufzeit haben. Gebäudeisolierungen, Kraftwerksbauten oder Wärmetauscher können bei guter Instandhaltung eine Nutzungsdauer von einem halben Jahrhundert überschreiten. Um solche Maßnahmen zu bewerten, sind langfristige Energiepreise und Technologieentwicklungen zu beachten, aber auch Faktoren wie Image und Mitarbeitermotivation spielen eine Rolle.

Offensiv-ethische Strategie

Bei den bisher unterschiedenen, gewinnorientierten Strategien geht es um Gewinnmaximierung, der Unterschied liegt im kurzfristigen oder langfristigen Zeithorizont, der zugrunde gelegt wird. Die offensiv-ethische Strategie fügt eine Überlegung hinzu: Die Lösung des Energieproblems ist eine derart wichtige Aufgabe, dass alle Maßnahmen mit einer positiven Rentabilität realisiert werden. Damit ist ein maßvoller Verzicht auf Gewinnmaximierung verbunden in Form von Opportunitätskosten, also dem entgangenen Nutzen einer anderen Verwendung der investierten Mittel, beispielsweise im Hauptzweck des Unternehmens oder bei Kapitalanlagen. Ein Beispiel wäre die energetische Sanierung einer Produktionshalle, die nur knapp eine positive Rentabilität erreicht. Als positive Rentabilität ist mindestens die Erwirtschaftung des durchschnittlichen Zinssatz zu verstehen, die das Unternehmen für sein gebundenes Kapitel aufbringen muss, der Weighted Average Cost of Capital (WACC).

Maximale Strategie

Das Unternehmen wird gesamthaft überprüft, wie es einen Beitrag zum Klimaschutz leisten kann. Der größte Hebel liegt dabei in einer Veränderung des Unternehmenszwecks, also bei den Produkten. Evonik ist ein Beispiel hierfür. Diese Strategie kann nur sehr unternehmensbezogen formuliert werden.

5.3.2 Strategische Planung

Energietechnologie wird hier in einem breiten Sinne aufgefasst. Sie umfasst sowohl die Anlagen der Energieumwandlung, -verteilung und -nutzung selber (Blockheizkraftwerke, Rohrleitungen, elektrische Antriebe) als auch Technologien und Maßnahmen zur Steigerung der Energieeffizienz (Gebäudeisolierung, Ersatz ungeregelter Antriebe). Dieser Abschnitt stellt eine Auswahl aus dem Werkzeugkasten der strategischen Planung dar, wobei die Werkzeuge im Hinblick die Energiestrategie geschärft sind. Folgende Methoden und Einflussfaktoren auf die Strategie werden nun erörtert:

- Szenariotechnik (Abschnitt 5.3.2.1)
- Stärken-Schwächen-Analyse (Abschnitt 5.3.2.2)
- Technologiebewertung/Technologielebenszyklus (Abschnitt 5.3.2.3)
- Einflussfaktoren auf zukünftige Energiekosten (Abschnitt 5.3.2.4)
- Risikomanagement (Abschnitt 5.3.2.5)
- Energiebezogenes Rating (Abschnitt 5.3.2.6)

5.3.2.1 Szenariotechnik

Welche der beschriebenen Energiestrategie langfristig die Wettbewerbsposition des Unternehmens stärkt, hängt wesentlich von der Energiepreisentwicklung und dem Verhalten der Konkurrenz ab. Um die wichtigsten Szenarien zu entwickeln, sind in der folgenden Tabelle Strategien und Energiepreisentwicklungen einander gegenüber gestellt. Um die Darstellung nicht zu komplex werden zu lassen, sind zwei wichtige strategische Grundtypen (die kurzfristige und die langfristige Gewinnoptimierung) ausgewählt. Bei den Energiepreisentwicklungen sind nur moderat steigende Preise, stark steigende Preise und explosionsartig steigende Preise bis hin zu Versorgungsengpässen unterschieden. Konstante oder sinkende Energiepreise können angesichts der Lage ausgeschlossen werden.

Die Bewertung dieser sechs Szenarien durch Plus- und Minus-Symbole, die durch die Kästen der Tabelle systematisiert sind, erscheint zunächst selbsterklärend. Jedoch kann sich die Bewertung differenzieren, wenn die Szenarien im Licht des Verhaltens der Konkurrenz interpretiert werden. Strategisch können Unternehmen im Prinzip folgende Chancen nutzen:

Tabelle 89: Strategien und Energiepreisentwicklung und mit den Auswirkungen auf die Wettbewerbsfähigkeit

	Energiepreise steigen moderat	**Energiepreise steigen stark an**	**Energiepreise explodieren und die Versorgung ist gefährdet**
Kurzfristige Strategie	+	–	––
Langfristig Strategie	–	+	++

- Sie investieren mehr als die Konkurrenten und die erwarteten Steigerungen der Energiekosten treten ein. Damit verbessert sich die Wettbewerbsposition gegenüber Konkurrenten, die abgewartet haben.
- Oder Unternehmen investieren weniger in Energieeffizienz als die Konkurrenz, die Energiepreise steigen nur moderat. Dann ist auf diesem Weg die Wettbewerbsposition verbessert. Allerdings dürfte angesichts der noch folgenden Überlegungen zur Energiepreisentwicklung diese Variante unwahrscheinlich sein.

Den Chancen steht natürlich auch das Risiko gegenüber, dass die Konkurrenz eine Strategie wählt, die im Nachhinein als besser zu sehen ist. Weiter ist wichtig, dass Unternehmen in die richtigen Maßnahmen und Technologien investieren. Wettbewerbsvorteile entstehen durch eine bessere Einschätzung als der Branchendurchschnitt.

5.3.2.2 Stärken-Schwächen-Analyse

Um weitere Informationen für die Formulierung der Energiestrategie zu erlangen, ist eine energiebezogenen Stärken-Schwächen-Analyse hilfreich. Dabei kann nach den Kennzahlen und Handlungsfeldern differenziert werden, die in den Zeilen der folgenden Tabelle exemplarisch aufgeführt sind. Die Spalten stellen eine Einschätzung im Branchenvergleich dar, so dass durch das Ausfüllen der Tabelle ein Profil entsteht. Diese Überlegungen sind auf mehrfache Weise zu differenzieren:

- gemäß der einzelnen Energieformen (Strom, Öl usw.)
- gemäß der Aufteilung der Energieversorgung nach regenerativen Quellen und nichtregenerativen Energieträgern
- gemäß Betriebsstätten und Betrieben
- gemäß Produktlinien und Produkten

Will ein Unternehmen die Chancen eines bewussten Umgangs mit Energie nutzen, so sollte es nicht nur versuchen, strategische Kostenvorteile gegenüber Wettbewerbern in der Zukunft zu erlangen. Die Kommunikation der Anstrengungen nach innen und außen helfen, die weichen, intangiblen Vorteile wie Motivation oder Image zu nutzen. Es wird in Zukunft noch mehr als bereits jetzt zum Standard gehören, dass Unternehmen in ihren wohlklingenden Selbstdarstellungen auch den Umgang mit Energie thematisieren. Für Kunden oder Investoren ist es oft schwierig, das Maß der tatsächlichen Anstrengungen abzuschätzen. Mitarbeiterinnen und Mitarbeiter haben dagegen mehr formelle

Tabelle 90: Energiebezogener Stärken-Schwächen-Vergleich mit der Konkurrenz

	Sehr schwach	Schwach	Durch-schnittlich	Stark	Sehr stark
Kostenbenchmarks					
Energiekostenanteil					
Veränderung der Energie-kosten im Zeitvergleich					
…					
Energiekennzahlen					
Energieeinsatz pro Produkt					
Energieverbrauch pro Quadratmeter Halle					
…					
Technologievergleich					
Geregelte elektrische Antriebe					
Passivhaustechnik					
…					
Managementsystem					
Zuordnung von Verantwortlichkeiten					
Formulierung von Energiezielen					
…					

und informelle Informationen zur Verfügung sowie eigene Erfahrungen in ihrem Arbeitsbereich. Sie haben ein gutes Gespür dafür, wie ernst es dem Management ist und ob die Äußerungen stimmig sind. Es kann nur davor gewarnt werden, »greenwashing« zu betreiben, also in irreführender Weise ein sachlich nicht gerechtfertigtes umweltorientiertes Image aufbauen zu wollen.

5.3.2.3   Technologiebewertung

Der Vergleich mit dem Branchendurchschnitt ist wichtig zur Einschätzung der eigenen Situation, jedoch sagt er nichts darüber, über die Branche insgesamt eine energierelevante Technologie richtig einschätzt. Auch zeigt der Ist-Zustand in einer Branche nichts darüber, welche Investitionen in Vorbereitung sind. Unternehmen, die schneller als die Konkurrenz sein wollen, müssen sich also selber ein Bild über technische Möglichkeiten und ihr Einsatzreife machen. Energietechnologie sind ja auch Produkte, die einem Lebenszyklus unterliegen. Eine besondere Schwierigkeit liegt darin, dass die Entwicklung in einigen Bereichen sehr schnell voran schreitet und deshalb die Gefahr besteht, in eine Technologie zu investieren, die durch eine Innovation schneller als geplant veraltet. Wichtige Faktoren für die Einschätzung von energiebezogenen Technologien sind nun anhand beispielhafter Technologien in der folgenden Tabelle vorgestellt. Das ist ein Baustein zur Bestimmung des optimalen Investitionszeitpunkts.

Tabelle 91: Einflussfaktoren auf den optimalen Investitionszeitpunkt in ausgewählte Technologien

Technologie	Technologisch ausgereift?	Kostensenkungen für die Technologie zu erwarten?	Verbindung mit anderen Investitionen?	Rentabilitätssteigerung durch Fortentwicklungen?	Nutzungsdauer?
Antriebstechnik PKW/LKW	Nein	Ja	Gering	Hoch	>10
Passivhaus	Ja	Gering	Nein	Nein	> 50
Geregelte elektrisch Antriebe	Ja	Gering	Nein	Nein	> 20
Gaskraftwerk mit KWK	Ja	Gering	Ja	Nein	> 50
…					

Die kritischen Punkte werden nun anhand der Beispiele in der Tabelle herausgearbeitet: Die Antriebstechnologie für PKW und LKW (Ottomotor, Dieselmotor, Gasantrieb, Elektromotor, Hybridtechnologie, Brennstoffzellen) sind bei weitem nicht alle ausgereift, denn Elektroautos stehen möglicherweise vor einer Marktdurchdringung. Gemäß der Lernkurve sind die Einführungspreise recht hoch, sinken dann aber mit der produzierten Menge. Eine Verbindung mit anderen Investitionen besteht nicht oder nur bedingt, denkt man an Smart Metering und das Zusammenschalten vieler dezentraler Akkumulatoren zu einem virtuellen Großkraftwerk. Die Rentabilitätssteigerung durch Fortentwicklung der Technologie ist hoch. Im Beispiel steigt die Rentabilität eines PKW stark, wenn nicht heute ein PKW mit Verbrennungsmotor, sondern in einigen Jahren ein PKW mit Elektromotor gekauft wird. Es hängt nun von der geplanten Nutzungsdauer im Unternehmen ab, ob mit der Investition gewartet werden soll. Wird der PKW in wenigen Jahren ersetzt oder bleibt er die technische Nutzungsdauer von mehr als 10 Jahren in Verwendung? Im Unterschied zu diesem Beispiel sind Passivhäuser oder geregelte elektrische Antriebe technisch ausgereift, allerdings sind noch moderate Preissenkungen zu vermuten. Die Preisentwicklung ist allerdings sehr schwierig abzuschätzen, denn bei einer starken Nachfrage oder staatlichen Eingriffen können Preise steigen oder es kann sogar zu zeitweisen Versorgungsengpässen kommen. Ein Beispiel ist die

Subventionierung der Fotovoltaik, wodurch die Preise für Solarzellen zeitweise hoch gehalten wurden. Das eigene Gaskraftwerk mit Kraft-Wärme-Kopplung ist ein Beispiel für die Verbindung einer ausgereiften Technologie mit anderen Investitionen. Ein solches Kraftwerk macht nur Sinn in Verbindung mit einer vollständigen Neuordnung der betrieblichen Energieversorgung einschließlich notwendiger Versorgungsleitungen.

5.3.2.4 Entwicklung der Energiekosten

Um die betrieblichen Energiekosten als strategischen Wettbewerbfaktor einsetzen zu können, wirft die folgende Abbildung einen Blick auf die wichtigsten Kosteneinflussfaktoren.

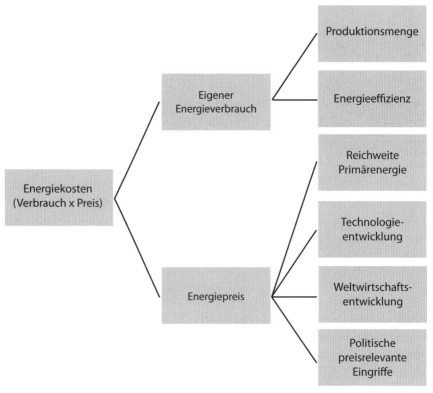

Abb. 92:   Einflussfaktoren auf zukünftige betriebliche Energiekosten

Die Kosten setzen sich aus der bezogenen Menge (differenziert nach der jeweiligen Energieform) multipliziert mit dem Preis zusammen. Der betriebliche Energiebedarf hängt davon ab, wie sich die Produktionsmenge entwickelt und ob das zukünftige Produktportfolio mehr oder weniger Energie in der Produktion benötigt. Die Energieeffizienz hängt wesentlich davon ab, wie die Produktionstechnologie und eigene Energieanlagen des Unternehmens entwickelt werden. Auch der Energiepreis ist mehreren, schwer fassbaren Faktoren unterworfen:

* Die Reichweite der Primärenergie.
* Technologieentwicklung und -umsetzung, insbesondere im Bereich der regenerativen Energien.
* Gesamtwirtschaftliche Entwicklung, besonders der zukünftige Energieverbrauch der Schwellenländer sowie das Verhalten großer Industrienationen wie USA oder Kanada.
* Politische Regelungen (z.B. Kohlendioxidabgabe).

Der Dreh- und Angelpunkt ist das Maß der Steigerung der Energiepreise, die nicht nur die Energiekosten bestimmen, sondern auch die Entwicklungsintensität neuer Energietechnologien sowie das Verhalten der Wettbewerber. Die Problematik ist über das Stadium von Frühwarnsystemen hinaus. Frühwarnsysteme suchen schwache Signale in der (sozialen) Umwelt des Unternehmens, um frühzeitig den entstehenden Problemen begegnen zu können. Spätestens der Herbst 2008, in dem der Preis pro Barrel für Rohöl auf 145 Dollar stieg, ist ein Hinweis darauf, was geschehen könnte. Die Brisanz dieses Preises lässt sich besser einschätzen, wenn man weiß, dass der Preis vom Jahr 2000 bis 2005 lediglich zwischen 20 und 40 Dollar schwankte. Die genannte Preisspitze ist nur kurzfristig erreicht worden, zudem hat in Europa ein starker Euro die Entwicklung abgefedert. Die aktuellen Preise und die Entwicklung der letzten zehn Jahre lassen sich in den Internetportalen der Wirtschaftszeitungen mit wenigen Klicks recherchieren. Es lassen sich auch ohne aufwändige Chartanalysen zwei Charakteristika erkennen: Der Ölpreis (und der daran gekoppelte Gaspreis) steigen langfristig stark und sie sind kurzfristig starken spekulativen Einflüssen unterworfen (sind stark schwankend, volatil).

Welche Faktoren bestimmen langfristig die Preisentwicklung auf den Öl- und Energiemärkten? Neben kurzfristigen spekulativen Einflüssen ist das Verhältnis von Verbrauch und Reserven an nicht erneuerbaren Energieträgern von dominierender Bedeutung. Dividiert man die Reserven durch den weltweiten Jahresverbrauch eines Rohstoffs, so wird die Reichweite berechnet. Die International Energy Agency (IEA) beziffert die Reichweite für die wichtigsten Energieträger wie folgt (zitiert bei Synwoldt 2008, S. 4, siehe auch Riesner 2003, S. 142–158, Wagner 2007, S. 129 ff.):

Kohle: 90 Jahre
Erdöl: 30 Jahre
Erdgas: 35 Jahre
Uran: 35 Jahre

Andere Schätzungen (und trotz des scheinbar mathematisch-präzisen Vorgehens sind es nicht mehr als Abschätzungen) geben höhere Reichweiten an, für Kohle mehr als 200 Jahre, Öl, Gas und Uran um die 50 Jahre. Der Verbrauch kann entweder statisch (d.h. es wird der Verbrauch zum Zeitpunkt der Berechnung angenommen) oder dynamisch mit Steigerungsraten angenommen werden. Um diese Zahlen als Grundlage der Energiesicherheit und der Energiepreisentwicklung verstehen zu können, ist ein Blick auf den

Begriff Reserven zu richten. Es sind die sicher nachgewiesenen, derzeit wirtschaftlich förderbaren Energieträger, wie es die Abbildung zeigt.

Vorräte fossile Energieträger			
		Bekannt	Unbekannt
Wirtschaft-lich nutzbar	Ja	Reserven	
	Nein		

Abb. 93: Begriff der Reserven an fossilen Energieträgern

Reserven werden also gemäß eines wirtschaftlichen Kriteriums (Zeilengliederung der Abbildung) und eines mengenmäßigen Kriteriums (Spaltengliederung) eingegrenzt. Beide Abgrenzungskriterien sind mit Unsicherheiten behaftet. Zunächst zum Abgrenzungskriterium der wirtschaftlichen Nutzbarkeit: Welche Vorräte wirtschaftlich nutzbar sind, hängt vor allem mit dem Preis, aber auch der Entwicklung der Fördertechnologien zusammen. Das sei am Beispiel Erdöl erläutert. Einige Ölfelder vor allem im Nahen Osten stehen unter geologischem Druck, so dass auf dem Bohrloch nur ein Ventil montiert werden muss, um das Rohöl kontrolliert abzuzapfen. In Kanada liegen große Ölsandvorkommen, bei denen das Öl aufwändig aus dem Sand extrahiert werden muss. Wenn die leicht ausbeutbaren Vorkommen erschöpft sind, müssen solche Ölsand- oder Ölschiefervorkommen genutzt werden. Es besteht somit folgende Wechselwirkung: Durch zunehmende Knappheit steigen die Energiepreise, so dass sich höhere spezifische Förderkosten rentieren. Die wirtschaftlich nutzbaren Reserven werden damit ausgeweitet und die Reichweite erhöht sich mit steigenden Energiepreisen. Ein Bestimmungsfaktor der Förderkosten ist der notwendige Energieeinsatz. Der Faktor Energy Returned On Energy Invested bei der Rohölgewinnung aus Ölsanden beträgt lediglich zwei bis vier, das heißt eine Kilowattstunde Energieeinsatz in die Ölförderung erbringt nur zwei bis vier Kilowattstunden Energieinhalt des geförderten Rohöls.

Bei der Bestimmung der Reserven spielen neben den wirtschaftlichen Aspekten die Mengen der noch nicht entdeckte Vorräte einer Rolle. Mit besseren Explorationsmethoden und der Suche in immer unwirtlicheren Gegenden an den Polen und in der Tiefsee hat es in den letzten Jahren immer wieder größere Funde gegeben. Es ist erstaunlich, dass es über den fossilen Energieträger Gashydrat kaum Angaben gibt, Schätzungen gehen von 3000 Milliarden Tonnen, dem Dreifachen der Erdgasreserven, aus. Gashydrat ist im Prinzip gefrorenes Erdgas (Methan), das in Wassertiefen von 300 bis 1000 Metern zu eisähnlichen Klumpen erstarrt. Ein Kubikmeter Gashydrat enthält bis zu 164 Kubikmetern Erdgas. Die Förderung ist aber kompliziert und riskant. An der Oberfläche ohne Druck und Kälte geht das brennbare Hydrat in gasförmigen Zustand über, verflüchtigt sich und entfaltet Treibhauswirkung.

Es besteht die Hoffnung, dass nicht die Knappheit sondern ein anderer Faktor die Energiepreise begrenzen und die Förderung von Gashydrat und anderen fossilen Energieträgern unwirtschaftlich werden lässt: Die Preisentwicklung für Energie aus regenerativen Quellen. Diese Kosten sinken sehr stark und es wird dann wirtschaftlicher, regenerative statt fossile Energien zu verwenden. Die Steinzeit ist auch nicht am Mangel an Steinen zu Ende gegangen, sondern aufgrund von überlegenen Technologien.

Der Energiepreis wird auch durch den Preis des bei Gewinnung und Verwendung emittierten Kohlendioxids bestimmt. Bei der Abschätzung der zukünftigen Kosten für Kohlendioxidemissionen sind hier drei Herangehensweisen unterschieden:

- Die tatsächliche politisch vorgegebene Preissetzung.
- Die Preise, die aufgrund der grundsätzlichen politischen Zielsetzung (Erhaltung der natürlichen Lebensgrundlagen) entstehen würden.
- Die Einsparungskosten bei konkreten Maßnahmen.

Die tatsächliche politisch vorgegebene Preisbildung

Eine bestimmte Menge Kohlendioxid darf – über Zertifikate verbrieft – emittiert werden, Emittenten kaufen die Zertifikate, so dass sich an diesem neu gebildeten Markt ein Preis bildet. Die Menge der Zertifikate soll so festgelegt sein, dass die globale Erwärmung unter zwei Grad bleibt. Der Preis für die Zertifikate sank zeitweise in der Anfangsphase des Handels auf wenige Cent pro Tonne Kohlendioxidemissionen. Solche Einführungsfehler sind der mangelnden Erfahrung mit diesem Instrument beziehungsweise der durch politische Kompromisse entstandenen Regelungen geschuldet. Der Preis hat sich dann längere Zeit zwischen 10 und 20 Euro pro emittierter Tonne bewegt bis hin zu einer Spitze von 33 Euro. Der aktuelle Preis lässt sich auf der Homepage der European Energy Exchange (www.EEX.de) nachlesen. Das Deutsche Zentrum für Luft- und Raumfahrt (DLR) hat zusammen mit dem Fraunhofer Institut für System- und Innovationsforschung (ISI) die externen Kosten der Stromerzeugung aus erneuerbaren Energien im Vergleich zur Sromerzeugung aus fossilen Energieträgern bestimmt. Diese Studie aus dem Jahr 2007 für das Bundesministerium für Umwelt (BMU) hat interessanterweise einen mittleren Schätzwert von 70 Euro pro Tonne Kohlendioxid angenommen und hat einen oberen Wert von 280 Euro angesetzt. Die externen Kosten einer Kilowattstunde Energie für die verschiedenen Technologien bei der Bewertung der Kohlendioxidemissionen mit 70 Euro belaufen sich wie folgt, wobei auch Zukunftsprojektionen enthalten sind:

- Fotovoltaik: 1 Cent pro Kilowattstunde
- Fotovoltaik im Jahr 2030: 0,6 Cent pro Kilowattstunde
- Energie aus Laufwasser sowie Wind (offshore und onshore): vernachlässigbar
- Braunkohle in Dampfkraftwerken bei 40 Prozent Nutzungsgrad: 7,8 Cent pro Kilowattstunde
- Braunkohle in Kraftwerken mit 48 Prozent Nutzungsgrad: 6,4 Cent pro Kilowattstunde
- Steinkohle in Dampfkraftwerk mit 43 Prozent Nutzungsgrad: 6,2 Cent pro Kilowattstunde

- Steinkohle im Kraftwerken mit 46 Prozent Nutzungsgrad: 5,8 Cent pro Kilowattstunde
- Erdgas im Gas- und Dampfkraftwerken mit 57 Prozent Nutzungsgrad: 2,9 Cent pro Kilowattstunde

Preisbildung zur Erhaltung der natürlichen Lebensgrundlagen

Sind die politisch durchgesetzten Preise für Kohlendioxidemissionen angemessen in Anbetracht des Klimawandels? Das Zwei-Grad-Ziel ist willkürlich gesetzt, das Wissen über Klimazusammenhänge unsicher und auch bei einer Begrenzung der Erwärmung auf zwei Grad entstehen Folgen, die Menschenleben kosten. Der Preis für Treibhausgasemissionen müsste aufgrund erwarteter Kippeffekte so hoch sein, dass er weitgehend prohibitiv wirkt, so dass praktisch keine weiteren fossilen Energieträger mehr verbrannt werden. Die Atmosphäre ist bereits destabilisiert und weitere Belastungen sind daher nicht mehr akzeptabel. Diese Werthaltung lässt sich durch zwei Argumenationsstränge begründen: Einerseits das Zahlungsbereitschaftskonzept (bereits in Energiebilanzen angesprochen). Anderseits durch die Basisannahme, dass die Menschheit nicht das Recht hat, die Zusammensetzung der Atmosphäre und damit das Klima zu verändern. Diese Überlegungen sind angesichts der faktischen politisch-wirtschaftlichen Lage von theoretischer Natur und können sich nicht durchsetzen.

Einsparungskosten bei konkreten Maßnahmen

Pragmatische Erwägungen legen den Preis der Emission einer Tonne Kohlendioxid gemäß der Vermeidungskosten durch konkrete Maßnahmen fest. Grundüberlegung ist hier, dass es ökonomisch unsinnig ist, in Deutschland eine Tonne Kohlendioxid mit Kosten von mehreren Hundert Euro durch Fotovoltaik zu vermeiden, während in Entwicklungsländern durch den Einsatz einfacher Technologie die Vermeidungskosten bei wenigen Euro liegen. Der Grenznutzen eines investierten Euros zur Emissionsminderung ist also viel höher, wenn Basismaßnahmen getätigt werden statt mancher hochtechnologischen Lösung. Diese Idee verfolgen Projekte und Organisationen wie myclimate, die Kompensationsmaßnahmen für kohlenstoffintensive Aktivtäten wie beispielsweise Flugreisen anbieten, indem sie beispielsweise Aufforstungsmaßnahmen in Entwicklungsländern finanzieren.

    Zusammenfassen ist zu sagen, dass eine belastbare Prognose zur langfristigen Entwicklung der Preise für Energie und Treibhausgasemissionen nicht möglich ist. Zwar sind Schätzungen für die geologischen Reichweiten der nicht erneuerbaren Energieträger verfügbar, doch was passiert,

- wenn China und Indien eine fulminante, dauernde Wirtschaftentwicklung durchlaufen?
- Wie teuer sind Kohlendioxidzertifikate an der European Energy Exchange (EEX) in Leipzig, falls der Handel auf Büro- und Wohnimmobilien ausgedehnt wird?

- Bleibt die Leitwährung für Rohöl der Dollar und wie verändert sich der Euro-Dollar-Kurs?
- Welchen Einfluss haben politische Konflikte, wenn beispielsweise – wie im Jahr 2008 geschehen – Russland sein Gas nicht durch die Ukraine leitet und in Europa Versorgungsengpässe entstehen?
- Verursacht der Klimawandel Flüchtlingswellen und Kriege um Öl und Wasser, so dass es als ethisch verwerflich gilt, 1000 Liter Heizöl pro Person und Jahr zu vergeuden?

5.3.2.5 Risikomanagement

Das Energiemanagement arbeitet mit vielen unsicheren Daten und insbesondere die Festlegung einer langfristigen Risikostrategie ist deshalb schwierig. Stellen wir das Risiko in den Mittelpunkt und sehen, wie es zu managen ist. Das Risikomanagement geht in folgenden Schritten vor:

- Risikoidentifikation
- Risikoanalyse und Bewertung
- Risikosteuerung, Risikostrategien

Gegenstand des Risikomanagements kann die Energiestrategie als Ganze sein, die aber auch differenzierter auf der Ebene von Einzelmaßnahmen (Energiemix und Versorgungssicherheit, energetische Sanierung von Gebäuden und elektrischen Antrieben usw.) aufgelöst werden kann.

Risikoidentifikation

Um energiebezogene Risiken für ein Unternehmen identifizieren zu können, sind folgende Fragen hilfreich, die sich an den vorausgehenden Abschnitten anlehnen:

- Wie wichtig ist Energie für das Unternehmen? Die absolute und relative Kostenbedeutung ist mit Kennzahlen abschätzbar. Sind es nur Kostenrisiken oder sogar physische Beschaffungsengpässe? Die grundlegenden Überlegungen zu den Chancen und Risiken der Strategie im vorausgehenden Abschnitt Szenariotechnik sind einzubeziehen.
- Welche Stärken und Schwächen bestehen im Vergleich mit der Konkurrenz? Wo sind die verursachenden Bereiche: Produktion? Transport? Lagerung?
- Bei welchen Technologien werden möglicherweise Entwicklungen versäumt? Diese Frage gilt einerseits für die Energieeffizienz bei der Leistungserstellung im eigenen Unternehmen. Anderseits ist die Forschung und Entwicklung im Hinblick auf die eigenen Produkte angesprochen, falls deren Verwendung mit Energieverbrauch einher geht, den die Kunden in Zukunft möglicherweise nicht mehr wie in der Vergangenheit bezahlen wollen oder können.
- Die Szenarien können danach differenziert werden, was der Unternehmensgewinn macht, wenn der Ölpreis langfristig auf 100, 150, 200 Dollar pro Barrel verharrt oder darüber hinaus geht.

Die bisher eingenommene Perspektive war die eines Unternehmens, dass seine Wettbewerbsposition in einer Branche über eine rationale Energiestrategie verbessern möchte. Aber was passiert mit der Branche, wenn der Energiepreis steigt? Werden Kunden ihr Kaufverhalten so umstellen, weil sie aus weniger energieintensiven Gütern mehr Nutzen ziehen? Ist also eine Diversifikation ratsam?

Risikoanalyse und Bewertung

Das Instrument der Risikomatrix macht das Prinzip der Risikoanalyse und -bewertung deutlich (vgl. Abbildung).

Große Schadenhöhe			
Mittlere Schadenhöhe			
Geringe Schadenhöhe			
	Geringe Eintrittswahrscheinlichkeit	Mittlere Eintrittswahrscheinlichkeit	Große Eintrittswahrscheinlichkeit

Abb. 94:   Risikomatrix

Die Risikomatrix teilt die Achsen jeweils in drei ordinale Bereiche ein mit niedriger, mittlerer und hoher Eintrittswahrscheinlichkeit und Schadenhöhe. Nehmen wir als Beispiel die Einschätzung des Risikos einer kurzfristig-gewinnorientierten Strategie eines Unternehmens in einer energieintensiven Branche, während die Wettbewerber mit einer langfristigen Strategie größere Energieeffizienz im Unternehmen realisieren. Bei einem starken Anstieg der Energiekosten reduziert sich der Gewinn des Unternehmens, was im Extremfall zur Existenzbedrohung führen kann und damit als hoher Schaden einzuordnen ist. Bei einer aufwändigeren Vorgehensweise mit einer Quantifizierung der Risiken und Schadenhöhen wird die Risikomatrix natürlich aussagekräftiger. Dabei ist es schwierig, auf der Abszisse Eintrittswahrscheinlichkeiten zu bestimmen, denn hier sind als Einflussfaktoren Energiepreissteigerungen oder technologische Entwicklungen relevant, die schwer zu beziffern sind. Es ist einfach zu sagen, dass Energiepreise steigen werden, es ist aber kaum vorherzusagen, welche Energieform zu welchem Zeitpunkt wie teuer sein wird. Die Schadenhöhe ist im Vergleich dazu besser abzuschätzen.

Risikosteuerung/Risikostrategien

Das Risikomanagement kennt drei grundlegende Strategien:

• Unternehmen können das Risiko selber tragen.
• Sie können das Risiko mindern.
• Die dritte klassische Strategie ist die Risikoversicherung.

Das unternehmerische Risiko, eine falsche Energiestrategie zu wählen, trägt ein Unternehmen immer. Vor allem entstehen durch eine passiv-kurzfristige Energiestrategie Risiken, die zu tragen sind. Eine langfristig-offensive Strategie mindert solche Risiken. Eine Versicherung gegen Energiepreissteigerungen ist zwar nicht möglich, jedoch lassen sich durch langfristige Lieferverträge Preissteigerungsrisiken eingrenzen, was natürlich analog zu Versicherungen mit Kosten verbunden ist. Eine Empfehlung für die Risikoreduktion liegt auf der Hand: Die im Unternehmen eingesetzte Energie sollte aus regenerativen Quellen stammen. Konkret heißt das, Erdgas und Öl zu meiden, dagegen Strom und Holz den Vorzug zu geben. Strom kommt zu immer größeren Anteilen aus erneuerbaren Quellen und schon heute bieten Energieversorger Strom an, bei denen der Prozentsatz bei 100 liegt. Die »Netzparität« ist in den nächsten Jahren zu erwarten, das heißt elektrische Energie aus erneuerbaren Ressourcen (Windkraft, Wasserkraft usw.) ist nicht mehr teurer als die Verstromung von Kohle. Aber auch Braunkohle hat eine Reichweite von mehreren hundert Jahren und ist nicht knapp. Deshalb sind beim Strom von dieser Seite keine großen Preissprünge zu erwarten. Allerdings ist unklar, ob sich Strom einer allgemeinen Energiepreissteigerung wird entziehen können. Auch die Einführung von Elektroautos könnte zu einer steigenden Nachfrage und damit steigenden Preisen führen. Es stimmt auch bedenklich, die elektrische Energie als »edelste«, vielseitig einsetzbare Energieform zum heizen zu ver(sch)wenden.

5.3.2.6 Rating

Rating im engeren Sinne beurteilt Unternehmen gemäß der Kreditwürdigkeit, letztlich geht es um eine Prognose der zukünftigen Fähigkeit, Gewinne zu erzielen und den Börsenkurs im Sinn des Shareholder Value abzuschätzen. In breiterem Sinne bedeutet Rating eine Beurteilung, die auch nach anderen als rein ökonomischen Kriterien erfolgen kann (z.B. Compliance-Audits) und sich auf Teilbereiche erstecken kann (z.B. Immobilien). Die oben erläuterten Verfahren der strategischen Planung ermöglichen es, den Einfluss des Energiebereichs in Ratings einzubeziehen. Ein frischer, unbefangener Blick auf die Thematik ist wichtig, denn wie sehr das Rating durch Ratingagenturen einer kollektiven Täuschung unterliegen kann, zeigt die Bewertung amerikanischer Immobilien vor der im Herbst 2008 zunächst entstandenen Immobilienkrise, die zur Finanzkrise wurden und sich dann zur Wirtschaftskrise der Jahre 2008/09 auswuchs. Es kann blinde Flecken geben, das ist eine Lehre aus der Krise (vgl. Kals/Sommer 2009). Der Einfluss stark steigender Energiepreise sowie der Preise für Kohlendioxidemissionen ist also systematisch in Ratings wie Unternehmensbewertungen, Bewertungen von Immobilienfonds oder Investitionsratings bei Neubauprojekten einzubeziehen. Bei Due Dilligence-Risikoanalysen werden mögliche Steigerungen der Energiekosten zukünftig ebenfalls eine größere Rolle spielen.

Eine weitere große Gruppe von Ratings ergänzt wirtschaftliche Bewertungen von Unternehmen um ökologische und soziale Kriterien. Beispiele sind Nachhaltigkeitsratings, oder Umweltbilanzen im Rahmen der Zertifizierung gemäß EU-Öko-Audit-Verordnung oder DIN 14000-Serie (vgl. auch die Ausführungen im dritten Kapitel zu Energiebilanzen).

Als dritte Gruppe von Ratingverfahren sind solche zu erwähnen, die Einzelbereiche wie Immobilien direkt gemäß ökologischen Kriterien beurteilen. Als Beispiele sind die Ratingverfahren des »Deutschen Gütesiegels Nachhaltiges Bauen« (DGNB) oder die Zertifizierung durch das Feist-Passivhaus-Institut zu nennen. Die Bewertung von Immobilien mit der Dokumentation im Energieausweis ist sicher das häufigste energiebezogene Rating.

5.4 Ethisch-normative Fundierung

Fast alle Menschen stellen sich im Laufe ihres Lebens die »letzten Fragen« der Philosophie: Woher kommt der Mensch? Was ist der Mensch? Wohin geht der Mensch? Darauf gründen sich die individuelle Ethik und Moral, die die Frage »Was soll ich tun?« zu beantworten suchen. Der Klimawandel mit seinen existenziellen Folgen für zukünftige Generationen stellt diese Fragen mit erschreckender Deutlichkeit. Das Energiemanagement ist eine Antwort, die Unternehmen und die dabei beteiligten Personen formulieren können. Um die Vorgehensweise bei der Diskussion dieser grundlegenden Werthaltungen des normativen Managements zu strukturieren, dienen folgende Punkte, die in den weiteren Abschnitten aufgegriffen sind:

- Was sind Ethik und Moral? (Abschnitt 5.4.1)
- Was sind Kennzeichen einer Ethik als Wissenschaft? (Abschnitt 5.4.2)
- Welche ethischen Theorien sind für das Energiemanagement relevant? (Abschnitt 5.4.3)
- Welche Energiestrategien vor dem Hintergrund welcher Energieethik? (Abschnitt 5.4.4)

5.4.1 Definition von Ethik und Moral

Ethik ist – kurz gesagt – das Reflektieren der Werte, aus denen wir leben. Daraus ergeben sich Schlussfolgerungen für die Handlungen, die gemäß einzelner ethischen Theorien (z.B. Nutzenethik oder Diskursethik) folgerichtig sind. Diese Überlegungen, die in wissenschaftlichem Sinne wertfrei sein können, helfen bei den Entscheidungen, die ein einzelner Mensch für sich fällt. Diese Entscheidungen für bestimmte Werte bilden die Moral. Auf der Ebene der Moral entscheidet sich ein Individuum, ein Unternehmen, der Staat usw. für konkrete Werte. Die Moral ist also eine Menge (ein »Set«) von aufeinander abgestimmten Werten, die ein Mensch oder eine Gruppe für sich als wahr akzeptiert haben. Die Trennung zwischen ethischer Reflektion mit wissenschaftlichem Anspruch und individueller Moral kann fließend sein. Erschwerend kommt hinzu, dass die Begriffe Ethik und Moral oft nicht im korrekten, hier umrissenen Sinne verwendet werden.

Ethik lässt sich in unterschiedlicher Weise klassifizieren, insbesondere nach

- dem Gegenstandsbereich (Wirtschaftsethik, Technikethik),
- den Adressaten (Managementethik, Konsumentenethik),
- nicht-metaphysischen (nicht »über die Physik hinausgehenden«) und metaphysischen Grundannahmen (Religionen).

Als ein möglicher Gegenstand der Ethik passt auch die Verwendung von Energie in diese Systematik. Der Verbrauch nicht regenerativer Ressourcen war spätestens seit der ersten Ölkrise 1973 eine ethische Frage, da allen die Knappheit dieser Ressource für kommende Generationen vor Augen geführt wurde. Es ist aber nicht zur breiten Etablierung des Begriffs Energieethik gekommen. Die Erderwärmung ist ein schlagendes Argument, diesen Begriff nun zu verwenden.

Für das Management ist wichtig, wie sich Ethik auf individueller Ebene und Unternehmensebene unterscheidet. Kann ein Unternehmen eine Moral haben? Ganz eindeutig: ja. In der Betriebswirtschaftslehre wird von Unternehmenskultur gesprochen definiert als der Gesamtheit der Werte und Normen im Unternehmen. Ein international ausgerichtetes Großunternehmen hat eine andere Kultur (und als oft synonym verwendeter Begriff: Philosophie) als ein mittelständisches Handwerksunternehmen. Das ist erkennbar am Führungsstil, an der Art, Geschäfte abzuwickeln, und auch an vielen Äußerlichkeiten wie Kleidung, Einrichtung usw. Ethische Normen drücken sich in Unternehmensleitlinien, »codes of ethical conduct«, einer Umweltpolitik und weiteren Dokumenten aus. Unternehmen sind also explizit und mehr noch implizit Wertegemeinschaften, die auch ihren Umgang mit Energie definieren müssen. Dabei gilt, dass keine Entscheidung auch eine Entscheidung ist und zwar faktisch eine für eine passive oder kurzfristige Energiestrategie.

5.4.2 Wissenschaftlichkeit bei der Einbeziehung ethischer Werte

Wissenschaft ist »wertfrei«, also nicht individuell wertendem Urteil unterworfen, sondern jede Aussage ist mit Verstand und Logik – im Idealfall über Experimente – beweisbar. Ebenso erhebt eine gute Unternehmensführung den Anspruch, ihre Entscheidungen rational und nachvollziehbar zu begründen, im Idealfall controllingorientiert mit Zahlen belegt. Oft besteht deshalb das Missverständnis, dass Ethik etwas schwer Fassbares, Weiches, Individuelles sei, das Fehlurteilen und sogar Manipulation den Weg bereitet. Schon die Unterscheidung von Ethik und Moral zeigt jedoch, dass dieses negative Bild dem Wesen und der Bedeutung von Ethik keinesfalls gerecht wird. Bei jeder wissenschaftlichen Theorie und jeder unternehmerischen Unterscheidung spielen neben Sachurteilen auch Werturteile eine Rolle: Werturteile im Basisbereich, die unvermeidbar sind. Entscheidungen werden besser, ist man sich dieser Zusammenhänge bewusst. Um das deutlich zu machen, sind nun drei Phasen der wissenschaftlichen Theoriebildung am Beispiel der Entscheidung für eine Energiestrategie erläutert.

Erste Phase: Basisbereich/Wertbasis

Bei jedem Forschungsvorhaben und jeder bedeutenderen Entscheidung der Unternehmensführung ist eine Auswahl eines Objektbereichs, Forschungsgegenstands oder Projekts unumgänglich. Eine bewusste Entscheidung für eine Wertbasis hebt oft unbewusste Festlegungen ins Bewusstsein. Diese Entscheidungen im Basisbereich sind Werturteile, die kein Wissenschaftler und wissenschaftlich arbeitender Praktiker umgehen kann. Bereits die Entscheidung, eine Energiestrategie zu formulieren und umzusetzen, ist ein Werturteil im Basisbereich. Damit ist eine Entscheidung gegen eine unbewusst-passive Strategie und gegen andere Projekte gefallen, die man in dieser Zeit hätte durchführen können. In den Basisbereich fällt auch die Auswahl der Methoden. Es gibt viele stützende Plausibilitätsgründe, weshalb der Einsatz bestimmter Methoden beispielsweise der strategischen Planung sinnvoll ist, aber es lässt sich nicht im mathematischen Sinne zwingend beweisen, dass es diese Methode sein muss und keine andere sein darf. Es ist offensichtlich, dass die verwendeten Methoden einen großen Einfluss auf die Schlussfolgerungen haben. Die Entscheidung über eine Energiestrategie ist davon bestimmt, ob eine Nutzen-, Pflicht- oder Diskursethik die Moral des Unternehmens prägt. Diese manchmal implizit und unbewusst durchlaufene Phase stellt also Weichen.

Zweite Phase: Modellbildung im engeren Sinne

Während Werturteile im Basisbereich unumgänglich sind, dürfen Werturteile im Aussagenzusammenhang der Modellbildung nicht vorkommen. Das wären unlogische Schlussfolgerungen oder falsche Berechnungen bei der Modellbildung und Entscheidungsfinden. Bei der Anwendung der gewählten Verfahren der Investitionsrechnung für energiebezogene Investitionen dürfen also keine Fehler vorkommen. Werturteile bei der Anwendung sind auch bewusste manipulative Eingriffe, um ein bestimmtes Ergebnis zu erzielen.

Dritte Phase: Testung des Modells

Galileo Galilei hatte es im Vergleich zu den Energiemanagern einfach, als er die Fallgesetze erforschte, indem er Kugeln schiefe Ebenen hinunterrollen ließ: Er konnte experimentieren. Manager können das nur sehr eingeschränkt. Ihre Modelle stellen einen Ausschnitt aus der komplexen Lebens(um)welt von Unternehmen dar und umfassen Zeiträume von vielen Jahren. Das einzig mögliche Experiment ist oft die Umsetzung in die Praxis. Wenn am Ende des zugrunde gelegten Planungshorizonts die berechneten

Einsparungen an Energie und Kosten nicht eingetroffen sein sollten, kann das an falschen Annahmen, falschen Berechnungen oder einer Veränderung der Rahmenbedingungen (Auslastung, technische Verfahren usw.) liegen. Die Wiederholung des »Experiments« unter ceteris-paribus Bedingungen ist dem Manager nicht möglich.

5.4.3   Inhalte ethischer Theorien

Die Grundlagen der Wissenschaftstheorie machen deutlich, wie durchschlagen die Wertbasis für die Formulierung einer Energiestrategie und dann für das praktisch Handeln von Unternehmen ist. Ethische Theorien sind sozusagen Musterlösungen für Wertsets, die Angebote für die persönliche oder unternehmerische Moral darstellen. Sie werden durch unsere Kulturgeschichte weitergegeben und haben sich in eine schier unübersehbare Vielfalt aufgefächert. Die »Goldene Regel« (behandele andere so, wie du selbst behandelt sein möchtest) ist schon im alten Ägypten nachweisbar. Die wichtigsten, für das Energiemanagement relevanten Gruppen ethischer Grundideen und Theorien sind hier nun klassifiziert und kurz umrissen:

- Nutzenethik/Utilitarismus
- Pflichtethik/deontologische Ethik
- Legalistische Ethik
- Kommunikative Ethik/Diskursethik
- Leitlinien als Ausdruck der individuellen Moral eines Unternehmens

Nutzen im Mittelpunkt: Nutzenethik/utilitaristische Ethik/Utilitarismus

Nutzentheorie (Utilitarismus von »utility«) ist eine teleologische Wirtschaftsethik: Sie zielt auf den Endzustand, das Ergebnis, den erzielten Nutzen, das erreichte Glück. Adam Smith hat in seinem 1776 erschienen Buch »Wealth of Nations« als erster den Marktmechanismus beschrieben. Wie durch eine unsichtbare Hand koordinieren Märkte den Wettbewerb und führen zu einem optimalen Einsatz knapper Ressourcen. Der Eigennutz des Einzelnen führt also dazu, dass der größte Nutzen für die größte Zahl erreicht wird, wie es die Klassiker der Volkswirtschaftslehre formuliert haben. Adam Smith selber stand dieser Reduktion auf den Nutzen skeptisch gegenüber, er war Moralphilosoph und ist nur aus seinem ersten großen Werk, der »Theorie of Moral Sentiment«, verständlich. Die Moral des Menschen bildet sich dementsprechend auf einer Basis von Gefühlen, die in der Modellbildung des Homo oekonomicus kaum vorkommen.

Die elegante Schönheit des Marktmodells und seiner schier unerschöpflichen Verfeinerungen faszinierte Ökonomen schon immer. Büsten von Adam Smith wurden schon zu Lebzeiten in Buchhandlungen aufgestellt. Der Eigennutz – bei Unternehmen im Sinne des Gewinnstrebens – ist mit dem Nutzenargument ethisch positiv begründet, wie eine berühmte These des Nobelpreisträgers Milton Friedman pointiert: »The ethical obligation of business is to maximize its profits«. Die Neoklassiker haben die Bedeutung des freien, möglichst wenig reglementierten Spiels der Marktkräfte, die zu Innovation, Wachstum und Wohlstand führen, allerdings in einer Weise in den Vordergrund gestellt, die mehr als fragwürdig ist. Das freie Spiel der Marktkräfte führt auch dazu,

- dass viele Menschen kein existenzsicherndes Auskommen haben (insbesondere gilt das für die Menschen in Entwicklungsländern),
- dass Blasen an Finanzmärkten (mit ihren schwerwiegenden Folgen für die Realwirtschaft) entstehen,
- öffentliche Güter (Straßen, Schulen, demokratische Institutionen usw.) nur durch ergänzende Regelungen und staatliches Handeln bereit gestellt werden können,
- manche Bereiche ohne Regulierungen zu Monopolen neigen (z.B. Kommunikation, Energienetze, PC-Betriebssysteme), so dass sich das freie Spiel der Kräfte selber abzuschaffen droht.

Im Hinblick auf das Energiemanagement ist der schlagende Einwand gegen eine aus dem Utilitarismus begründete Gewinnmaximierung die Existenz externer Kosten. Externe Kosten trägt nicht derjenige, der Nutznießer einer wirtschaftlichen Handlung ist, sondern Dritte wie Anrainer, Geschäftspartner oder auch kommende Generationen. Die externen Kosten beim Verbrauch nicht-regenerativer Energien liegen einerseits in der zukünftigen Knappheit für künftige Generationen und anderseits im Klimawandel mit seinen unübersehbaren Folgen. Eine Energiestrategie, die ausschließlich als Beitrag zur Gewinnmaximierung des Unternehmens fungieren soll, ist deshalb nicht mit einer utilitaristischen Ethik zu begründen. Der Marktmechanismus führt in diesem Fall nicht zum optimalen Einsatz knapper Ressourcen und damit zur Schaffung von Werten, sondern zu Fehlallokationen bis hin zur Vernichtung von Werten und zur Gefährdung von »statistischen« Menschenleben.

Dieser grundlegende Defekt im Marktmechanismus und damit der ethischen Begründung des Handelns von Unternehmen lässt sich ausgleichen durch die Internalisierung externer Kosten. Die Problematik trägt jedoch letztlich viel grundlegenderen Charakter: Das der Marktwirtschaft immanente quantitative Wachstums führt langfristig zur Zerstörung der natürlichen Lebensgrundlagen, sofern es nicht gelingt, ein entmaterialisiertes, qualitatives Wachstum zu erreichen, das der ursprünglichen Bedeutung des Wortes »nachhaltig« gerecht wird.

Rechtliche Regelungen im Mittelpunkt: Legalistische Ethik

Die Nutzenethik ist – mehr oder weniger bewusst – die normative Begründung jedes gewinnorientierten Unternehmens. Eine weitere Grundhaltung, hier als legalistische Ethik bezeichnet, ist ebenfalls zumindest implizit in jedem Unternehmen ein Thema. Rechtliche Regelungen mindern die oben umrissene Kritik an der freien Marktwirtschaft, so dass unser jetziges System Züge einer öko-sozialen Marktwirtschaft trägt. Unternehmen, die sich an diese Regelungen halten, fühlen sich deshalb oft ethisch legitimiert. Jedoch haben die weltweiten politischen Regelungen nicht ausgereicht, den Klimawandel zu vermeiden. Nutzenethik und legalistische Ethik sind deshalb als ethische Begründung für gewinnmaximierendes Handeln im Energiebereich brüchig.

Vereinbarungen im Mittelpunkt: kommunikative Ethik/Diskursethik

Was kann ergänzend Orientierung bieten? Die kommunikative Ethik geht vom Grundverständnis der Demokratie aus. Jedem Menschen werden gleiche Rechte zugebilligt. In einer Umweltethik im engeren Sinne werden der belebten und sogar der unbelebten Natur Rechte zugestanden. Die Diskursethik sagt, dass – ist jemand von einer Entscheidung betroffen – er auch bei der Entscheidungsfindung zu beteiligen ist. Der Diskurs hat dabei im Idealbild herrschaftsfrei abzulaufen, d.h. bei gleicher Informationslage und ohne Druck. Die Beteiligung der Betroffenen kann über Repräsentation erfolgen, wenn eine Gruppe (Kunden, Anrainer usw.) nicht vollständig an einen Tisch geholt werden kann. Die in einer solchen Diskussion gefundenen Einigungen können als ethisch fundierte Normen gelten. Steinmann/Löhr (1992, S. 69 f.) formulieren folgende vier Kriterien für einen Dialog:

- Unvoreingenommenheit, d.h. die Bereitschaft, alle Vororientierungen in Frage zu stellen, gleichgültig, ob es um Meinungen über Sachverhalte geht oder um Interessen bzw. Ansprüche.
- Nicht-Persuasivität, d.h. die Bereitschaft, auf Appelle zu verzichten, die wider besseres Wissen Vororientierungen in Frage stellen.
- Zwanglosigkeit, d.h. die Bereitschaft, auf Sanktionen für das Geben oder Verweigern von Zustimmung zu verzichten.
- Sachverständigkeit, d.h. die Fähigkeit, der Form und dem Inhalt nach Gründe vortragen zu können, die eine gute Chance haben, auf Zustimmung zu stoßen.

Der Ansatz findet in der Betriebswirtschaft seine Entsprechung im Stakeholder-Konzept. Üblicherweise wird der Stakeholderansatz dem Shareholderansatz gegenüber gestellt, was die herausgehobene Stellung der Eigentümer verdeutlicht. Logisch wäre jedoch, die Anteilseigner in die Liste der Anspruchsgruppen aufzunehmen. Hier sind die wichtigsten Anspruchsgruppen aufgeführt mit den Gruppen, Gremien und Mechanismen, mit denen sie am Diskurs über eine Energiestrategie teilnehmen. Weiter enthält die Tabelle die Spannbreite der Interessenlage an ethischen Aspekten beim Energiemanagement.

Tabelle 95: Stakeholder und ihr Interesse an ethischen Aspekten des Energiemanagements

Stakeholder	Organ/Respräsentation im Diskurs	Minimales Interesse an ethischen Aspekten beim Energiemanagement	Maximales Interesse an ethischen Aspekten beim Energiemanagement
Shareholder	Aufsichtsrat und Hauptversammlung	ausschließlich gewinnorientierte institutionelle Anleger	ethische Investoren mit der Bereitschaft, auf Rendite zu verzichten
Management und Mitarbeiter	Manager mit direkter Teilnahme an Entscheidungsprozessen und eigenen Entscheidungskompetenzen Mitarbeiter u.a. über Aufsichtsratssitze	Ausschließlich egoistisches Interesse an persönlicher Karriere, Prämien und sicheren Arbeitsplätzen. Also Gewinnmaximierung des Unternehmens bis zum Zeitpunkt des persönlichen Ausscheidens	Unternehmensmitglieder, die eine Antwort darauf haben wollen, wenn Ihre Kinder sie im Alter fragen werden: Warum habt ihr das getan? Und was hast du dagegen getan?
Kunden	Durch den Kaufakt	Kaufentscheidung über Nutzwertanalyse, in der Energie nur als rechenbare Kosten eingehen	Bereitschaft zu einem höheren Preis für energieeffiziente Produkte. Kauf bei Unternehmen mit zertifiziertem Umwelt- und Energiemanagement
Staat/Öffentlichkeit	Genehmigungs- und Überwachungsbehörden, Verabschiedung rechtlicher Regelungen im demokratischen Prozess	Anhänger der Neoklassik mit traditionellem Verständnis von Wirtschaftswachstum	Befürworter einer Umsteuerung unserer gesamten Lebens- und Wirtschaftsweise
Kommende Generationen, Leidtragende des Klimawandels	Keine systematische Beteiligung im Unternehmen	Geringes Interesse oft durch geringe Information oder Frustration durch mangelnde Einflussmöglichkeit	Anspruch darauf, dass die derzeitige Generation die Schäden vermeidet, um Leid, Trauer und ohnmächtige Wut bei den zukünftigen Generationen zu vermeiden

Pflicht im Mittelpunkt: Pflichtethik/deontologische Ethik

Diese ethische Richtung ordnet Menschen, Organisationen oder Staaten bestimmte Pflichten zu. Religiöse Systeme entsprechen oft einer Pflichtethik, etwa die zehn Gebote im Christentum. Für Unternehmen in einem säkularen Staat, mit Individuen, die unterschiedlichen Religionen anhängen können, eignet sich eine religiös motivierte Pflichtethik im Regelfall nicht. Ein aufklärerischer Zweig der Pflichtethik geht auf Immanuel Kant zurück, der im kategorischen Imperativ kulminiert: Handle so, dass die Maxime deines Handelns Grundlage einer allgemeinen Gesetzgebung sein könnte. Die Wucht dieses Grundsatzes entsteht daraus, dass keine Ausflüchte beispielsweise in eine bloße legalistische Haltung mehr möglich sind. Auch der Verweis darauf, dass alle ein bestimmtes Verhalten zeigen würden und deshalb keine Änderung einträte, würde man sich selber ändern, verfängt hier nicht mehr. Eine populäre Ausprägung der Pflichtethik ist eine der ältesten moralischen Normen der Menschheit: die goldene Regel. »Behandele andere so, wie du selber behandelt sein möchtest.« Das begründet eine allgemeine Fairness im Unternehmen und gegenüber den Stakeholdern. Wird der Kreis der Stakeholder auf künftige Generationen oder Partner in Entwicklungsländern ausgedehnt, so ergeben sich sehr weitreichende Konsequenzen.

Wer die Macht hat, einen Beitrag zu leisten, muss das gemäß der Pflichtethik also tun. Doch umgekehrt können Menschen und Unternehmen nur einer Pflicht nachkommen, deren Erfüllung in ihrer Macht steht. Pflichterfüllung ist oft mit dem Einsatz von Ressourcen (Mitarbeiterstunden, Geld) verbunden. Aber jeder Manager ist an Rahmenbedingungen gebunden, die seine Kompetenz einschränken, solche Entscheidungen zu fällen. Manager, die sich persönlich einer Pflichtethik verbunden fühlen und eine entsprechende Energiestrategie formulieren wollen, sehen sich mit folgenden Problemen konfrontiert:

- Wie viele Investitionsmittel dürfen für eine langfristig-offensive Energiestrategie verwendet werden?
- Wie stark darf dabei die rechenbare Gewinnerzielung sinken?
- Wer entscheidet bis zu welchen Grenzen – Mitarbeiter, Manager, Eigentümer?

Widersprechende Pflichten führen zu Dilemmata: Der Manager, der sich einer effizienten Energiewendung verpflichtet fühlt, muss gleichzeitig für die Anteilseigner Gewinne erwirtschaften und die Arbeitsplätze der Mitarbeiter erhalten. Institutionen und Abläufe können so verkettet sein, dass nur eine kurzfristig gewinnorientierte Strategie möglich ist. Die Stimmrechte bei Hauptversammlungen und Aufsichtsräten können von institutionellen Anlegern (z.B. Versicherungen, Investmentfonds) dominiert sein. Entscheidungen fällen Analysten und Fondmanager, deren Ziel es ist, mit ihrem Portfolio den Vergleichsbörsenindex zu schlagen – jahresweise, quartalsweise, wochenweise, möglichst täglich. Der von einem solcherart dominierten Aufsichtsrat berufene Vorstand hat nur geringe Freiräume, eine langfristige Strategie zu wählen, ganz zu schweigen von einer Strategie, die auf mögliche Gewinne verzichtet.

Die eigenen Leitlinien im Mittelpunkt: Die individuelle Moral eines Unternehmens

In vielen Unternehmen sind moralische Maßstäbe kodifiziert, was zwingend ist bei einer Börsennotierung sowie einer Umwelt- oder Qualitätszertifizierung. Diese Leitlinien enthalten oft vollmundige, weitreichende, von Marketingspezialisten überarbeitete Formulierungen. Eine in Leitlinien, Codes oder Politiken zum Ausdruck gebrachte Vision ist dazu gedacht, einen hohen Maßstab anzulegen, der im Alltag auch durchaus einmal verfehlt werden kann. Allerdings treffen solcherart Papiere oft auf Vorbehalte, denn die Diskrepanz zur Unternehmensrealität kann allzu groß sein. Die Entwicklung einer Energiestrategie ist ein guter Anlass, die Leitlinie kritisch zu betrachten:

• Im Idealfall enthält sie die ethisch-normative Basis, aus der sich die Energiestrategie schlüssig ergibt.

• Bei der Lektüre mancher Leitlinien drängt sich der Eindruck auf, dass im Planungsprozess doch mehr auf rechenbare Gewinnerzielung geachtet wird, als die Ideale der Leitlinie suggerieren. Dann soll die Leitlinie auf den Prüfstand, wenn es nicht als reines Marktingpapier seine wenig beachtete Rolle spielen soll.

• Es kann auch sein, dass die Leitlinien aus einem hierarchieübergreifenden Prozess entwickelt worden sein und im Alltag Beachtung finden, aber keine hinreichende Basis für die Energiestrategie bieten. Dann ist eine unternehmerische Energieethik festzulegen und die Leitlinien sind entsprechend zu ergänzen.

5.4.4 Ableitung der Energiestrategie aus der Energieethik

Die folgende Tabelle zeigt den Zusammenhang zwischen Energiestrategien und den hier diskutierten normativ-ethischen Grundlagen.

Tabelle 96: Verbindung von Energiestrategie und Energieethik

	Utilitaris-mus (herkömmliche Auffassung)	Utilitaris-mus (bei Internali-sierung externer Kosten)	Lega-lismus	Pflicht-ethik	Kommu-nikative Ethik	Der eigene »Code of Ethical Conduct«
passive Strategie (Ignoranz)						
Gewinnoptimie-rung kurzfristig/ rechenbar	x		x			
Gewinnoptimie-rung langfristig/ nicht rechenbar	x	(x)	x	x	(x)	x
Offensive Strategie	(x)	x	x	x	x	x
Maximale Strategie		x	x	x	x	x

Die ausgefüllten Felder sind als Anregungen und Einstieg in eine strukturierte Diskussion im Unternehmen zu verstehen. Sie sind hier folgendermaßen zu interpretieren: Die passive Strategie ist weder im Sinne einer guten Unternehmensführung rational noch ethisch begründet, sie bietet nur eine Systematisierungsmöglichkeit für die in manchen Unternehmen noch anzutreffende Realität, bei der selbst die Übereinstimmung mit geltenden Gesetzen nicht systematisch überprüft wird. In Zeiten knapper Mittel drängt es viele Unternehmen zu kurzfristiger Gewinnmaximierung, die die Einhaltung rechtlicher Regelungen als Nebenbedingung sieht. Es ist kritisch zu überprüfen, ob in den Leitlinien solcher Unternehmen vollmundige Sätze stehen, die durch die Realität nicht eingehalten werden. Eine langfristige Gewinnmaximierung realisiert Maßnahmen der Energieeinsparung, auch wenn der langfristige Mittelrückfluss unsicher ist. Konkret: Das neue Bürogebäude wird als Null-Energie-Haus gebaut, auch wenn die Mehrkosten bei jetzigem Energiepreis erst in mehr als zehn Jahren amortisiert sind – allerdings treffen dann Energiepreissteigerungen in Zukunft nicht mehr. Bei der offensiven Strategie wird eine zumindest kurzfristige Senkung des Gewinns bewusst in Kauf genommen, was nur mit besonderer Überzeugung möglich ist. Das gilt auch für die Maximalstrategie, die das Unternehmen neu ausrichtet mit allen dabei auftretenden Anstrengungen und Risiken. Solche normativ-ethischen Grundausrichtungen hängen von Einflussfaktoren ab, die in der folgenden Tabelle angerissen sind. Die Zeilen enthalten wieder die Energiestrategien, die Spalten stellen jeweils beeinflussende Kriterien dar. Oben in der ersten Zeile der Spalten sind Kriterienausprägungen, die eine passive oder kurzfristige Strategie begünstigen. Unten in den Spalten stehen die entsprechenden Kriterienausprägungen, die eine langfristige, offensive oder sogar maximale Strategie begünstigen.

Tabelle 97: Einflussfaktoren auf die Energiestrategie

	Wenig energieintensive Unternehmen	Unternehmen mit guter Energieeffizienz im Branchenvergleich	Unternehmen in wirtschaftlichen Schwierigkeiten	Unternehmen mit geringer ethischer Fundierung
passive Strategie (Ignoranz)				
Gewinnoptimierung kurzfristig/ rechenbar				
Gewinnoptimierung langfristig/ nicht rechenbar				
Offensive Strategie: Realisierung aller wirtschaftlichen Energiesparmaßnahmen				
Maximale Strategie				
	Energieintensive Unternehmen	Schlecht im Benchmarkvergleich	Guter Cash Flow, also Investitionsmöglichkeit	Ethische Unternehmen

Weniger energieintensive Unternehmen können es sich leisten, die Thematik am Rande zu behandeln. Auch Unternehmen mit einer guten Energieeffizienz im Branchenvergleich haben einen Puffer, allerdings meist auch ein gutes Energiemanagement, denn sonst würden sie im Vergleich nicht gut abschneiden. Je besser die wirtschaftliche Lage ist, desto mehr Mittel haben Unternehmen, Energieinvestitionen langfristig-offensiv anzugehen. Dazu muss natürlich – das deutet die letzte Spalte an – auch die Moral vorhanden sein.

6 Organisation

Energiemanagement kann als betriebswirtschaftliche Funktion mit ihren Aufgaben, Methoden und Instrumenten auf eine abstrakte Weise interpretiert werden. Für die Umsetzung im Unternehmen ist jedoch eine konkrete organisatorische Verankerung notwendig. In diesem Kapitel sind deshalb zunächst zwei Kernfragen zu beantworten: Wer ist verantwortlich für das Energiemanagement (Abschnitt 6.1)? Und wie ist das Zusammenspiel der Verantwortlichen zu gewährleisten (Abschnitt 6.2)? Es sind die Fragen nach der Aufbauorganisation und der Prozess-/Ablauforganisation. Energiebezogene Projekte weisen zahlreiche Besonderheiten auf, die ergänzend erörtert werden. Schwerpunktsetzungen erfolgen dabei aus konkreter Projekterfahrung (Abschnitt 6.3).

6.1 Aufbauorganisation

Gemäß der Definition besteht das Energiemanagement kurz formuliert aus der Handhabung aller energiebezogener Aufgaben. Diese Aufgaben werden im Unternehmen im Wesentlichen in der Linie wahrgenommen, wie es das dritte Kapitel für Facility Management, Logistik usw. zeigt. Dabei ist eine Delegation von Aufgaben, Kompetenzen und Verantwortlichkeiten vom Top Management bis hin zu den ausführenden Stellen erforderlich. Neben und ergänzend zu dieser Wahrnehmung von Aufgaben in der Linie ist eine übergreifende Koordination sicherzustellen, für die die oberste Leitung des Unternehmens die Verantwortung trägt. Zur Unterstützung des Top Managements kann deshalb eine organisatorische Einheit »Energiemanagement« eingerichtet werden. Der Abschnitt 6.1.1 zeigt Möglichkeiten auf, wie diese Funktion aufbauorganisatorisch angebunden werden kann. Im Unternehmen gibt es eine Reihe Abteilungen und Funktionen, die darum konkurrieren, wer diese übergreifende Koordinationsaufgabe für das Energiemanagement übernehmen soll. Diese Optionen sind im Abschnitt 6.1.2 diskutiert.

6.1.1   Möglichkeiten

Die folgende Abbildung systematisiert die Möglichkeiten für die aufbauorganisatorische Verankerung des Energiemanagements als koordinierende organisatorische Einheit.

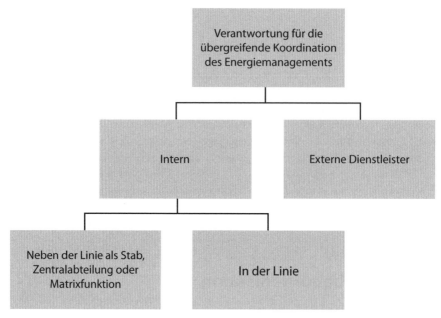

Abb. 98:   Möglichkeiten der aufbauorganisatorischen Verantwortlichkeit für die übergreifende Koordination des Energiemanagements

Neben der Linie als Stabs-, Zentralabteilung oder Matrixfunktion

In größeren Unternehmen ist unumgänglich, eine organisatorische Einheit mit Kompetenzen im Energiemanagement für das gesamte Unternehmen auszustatten, um den Überblick zu erlangen und zu behalten. Sie müssen auf Dauer ausgerichtet sein und eine Anbindung neben der Linie bietet sich durch die übergreifende Ausrichtung an. Die drei Grundformen der Aufbauorganisation (funktionale Organisation, divisionale Organisation und Matrixorganisation) sind zu unterscheiden. Die folgende Abbildung zeigt eine funktionale Organisation mit den drei Grundfunktionen Beschaffung, Produktion und Absatz als Stab-Linien-Organisation und einer zentralen Einheit Energiemanagement.

Der wichtigste Unterschied zwischen Stabs- und Zentralabteilungen liegt darin, dass Stäbe eine beratende Funktion haben und nicht mit disziplinarischen Befugnissen ausgestattet sind, wie beispielsweise Assistenten der Geschäftsleitung. Bei einer rein beratenden Funktion eines zentralen Energiemanagements könnte eine Aufgabe darin bestehen, aus der Produktion Daten für die Erstellung von Energiebilanzen zu erheben, um

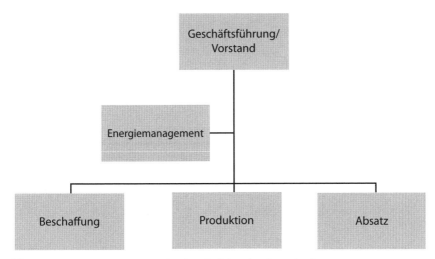

Abb. 99:   Energiemanagement in einer funktionalen Organisation

dann der Produktion wieder bei der Energieoptimierung Hinweise geben zu können. Zentralabteilungen sind im Gegensatz zu Stäben mit fachbezogenen Kompetenzen ausgestattet. Bei der Ausstattung der organisatorischen Einheit Energiemanagement mit fachbezogenen Kompetenzen ist es möglich, dass für das gesamte Unternehmen die energetische Sanierung von Gebäuden oder der Ersatz nicht geregelter elektrischer Antriebe entschieden und durchgesetzt wird – wenn nötig gegen den Widerstand der betroffenen Bereichs- und Abteilungsleiter und auf deren Kostenstellenkosten. Im Organigramm wird diese eingeschränkte Führungskompetenz dann als gepunktete Linie dargestellt, so dass sich die Bezeichnung Dotted-Line-Prinzip herausgebildet hat. In der Praxis ist die Aufgaben- und Machtverteilung zwischen Linie und Zentralstelle ein schwieriges Thema, das sehr individuell gelöst wird. Zentrale Organisationseinheiten mit Affinität zum Energiemanagement sind in vielen mittelgroßen und praktisch allen großen Unternehmen bereits eingerichtet. Es handelt sich insbesondere um

- das Umweltmanagement sowie das Qualitätsmanagement,
- das Controlling und die Organisationsabteilung,
- die technische Planung, das interne Ingenieurbüro, die Betriebsingenieure,
- eine möglicherweise schon im Aufbau befindliche Ethik-Organisation (Corporate Ethics Officer, Compliance Manager).

Der Bezug der genannten Abteilungen zum Energiemanagement ist im folgenden Abschnitt erläutert. Zunächst aber zu den beiden anderen Grundformen der Aufbauorganisation, der divisionalen Organisation und der Matrixorganisation. Die folgende Abbildung zeigt die Anbindung der organisatorischen Einheiten Energiemanagement in einer Divisionsorganisation.

Sparten oder Divisionen sind Einheiten in einem Unternehmen, die beispielsweise gemäß einer Produktgruppe oder einer Region gegliedert sind. Innerhalb eines Kon-

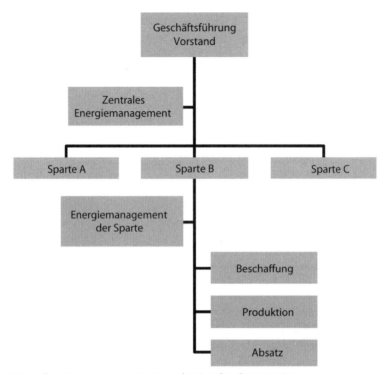

Abb. 100:   Energiemanagement in einer divisionalen Organisation

zerns kann es sich um rechtlich selbständige Unternehmen handeln, die jedoch unter einheitlicher Leitung stehen. Jede Sparte kann eine eigene, komplexe und unterschiedliche Teilorganisation haben. In der Abbildung ist für Sparte A noch einmal die bereits bekannte funktionale Organisation aufgegriffen. Für das Energiemanagement kommt zu den geschilderten Herausforderungen hier noch die Abstimmung zwischen dem dezentralen Energiemanagement innerhalb der Sparten und einer an der zentralen Leitung angesiedelten Einheit hinzu. Die Begriffe zentral oder dezentral müssen immer aus dem Kontext heraus eindeutig sein oder sind zu definieren, sonst gibt es Verwechslungen zwischen dem Energiemanagement auf Unternehmensebene, auf Spartenebene oder noch dezentraler in der Linie auf verschiedenen Hierarchiestufen. Diese und andere vielfältige Abstimmungen, die in größeren Organisationen notwendig sind, um Synergien auszuschöpfen, haben zur Entwicklung der Matrixorganisation geführt. Wenn sich ohnehin alle mit allen abstimmen müssen, so stellt man es auch wie in der folgenden Abbildung dar.

Wenn das Energiemanagement nicht zentral oberhalb der Matrix an der Matrixleitung angebunden wird, kann es als eine Matrixfunktion eingebunden sein. Wie in der Abbildung gezeigt, kann Energiemanagement hier die Funktionen Beschaffung, Produktion und Absatz direkt erreichen, die zweite Matrixgliederung der Produktgruppen jedoch nur indirekt. Große, komplexe Organisationen lassen sich nicht mehr in einem

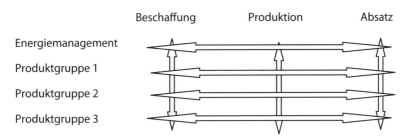

Abb. 101: Energiemanagement in einer Matrixorganisation

Organigramm beschreiben. Der Begriff Tensororganisation wird verwendet, wenn mehr als zwei Gliederungskriterien Verwendung finden. Neben Produkten oder Regionen können dies Projekte sein. Auch Umweltschutz, Qualitätsmanagement und Arbeitssicherheit arbeiten in die Organisation hinein mit Schnittstellen zu allen Werkbänken und Schreibtischen. Die Strukturen realer Unternehmen sind zudem nicht nach Lehrbuch am Reißbrett entwickelt, sondern sind gewachsen und individuell, erscheinen voller Widersprüche und Ausnahmen.

In der Linie

Kehren wir zurück von den individuellen Strukturen großer Konzerne zu der überschaubaren Welt von kleinen und mittleren Unternehmen. Es findet sich hier in der Praxis auch die Lösung, einer Linienabteilung die Verantwortung für die übergreifende Konzeption und Umsetzung des Energiemanagements zuzuordnen. Folgende Gründe können dafür sprechen: Kleinere und mittlere Unternehmen haben nicht die Kapazität, eigene, volle Stellen mit energiebezogenen Fragen einzurichten und zu besetzen. Deshalb wird einer Führungskraft (z.B. einem Betriebsleiter), der die größte fachliche und formale Kompetenz bisher schon hat, diese Aufgabe zusätzlich zugeordnet. Es gibt Unternehmen, die wichtige Energieanlagen betreiben (z.B. ein Blockheizkraftwerk), und dafür eigene Abteilungen eingerichtet haben. Es ist dann ein kleiner Schritt, den Leitern solcher Abteilungen das gesamte Energiemanagement im Unternehmen zu übertragen – wobei die Zweckmäßigkeit noch zu diskutieren sein wird.

Externe Dienstleister

Die typischen Vorteile des Einsatzes von Beratungsunternehmen sind im Energiebereich in hohem Maße gegeben. Stichwortartig seien genannt die Einbringung innovativen Know-hows, der frische Blick zur Entdeckung von Einsparpotenzialen, Verbesserungsvorschläge, die auf interne Empfindlichkeiten, Hierarchien, unternehmensinterne »heilige Kühe« keine Rücksicht nehmen. Es ist jedoch problematisch, das Energiemanagement ausschließlich Externen zu übertragen, denn dieses Aufgabenfeld ist zukünftig noch mehr als schon derzeit Teil der Kernkompetenz eines Unternehmens. Berater sollten also nur einführend und begleitend eingesetzt werden.

Um zusammenfassend noch einmal die Problematik zu beleuchten: Das mittlere und untere Linienmanagement ist zwar der wichtigste Adressat und Akteur des Energiemanagements, denn es verantwortet die meisten einschlägigen Aufgaben. Jedoch ist das Linienmanagement auf den jeweils verantworteten Bereich fokussiert, während Energiemanagement übergreifenden Anspruch erhebt. Das mittlere und untere Management ist zudem typischerweise nach wiederholten Lean-Management-Projekten stark ausgelastet vom Tagesgeschäft. Fragen des Energiemanagements drohen deshalb – den Empfehlungen für das persönliche Zeitmanagement folgend – terminiert oder delegiert zu werden. Auch die im Energiemanagement erforderliche abteilungsübergreifende Arbeitsweise spricht gegen eine Ansiedlung in der Linie. Um es an einem Beispiel deutlich zu machen: Es ist für den Betriebsleiter nicht ausreichend, selber über eine neue, wirtschaftliche Hallenheizung zu entscheiden, sondern Betriebstechnik, Facility Management, Immobiliengesellschaften müssen das Thema ebenfalls auf dem Schreibtisch haben – und blockieren sich dann möglicherweise durch widerstrebende Interessenlagen. Es ist nüchtern festzustellen, dass es den persönlichen Prioritäten des Betriebsleiters entgegen steht, sich der Problematik ergänzend zu einem 10 bis 12 Stunden Tag zu widmen. Es obliegt dem Top Management, solche strategischen Themen vorantreiben zu treiben, indem es beispielsweise der Linie externe oder interne Berater zur Seite stellt. Externe Berater können schnell Know-how ins Unternehmen bringen und auch eine Initialzündung geben, der detaillierte Aufbau und die langfristige Umsetzung des Energiemanagements tragen aber eher die Merkmale eines Prozesses der Organisationsentwicklung, für den interne Stellen (Change Agents) notwendig sind. Wer kann diese Rolle übernehmen? Hier gibt es eine Reihe Funktionen wie Umweltmanagement oder Controlling, deren Kernaufgaben auch Energieprobleme umfassen. Diese zentralen Stellen wirken auf die Linienverantwortlichen ein. Oftmals empfindet die Linie diese an sie von unterschiedlichsten Stellen herangetragenen Anforderungen als übertrieben, als Belastungen, die vom eigentlichen Kerngeschäft, mit dem das Unternehmen Gewinne macht, abhält. Die Liste der zentralen Abteilungen, die Anforderungen an die Linie formulieren, ist lang: Controlling, Umweltschutz, Arbeitssicherheit, Werkschutz, Gesundheitsschutz, interne Revision, Ausfuhrkontrolle, technische Überwachung von Anlagen, Datenschutz sind zu nennen. Nun kommt noch das Thema Energie hinzu, das seine Aktualität und seine Bedeutung mit guten Gründen untermauert, aber dennoch aus den hier gezeigten Zusammenhängen in Gefahr steht, unerledigt zu bleiben. Schablonenhafte Lösungen verbieten sich bei der Entscheidung, wer für die Neueinführung und Optimierung von energierelevanten Geschäftsprozessen Verantwortung trägt. Welche organisatorische Einheit dabei im Einzelfall welche Rolle spielt, kann sehr unterschiedlich sein, denn Unternehmen tragen so unterschiedlichen Charakter wie Menschen. Beim Kennenlernen eines Unternehmens staunt man oftmals darüber, welche Aufgaben eine Abteilung hat. Die typische Antwort ist dann: »historisch gewachsen«. Es geht also hier um idealtypische Aufgabenzuordnungen, die eine lernende Organisation anzupassen weiß.

6.2.2   Integration in bestehende Abteilungen

Die meisten Unternehmen werden den Weg gehen, die Einführung und fortwährenden Verbesserung des Energiemanagements einer Stabsstelle, Zentralabteilung oder Matrixfunktion zuzuordnen. In Analogie zu den Beauftragtenfunktionen (z.B. Umweltbeauftragter, Qualitätsbeauftragter, Fachkraft für Arbeitssicherheit) hat eine solche Stelle keine oder nur eingeschränkte Weisungsbefugnis, sondern vielmehr Beratung-, Kontroll- und Initiativfunktion. Die organisatorische Lösung wird geprägt durch rechtliche Vorschriften für Umweltbeauftragte (Immissionsschutzbeauftragte, Gewässerschutzbeauftragte usw.), die von Unternehmen unter bestimmten Bedingungen zwingend einzurichten sind. Diese Beauftragten müssen

- Zugang zur obersten Führungsebene des Unternehmens haben,
- ihre Sachkunde nachweisen und
- sie dürfen keine eigene Verantwortung für ihr Aufgabengebiet in der Linie tragen. So wird ein Vier-Augen-Prinzip realisiert und eine Selbstkontrolle vermieden.

Beauftragte wirken faktisch über den Rückenwind, den ihnen die Nähe zum obersten Leitungsgremium verleiht. Weiter entfalten sie Wirkung durch ihre fachliche Überzeugungskraft aufgrund ihrer höheren Sachkompetenz, die auch die Kenntnis der rechtlichen Vorschriften umfasst. Ein besonderes Problem liegt darin, dass sich schon mehrere oftmals bereits eingerichtete Stäbe, Zentralabteilungen oder Matrixfunktionen mit energierelevanten Problemen beschäftigen. Hier sind Schnittstellen zu klären, um zu einer möglichst reibungslosen Zusammenarbeit zu kommen. Die folgenden, bereits erwähnten Stäbe und Zentralabteilungen werden nun im Hinblick auf ihre Eignung, das zentrale Energiemanagement zu übernehmen, diskutiert:

- Umweltmanagement sowie Qualitätsmanagement
- Controlling, Organisationsabteilung
- Technische Planung, internes Ingenieurbüro, Betriebsingenieure
- Eine möglicherweise schon im Aufbau befindliche Ethik-Organisation (Corporate Ethics Officer, Compliance Manager)

Umweltmanagement sowie Qualitätsmanagement

Energie ist eines der zentralen Themen des Umweltschutzes, möglicherweise in Zukunft das dominierende. Der betriebliche Umweltschutz ist besonders in Deutschland geprägt von einer hohen Regelungsdichte, wobei für das Management die EU-Öko-Audit-Verordnung sowie die darauf abgestimmte DIN 14000 Serie zu Umweltmanagementsystemen besondere Bedeutung haben. Die landläufig so genannte EU-Öko-Audit-Verordnung trägt die korrekte Bezeichnung »Verordnungen Nr. 1836/93 und 761/2001 über die freiwillige Beteiligung gewerblicher Unternehmen an einem Gemeinschaftssystem für das Umweltmanagement und die Umweltbetriebsprüfung«. Sie wird auch als Environmental Management and Audit Scheme (EMAS) bezeichnet. Das Umweltmanagement ist also in vielen Unternehmen bereits gemäß diesen Vorschriften aufgebaut und kann für eine weitere Entwicklung des Energiemanagements genutzt werden. Darauf setzt die DIN 16001 aus dem Jahr 2009 auf, die unmittelbar auf den Aufbau des Energiemanagements gerichtet ist.

Bei der aufbauorganisatorischen Anbindung des Umweltmanagements und des Energiemanagements hilft ein Blick auf die historische Entwicklung, um für die Zukunft Schlussfolgerungen zu ziehen. Das Umweltmanagement wurde 1993 nach dem Muster der DIN 9000 ff. des Qualitätsmanagements verabschiedet. Die Normen regeln den Aufbau von Managementsystemen, die bestimmten Anforderungen genügen müssen. Zertifizierungsunternehmen überprüfen dann in einem Audit die Managementsysteme und erteilen das Zertifikat, mit dem die Unternehmen (allerdings nicht direkt produktbezogen) werben dürfen. Die Zertifizierungsunternehmen müssen sich von Akkreditierungsstellen akkreditieren lassen, bevor sie ihre Tätigkeit aufnehmen dürfen.

Die Teilnahme an diesen Systemen ist freiwillig. Die EU-Verordnung ist zwar eine in der gesamten EU unmittelbar geltende Rechtsvorschrift, doch sie sieht die Freiwilligkeit ausdrücklich vor. Das Deutsche Institut für Normung (DIN) sowie die übergeordneten internationalen Normungsorganisationen sind eingetragene Vereine, deren Vorgaben keine Rechtsverbindlichkeit zukommt. Jedoch haben viele Unternehmen die Vorteile dieser Systeme erkannt und sei es durch sanften Zwang durch ihre Kunden, die wie in der Automobilzulieferbranche Aufträge zumeist nur unter der Bedingung einer Zertifizierung erteilen. Die Abbildung zeigt die Schritte zur Zertifizierung (gemäß DIN-Normen) oder Validierung (gemäß EMAS) des Umweltmanagements. Dabei zeigt sich, dass Energie bei zahlreichen Schritten zwingend Beachtung finden muss.

Umweltprüfung (erstes, einmaliges, umfassendes Audit)
Managementsystem (Inhalte weder in den Normensystemen noch in der Praxis ganz klar), insbesondere: Umweltpolitik Umweltziele- und Programme Auswirkungen auf die Umwelt (Umweltbilanzierung) Aufbau- und Ablauf- (Prozess)organisation Dokumentation Umweltbetriebsprüfung (wiederkehrendes internes Audit)
Umwelterklärung
Validierung (nach EMAS) und Zertifizierung (nach ISO 14001) durch zugelassenen Umweltgutachter
Eintragung in das Standortregister

Abb. 102: Schritte zur Zertifizierung/Validierung des Umweltmanagements

Da die einführende Umweltprüfung ein umfassendes Bild der technischen, rechtlichen und organisatorischen Situation des Umweltschutzes bieten soll, kommt dem wichtigen Aspekt der Energie eine besondere Bedeutung zu. In der Umweltpolitik wird die grundlegende Haltung des Unternehmens zum Umweltschutz, die Vision, niedergelegt. Den in einigen Unternehmen wolkigen Worten folgen operationale (messbare) Ziele und Programme (im Sinne von konkreten Projekten), die die Politik für einen definierten Zeitraum konkretisieren. Messbarkeit wird insbesondere durch die Umweltbilanzierung hergestellt, in der Energie wieder zwingend verankert ist. Auch die Umweltschutz- und damit energiebezogene Organisation ist obligatorisch zu dokumentieren, um bei regelmäßig wiederkehrenden internen Audits überprüft zu werden. Gemäß den Normen ist nach drei Jahren ein externes Re-Audit durchzuführen. Die Umwelterklärung ist dagegen jedes Jahr zu erstellen. Dabei sind der Öffentlichkeit alle wesentlichen umweltbezogenen Daten zugänglich zu machen. Die neuere DIN 16001 lehnt sich unmittelbar an diese Einführungsschritte und Strukturen an, so dass es ein einfacher, wenig aufwändiger Schritt ist, ergänzend zum Qualitätsmanagement (QM) und Umweltmanagement (UM) das Energiemanagement (EM) zertifizieren zu lassen. Als besonderen Anreiz dienen Steuererleichterungen bei den Energiesteuern.

Unternehmen haben im Hinblick auf die Aufbauorganisation nach der Einführung der DIN 9000 ff. zunächst Qualitätsbeauftragte als Stabsstellen installiert, die übergreifend in das Unternehmen hineinarbeiten. Sie arbeiteten am Anfang weitgehend unabhängig von den installierten Umweltbeauftragten, so dass sich in vielen Unternehmen parallele fachbezogene Strukturen entwickelten. Oftmals war das Verhältnis eher von Konkurrenz und Abgrenzung statt von Kooperation geprägt. Der aktuelle Trend begegnet diesen Reibungsverlusten, indem alle sicherheitsrelevanten Funktionen in einer Stabsabteilung zusammengefasst werden: Eine beispielhaft SHEQ genannte Abteilung ist zuständig für Safety (Werkschutz), Health (Gesundheitsschutz), Environment (Umweltschutz) und Quality (Qualitätsmanagement). Es bietet sich an, diesen Trend der Integration fortzuschreiben, indem Energy als weiteres Aufgabengebiet hinzu gefügt wird. Eine Verlängerung der Abteilungsbezeichnung ist dabei optional, es ist auch naheliegend aber nicht zwingend, einen neuen Energiebeauftragten einzuführen oder einem schon ernannten Beauftragten diese Funktion zusätzlich zu übertragen. Wichtiger als Bezeichnungen und Titel ist es, alle notwendigen Regelungen getroffen zu haben.

Die Vorschriften der Normen sind so allgemein gehalten, dass sie nicht im Detail vorschreiben, was die Unternehmen regeln müssen und wie sie es regeln müssen. Sie zwingen die Unternehmen jedoch, die in der obigen Abbildung genannten Bereiche (Politik, Ziele, Aufbauorganisation usw.) abzuarbeiten und zu dokumentieren. Es liegt im eigenen Interesse der Unternehmen, dies gerade im Energiebereich mit seinen hohen Einsparpotenzialen und seiner zunehmenden Außenwirkung sorgfältig durchzuführen.

Controlling, Organisationsabteilung

Das Controlling sucht Möglichkeiten der Kostensenkung, steigende Energiepreise bewirken, dass sie fündig werden. Dann beraten Controller das Management, wie man dieser Herausforderung operativ und strategisch optimal begegnen kann. Dem selbst gesteckten Anspruch des Controllings entspricht sogar eine Beratung des Top Managements bei normativ-ethischen Festlegungen. Die Zertifizierungen des Umwelt- und des

Energiemanagements bringen diese ethische Ebene angesichts des Klimawandels zwingend auf die Tagesordnung und tragen diesen Problemkomplex deshalb auch an den Controller heran. Auch die Optimierung von Prozessen (die ja zwingend mit vielen Energieprojekten verbunden ist) ist Aufgabe des Controllings. Hier initiiert, begleitet und kontrolliert das Controlling hauptsächlich aus Kostensicht, arbeitet dabei aber zusammen mit einer Organisationsabteilung (sofern eingerichtet). Auch die IT-Abteilung ist einbezogen, denn sie muss ja die Unterstützung durch Programme sicherstellen, indem insbesondere die verwendeten Enterprise Resource Planning (ERP) Systeme angepasst werden (Customizing).

Allerdings kann nicht jede Controllingabteilung in der Praxis ihren energiebezogenen Aufgaben vollständig gerecht werden. Controller sind dem Zeittrend folgend ebenfalls überlastet, so dass detaillierte Auswertungen, die Einsparungspotenziale im Energiebereich offenbaren, oftmals nicht erstellt werden können. Der Energiebereich ist technisch geprägt, so dass viele betriebswirtschaftlich ausgebildete Controller um dieses Gebiet einen Bogen machen. Die Notwendigkeit, sich in die naturwissenschaftlichen Probleme der Berechnung von Treibhausgasen einarbeiten zu müssen, stellt eine zusätzliche Hürde dar. Oft sehen Ingenieure sogar die mangelnde Bereitschaft der Betriebswirte, sich mit der Thematik zu befassen, als ein Hemmnis für das betriebliche Energiemanagement.

Technische Planung, internes Ingenieurbüro, Betriebsingenieure

Energieprojekte erfordern fast immer technische Kenntnisse, die naturgemäß bei technischen Abteilungen liegen. Selbst wenn das innovative Know-how intern nicht vorhanden ist, so sind solche Abteilungen die einzigen, die bei größeren Projekten mit externen Planern oder Lieferanten qualifiziert über technische Details sprechen können. Technische Planungen sind zumeist dienstleistend neben der Linie beispielsweise als Zentralabteilungen angebunden. Sie verstehen sich aber vielfach als sachlich ausgerichtete Fachabteilungen. Anders als bei Managementfunktion stehen hier die Effizienz administrativer Prozesse und die Wirtschaftlichkeit von Projekten nicht im Mittelpunkt. Deshalb bietet es sich in den meisten Unternehmen an, übergreifendes Energiemanagement nicht hier federführend anzubinden, sondern die technische Planung projektbezogen und dienstleistend einzubeziehen.

Ethik-Organisation (Corporate Ethics Officer, Compliance Manager)

Es mag verwundern, dass die Ethik-Organisation hier angesprochen wird. Viele Unternehmen haben in der Aufbauorganisation Corporate Ethics Officer oder Compliance Manager noch gar nicht eingerichtet, obwohl der Trend – aus den USA kommend – in Großunternehmen deutlich zu spüren ist. Es geht den Unternehmen darum, die Einhaltung rechtlicher Vorschriften sicherzustellen, denn Korruption, eigenmächtige Finanztransaktionen von Mitarbeitern oder der Verstoß gegen Umweltrecht können zu großen finanziellen Schäden und zudem zu Imageschäden führen. Solche Ethik- oder Compliance-Funktionen richten Großunternehmen manchmal neben der internen Revision als traditioneller unternehmensinterner Kontrollinstanz ein. Im Sinne einer Energieethik kann es als Teilaufgabe des Compliance Management aufgefasst werden, Nichteinhaltungen von Regelungen des Energiemanagements aufzudecken, um Geldverschwendung und die Emission von Treibhausgasen zu vermeiden.

Ergänzend für alle Formen der aufbauorganisatorischen Anbindung ist zu sagen, dass die dauerhafte Einrichtung von neuen Stellen oder Abteilungen, die sich ausschließlich und explizit dem Energiemanagement widmen, eher kritisch zu sehen ist. Das ist folgendermaßen zu begründen: Neue Stabsstellen betonen zwar die neu erkannte Bedeutung des Themas in einem Unternehmen. Sie führen aber eher zu einer organisatorischen Zersplitterung, denn es gibt ja mit dem Umweltmanagement, Qualitätsmanagement, Controlling usw. entsprechende Stellen, die sich des Themas annehmen können. Gerade die Aufbauorganisation neigt in der Praxis im Zeitablauf zur Differenzierung, Reorganisationsprojekte zielen deshalb normalerweise auf eine Straffung und Vereinfachung ab. Es empfiehlt sich deshalb, beispielsweise einer Stabsstelle Umweltmanagement die »neu entdeckten« Aufgaben des Energiemanagements zusätzlich zuzuordnen und gegebenenfalls die Abteilung personell zu verstärken, statt einen neuen Kasten im Organigramm neben dem Umweltmanagement einzuführen. Nur bei großen Unternehmen, bei denen Energie eine wichtige Bedeutung zukommt, ist die Bildung einer zusätzlichen Einheit ratsam. Dauerhafte Einrichtungen von Arbeitskreisen oder Besprechungsroutinen, bei denen die Betroffenen sich regelmäßig abstimmen, sind grundsätzlich positiv zu sehen. Allerdings gilt hier auch, dass die Organisation eher einfach gehalten werden soll, indem beispielsweise vorhandene Arbeitskreise (etwa zum Umweltschutz) ihren Aufgabenbereich erweitern. Die Einrichtung von zeitlich befristeten Projektteams bei »Entdeckung« des Energiethemas in einem Unternehmen kann sinnvoll sein. Eine Task Force betont im Gegensatz zu einer üblichen Projektgruppe den zeitlich begrenzten Charakter und die zielgerichtete Lösung einer umrissenen Aufgabe. Projektteams können auch in Form von Leitungskreisen die Arbeit von externen Beratern koordinieren.

6.2   Prozessorganisation

Die Abläufe im Unternehmen sind idealerweise bewusst gestaltet und in Organisations-, Qualitäts-, Umwelthandbüchern und ihren zahlreichen mitgeltenden Unterlagen dokumentiert. Sie spiegeln sich in den im ERP-IT-System unterstützten Schritten wider. Die Aufgabe der Funktion Energiemanagement im Rahmen des Umweltmanagements einer SHEQ-Stelle besteht darin zu prüfen, ob alle Prozesse optimal im Hinblick auf Energie gestaltet sind und ob Lücken bestehen. Die Methoden lehnen sich dabei an die üblichen Vorgehensweisen der Geschäftsprozessmodellierung bei Umweltmanagement, Qualitätsmanagement oder dem Customizing von ERP-Systemen an. Da in der Praxis selten auf der grünen Wiese ein gesamtes Werk einschließlich der organisatorischen Regelungen entwickelt wird, sind zunächst die bestehenden Regelungen durchzugehen und zu überprüfen. Das besondere Können liegt nun darin, alle entscheidenden energiebezogenen Problemstellungen zu erfassen und gemäß der jeweiligen Bedeutung mehr oder weniger differenziert die beeinflussenden Prozesse zu gestalten. Diese Aufgaben der energiebezogenen Prozessorganisation werden nun durch die Erörterung der folgenden Punkte konkretisiert und anschaulich gemacht:

- Erfassung energiebezogener Geschäftsprozesse gemäß betrieblicher Funktionen
- Erfassung von Geschäftsprozessen gemäß des Lebenszyklus von Anlagen
- Exemplarische Arbeitsanweisung für einen Detailprozess
- Dokumentation der Prozesse

Erfassung energiebezogener Geschäftsprozesse gemäß betrieblicher Funktionen

Als erste Systematik zur Erfassung der relevanten Prozesse werden die betrieblichen Funktionen herangezogen. Um einen Einstieg in die unternehmensindividuelle Planung zu erleichtern, werden hier die vom dritten bis sechsten Kapitel angesprochenen, wichtigen Geschäftsprozesse zusammengefasst. Auch wenn die Stichworte scheinbar nur einen technischen Vorgang beschreiben, so stehen doch immer Abläufe im Sinne von Geschäftsprozessen dahinter. Als Beispiel sei die »Heizung« herausgegriffen. Für die vier unterschiedenen Ebenen der Neuinvestition, der dauerhaften Heizungseinstellungen, der Instandhaltung und der täglichen Steuerung sind Festlegungen zu treffen. Es ist insbesondere zu klären, wer die notwendigen Aufgaben, Kompetenzen und Verantwortlichkeiten zugeordnet bekommt, wer die Stellvertretung übernimmt, welche inhaltlichen Vorgaben für die Prozesse gemacht werden und wie diese Regelungen geändert werden können. Es handelt sich also um Prozesse auf einer hohen Ebene, die über verschiedene Hierarchiestufen in Teilprozesse zerlegt werden müssen. Prozesslandkarten stellen einen Überblick dar, graphische und verbale Beschreibungen dokumentieren die Regelungen inhaltlich.

Erstellung von Energiebilanzen

- Unternehmens-, Standort-, Betrieb-, Prozess-, Produktbilanzen, Life-Cycle-Assessment
- BDE

Facility Management

- Heizung
- Kühlung
- Wärmerückgewinnung
- Beleuchtung
- Weitere Infrastruktur wie Datennetze, Stromversorgung usw.

Logistik

- Logistikkonzept
- Transportabwicklung
- Investition in Anlagen und Fuhrpark

Beschaffung

- Energiebeschaffung differenziert nach Energieformen
- Beschaffung von Anlagen mit Einfluss auf den Energieverbrauch
- Beschaffung von direktem (in Produkte eingehendes) Material

Produktionsplanung

- Programmplanung
- Faktorplanung/Materialwirtschaft
- Ablaufplanung

Produktion

- Elektrische Antriebe
- Druckluftversorgung
- Produktionsanlagen gemäß Branche und Betrieb

Instandhaltung

- Erfassung der Instandhaltungsobjekte
- Festlegung der Instandhaltungsstrategien
- Festlegung der Instandhaltungsabläufe

Informationstechnologie

- IT-Anlagenkauf
- IT-Nutzung
- IT als Enabler
- IT Entsorgung

Wirtschaftlichkeit und Controlling

- Energieethik: Entwicklung einer energiebezogenen Moral
- Energiestrategie einschließlich Forschungs- und Entwicklungs-Strategie und Marketingstrategie
- Investitionsrichtlinien für Maßnahmen der Energieeffizienz
- Informationsversorgung einschließlich Ergänzung der Kennzahlensysteme

Organisation

- Gestaltungsprozesse für die Aufbauorganisation
- Gestaltungsprozesse für die Prozessorganisation
- Projektmanagement
- Zertifizierungssysteme und Audits (Energie, Umwelt, Qualität, Arbeitssicherheit)

Erfassung von Geschäftsprozessen gemäß des Lebenszyklus von Anlagen

Um die Detailerfassung und Feinplanung der Prozesse weiter anzunähern, bietet es sich gerade für das Energiemanagement mit seiner technischen Prägung an, die relevanten Prozesse anhand des Lebenszyklus von Anlagen zu strukturieren. In jeder Phase des Lebenszyklus eröffnet sich ein weiteres Bündel von Prozessen, wie es die folgende Abbildung für das Beispiel einer Druckluftanlage im Rahmen eines Hallenneubaus anschaulich gemacht.

Tabelle 103: Lebenszyklus von energierelevanten Anlagen mit beispielhaften Prozessen

Phase im Lebenszyklus	Beispielprozesse	Energierelevanz	Aufgaben, Kompetenz, Verantwortung
Entscheidung über das Gesamtprojekt mit grundlegenden Planungsfixpunkten	Hallenneubau, die Teilplanung einer Druckluftanlage mit Kompressor wird hier herausgegriffen	Grundlegend, Leitlinien und Ethik als Basis aller folgenden Entscheidungen	Management mit Budgetverantwortung im jeweils erforderlichen Rahmen. Umsetzung der Leitlinien
Detailplanung	Planung der Halle, der Rohrleitungen, technische Anforderungen für den Kompressor	Hoch	Technische Planung, externe Fachplaner für verschiedene Aspekte
Ausführung	Hallenbau, Rohrleitungsbau usw., Kauf von Komponenten wie Kompressor	Bei präziser Arbeit gering	Technische Planung und Einkauf beauftragen in der Regel externe Fachunternehmen
Nutzung	Einschalten/Ausschalten/Standby, sparsame Verschwendung der Druckluft	Mittel	Betrieb
Instandhaltung parallel zur Nutzung	Überprüfung des Kompressors und des Druckluftnetzes	Mittel bis hoch	Schlosser
Rückbau	Abriss, Recycling	gering	Technische Planung und Einkauf beauftragen Spezialunternehmen

Mit dieser Tabelle ist gleichzeitig verdeutlicht, welche Energierelevanz den Phasen des Lebenszyklus zukommt. Das kann jedoch nicht pauschalisiert werden, denn es ist zu unterscheiden nach Anlagen, die Energie verbrauchen (wie die Druckluftversorgung im Beispiel), Anlagen, die indirekt auf den Energieverbrauch wirken (z.b. Gebäudehüllen) und anderen Anlagen ohne besonderen Energiebezug (wie z.B. Lagerregale).

Exemplarische Arbeitsanweisung für einen Detailprozess

Um beispielhaft deutlich zu machen, wie energierelevante Prozesse detailliert auf der Ausführungsebene festgelegt werden können, ist hier der Arbeitsablauf der Instandhaltung des Kompressors und die Überprüfung des Druckluftnetzes ausgewählt (zweite Zeile von unten in der obigen Tabelle). Die besondere Schwierigkeit liegt darin, dass der Kompressor dazu ausgeschaltet werden muss, also keine Druckluft für den Betrieb zur Verfügung steht. Der Schlosser, der die Instandhaltung ausführt, muss sich also mit einem autorisierten Mitarbeiter des Betriebs abstimmen und sich eine Genehmigung der »Freischaltung« (des Ausschaltens und vom Netz nehmens) des Kompressors geben lassen. Zur Dokumentation kann das auf einer Arbeitskarte geschehen, die in der folgenden Abbildung widergegeben ist. Die Arbeitskarte wird durch das IT-System, das die Instandhaltung unterstützt, automatisch zum richtigen Zeitpunkt erstellt und muss von den Instandhaltern als Arbeitsauftrag zeitgerecht durchgeführt werden. Voraussetzung für eine solchermaßen IT-gestützte Instandhaltungsplanung ist eine vollständige Erfassung der Stammdaten über Anlagen, Instandhaltungsstrategie und die Details des Ablaufs. Mit dem durch die Arbeitskarte beschriebenen Auftrag wird dem Ausführenden auch gleich angegeben, welche Werkzeuge, Schmierstoffe usw. benötigt werden und wie lang die Soll-Arbeitszeit ist. Mit den erfassten Ist-Daten kann die Abrechnung zwischen den Kostenstellen und ggf. auch der Entlohnung erfolgen.

Die Dokumentation solcher Vorgänge wird zusehends von Papierform auf elektronische Medien (Laptops oder mobile Datenerfassungsgeräte) verlagert. Die Anbindung über ein Wireless Local Area Network (WLAN) stellt die Aktualität der Daten sowie Datenverarbeitung sicher und spart zudem Wege.

Daten über das Instandhaltungsobjekt
Technischer Platz: Gebäude 3 – Kellergeschoss – Raum 027
Bauteilbezeichnung: Elektrisch angetriebener Kompressor Nummer 24-9474320-2003,
Hersteller Electronica
Maximale Leistungsaufnahme: 22 kW
Funktion: Kompressor Druckluftnetz Betrieb 1
Kostenstelle: 113–27

Daten über die Instandhaltungstätigkeit
Rhythmus: Jährlich
Zuletzt: 17. Mai 201X
Dauer: 0,25 Stunden
Besondere Arbeitssicherheitsausrüstung: keine
Benötigte Prüfgeräte, Betriebsstoffe usw.: Maschinenfett Nummer 947-K9104

Dokumentation der Freischaltung
Datum: Zeit:
Verantwortlicher des Betriebs: Unterschrift:

Auszuführende Arbeiten

Laufende Nr.	Art	Hilfsmittel	Handzeichen
1	Sichtprüfung auf Undichtigkeit		
2	Funktionserhaltende Reinigung		
3	Auf Laufruhe, Erwärmung prüfen		
4	Lager fetten	Maschinenfett	

Dokumentation der Inbetriebnahme
Datum: Zeit:
Verantwortlicher des Betriebs: Unterschrift:

Bemerkungen (weiterer Reparaturbedarf, Entsorgung von Schmierstoffen usw.):

Abb. 104: Arbeitskarte Instandhaltung eines Kompressors

Dokumentation der Prozesse

Ein wesentlicher Teil praktischer Organisationsarbeit besteht darin, informelle Organisation zu formalisieren, dabei zu optimieren und teilweise auch rechtssicher zu gestalten. Der Nutzen detaillierter, dokumentierter Vorgaben für die ausführenden Mitarbeiter ist im Unternehmen asymmetrisch verteilt: Viele Mitarbeiter empfinden es als Schwierigkeit und Behinderung der täglichen Arbeit, wenn sie umfangreiche Qualitätsdokumente beachten müssen, doch die Gesamtorganisation profitiert davon. Beispielhaft sei der Einkaufsmitarbeiter genannt, der ergänzend zum bestehenden Regelwerk nun auch noch die Lebenszykluskosten energieverbrauchender Geräte in seine Entscheidung einbeziehen muss. Er kann weniger Einkaufsprozesse abwickeln, doch der Nutzen für das Unternehmen liegt auf der Hand. Die Dokumentation der Prozesse in Handbüchern und mitgeltenden Unterlagen ist deshalb unabdingbar, um darüber die Mitarbeiter einweisen und anweisen zu können.

Im Qualitäts- und Umweltmanagement werden die Dokumente üblicherweise in folgenden Hierarchieebenen aufgebaut: Das Management benötigt Handbücher, um einen Überblick zu erlangen. Die Detailregelungen muss das Management – unbeschadet einer übergreifenden Organisations- und Kontrollpflicht – nicht kennen. Durch Verweise entsteht ein vollständiges System mitgeltender Unterlagen, wobei auf zweiter Ebene Verfahrensanweisungen und Richtlinien das Zusammenspiel zwischen den organisatorischen Einheiten (die Geschäftsprozesse) beschreiben. Führungskräfte des mittleren Managements sowie die an den Prozessen beteiligten Mitarbeiter sind die primären Adressaten. Die dritte Ebene umfasst die Arbeitsanweisungen, die auf einen einzelnen Mitarbeiter, einen Arbeitsplatz, eine Tätigkeit oder einen technischen Prozess bezogen sind. Auf einer vierten Ebene dienen Formulare (oder auch die Erfassung in der IT) dem Beleg, dass eine Tätigkeit richtig ausgeführt wurde.

6.3 Besonderheiten des Projektmanagements

Die Einführung und Fortentwicklung organisatorischer Strukturen können als Projekte aufgefasst werden und auch die Realisierung technischer energiebezogener Maßnahmen erfolgt über Projekte. Hier werden wichtige Punkte für den Erfolg solcher Projekte aufgeführt, wobei die Schwerpunktsetzung praktische Erfahrungen umsetzt. Ein wichtiger Erfolgsfaktor für Projekte ist eine systematische Metaplanung (Abschnitt 6.3.1). Metaplanung (Meta: griechisch für »über«) ist als Planung der Planung zu verstehen. Bei der Ausarbeitung von Lösungskonzepten ist eine ABC-Klassifizierung hilfreich (Abschnitt 6.3.2). Hierbei sind zahlreiche interne und externe Stellen einzubeziehen. Wichtige Schnittstellen und typische Konfliktfelder erfordern besondere soziale Kompetenzen des Projektteams (6.3.3).

6.3.1 Metaplanung

Energiemanagement setzt bei den grundlegenden Werten und Normen an, die in Leitlinien, einer Umweltpolitik oder einem Code of Ethical Conduct niedergelegt sind. Darauf basiert die Strategie mit ihren langfristigen Zielen und den Investitionsleitlinien, mit denen dann über konkrete Maßnahmen der Energieeffizienz entschieden werden kann. Energiemanagement erfordert zudem eine intensive Zusammenarbeit zwischen Abteilungen und letztlich ist jeder Mitarbeiter betroffen, denn jeder hat Einfluss auf den Energieverbrauch an seinem Arbeitsplatz. Problemstellungen mit solchen Charakteristika sind Gegenstand von Managementmethoden wie Kaizen, Lean Management, Business Reengineering, Total Quality Management (TQM), Six Sigma oder Change Management. Damit ist zu fordern, dass die in einem Unternehmen etablierten Managementmethoden für die Energieproblematik genutzt werden. Dazu sind energiebezogene Projekte Top-down mit einem systematischen Ansatz zu initiieren. Bei dieser wünschenswerten Top-down-Vorgehensweise besteht die Leistung des oberen Managements u.a. darin, das jeweilige Projekt exakt zu definieren und in die Gesamtplanung des Unternehmens einzubinden. In der Praxis ist jedoch vielfach eine Bottom-up-Vorgehenweise zu beobachten, bei der ein auftretendes Problem aufgrund eines konkreten Anlasses gelöst werden soll (etwa überhöhte Energiekosten in einer Halle oder neuen rechtlichen Regelungen wie der Novellierung der EnEV). Beim Bottom-up Ansatz besteht die Gefahr einer unsystematischen, improvisierten Herangehensweise mit der möglichen Folge der unvollständigen, suboptimalen Lösung des Problems oder der Schaffung einer Insellösung. Mit einer sorgfältigen Metaplanung von Energieprojekten ist es möglich, solchen Fehlentwicklungen zu begegnen. Die Abbildung zeigt wichtige Kriterien in der Form von Gegensatzpaaren, die zu bedenken sind, um ein Projektprofil zu entwickeln.

Diese Vorgehensweise entspricht dem »Project Charter« als Instrument des projektorientierten Qualitätsmanagements im Rahmen des Six Sigma-Ansatzes. Die Grundidee ist unmittelbar plausibel: Nehmen sich die Projektverantwortlich in der frühen Phase der Projektdefinition die Zeit für grundlegende Festlegungen, so erhöht sich die Wahrscheinlichkeit für einen Projekterfolg erheblich, denn spätere, wesentlich kostenintensivere Fehlentwicklungen werden vermieden. Folgen Fragen sind zu beantworten:

- Was ist der Anlass?
- Ist der Anlass Symptom einer tieferliegenden Problematik?
- Wie entwickeln sich daraus die Projektziele?
- Welcher Zeithorizont ist für die Zielerreichung verfügbar?
- Welche Budgetausstattung ist für das Projekt vorgesehen?
- Welche Personalausstattung ist verfügbar?
- Welche Methoden werden bei Projektorganisation, Detailplanung und Kostenkontrolle angewendet?

In der obigen Abbildung wird ein Spannungsverhältnis deutlich. Auf der linken Seite steht eine konzeptionelle, Top-down-Vorgehensweise, bei der eine betriebswirtschaftliche Strategie mit normativer Fundierung formuliert wird oder im Hintergrund steht. Auf der rechten Seite ist eine weniger umfassende Herangehensweise dargestellt, die bei isolierten, einfach zu durchschauenden Problemen ihre Berechtigung haben kann.

Die Metaplanung sieht sich regelmäßig mit dem Problem konfrontiert, dass sie den Aufwand von Energieprojekten festzulegen hat unter Abschätzung der Einsparungen, die durch einen höheren Projektaufwand erzielbar wäre. Eine oft verwendete Lösung für dieses Problem ist es, zunächst eine Durchführbarkeitsstudie (Feasibilty-Studie) oder eine Ist-Analyse mit Konzepterstellung vorzunehmen, um aufgrund der Ergebnisse über die Durchführung des Hauptprojekts zu entscheiden.

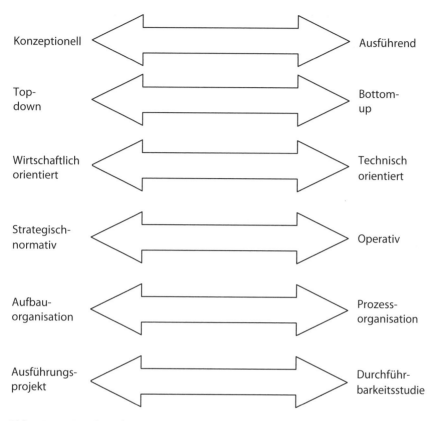

Abb. 105: Projektprofil von Energieprojekten

6.3.2 ABC-Klassifizierung von Maßnahmen

Bei Durchführbarkeitsstudien mit der Ausarbeitung von technisch-organisatorischen Lösungen findet sich das Projektteam in Industrieunternehmen sehr schnell tief in technischen, rechtlichen und organisatorischen Diskussionen, die quer durch die Abteilungen gehen. Es bedeutet einen großen Arbeitsaufwand, um die Kosten und den Nutzen von Maßnahmen mit ausreichender Zuverlässigkeit einschätzen zu können. In der Praxis geht es nicht um Feinheiten der Investitionsrechnung, sondern um pragmatische Abschätzungen, kommunikatives Geschick und die Bündelung interdisziplinärer Informationen in Konzepten. Deshalb bietet sich von Anfang an das Denken in einer ABC-Klassifizierung an. Das kann auch über eine Kennzeichnung von Maßnahmen über die Ampelfarben grün, gelb und rot anschaulich gemacht werden. Dies hilft, die im Energiebereich oft vielfältigen Lösungsmöglichkeiten mit ihren sehr unterschiedlichen Amortisationszeiten zu strukturieren: Die bessere Steuerung von Anlagen (Klimatechnik, Produktionsanlagen, Kompressoren) sind typischerweise fast ohne Kosten realisierbar und können zu erheblichen Einsparungen führen. Damit ist eine A-Klassifizierung rechtfertigt und die Ampel steht auf grün. Andere Maßnahmen haben bei heutigen Energiepreisen Amortisationszeiten von mehr als 15 Jahren und die Verantwortlichen werden das Investitionsbudget nicht genehmigen, falls nicht eine offensive Energiestrategie verfolgt wird. Typische Beispiele sind die Isolierung von Produktionshallen oder Rohrbegleitheizungen für Sprinkleranlagen, um die Lager nicht mehr heizen zu müssen (wobei es im Einzelfall durchaus anders ein kann). Diese Maßnahmen sind als C-Kategorie zu sehen und die symbolische Ampel steht auf rot. Maßnahmen mit Amortisationszeiten, die unsicher sind oder die in einem Grenzbereich für das jeweilige Unternehmen liegen, werden in die B-Kategorie eingeordnet und sind mit der Farbe gelb verbunden.

Ein typischer Fehler besteht darin, dass das Projektteam dem Vorstand oder anderen Entscheidern alle vollständig durchgerechneten Entscheidungsalternativen vorlegen möchte, obwohl es ausreicht, Maßnahmen eindeutig anzunehmen oder auszuschließen. Es ist deshalb eine rationale Vorgehensweise, Informationsbeschaffung nur in B-Maßnahmen zu stecken, um sie eindeutig der A- oder C-Kategorie zuordnen zu können oder das Entscheidungsproblem in seiner Komplexität dem Entscheider vorzulegen. Dabei helfen die im fünften Kapitel erörterten Sensitivitätsanalysen.

Eine ergänzende Schwierigkeit liegt bei komplexen technisch geprägten Projekten darin, dass es schwierig ist, die Einzelmaßnahmen zu Gesamtkonzepten zu bündeln. Einzelmaßnahmen können aufeinander aufbauen, sich ergänzen, sich zwingend bedingen oder sich auch ausschließen. Einige Beispiele, um solche Interdependenzen anschaulich zu machen: Verhindern schnell installierte Ventilatoren eine besser, umfassendere Lösung, bei der die Wärme unter der Hallendecke mit Wärmetauschern genutzt wird? Ist eine neue Klimaanlage sinnvoll oder verhindert sie eine am Horizont heraufziehende, umfassende Contractinglösung? Wie entwickelt sich der Heizbedarf, wenn Gebäudeöffnungen abgedichtet werden und welchen Einfluss hat das auf die Rentabilität einer neuen Heizung? Ist eine Prämie bei niedrigem Energieverbrauch für Mitarbeiter überhaupt sinnvoll, wenn der Energieverbrauch durch technische Maßnahmen ohnehin halbiert wird? Als Lösungsmethoden sind hier Entscheidungsbäume in Kombination mit Szenarien hilfreich, auch Kreativitätstechniken wie der »Morphologische Kasten« helfen dabei, keine Kombinationsmöglichkeiten zu vergessen.

6.3.3　Schnittstellen und Konflikte

Energieprojekte sind oft übergreifend und haben zahlreiche Schnittstellen. Bei der Prüfung von Maßnahmen im Rahmen von Durchführbarkeitsstudien müssen Projektverantwortliche deshalb zahlreiche Abstimmungen suchen. Typische interne und externe Stellen, die in die Lösungssuche und Lösungsprüfung einzubeziehen sind, werden nun angesprochen. Als Beispielprojekt sei die Konzeption einer Hallenheizung einschließlich der Abschottung von Heizzonen angenommen. Zunächst werden wichtige unternehmensinterne Abstimmungen aufgeführt, dann unternehmensexterne.

Das Projektteam muss sich bei der Ausarbeitung der Lösung innerhalb des Unternehmens zunächst mit den Nutzern der Hallen und der technischen Planung abstimmen. Doch auch mit weiteren Abteilungen ergibt sich Abstimmungsbedarf, wenn beispielsweise schienengebundene Fördermittel der Logistik die Schließung von Öffnungen behindern. Bei der Einbindung des Heizsystems in die Mess-, Steuer- und Regeltechnik ist die Prozessleittechnik anzupassen. Mögliche genehmigungsrechtliche Probleme können der juristischen Abteilung vorgelegt werden. Es ist zu unterscheiden, ob die Maßnahme innerhalb oder außerhalb des Budgets einer Kostenstelle finanziert wird. Bei einer notwendigen Freigabe größerer Investitionsmittel ist das Controlling oder eine andere Instanz einzubeziehen. Die Finanzabteilung und die juristische Abteilung sind bei der Prüfung von Lösungen des Contracting hilfreich. Weiter sind übergreifende, sicherheitsorientierte Funktionen zu nennen: Die Fachkraft für Arbeitssicherheit prüft Luftwechsel, Zugerscheinungen und Temperaturen. Das Qualitätsmanagement kann begrenzende Rahmenbedingungen für Energiesparmaßnahmen definieren, beispielsweise erfordern Sprinkleranlagen oder die Einhaltung von Toleranzen durch Maschinen Mindesttemperaturen. Alle Maßnahmen, die Mitarbeiter betreffen, sind auf Informations-, Mitwirkungs- und Mitbestimmungsrechte gemäß Betriebsverfassungsgesetz zu prüfen. Die Absenkung von Temperaturen an Arbeitsplätze oder zusätzliche Aufgaben bei der Steuerung von Heizung und Kühlung sind Beispiele. Das Rollenverständnis des Betriebsrats kann sehr unterschiedlich sein. Im positiven Fall unterstützt der Betriebsrat die Lösungssuche und die Akzeptanz der Umsetzung bei den Mitarbeitern. Die Projektverantwortlichen achten auf eine frühe Partizipation der Mitarbeiter und ihrer Vertretung durch Information und Einbindung. Oft ist jedoch auch eine wenig konstruktive Haltung von Arbeitnehmervertretern zu beobachten. Es steht dann nicht die gemeinsame Suche nach guten Sachlösungen im Vordergrund, sondern Ideen zur Energieeinsparung werden sofort daraufhin überprüft, wie eine bessere Bezahlung durchzusetzen wäre. Eine Absenkung der Hallentemperatur führt zur Forderung einer Lohnzulage, bei der Zuordnung der Verantwortung für die Steuerung der Klimaanlage wird auf die Prüfung gedrängt, ob die Stellenbeschreibung zu ergänzen und eine Neubewertung des Arbeitsplatzes durchzuführen ist.

Das Projektteam muss neben den internen Stellen auch externe Instanzen in seine Lösungssuche und ihre Prüfung einbeziehen. Zunächst sind Behörden zu nennen: Stehen Vorschriften des Brandschutzes der ins Auge gefassten Maßnahme entgegen? Probleme könnten beispielsweise durch Schnelllauftore zur Abtrennung von Hallen als eigene Klimazonen entstehen, falls sie Fluchtwege bei Bränden oder sonstigen Störfällen versperren. Die Feuerwehr stellt bei ihrem Eintreffen bei Bränden immer sofort den Strom ab, so dass sich ein solches Tor nicht mehr öffnen ließe und Personen eingeschlossen werden könnten. Bei solchen und vielen anderen Maßnahmen stellt sich das Problem, ob die geplanten Veränderungen durch die bestehende Genehmigung gedeckt werden. Es ist oft Interpretationssache, ob bauliche Veränderungen genehmigungspflichtig sind oder nicht. Die Verantwortlichen in einem Unternehmen sind im Dilemma: Eine formelle Änderungsgenehmigung kostet viel Zeit, Geld und bringt das Risiko umfangreicher (manchmal auch übertriebene oder sogar unsinnige) Änderungen an den Plänen. Eine informelle Anfrage bei den Behörden kann bei einem guten Verhältnis einen Einblick in die Perspektive der Behörde bringen, normalerweise scheuen die Ansprechpartner jedoch Festlegungen. Die Realisierung einer möglicherweise strittigen Maßnahme wird von Behörden kaum aufgedeckt, denn Begehungen sind selten. Jedoch entstehen auf diese Weise mögliche Haftungsrisiken, sollten die Veränderungen tatsächlich zu Unfällen oder Störfällen führen. Als externe Informationsquelle für Energieprojekte sind Lieferanten von technischen Anlagen sehr wertvoll, sie verfügen oft ein großes Know-how und verwenden ausgefeilte mathematische Modelle zur Berechnung der Energieeinsparung und Rentabilität. Allerdings müssen die Projektverantwortlichen selber ein Gefühl für die Problematik und für die Plausibilität der durchgerechneten Lösungen und Zahlen entwickeln und sie vor dem Gesamtzusammenhang beurteilen. Der Angebotsersteller möchte verkaufen und sieht nur einen Ausschnitt der Gesamtproblematik.

Zusammenfassend wird deutlich, dass sich viele Konfliktfelder auftun können. Ein erfolgreicher Projektabschluss hängt deshalb wesentlich von den sozialen Kompetenzen der Energiemanager ab. Energieprojekte verteilen Aufgaben, Kompetenzen und Verantwortlichkeiten im Unternehmen neu, dabei gibt es bei objektiver Betrachtung oder auch nur im subjektiven Gefühl der Betroffenen Gewinner und Verlierer. Der Betriebsleiter könnte den Eindruck gewinnen, er darf über seine Heizung nicht mehr autonom entscheiden. Die Instandhaltung bekommt neue Aufgaben, ohne neue Mittel zugewiesen zu bekommen. Die bequemen da pauschalen Verrechnungsschlüssel für Energie werden durch unbequeme, da exakte Zurechnungen ersetzt. Das Konfliktmanagement des Projektteams ist deshalb gefordert, um die Betroffenen zu einer weitgehenden Akzeptanz zu bewegen. Als weitere soziale Kompetenz kann der Umgang mit neuem Wissen aufgefasst werden. Das umfangreiche und in schneller Veränderung begriffene fachliche Wissen im Energiebereich kann nicht von Einzelpersonen, sondern muss durch Teams abgedeckt werden. Für Projektbeteiligte gilt es, Mut zur Einarbeitung in fachfremde Probleme zu haben. Die Grundprinzipien sind normalerweise gut zu begreifen und es kommt darauf an, durch Fragen den Fachleuten die Grundideen zu entlocken, um sie zu Konzeptvarianten zu verdichten. Weiter sind Stressresistenz, Verhandlungsgeschick und Mut gefordert: Das Energiemanagement hat zahlreiche rechtliche Rahmenbedingungen zu beachten, oftmals entsteht der Eindruck der Überregulierung. Ohne guten Willen auf allen Seiten – einschließlich der staatlichen Genehmigungsinstanzen – und gelegentlich auch einer weiten Interpretation von Regelungen fühlen sich Manager manchmal an den Rand der Handlungsunfähigkeit gedrängt. Energiemanagement macht die Tätigkeit von Unternehmen noch schwieriger. Es zeigt sich hier der Übergang zu einer Wissensgesellschaft, in der die erfolgreiche Bewältigung von Komplexität der wesentliche Erfolgsfaktor ist. Das Können der Mitarbeiter und ihre Bereitschaft, es in der Zusammenarbeit zu nutzen, werden auf diese Weise immer wichtiger als Produktionsfaktor für die Unternehmen.

7 Klimatologische, technologische und wirtschaftspolitische Hintergründe

Bewusst hat dieses Buch sich zunächst auf die konkreten Probleme des betrieblichen Energiemanagements konzentriert. Doch insbesondere zur Beurteilung strategischer und ethischer Fragen ist ein breiteres Hintergrundwissen notwendig. Dazu sind zunächst die Dynamik und Risiken des Klimawandels zu umreißen (Abschnitt 7.1), denen wir mit Technologien zur Verbesserung der Energieeffizienz und zur Nutzung regenerativer Energiequellen begegnen können (Abschnitt 7.2). Aufgrund des Marktversagens bei der Nutzung von Umweltgütern müssen wirtschaftspolitische Regelungen den Einsatz der verfügbaren Technologie beschleunigen (Abschnitt 7.3). Eine neue industrielle Revolution ist notwendig, in der technologische Innovationen Hand in Hand mit Änderungen unserer Wirtschaftsweise gehen (Abschnitt 7.4).

7.1 Der Klimawandel und die Folgen

Treibhausgase in der Atmosphäre bewirken, dass die am Erdboden ankommende Energie des Sonnenlichts nicht mehr vollständig in den Weltraum entweichen kann – ein grundsätzlich willkommener Effekt, denn sonst wäre es auf der Erde 33 Grad kälter. In erdgeschichtlichen Zeiten war die Konzentration des Kohlendioxids in der Atmosphäre deutlich höher als heute, der Treibhauseffekt stärker und die Temperatur folglich auch höher. Das schwül-heiße Klima ermöglichte es, dass wechselwarme Tiere – die Dinosaurier – sich zu enormer Größe entwickeln konnten. Ohne eine hohe Umgebungstemperatur wäre es so massigen Tieren nicht möglich gewesen, Ihre Körpertemperatur zu halten. Auch das Pflanzenwachstum war heutigen tropisch-feuchten Regionen vergleichbar. Pflanzen benötigen Kohlenstoff und binden ihn beim Wachstum aus der Luft. Im Laufe ihrer Lebensdauer speichern sie den Stoff, bis sie zerfallen, um ihn wieder freizusetzen. In fossilen Zeitaltern gab es große Meere und Sümpfe, an deren Grund anaerobe (sauerstoffarme) Bedingungen herrschten, so dass organische Ablagerungen wie Algen oder Pflanzenreste sich nicht zersetzten. Schicht legte sich auf Schicht, so dass in Jahrmillionen dicke Ablagerungen entstanden, die später durch weitere Schichten und tektonische Veränderungen zugedeckt wurden. Aufgrund des entstehenden Drucks verwandelte sich die luftdicht abgeschlossene Pflanzenmasse mit dem gebundenen Kohlenstoff in Kohleflöze, Erdölfelder und Erdgasblasen. Kohlenstoff ist also begrifflich der Stoff, aus dem Kohle und andere fossile Brennstoffe wesentlich bestehen.

Der seit hunderten Millionen Jahren in fossilen Energieträgern gebundene Kohlenstoff wird bei der Verbrennung freigesetzt, verbindet sich mit zwei Teilen Sauerstoff zu Kohlendioxid und verändert dann – da das über längere Zeit und in großem Maßstab geschieht – messbar die Zusammensetzung der Atmosphäre. Was die Natur in vielen hundert Millionen Jahren bereitgestellt hat, verbrauchen wir derzeit in wenigen Jahrzehnten. Wir verbrauchen an einem Tag, wofür die Natur etwa 500000 Tage brauchte. Zudem nutzen wir diese Ressourcen nicht klug: 97 Prozent des Rohöls wird verbrannt, obwohl Rohöl einer der wichtigsten Rohstoffe der chemischen Industrie ist, der für sehr viele Kunststoffe notwendig ist. In diese anspruchsvollen Verwendungen fließen aber lediglich drei Prozent.

Jahrzehntelang war umstritten, ob ein Klimawandel stattfindet und – nachdem dies bejaht werden musste – ob er vom Menschen ausgelöste (anthropogene) Ursachen habe. Dadurch ist viel wertvolle Zeit verflossen, ohne entschieden gegenzusteuern. Wir befinden uns jetzt in einer Situation, die immer radikalere Maßnahmen erfordert, um die schlimmsten Folgen zu verhindern. Schon 1990 warnte Dütsch (1990, S. 41), Klimaforscher an der ETH Zürich, »dass das unkontrollierte globale Experiment, auf das sich die Menschheit mit der Veränderung der Atmosphäre eingelassen hat, Konsequenzen haben könnte, die nur noch von einem globalen atomaren Krieg übertroffen würden.« Heute gilt das »Intergovernmental Panel on Climate Change« (IPCC) als führende Autorität auf diesem Gebiet, ein Gremium von mehreren hundert Klimaforschern, das die Umweltorganisation der Vereinten Nationen (UNEP) eingerichtet hat. Das IPCC wurde 2007 mit dem Friedensnobelpreis geehrt. Um die Dramatik der Entwicklung deutlich zu machen, sind hier einige Fakten aus dem »Assessment Report« von 2007 entnommen. Umfangreiche Erläuterungen und Datenmaterial sind im Internet unter http://www.ipcc-data.org/verfügbar. Schon jetzt ist die globale Durchschnittstemperatur um etwa 0,8 Grad spürbar gestiegen. Die interessante Frage lautet heute: Wie geht es weiter? Dazu haben die Forscher verschiedene Szenarien berechnet, um jeweils die Erhöhung der globalen Durchschnittstemperatur bis zum Jahr 2100 abzuschätzen. Die Entwicklung der weltweiten Treibhausgasemissionen wird in Gigatonnen Kohlendioxidäquivalente pro Jahr berechnet, um dann die daraus resultierende Erwärmung zu bestimmen. Die Modelle ergeben, dass zur Erreichung der politisch angestrebten Begrenzung der Erwärmung auf zwei Grad die Emissionen nicht nur stagnieren müssten. Ab Mitte des Jahrhunderts müssen sie weltweit sinken und am Ende des Jahrhunderts auf etwa der Hälfte des Niveaus des Jahres 2000 liegen. Bei einem pessimistischen Szenario beträgt die Erwärmung bis zum Ende des Jahrhunderts drei Grad, andere Studien prognostizieren sogar fünf Grad, doch die bedrohliche Entwicklung scheint damit nicht abschließend beschrieben. Die Zusammenfassung (Fact Sheet) des vielbeachteten World Energy Outlook für 2009 der Internationalen Energieagentur (International Energy Agency, IEA) beginnt mit der Feststellung: »Without a change in policy, the world is on a path for a rise in globale temperature of up to six degree, with catastrophic consequences for our climate. To avoid the most severe weather and sea-level rise and limit the temperature increase to about two degrees, the greenhouse-gas concentration needs to be stabelised at around 450 parts per million CO_2-equivalent.« (http://www.iea.org/weo/docs/weo2009/fact_sheets_WEO_2009.pdf Abruf 11.11.09). Einer von vielen Appellen an die Politik, wirksame Maßnahmen zu ergreifen. Über die Jahre ist zu verfolgen, wie die tatsächlichen Entwicklungen die prognostizierten Verläufe eher überholen, die befürchteten Temperaturerhöhungen größer und die Appelle der etablierten Wissenschaftler dramatischer werden. Der Klimawandel wird zur Erhöhung des Meeresspiegels, zu Wasserknappheit und Wüstenbildung führen.

Die Prognosen der Wissenschaftler über die Temperaturen umfassen nur das 21. Jahrhundert. Wie geht es mit der Erderwärmung im 22. Jahrhundert weiter? Gegen Ende des Jahrhunderts steigen die Temperaturkurven in den pessimistischen Szenarien (und es sieht nicht danach aus, als würde ein optimistisches Szenario realisierbar sein) stark an. Müssen die Temperaturkurven linear oder sogar exponentiell fortgeschrieben werden? Die Datenmodelle sind so ungenau, dass seriös keine Prognosen für einen so langen Zeitraum möglich sind. Das Klima wird durch ein komplexes, interdependentes System zahlreicher Faktoren bestimmt, deren Zusammenspiel nicht vollständig erfassbar ist. Selbst die vorhandenen Szenarien sind mit großen Unsicherheiten behaftet und Kippeffekte (Tipping Points), beispielsweise beim Abschmelzen des grönländischen Inlandeises, sind möglich. Große vernetzte Systeme reagieren nicht linear, sondern abrupte Brüche können vorkommen.

Die klimatischen Veränderungen führen zu wirtschaftlichen und politischen Problemen, zur Frage der Lastenverteilung und der Gerechtigkeit. Die ärmeren Länder haben nicht die Mittel, den Folgen sozial und technisch zu begegnen, so wie die verursachenden reicheren Länder dies können. Ärmere Länder können also nicht so viel in Deichbau, Umsiedelungsmaßnahmen, Sozialtransfers für Klimaflüchtlinge investieren. Zudem nehmen ihnen die steigenden Kosten für Energie und Kohlendioxidemissionen weitere Entwicklungschancen. Nationale und internationale Spannungen bis hin zu »Kriegen um Ressourcen« (Braun u.a. 2009) können die Folge sein. Welche globale Ungerechtigkeit hinter der Problematik steht, zeigten folgende Zahlen: Die USA haben mit fast 20 Tonnen Kohlendioxidemissionen pro Jahr und Person den größten Pro-Kopf-Verbrauch an fossilen Energien, gefolgt von Saudi-Arabien und Australien. Die Emissionen pro Person in Ländern wie Mali, Uganda und Mosambik liegen fast bei null. In solchen Entwicklungsländern leben die meisten der eine Milliarde Menschen, die mit weniger als einem Dollar pro Tag auskommen müssen. Auch die Zahl der Hungernden wird von den Vereinten Nationen auf eine Milliarde Menschen geschätzt. Wer kein Geld für Essen und sauberes Wasser hat, der hat erst recht kein Geld für Energie.

Ein kritischer Faktor für die Entwicklung in bevölkerungsreichen, trockenen und wenig entwickelten Regionen der Welt ist die Verfügbarkeit von Wasser. Folgende Zahlen machen den Zusammenhang von Wasser und Energie deutlich (vgl. Synwoldt 2008, S. 2): Energie wird zum Transport und mehr noch zum Fördern von Grundwasser aus großen Tiefen benötigt. Mehr als zwei Drittel der Grundwasservorräte befindet sich in Tiefen jenseits von 100 Metern. Die Förderung von einem Kubikmeter Wasser aus 100 Meter Tiefe erfordert mindestens 0,3 Kilowattstunden, ein wesentlicher Teil der mechanischen Arbeit, die ein Mensch an einem Tag verrichten kann. Für küstennahe Gebiete bietet sich die Meerwasserentsalzung an, wobei je nach Verfahren (Kondensation, Umkehrosmose) 4 bis 14 Kilowattstunde für einen Kubikmeter Trinkwasser aufzubringen sind (10 Kilowattstunde ist ein typischer Tagesverbrauch eines Mehrpersonenhaushalts in Deutschland). 10 Prozent des Energiebedarfs der Vereinigten Arabischen Emirate werden für die Meerwasserentsalzung verwendet – in einem Land, das einen Elektrizitätsbedarf von mehr als 11 000 Kilowattstunden pro Kopf und Jahr hat (Deutschland liegt zum Vergleich bei 6200 Kilowattstunden).

Zusammenfassend kann unser derzeitiges kollektives Verhalten aus entscheidungstheoretischer Sicht nur als absurd bezeichnet werden: Es ist offensichtlich, dass wir uns auf schwindende fossile Energieträger einstellen müssen. Wenn wir das schnell tun (oder bereits in der Vergangenheit getan hätten), verringern wir die Gefahr, unsere natürliche Lebensgrundlage auf diesem Planeten zu zerstören.

7.2   Technologien zur Nutzung regenerativer Energien

Ist es möglich, nachhaltig zu leben, ohne unsere Lebensweise und Kultur aufgeben zu müssen? Die Beschäftigung mit Technologien zur Nutzung regenerativer Energiequellen stimmt optimistisch. Dieses Buch macht zudem deutlich, wie viele Möglichkeiten es gibt, Energie effizienter zu nutzen. In diesem Abschnitt wird angerissen, wie der Energiebedarf durch regenerative Quellen gedeckt werden kann. Zunächst zur Systematisierung regenerativer Energien von der Energiequelle bis zur Nutzenergie anhand der folgenden Tabelle.

Als ausgewählte Schlüsseltechnologie wird zunächst die Nutzung der Windenergie erläutert (Abschnitt 7.2.1). Es bietet sich an, dort auch auf die grundlegende Funktionsweise von Elektromotoren/Generatoren und Turbinen in der Energietechnik einzugehen. Nach der Vorstellung wichtiger Verfahren der Solartechnologie und des Projekts »Desertec« (Abschnitt 7.2.2), werden die weiteren wichtigen Aspekte Biomasse, Erdwärme, Wasserstoff und Carbon Capture and Storage (CCS) erörtert (Abschnitt 7.2.3). Studien machen Hoffnung auf eine vollständige Deckung des Energiebedarfs aus regenerativen Quellen, wobei die Lernkurve einen wichtigen, stützenden Mechanismus beschreibt (Abschnitt 7.2.4).

Tabelle 106: Energieumwandlungskette aus Sonne, Mond und Ende (in Anlehnung an Pehnt/ Militz 2007, S. 2)

Ursache	Erscheinungs-form	Natürliche Energie-umwandlung	Technische Energie-umwandlung	Nutz-energie
Sonne	Biomasse	Biomasse-Produktion	Heizkraftwerk/ Konversionsanlage	Wärme, Strom, Brennstoff
	Wasserkraft	Verdunstung, Nieder-schlag, Schmelzen	Wasserkraftwerk	Strom
	Windkraft	Atmosphärenbewegung	Windenergieanlagen	Strom
		Wellenbewegung	Wellenkraftwerk	Strom
	Solarstrahlung	Meeresströmung	Meeresströmungs-Kraftwerk	Strom
		Erwärmung der Erdober-fläche und Atmosphäre	Wärmepumpen	Wärme
			Meereswärme-kraftwerk	Strom
		Solarstrahlung	Photolyse	Brennstoff
			Solarzelle, Fotovol-taik-Kraftwerk	Strom
			Kollektor, solarthermetisches Kraftwerk	Wärme
Erde	Erdwärme	Geothermik	Geothermisches Heizkraftwerk, Wärmepumpe	Wärme, Strom
Mond	Gravitation	Gezeiten	Gezeitenkraftwerk	Strom

7.2.1 Windenergie

Windkraftanlagen beginnen, in manchen Regionen das Landschaftsbild zu prägen wie die Stromleitungen es in der Umgebung von Kohlekraftwerken tun. Es handelt sich um eine weitgehend ausgereifte Technologie, in der Deutschland führend ist, die jedoch im Hinblick auf Offshore-Windparks noch über Entwicklungspotenziale verfügt. Übliche Windkraftanlagen haben eine Höhe ohne Rotor von 40 bis 120 Metern bis zur Nabe, an der der Rotor am Maschinenhaus befestigt ist. Der Rotordurchmesser entspricht etwa dieser Höhe, so dass die oberen Spitzen der Rotorblätter noch 50 Prozent über die Höhe der Nabe hinausragen. Die größten Windkraftanlagen überragen also mit 180 Metern deutlich die Höhe des Ulmer Münsters, der mit 161 Metern der höchste Kirchturm der Welt ist. Anlagen auf hoher See benötigen zudem Fundamente im Meeresboden und unter der Wasseroberfläche. Die Spitze der Rotoren kann eine Geschwindigkeit von 250 bis 300 Stundenkilometern erreichen. Große Windkraftanlagen haben einen Wirkungsgrad von bis zu 40 Prozent, so dass 40 Prozent der kinetischen Energie des Windes, der auf die durch die Rotoren abgedeckte Fläche trifft, in elektrische Energie umgewandelt wird. Der Leistungsbereich der Anlagen umfasst die Größenordnung von 500 Kilowatt bis 5 Megawatt, die jedoch nur bei geeigneten Windgeschwindigkeiten erreicht werden. Für gute Standorte an der Nordseeküste wird von 2200 Betriebsstunden pro Jahr ausgegangen, im Schnitt liegt die Auslastung bei 1900 Stunden. Gehen wir für eine Anlage mit zwei Megawatt Leistung an einem leicht überdurchschnittlichen Standort von 2000 Betriebsstunden aus, so beträgt die Stromausbeute im Jahr 4000 Megawattstunden. Bei einem durchschnittlichen Haushaltsverbrauch von 4000 Kilowattstunden lassen sich also 1000 Haushalte versorgen (4 000 000 Kilowattstunden Stromernte durch 4000 Kilowattstunden Verbrauch pro Haushalt).

Die Nutzung der Windkraft trifft auf dem Festland in Deutschland auf Grenzen, denn geeignete Standorte sind nur begrenzt zu finden. Die Anlagen dürfen aufgrund der Geräuschentstehung sowie möglicher Reflektionen durch die Propeller (»Diskoeffekt«) nicht zu nahe an Siedlungen errichtet werden. Zudem sind bei möglichen Standorten Eigentumsverhältnisse zu klären und Investoren zu finden. Auch ästhetische Aspekte werden diskutiert. Befürchtungen, Vögel würden durch die Rotoren beeinträchtigt oder getötet, haben sich nicht bestätigt. Diese Einwände spielen bei Anlagen in der Nordsee keine Rolle, doch hier sind die technischen Herausforderungen ungleich größer. Die Anlagen müssen Wellen bis 20 Metern standhalten und insbesondere die beweglichen Teile dürfen in der salzhaltigen Luft nicht vorschnell korrodieren, denn die Instandhaltung ist naturgemäß auf offener See viel teurer als auf dem Land. Eine kleine Fußnote besteht darin, dass als Nebengeschäft an Offshoreanlagen Muschelzuchten möglich sind. Trotz der technischen Herausforderungen wird das wesentliche Wachstum der Nutzung der Windkraft auf dem Meer erwartet. Die Investitionen betreffen dabei nicht nur die immer größer werdenden Windkraftanlagen selber, sondern auch den Ausbau des Leitungsnetzes von der Nordsee in die industriellen Ballungszentren. Nur dann ist die unstetig entstehende Windenergie in intelligenten Netzen sinnvoll nutzbar.

An Windkraftanlagen lässt sich gut die Stromerzeugung mittels eines Generators erklären, die grundlegend für die Energietechnik ist. Das Maschinenhaus in der Nabe des Windrades enthält einen Generator. Der Generator ist im Prinzip ein Elektromotor, dessen Hauptbestandteile aus einem System von Magneten und Drahtspulen bestehen. Im Generatorbetrieb ist durch externe Kräfte die zentrale Welle zu drehen, so dass das Magnetfeld über die Drahtspulen geführt wird, wodurch elektrischer Strom fließt. Im Motorbetrieb ist es umgekehrt, der eingeleitet elektrische Strom wird von Magneten und Spulen umgewandelt, so dass sich die Welle dreht. Die Besonderheit der Windkraftanlagen liegt darin, dass die Welle des Generators durch die Rotoren gedreht wird, so dass keine fossilen Energien erforderlich sind.

Auch konventionelle Kraftwerke zur Stromerzeugung verwenden Generatoren, die jedoch von Turbinen angetrieben werden. Turbinen sind Wellen mit zahlreichen Schaufelreihen, die innerhalb eines röhrenförmigen Gehäuses angebracht sind. Wenn nun ein

Medium (z.B. Luft oder Dampf) die Turbine durchströmt, dreht sich die Welle, die mit der Welle des Generators verbunden ist, um so die Bewegungsenergie in elektrische Energie umzuwandeln. Dabei ist wieder nach der Quelle der Luftbewegung oder des Wasserdampfs zu fragen. In Kohlekraftwerken kommt die Energie aus der Verbrennung von Kohle, in Atomkraftwerken aus der Spaltung von Atomkernen, in Solarkraftwerken aus der Sonnenenergie und bei Windkraftanlagen kann eben auf eine Turbine verzichtet werden, da die Windenergie über den Rotor direkt den Generator antreibt. Turbinen können auch durch die Verbrennung von Gas angetrieben werden, womit sie die wichtigste Anlage von Gaskraftwerken darstellen. Dieses Prinzip ist auch bei den Turbinen von Flugzeugen verwirklicht. Vom Kleinkraftwerk im Keller bis zur Großanlage, die eine Stadt von einer halben Million Einwohnern mit Strom versorgen kann, reicht die Spannbreite der technisch realisierten Größenordnungen für Gasturbinen.

7.2.2   Solarenergie

Das Projekt »Desertec« macht deutlich, was bei der Nutzung der Solarenergie technisch möglich ist. Die pro Jahr auf einen Quadratmeter eingestrahlte Sonnenenergie beträgt in Mitteleuropa 1000 Kilowattstunden (etwa ein Viertel des Stromverbrauchs eines Mehrpersonenhaushalts), in der Sahara beträgt die Solarkonstante etwa 2300 Kilowattstunden. Nun beabsichtigen zwölf Unternehmen angeregt durch eine Initiative des Club of Rome die Entwicklung von technischen, ökonomischen, politischen, gesellschaftlichen und ökologischen Rahmenbedingungen zur kohlendioxidfreien Energieerzeugung in den Wüsten Nordafrikas und des Nahen Ostens. Es wird angestrebt, rund 15 Prozent des Strombedarfs Europas und einen erheblichen Anteil des Strombedarfs der Erzeugerländer zu produzieren. Die Energie aus den Wüstengebieten ist in Strom umzuwandeln und dann zur richtigen Zeit an den Verbrauchsort zu leiten. Zunächst werden deshalb wichtige Technologien für Sonnenkraftwerke vorgestellt einschließlich Möglichkeiten der Energiespeicherung, um dann auf den Energietransport (die Stromleitungen) einzugehen.

Parabolrinnen-Kraftwerke bündeln über lange, parabolisch gebogene Spiegel das Sonnenlicht in einer Röhre, in der Thermoöl oder überhitzter Wasserdampf von 300 bis 500 Grad fließt. Dieses erhitzte Medium verdampft dann in einem weiteren Kreislauf Wasser, das zum Antreiben von Turbinen und nachgeschalteten Generatoren dient, um elektrische Energie zu gewinnen. Diese seit vielen Jahren u.a. im Süden Spaniens erprobte Technologie kann den Leistungsbereich von 10 bis 1000 Megawatt abdecken. Bei Solarkraftwerken ist es grundsätzlich günstig, dass die höchste Stromausbeute mit hohem Sonnenstand einhergeht und so mit Verbrauchsspitzen übereinstimmt. Mit einigen technischen Tricks lässt sich so ein Kraftwerk aber auch als Grundlastkraftwerk betreiben, das auch in der Nacht ohne Sonneneinstrahlung Energie liefert. Ein Teil der Tagesenergie wird als Wärmeenergie vom Trägermedium (Thermoöl, Wasserdampf) in große Salzfluidtanks, in Betonblöcke oder einfach in Felsen abgegeben, durch die die Leitungen führen. Über Tag wird diese Masse aufgeheizt, über Nacht gibt sie die gespeicherte Wärmenergie wieder an das Medium ab. So lange die Temperatur ausreicht, Wasser zu verdampfen und den Generator zu betreiben, entsteht der in der Nacht benötigte elektrische Strom. Eine Kraftwerksvariante sind Turmkraftwerke, bei denen Spiegel das Sonnenlicht an einem Punkt an der Spitze eines Turms konzentrieren. Solare Turmkraftwerke erreichen Arbeitstemperaturen von mehr als 1000 Grad und decken Leistungsbereiche von 1 bis 100 Megawatt ab. Je höher die Arbeitstemperatur, desto besser der mögliche Wirkungsgrad.

Die in den Wüstengebieten erzeugte elektrische Energie muss nach Zentraleuropa gelangen. Die dafür notwendige verlustarme Hochspannung-Gleichstromübertragung (HGÜ) steht mittlerweile zur Verfügung. So stieg die übertragbare Leistung von Landkabeln seit 1997 auf das Vierhundertfache. Den Strom eines Großkraftwerks mit einer einzigen Leitung zu übertragen, ist kein Problem mehr und nicht das Ende der Entwicklung. Eine 700-Megawatt-Leitung über eine Länge von 580 Kilometern von Norwegen in die Niederlande in bis zu 410 Metern Wassertiefe kostet lediglich vier Prozent Energieverlust. Beim derzeit weltgrößten HGÜ-System der Welt, einer 2000 Kilometer Strecke in China, die den Strom eines Wasserkraftwerks in die Millionenstadt Schanghai überträgt, ist der Verlust kleiner als sieben Prozent.

Das Desertec-Projekt mit einem geschätzten Investitionsvolumen von 400 Milliarden Euro bis zum Jahr 2020 trifft auch auf Kritik. Scheer (2009, S. 10) gibt zu bedenken, dass erneuerbare Energien im Windkraftbereich bereits jetzt unter guten Bedingungen die Netzparität (die Kostengleichheit mit aus fossilen Energieträgern erzeugtem Strom) erreicht haben. Für Solarstrom aus Mitteleuropa ist das in den nächsten Jahren zu erwarten. Die enormen, möglicherweise teilweise staatlich geförderten Summen sollten also lieber in die dezentrale, lokale Energieversorgung und -speicherung fließen sowie in die größte Energiequelle: Die Energieeinsparung, die der amerikanische Physiker Amory Lovins als Negawatt – nicht benötigte Watt – bezeichnet. Die technologischen Risiken (Sandstürme und blinde Spiegel), die politischen Risiken (Unruhen im Nahen Osten) und die daraus resultierenden Kostenrisiken sind beachtlich für solche langlaufenden Großprojekte, die die Oligopolstellung weniger Energieversorger stärken.

7.2.3 Weitere Energieformen

In diesem Abschnitt sind die weiteren regenerativen Energieformen Biomasse und Erdwärme erläutert sowie die Energiespeicherung in Wasserstoff. Zum Verständnis der Diskussion über fossile und regenerative Energietechnologien ist zudem das Konzept des Carbon Capture and Storage (CCS) von Bedeutung.

Biomasse

Pflanzen benötigen Kohlenstoff zum Wachstum und nehmen ihn aus der Luft über die Fotosynthese auf. Biomasse speichert deshalb Energie, die beispielsweise durch das Verbrennen von Holz genutzt werden kann. Aber auch andere Formen von Biomasse sind mit verschiedenen Verfahren aufbereitbar: Biogas ist ein Gemisch aus überwiegend Methan und Kohlendioxid, das bei Gär- und Fäulnisprozessen entsteht. In der Natur sind es Sumpfgase, in landwirtschaftlichen Betrieben lassen sich Tierdung und Gülle zu Gas verarbeiten. Beide Hauptbestandteile Methan und Kohlendioxid sind klimaschädlich. Da sie zwangläufig beim Zerfall der Biomasse entstehen, besteht der Effekt in der Substitution anderer Kohlendioxidemissionen durch die Nutzung dieser Gase.

Bioalkohol (Ethanol) kann aus zucker- und stärkehaltigen landwirtschaftlichen Produkten hergestellt werden. Insbesondere in Ländern mit großer Sonneneinstrahlung lohnt sich die Produktion, so dass fossiles Benzin und regeneratives Ethanol wahlweise in entsprechend ausgelegten Ottomotoren verwendbar ist. Ein großer Teil der Autos in Brasilien fährt mit Bioethanol, das aus Zuckerrohr gewonnen wird. Das ist problematisch, da die Plantagen mit dem Nahrungsmittelanbau konkurrieren und auch den Regenwald zurückdrängen.

Biodiesel wird vorwiegend aus Pflanzenölen wie dem Raps gewonnen. Durch das chemische Verfahren der Umesterung entsteht Methylester mit annähernd den Eigenschaften konventionellen Diesels. Es entsteht wie bei normalem Diesel bei der Verbrennung Ruß, jedoch weniger gasförmige Schadstoffe. Motoren müssen für die Verwendung von Biodiesel umgerüstet werden oder darauf ausgelegt sein.

Ein Durchbruch bei der Nutzung von Biomasse wird durch das Biomass-to-Liquid (BtL) genannte Verfahren erwartet, das nicht nur die Früchte (wie beim Raps den Samen) nutzt, sondern die ganze Pflanze. BtL arbeitet durch thermische Zersetzung (Pyrolyse oder Vergasung) und anschließende Fischer-Tropsch-Synthese. Es lassen sich auch Altfette oder Klärschlämme verarbeiten, so dass das erwartete Verfahren drei- bis viermal effizienter als herkömmliche ist.

Geothermie

Geothermie nutzt die Wärme der Erde, wobei die Nutzung der oberflächennahen Schichten bis 80 Meter durch Wärmepumpen bereits im dritten Kapitel erklärt ist. Geothermiekraftwerke gehen weiter in die Tiefe oder nutzen oberflächennahe, heiße geologische Strukturen, wie sie beispielsweise in Island vorkommen. Gemäß einer Überschlagsrechnung nimmt die Temperatur pro 100 Meter Tiefe um drei Grad zu, im Erdkern herrscht eine Temperatur von 6000 Grad. Etwa ein Drittel der Energie in erreichbaren Tiefen stammt aus dem Erdkern, die anderen zwei Drittel sind auf den Zerfall natürlicher radioaktiver Elemente wie Uran oder Thorium innerhalb der Erdkruste und im Erdmantel zurückzuführen. Beim Hot-Dry-Rock-Verfahren sind mindestens zwei Bohrungen in Erdschichten notwendig, in denen Temperaturen über 100 Grad herrschen. Bohrtiefen von mehreren Kilometern sind dabei technisch unproblematisch. Über eine Bohrung wird Wasser in das Gestein gepresst, das porös und mit Spalten durchzogen sein muss, denn dann kann das Wasser als Dampf über das andere Bohrloch wieder austreten und eine Turbine antreiben. Gerade in geologisch labilen Zonen finden sich vielfach gute Bedingungen, allerdings kann das Verfahren mit steigenden Tiefen und hohem Druck Erdbeben auslösen. Sogar Erdsonden zur Versorgung von Wärmepumpen, deren Tiefe auf 60 bis 80 Meter begrenzt sind, bringen potenzielle Gefahren mit sich. In Staufen in Süddeutschland wurde eine bisher trockene, aber quellfähige Schicht getroffen, in die dann Grundwasser eindrang, so dass sich der Boden hob und Gebäude Risse bekamen. Die Wahrscheinlichkeit ist jedoch äußerst gering und Genehmigungen für Bohrungen problemlos zu erlangen.

China, Schweden, Island sind bei Geothermiekraftwerken zur Stromerzeugung weltweit führend. Gemäß einer Studie des Büros für Technikfolgenabschätzung beim Deutschen Bundestag beträgt das technische Gesamtpotenzial zur geothermischen Stromerzeugung in Deutschland etwa 300 000 Terawattstunden, das Sechshundertfache des derzeitigen Jahresbedarfs. »Die Dimensionen werden an folgendem Beispiel fassbar: Allein die in einem Gesteinsblock von einem Quadratkilometer Oberfläche und sieben Kilometern Tiefe gespeicherte Wärmemenge entspricht rund einem Zehntel des gesamten deutschen Wärmebedarfs. Eine darüber liegende Kleinstadt ließe sich damit über Jahrhunderte mit Strom und Wärme versorgen« (Synwoldt 2008, S. 72).

Wasserstoff

Wasserstoff wird oft in einem Atemzug mit erneuerbaren Energien genannt, wobei zwei Dinge zu unterscheiden sind: Wasserstoff ist keine Energiequelle, sondern ein Energieträger, der aufgrund seiner hohen Reaktionsfähigkeit in der Natur nicht in reiner Form vorkommt, sondern insbesondere in der Verbindung mit Sauerstoff als H_2O, also als Wasser. Die Gewinnung von Wasserstoff als Energieträger mit dem Verfahren der Hydrolyse oder Pyrolyse benötigt selber Energie, die aus fossilen oder regenerativen Quellen kommen kann. Der Hydrolyseaufwand beträgt 4,2 bis 4,5 Kilowattstunden für einen Kubikmeter Wasserstoff, der seinerseits einen Energieinhalt von 3 Kilowattstunden besitzt. Die Umwandlung erzielt also einen Wirkungsgrad von etwa 60 Prozent. Derzeit wird Wasserstoff meist durch den Einsatz fossiler Energieträger mittels Pyrolyse erzeugt. Der Einsatz von Wasserstoff in Brennstoffzellen ist wieder recht effizient, wie es die Ausführungen im dritten Kapitel über Transporttechnologien der Zukunft aufzeigen.

Diese Zusammenhänge und Zahlen zeigen jedoch, dass die pauschale Forderung nach einer Wasserstoffwirtschaft nicht die Lösung der Energieprobleme bringen kann. Wenn Wasserstoff zu mehr als Forschungs- und Versuchszwecken Verwendung finden soll, ist es nur in Verbindung mit regenerativen Energien sinnvoll. Dann kann Wasserstoff auch in großem Maßstab wichtige Detaillösungen bieten: Aufgrund seiner hohen Energiedichte ist es möglich, eine mobile Energieversorgung für Kraftfahrzeuge zu sichern. Wasserstoff hat den zusätzlichen Vorteil, dass beim Einsatz in Brennstoffzellen nur Wasser als Abfallprodukt entsteht, so dass die Verwendung selber in höchstem Maße umweltverträglich ist. Leider stellt die Speicherung Probleme, denn Wasserstoff ist besonders leichtflüchtig und verdampft bei mehr als minus 254 Grad. Die Speicherung erfolgt zumeist in isolierten Drucktanks, wobei der Verflüssigungsaufwand etwa einem Drittel der im Wasserstoff gespeicherten Energie entspricht. Zudem müssen die Tanks gekühlt werden und selbst in vakuumisolierten Tanks ist eine Abdampfrate von mindestens 0,4 Prozent pro Tag unvermeidbar. Die Speicherung in Metallhydrid und Kohlenstoff-Nanofasern ist in Erprobung. Neben dem Vorteil der Transportierbarkeit in Tanks kann Wasserstoff als Speichermöglichkeit für Energie aus regenerativen Quellen dienen, wenn die Energie gerade nicht benötigt wird. Das kann Chancen eröffnen bei Elektrizität aus Windkraft oder Geothermiekraftwerken, die nachts entsteht und tagsüber genutzt werden soll.

Carbon Capture and Storage

Eine wichtige Rolle in der Diskussion um die Klimaverträglichkeit der Energieversorgung spielt die Abscheidung und Speicherung von Kohlendioxid (Carbon Capture and Storage, CCS). Das Kohlendioxid wird nach der Verbrennung von Kohle oder anderen fossilen Energieträgern in Kraftwerken End-of-Pipe abgeschieden (Capture) und in Gesteinsschichten oder unterirdische Kavernen verpresst (Storage). Die technischen Verfahren sind im Kraftwerksmaßstab noch nicht ausgereift und es kann deshalb naturgemäß auch noch keine Langzeiterfahrungen mit der Lagerung geben. Die Betreiber von konventionellen Kraftwerken sehen darin eine Möglichkeit, alte Anlagen und insbesondere neue Kraftwerke sauberer zu betreiben, auch wenn der Wirkungsgrad der Kraftwerke deutlich nachlässt. Bis zu 25 Prozent der Kraftwerkleistung sind für Abtrennen, Transport und Einlagerung (Verpressen) des Kohlendioxid aufzubringen. Kritiker des Verfahrens sehen darin eine Alibimaßnahme, um in Deutschland die alten Versorgungsstrukturen aufrecht zu erhalten, statt energisch in Maßnahmen der Energieeffizienz zu investieren und den verbleibenden Energiebedarf über regenerative Quellen zu decken. In China gehen jedoch zahlreiche konventionelle Kohlekraftwerke ans Netz oder sind in Planung. Es ist nicht abzusehen, ob sich dieser Trend abschwächt beim nachvollziehbaren Energiehunger von 1,3 Milliarden Menschen. Kohle ist mit einer Reichweite von mehreren hundert Jahren die ergiebigste fossile Energiequelle, deren Förderkosten auf absehbare Zeit niedrig bleiben. Wenn Schwellenländer nicht Motivation und Anreiz finden, die Kohleverstromung vor dem Hintergrund des Klimawandels zu vermeiden, so kann es wichtig sein, wenn das mit CCS geschieht. Allerdings ist die Technologie nicht nur teuer, sondern auch mit schwer abschätzbaren Langzeitrisiken behaftet. Kohlendioxid ist in Gasform mit 1,98 kg/m^3 spezifischem Gewicht schwerer als Luft, das 1,29 kg/m^3 wiegt. Je nach Topographie und Windlage ist es denkbar, dass ganze Landstriche voll Kohlendioxid laufen und Mensch und Tier ersticken. Das ist aufgrund natürlicher Ursachen 1986 am Nyos See in Kamerun passiert, als eine aufgrund vulkanischer Aktivitäten entstandene Kohlendioxidblase am Grund des Sees aufgestiegen ist und 1000 Menschen starben.

7.2.4 Potenziale und Perspektiven

Die folgende Abbildung zeigt, dass das Potenzial der regenerativen Energien, insbesondere der Sonnenenergie, im Vergleich zum Energiebedarf schier unerschöpflich scheint, denn der jährliche Weltenergiebedarf könnte 3000mal gedeckt werden.

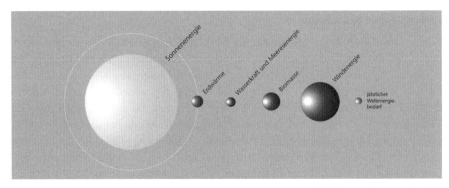

Abb. 107: Potenziale erneuerbarer Energien im Vergleich zum jährlichen Weltenergiebedarf (http://www.fv-sonnenenergie.de/fileadmin/bildarchiv/grafiken_und_charts/ Erlaeuterung_zu_Grafik_EE-Potenziale.pdf nach Fischedick u.a. 2000)

Diese beeindruckenden Größenordnungen sind jedoch nur als Hintergrund für die mit der verfügbaren Technologie nutzbaren regenerativen Energien interessant. Die folgende Tabelle quantifiziert sowohl das dargestellte Gesamtpotenzial als auch das für eine realistische Planung entscheidende, nutzbare Potenzial. Gemäß dieser Abschätzung ließe sich der Weltenergiebedarf noch fast sechsmal decken.

Tabelle 108: Gesamtpotenzial der erneuerbaren Energien im Vergleich zum Weltenergiebedarf

Energieform	Gesamtes Angebot im Verhältnis zum Bedarf	Technisch nutzbares Angebot im Verhältnis zum Bedarf
Solarenergie	2850	3,8
Windenergie	200	0,5
Biomasse	20	0,4
Erdwärme	5	1,0
Meeresenergie	2	0,05
Wasserkraft	1	0,15
Summe	3000	5,90

Solche Zahlen sind mit Vorsicht zu interpretieren, denn die zugrunde liegenden Studien müssen naturgemäß mit Annahmen arbeiten. Wichtige unbekannte Größen für die

Zukunft sind zudem die Entwicklung des Energiebedarfs der Entwicklungs- und Schwellenländer, die Nutzung der Einsparpotenziale in den Industrieländern sowie die Entwicklung der Technologien zur Nutzung regenerativer Energien selber. Doch es stärkt die Argumentation, dass andere Untersuchungen in der Tendenz zu ähnlichen Ergebnissen und Empfehlungen kommen. Eine Studie des Deutschen Zentrum für Luft- und Raumfahrt (DLR) sowie des Wuppertaler Instituts für Klima, Umwelt, Energie im Auftrag des Umweltbundesamtes aus dem Jahr 2009 bestätigt den Eindruck, der durch die Beschäftigung mit Schlüsseltechnologien entsteht. Die Studie trägt den Titel »Rolle und Potenzial der erneuerbaren Energien und der Energieeffizienz in der globalen Energieversorgung« und stellt fest, dass beachtliche, bisher nicht ausgeschöpfte Potenziale zur Nutzung erneuerbarer Energien, zur Steigerung der Energieeffizienz sowie von Verhaltensänderungen vorhanden sind. »Diese auszunutzen gelingt allerdings nur, wenn erneuerbare Energien und Effizienzmaßnahmen weiterentwickelt werden. Vor allem aber müssen ökonomische, infrastrukturelle und politische Schwierigkeiten überwunden werden. …Das technische Potenzial zur Nutzung erneuerbarer Energien beträgt das Zwanzigfache des heutigen Endenergiebedarfs. Das weltweit größte Potenzial zur Stromerzeugung besitzen dabei solare Technologien wie konzentrierende solarthermische Kraftwerke und Photovoltaik. Die Forscher erwarten zudem, dass sich die Kosten für die Stromerzeugung fast aller Technologien zur Nutzung erneuerbarer Energien (mit Ausnahme der Wasserkraft) in den nächsten zwanzig Jahren deutlich reduzieren. Unter Annahme steigender Kosten für fossile Energieträger und für Kohlendioxidemissionen werden bis 2030 die meisten Technologien zur Erzeugung regenerativen Stroms wettbewerbsfähig sein.« (http://www.dlr.de/desktopdefault.aspx/tabid-1/86_read-21688/).

Diese positive Aussage wird durch ein Standardmodell der Betriebswirtschaftslehre, die Lernkurve, gestützt, dessen Aussagen in diesem Bereich voll zum Tragen kommen könnten. Die Lernkurve besagt, dass bei einer Verdopplung der kumulierten Ausbringungsmenge die Stückkosten um 20 bis 30 Prozent sinken, wie es die Abbildung zeigt, die von einem Lerneffekt von 25 Prozent ausgeht.

Es zeigt sich, dass die ursprünglichen Stückkosten von 100 Geldeinheiten bei einer Verachtfachung der Ausgangmenge von 1000 Stück auf 8000 Stück auf 42,2 Geldeinheiten sinken. Dieser mit der Lernkurve beschriebene Effekt liegt insbesondere darin begründet, dass bei einer Mengensteigerung effizientere Fertigungsverfahren wirtschaftlich werden, die Mitarbeiter sich einarbeiten, ausgefeiltere Logistiksysteme zu rechtfertigen sind und die fixen Kosten sich auf mehr Produkteinheiten verteilen. Das gilt einerseits für ein einzelnes Unternehmen, das beispielsweise Windkraftanlagen oder Solarmodule herstellt, aber auch für die Ausbringungsmenge und Kostenstruktur der gesamten Branche. Sinkende Kosten führen über Wettbewerb zu sinkenden Preisen für den Kunden und damit zu mehr rentablen Einsatzmöglichkeiten. Dieser Zusammenhang zeigt sich in der volkswirtschaftlichen Nachfragefunktion, aus der die einzelnen Produzenten ihre Preis-Absatz-Funktion ableiten. Im Hinblick auf die Produktion von Technologien zur Nutzung regenerativer Energien deutet das vielfach empirisch belegte Modell der Lernkurven also darauf hin, dass mittel- und langfristig mit weiterhin sin-

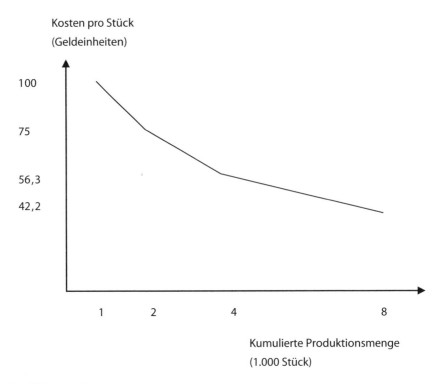

Abb. 109: Lernkurve

kenden Preisen zu rechnen ist. Gemessen am langfristigen, weltweiten Bedarf stehen Technologien zur Nutzung regenerativer Energiequellen noch ganz am Anfang.

Viel zur positiven öffentlichen und politischen Haltung zu einer Energiewende hat 2006 der Stern-Bericht beigetragen, benannt nach dem Chefvolkswirt der Weltbank und jetzigem Berater der Britischen Regierung, Nicolas Stern. Er hat vorrechnet, wie viel weniger Kosten durch eine Vermeidung des Klimawandels gegenüber einer Abmilderung der Folgen entstünden (abrufbar unter http://www.hm-treasury.gov.uk/ stern_review_report.htm.). Der Stern-Bericht rechnet mit Einbußen für die Weltwirtschaft durch den Klimawandel in Höhe von 20 Prozent und zusätzlich sind Billionen aufzubringen, um die Folgen in den Griff zu bekommen. Diese Einsichten sind jedoch bei weitem nicht in ausreichendem Maße in politische Entscheidungen eingeflossen. Eine Schlüsselrolle spielen dabei die USA als führender westlicher Staat mit der höchsten Kohlendioxidemission pro Einwohner, der sich bisher nicht auf verbindliche Klimaschutzziele festgelegt hat. Das Bewusstsein für die Problematik des Klimawandels ist in der amerikanischen Öffentlichkeit noch nicht ausreichend ausgeprägt, trotz der Bemühungen des ehemaligen Vizepräsidenten Al Gore, der dafür mit dem Nobelpreis geehrt wurde. Aus zahlreichen weiteren Initiativen, die sich Klimaschutz und Gerechtigkeit zum Ziel gesetzt haben, sei ein sehr umfassender Ansatz herausgegriffen: Die »Initiative globaler Marshallplan«, ins Leben gerufen unter anderem von Hans-Dietrich Genscher und Rita Süßmuth. Sie fordern eine große Anstrengung analog dem Wiederaufbauplan der Alliierten für Europa nach dem Zweiten Weltkrieg. Das Ziel ist eine gerechtere Weltordnung, eine globale öko-soziale Marktwirtschaft, die nachhaltig wirtschaftet. Als Kontrast zu diesem positiven, angestrebten Szenario ist die Abschottung der Industriestaaten (genannt »Brasilianisierung« nach Radermacher/Beyers 2007), die nur den reichen Ländern ein gutes Leben sichert. Auch die Möglichkeit des Zusammenbruchs der Ordnung, die wir heute kennen, ist thematisiert.

7.3 Wirtschaftspolitische Hintergründe

Die Marktwirtschaft hat im Zusammenhang mit Energieverbrauch einen entscheidenden Webfehler: Es entstehen externe Kosten. Externe Kosten trägt nicht derjenige, der eine Aktivität durchführt und von ihr profitiert, sondern Dritte. Der Klimawandel als externe Folge des Verbrauchs fossiler Energieträger trifft die gesamte Weltgemeinschaft einschließlich ungeborener Generationen. Der Abschnitt 7.3.1 beschreibt dieses Marktversagen mit volkswirtschaftlichen Methoden. Die entsprechenden Handlungsempfehlungen der Ökonomen zur Internalisierung externer Kosten wurden teilweise von der Politik aufgegriffen, wie es der Abschnitt 7.3.2 zeigt, doch zahlreiche Systemzwänge bewirken, dass die realisierten Lösungen hinter dem Erforderlichen zurückbleiben.

7.3.1 Internalisierung externer Kosten

Die ethische Rechtfertigung eigennützigen Handelns, wonach der Markt wie eine unsichtbare Hand den größten Nutzen für die größte Zahl herbeiführt, wird durch das Auftreten externer Kosten ausgehebelt. Statt zur erhofften optimalen Verteilung (Allokation) von Gütern (Ressourcen) und dem daraus entspringenden Nutzens (siehe zum Utilitarismus Abschnitt 5.4.3) kommt es zu einer Fehlallokation, zur Zerstörungen statt zur Schaffung von Werten. Verbraucht ein Unternehmen Öl oder Gas, so verstärken die emittierten Treibhausgase den Klimawandel, dessen Folge alle zu tragen haben. Die darin angelegte Ungerechtigkeit wirkt auf drei Ebenen:

- Innerhalb der Volkswirtschaft profitiert eine Gruppe von Anspruchsgruppen des Unternehmens, insbesondere die Anteilseigner, aber auch Mitarbeiter, Lieferanten und Kunden. Andere Anspruchsgruppen (oft mit Öffentlichkeit, Staat oder Gesellschaft bezeichnet) tragen die Kosten mit, sind aber nur in geringem Maße am Nutzen (beispielsweise über Steuereinnahmen) beteiligt.

- Am hohen wirtschaftlichen Stand der Industriestaaten, die in der geschichtlichen Perspektive den Klimawandel durch ihren Energieverbrauch maßgeblich verursacht haben, profitieren die Entwicklungsländer wenig. Aber die Folgen des Klimawandels trifft die trockenen Gebiete im Süden mit voller Wucht, was ebenso für den zu erwartenden Anstieg des Meeresspiegels gilt.
- Das stärkste Missverhältnis besteht zwischen unserer Generation und kommenden Bewohnern dieser Welt.

Dieser Funktionsfehler der Marktwirtschaft kann anhand des Marktgleichgewichtsmodells verdeutlicht werden, bei dem traditionell die Menge auf der Abszisse und der Preis auf der Ordinate abgetragen werden.

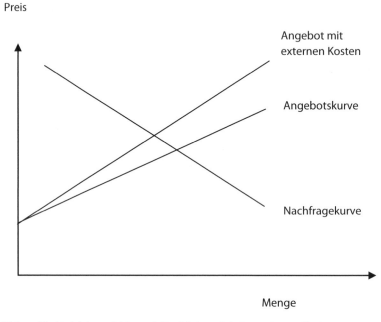

Abb. 110:   Marktgleichgewichtsmodell mit internalisierten externen Kosten.

In der Abbildung sind Angebotskurve und Nachfragekurve eingetragen. Im linken Teil der Abbildung sind der Preis und die Angebotsmenge niedrig. Die Nachfrager würden aber zu diesem Preis mehr kaufen, was sich in der Nachfragekurve ausdrückt. Es bleibt also Nachfrage unbefriedigt. Mit steigendem Preis kommt es zum Marktgleichgewicht, das Angebot ist genau so hoch wie die Nachfrage, jeder Anbieter findet einen Käufer und der Markt wird geräumt. Bei höherem Preis öffnet sich eine Schere zwischen hohem Angebot und niedriger Nachfrage. Dieser Mechanismus steuert die Verteilung von Gütern und führt über Konkurrenz, Wettbewerb und Innovation zu Wirtschaftswachstum und Wohlstand. Energieverbrauch geht in den Marktmechanismus ein, indem er als Kostenbestandteil die Angebotskurve der Unternehmen mitbestimmt. Der springende Punkt bei externen Kosten liegt darin, dass die internen, von Unternehmen zur Preisbildung zugrunde gelegten Kosten für Energie zu niedrig sind. Was einzelwirtschaftlich vernünftig ist, führt volkswirtschaftlich langfristig und buchstäblich zur Katastrophe.

Bereits 1920 wurde vom britischen Nationalökonom Arthur Cecil Pigou der Vorschlag vorgelegt, externe Kosten durch eine staatliche Steuer in das interne Rechnungswesen der Unternehmen und anderer Wirtschaftssubjekte zu internalisieren. Abgaben und Steuern mit einer solchen Intention werden deshalb als Pigou-Steuer bezeichnet. In der obigen Abbildung führt eine Steigerung der Kosten durch die Internalisierung der externen Kosten zu einer Verlagerung der Angebotskurve nach oben. Damit verschiebt sich das Marktgleichgewicht hin zu höheren Preisen und niedrigeren Mengen. Geschieht das für viele Güter auf vielen Märkten gleichzeitig, so bedeutet das volkswirtschaftlich eine Dämpfung des Produktions- und Konsumniveaus, einen Rückgang des Wachstums – schlicht Verzicht, der angesichts der realen Lage eine der Handlungsoptionen ist. Der Marktmechanismus würde natürlich weiterhin funktionieren mit der Folge, dass regenerative Energien gegenüber fossilen Energieträgern bevorzugt werden.

7.3.2　Handlungsmöglichkeiten und Hemmnisse

Kommen wir von den ökonomischen Grundsatzüberlegungen zu praktischer Politik, deren theoretisches Fundament nun gelegt ist. Die Politik kann folgende Wege beschreiten, um Unternehmen beziehungsweise Wirtschaftssubjekte zur Berücksichtigung externer Kosten zu veranlassen und damit regenerative Energien zu fördern:

- Auflagen, Gebote und Verbote als direkte Handlungssteuerung.
- Abgaben und Preise im Sinne der Pigou-Steuer.
- Festsetzung der insgesamt zulässigen Menge der Umweltbelastung und die Ausgabe einer entsprechenden Menge von Verschmutzungsrechten (Zertifikaten).
- Hinzu kommt die Möglichkeit, den Einsatz der erwünschten Technologien zu subventionieren, wie es mit dem Erneuerbare Energien Gesetz (EEG) geschieht. Dieses Gesetz ist in seiner Grundstruktur von einer Vielzahl Länder aufgegriffen worden.

Sowohl in Deutschland als auch in anderen Ländern werden alle Möglichkeiten genutzt: Die gesetzlich vorgeschriebene Beimischung von Biodiesel zum konventionellen Dieseltreibstoff oder die Begrenzung der Kohlendioxidemission von PKW-Flotten von Autoherstellern auf eine bestimmte Anzahl Gramm pro Kilometer sind Beispiele für die direkte Steuerung von Verhalten. Ökonomisch gelten solche Maßnahmen als suboptimal, da der Markt besser weiß, wo am kostengünstigsten Emissionssenkungen möglich sind. Tatsächlich sind Märkte aber oft von Intransparenz, polypolistischen Strukturen und verzerrten Preisen gekennzeichnet, so dass der idealtypische Mechanismus nicht funktioniert. Außerdem können Anpassungsvorgänge lange dauern, was ebenfalls für eine direkte Verhaltenssteuerung in bestimmten Fällen spricht. Um im Beispiel zu bleiben: Die Autoindustrie könnte schon lange sehr viel sparsamere Modelle anbieten.

Volkswagen hat bereits im Jahr 2002 ein Ein-Liter-Auto als fahrbereiten Prototypen vorgestellt. Offensichtlich dominieren aber bei den Käufern Image und Emotionalität als Kaufargumente, bei der Autoindustrie der Drang oder Zwang zur Gewinnmaximierung, so dass die technischen Möglichkeiten zur Treibhausgaseinsparung in PKW-Bereich bei weitem nicht ausgeschöpft werden.

Die direkte Preisgestaltung entspricht den idealtypischen Vorstellungen der Ökonomen besser als es Gebote und Verbote zur Verhaltenssteuerung tun. Als Beispiel einer Pigou-Steuer kann die Öko-Steuer auf Kraftstoffe genannt werden, die zweckgebunden der Rentenkasse zufließt. Auch das Erneuerbare Energien Gesetz verteuert den Energieverbrauch durch einen Zuschlag auf den Strompreis, um dann aus ökologischen Quellen gewonnene Energie (beispielsweise Fotovoltaikanlagen) subventionieren zu können.

Die Lösung der Mengenvorgabe für die Emission von Treibhausgasen wird von Ökonomen aus theoretischer Sicht präferiert. Nicht der Preis wird vorgegeben, sondern die Menge der insgesamt zulässigen Emissionen. Das geschah bei der UN-Klimarahmenkonvention (UNFCCC) durch die Ausgabe von Emissionszertifikaten im Rahmen des Kyoto-Protokolls. Der Preis der Emissionszertifikate findet sich auf den eigenen Märkten, die sich gebildet haben. Der Handel mit Emissionsrechten ist 2005 eingeführt worden. Er sieht vor, dass produzierende Unternehmen ebenso wie Energieversorger nur so viel Kohlendioxid emittieren dürfen, wie sie Zertifikate (European Union Allowences – EUAs) besitzen. Wenn sie mehr brauchen, so können sie Zertifikate zukaufen, im umgekehrten Fall verkaufen. Die kostenlose Zuteilung der Zertifikate soll zukünftig durch Auktionen ersetzt werden. Die internationale Weiterentwicklung des Systems stockt aufgrund folgender Argumentationsmuster: Führende Industriestaaten wie USA, Australien und Kanada gehen keine bindende Verpflichtung ein, ihre Treibhausgasemissionen zu verringern. Im Gegenzug weigern sich die Schwellen- und Entwicklungsländer, auf energieintensives Wachstum zu verzichten, so dass es zu einer unheilvollen gegenseitigen Blockade kommt.

Ein Musterbeispiel für die politischen Probleme bei Insellösungen für ein Land ist der Versuch der französischen Regierung, eine allgemeine Kohlendioxidsteuer von 14 Euro pro Tonne einzuführen. Das Gesetz sollte am 1. Januar 2010 in Kraft treten und wurde unmittelbar davor vom Verfassungsgericht gestoppt, das den Gleichheitsgrundsatz verletzt sah. Das Gesetz sah Ausnahmen für energieintensive Branchen wie die Stromerzeugung, Raffinerien, Zementfabriken, Fluggesellschaften und den Schwerverkehr vor. Branchen, die sich in einem internationalen Wettbewerb befinden und energieintensiv sind. So sinnvoll Klimasteuern sind, kann doch eine isolierte Kostenbelastung in einem Land zur Verlagerung der Produktion ins Ausland beitragen – ein prinzipielles Problem, dem sich keine Regierung entziehen kann und das Augenmaß bei der Besteuerung solcher Energiezweige zwingend erforderlich macht. Ein weiteres typisches Problem für Regierungen lässt sich in diesem Fall erkennen: Auch für Landwirtschaft und Fischerei gab es Ausnahmeregelungen. Diese Branchen sind zwar weniger energieintensiv, aber traditionsreich, wirtschaftlich schwach und die Unternehmer und Beschäftigten sind erfahrungsgemäß demonstrierfreudig. Damit wäre weniger als die Hälfte der Emittenten von der Steuer betroffen gewesen, es hätte insbesondere die privaten Haushalte getroffen, und das war dem obersten Gericht zu wenig.

Das Scheitern des Gesetzesvorhabens ist nicht nur aus ökologischer Sicht bedauerlich, sondern es war auch ein weiteres Element geplant, das zukunftsweisenden Charakter aufweist: Das französische Gesetzesvorhaben sah »grüne Schecks« für Geringverdiener vor und eine Entlastungen der Unternehmen durch den Wegfall der Gewerbesteuer. Diese Idee, das Steueraufkommen aus einer Pigou-Steuer an die Wirtschaftssubjekte zurückzugeben, ist aus ökonomischer Sicht zu befürworten. Es geht darum, sich auf zukünftige Knappheiten einzustellen, die zwar schon gegenwärtig gegeben sind, sich aber noch nicht im Kosten- und Preissystem niederschlagen. Dabei soll die Staatsquote unverändert bleiben. Langfristig ist es eine rationale, eigennützige Strategie, sich bewusst und schneller als die Wettbewerber zu optimieren. Das gilt betriebswirtschaftlich, aber natürlich auch volkswirtschaftlich. Dazu besteht grundsätzlich die elegante Möglichkeit, die Energieeffizienz zu fördern, ohne finanzielle Mittel aus einer Volkswirtschaft abzuziehen, indem die Kohlendioxidemissionen durchgängig mit einer Abgabe versehen und die dadurch eingenommenen Mittel gleichmäßig auf die Bevölkerung vom Säugling bis zum Greis zurückgegeben werden. Wer unterdurchschnittliche Emissionen erzeugt, gewinnt mehr Kaufkraft und könnte sie für Investitionen in Energieeffizienzmaßnahmen verwenden oder natürlich auch für anderen Konsum. Bei überdurchschnittlichen Energieverbrauchern, bei denen ohnehin von einem höheren Einkommen auszugehen ist, ist diese Steuerungswirkung zu Energieeffizienz stärker. Auch bei Unternehmen, die natürlich in das System einzubeziehen sind, gewinnt dadurch Energiemanagement einen höheren Stellenwert und es entsteht ein Budget, dessen Verwendung für diesen Zweck sich anbietet. Volkswirtschaftlich diskussionswürdig ist darüber hinaus eine Belastung fossiler Energieträger, um den Faktor Arbeit zu entlasten. Damit würde das Kosten- und Preisgefüge in Richtung einer arbeitsintensiveren Wirtschaft verändert, die weniger fossile Energieträger benötigt. Auch der Zertifikatehandel, der bei internationalen Verhandlungen über Klimaschutz im Mittelpunkt steht, kann nach diesem Grundmodell ausgebaut werden. Die Idee, die Einnahmen aufgrund der Emission von Treibhausgasen nach Köpfen zurückzugeben, würde theoretisch global und international noch besser funktionieren als national. Derzeit liegt die Verteilung oder Versteigerung der Zertifikate in der Kompetenz nationaler Regierungen, in deren Haushalt auch die Erlöse fließen. Der Lastenausgleich von Industriestaaten, Schwellenländern und Entwicklungsländern geschieht über Ausgleichsfonds, deren Volumina bei weitem nicht den Erwartungen der Entwicklungsländer entsprechen.

Menschen mit Macht wie Manager und auch Politiker haben Verantwortung in komplexen Systemen übernommen und unterliegen starken Sachzwängen. Sie müssen sich in der Kunst des Machbaren üben. Ihre Möglichkeiten, große Veränderungen herbei zu führen, hängen davon ab, ob sie auf eine bereits vorhandene Bereitschaft treffen, die sich noch nicht im Äußeren gezeigt hat. Der ursprünglich aus der Physik stammende Begriff der »kritischen Masse« wurde auf die Sozialwissenschaften übertragen: Wenn eine ausreichende Anzahl von Menschen reif ist, eine bestimmte Meinung zu übernehmen oder Entwicklungen mitzutragen, können Führungspersönlichkeiten entsprechende Entscheidungen fällen, ohne ihre Autorität und Macht zu verlieren. Für den Energiebereich verbunden mit der grundsätzlichen Infragestellung unserer Wirtschaftsweise scheint eine solche Entwicklung im Gange zu sein. Die folgende Abbildung pointiert, worum es letztlich geht.

1.1.2050

Brief an die Eltern

Liebe Eltern,
das dritte Jahrtausend ist jetzt 50 Jahre alt – so alt wie wir. Ihr steht bereit, in eine neue Welt zu gehen – nachdem ihr unsere ruiniert habt. Ihr habt euch alleine genommen, was auch uns und euren Enkeln gehört: unsere Erde. Milliarden Menschen sind Klimaflüchtlinge. Nach den Weltwirtschaftskrisen von 2033 und 2045 ist die Not allgegenwärtig. Und die vielen Kriege in den letzten 50 Jahren! Um Öl, um Wasser, um fruchtbaren Boden. Milliarden Menschen sind gestorben. Vergessen, verhungert, ersoffen auf der Flucht aus ihrer unbewohnbar geworde-nen Heimat. Was in eurer Generation passierte, toppt die großen Katastrophen der Mensch-heit. Mehr Verwüstung als im dreißigjährigen Krieg, mehr als die 50 Millionen Tote im zweiten Weltkrieg – je mehr technische Möglichkeiten, desto mehr Vernichtung.
Habt ihr das nicht gewusst? Aber natürlich, es stand in allen Zeitungen. Jeder Bildzeitungs-leser hat es gewusst! Warum habt ihr nichts getan? Ein paar Prozent des Bruttosozialprodukts, ein bisschen Innovation, einige Kriege weniger, eine Weltinnenpolitik: Es hätte euch doch noch nicht mal große Opfer abverlangt!
Immer sind es Systemzwänge: Der Aufsichtsrat feuert den Vorstand, weil der sich Umwelt-schutz Geld kosten lässt. Der Aufsichtsrat kann nicht anders, weil ihm die Hauptversammlung im Nacken sitzt. Die Hauptversammlung wird dominiert von Fondmanagern, die ihren Job verlieren, wenn sie den Vergleichsindex nicht schlagen. Die Anleger fordern maximale Ren-dite, denn das sichert ihre Altersversorgung. Die Regierungen werden nicht wiedergewählt, wenn sie Unbequemes fordern. Jeder tut nur, was er tun muss. Für jeden ist Verständnis auf-zubringen. Und gemeinsam mit System in den Ruin.
Ihr, liebe Eltern, hättet das System ändern müssen. Ihr hättet den Energieverbrauch weltweit mit Steuern und Zertifikaten belegen können. Ihr hättet dem Tanz ums goldene Kalb Einhalt gebieten können. Weltweite Steuern auf Kapitalverkehr, -erträge und -vermögen. Die Inves-titionen in die nächste industrielle Revolution wären bezahlt gewesen – im Prinzip so einfach.

Eure Kinder

Abb. 111: »Brief an die Eltern« als pointierte Darstellung der Klimaverantwortung unserer Generation

Die Letztbegründung dieser Argumentation liegt in der Menschenwürde, die von allen Ländern akzeptiert in der Charta der Vereinten Nationen sowie in zahlreichen Verfas-sungen und Grundgesetzen festgeschrieben ist. Durch die globale Wirkung des Klima-wandels wird die Weltbevölkerung zwangsläufig zu einer Gemeinschaft, deren Entschei-dungen alle betrifft. Aus der Menschenwürde und den Menschenrechten lässt sich ableiten, dass jeder Mensch – ob geboren oder noch ungeboren – ein gleiches Recht hat, die Atmosphäre mit Treibhausgasen zu belasten. Und jeder Mensch ist in der Pflicht, diese Allmende so zu nutzen, dass sie nicht zerstört wird. Die Mengenbegrenzung und damit Bepreisung der Emissionen ist im marktwirtschaftlichen System die Methode der Wahl. Eine weltweite Pro-Kopf-Verteilung des so entstehenden Finanzaufkommens ist eine konsequente Umsetzung der allgemein akzeptierten Werte, was faktisch eine Umverteilung der Mittel von Nord nach Süd mit sich bringen würde.

Neben nationalen Egoismen, die ein Vorankommen behindern, besteht die Befürchtung, zusätzliche Belastungen bei ohnehin überschuldeten Haushalten würde das Wirtschaftswachstum dämpfen und auf diese Weise stünden dann erst recht keine Mittel für Investitionen in Energieeffizienz und regenerative Energien zur Verfügung. Es sei jedoch daran zu erinnern, dass bei einer intensiveren und harmonischeren internationalen Zusammenarbeit große Finanzströme anders gelenkt werden könnten (Kals/Schmitt 2009): Schätzungen gehen von 11,5 Billionen Dollar aus, die »offshore« in Steueroasen angelegt sind. Sie erzielen jährlich 860 Milliarden Dollar Kapitalerträge, die in den Herkunftsländern als Besteuerungsgrundlage entfallen. Die illegale Kapitalflucht aus den Entwicklungsländern wird auf 500 bis 800 Milliarden US-Dollar beziffert, das Zehnfache der Entwicklungshilfe. Ohne Steueroasen und bei internationaler Koordination der Besteuerung von Kapitalverkehr (Börsenumsatzsteuer als Tobin-Steuer), Kapitalertrag und Kapitalvermögen würde sich die finanzielle Problematik in der Welt anders darstellen. Und noch immer gibt die Weltgemeinschaft pro Jahr etwa eine Billion Dollar für Rüstung aus.

7.4   Die nächste industrielle Revolution

James Watt verbesserte im Jahr 1769 die von Thomas Newcomen entwickelte Dampfmaschine. Er veränderte damit die Welt in einer nie gekannten Weise: Seine Erfindung löste die erste industrielle Revolution aus. Die industrielle Fertigung in den Manufakturen des Merkantilismus im 18. Jahrhundert war auf Muskelkraft von Mensch und Tier, allenfalls eine einfach Nutzung von Wasser- und Windkraft beschränkt. Nun trieben Dampfmaschinen die Hämmer, Pressen und Webstühle in den Fabriken an, Eisenbahnen und Dampfschiffe trugen Rohstoffe heran und brachten Produkte zu den Kunden. Der Hunger nach Kohle, später dann Erdöl, wuchs mit der ansteigenden Produktion. Diese technische und wirtschaftliche Revolution ging einher mit einer einschneidenden politischen Umwälzung, der französischen Revolution mit dem Sturm auf die Bastille im Jahr 1789. Soziale Folgen dieser industriellen Revolution (die »Soziale Frage«) offenbarten sich schnell. Die Arbeitsbedingungen der entwurzelten Landbevölkerung, die als Fabrikarbeiter in die industriellen Zentren strömte, waren katastrophal. Die ökologischen Folgen der Industrialisierung wurden erst Jahrzehnte später erkannt. Ein stetiges Wachstum von wenigen Prozent führt zu einer exponentiellen Entwicklung. Auch Mathematikanfängern ist klar, dass dies in einer begrenzten Welt nicht gut gehen kann. Dennoch halten wir unbeirrt am Paradigma (der geltenden Lehrmeinung) des Wachstums fest. Die gefährlichste Folge des ungehemmten Verbrauchs fossiler Energieträger erkennen wir erst über 200 Jahre nach James Watt im Klimawandel.

Joseph Schumpeter hat 1939 beschrieben, wie Innovationen Schübe wirtschaftlicher Entwicklung (industrielle Revolutionen) auslösen. Er hat solche langen, Jahrzehnte umfassende Wellen nach dem russischen Ökonomen Nikolai Kondradjew benannt. Es besteht jedoch über die genaue Terminierung und auch über die genaue Zahl der Kondradjew-Zyklen keine völlige Einigkeit:

- Der erste Zyklus ist – wie oben angesprochen – durch die Erfindung der Dampfmaschine ausgelöst worden (1780 bis 1850).
- Mit der Verbreitung der Eisenbahn geht der zweite Zyklus einher (1850 bis 1890).
- Die Elektrotechnik eröffnet den nächsten Zyklus (1890 bis 1940). Glühbirne, Elektrogeräte und Elektromotoren bieten neue Möglichkeiten. Auch die Entwicklungen der Chemie tragen hier bei.
- Die Computerisierung unserer Welt haben die Älteren bewusst miterlebt (1940 bis 1990), Leistungen der ersten, gebäudefüllenden Großrechner stecken wir heute als Handy in die Hosentasche. Diese Entwicklung wird manchmal als zweite industrielle Revolution bezeichnet, andere erkennen in den Kondradjew-Zyklen insgesamt vier industrielle Revolutionen.
- Ab 1990 kommt die Globalisierung noch stärker in Gang, das Internet revolutioniert die Kommunikation, kürzere Konjunkturzyklen schienen (insbesondere in den USA mit ihrem ehemaligen Notenbankchef Alan Greenspan) abgeschafft.

Spätestens mit der Finanzkrise 2008 ist ein neues Kapitel aufgeschlagen. Was kommt als Nächstes? In folgenden Bereichen werden Innovationen vermutet, die eine neue Kondradjew-Welle auslösen können: Biotechnologie, Nanotechnologie, Kernfusion, Gesundheitswesen und die Nutzung regenerativer Energien. In Anbetracht des Klimawandels ist es die Nutzung der regenerativen Energien, die im Zentrum der nächsten industriellen Revolution stehen sollte. Ziel kann eine 2000-Watt-Gesellschaft sein, wie es die ETH Zürich formuliert hat: Jeder Mensch auf der Erde soll so leben, dass er im Schnitt nur 2000 Watt Leistung benötigt. Aus der Leistung von zwei Kilowatt lässt sich durch die Multiplikation mit der Zeit berechnen, dass jeder Mensch 48 Kilowattstunden Energie am Tag verbrauchen soll, das Äquivalent von knapp fünf Litern Öl – gedeckt jedoch durch regenerative Quellen. In Entwicklungsländern liegt der Verbrauch viel niedriger, in manchen Industrieländern sechs- bis siebenmal höher. Mit diesem Modell wird der Energieverbrauch der Erde auf das Niveau von 2006 begrenzt. Mit der Mäßigung des Energiehungers der Welt und der Nutzung regenerativer Energien ist die Frage nach dem Wachstum verwoben: Volkswirtschaften können gemessen an der Kennzahl Bruttosozialprodukt weiter wachsen, jedoch muss der dafür benötige Energieeinsatz konstant sein oder sogar sinken. Dieser Effekt ist in Deutschland zu beobachten, denn das Wachstum verlagert sich auf immaterielle (Dienst-)Leistungen. Viele Erfindungen (Inventionen) sind bereits gemacht, es geht jetzt im die Umsetzung (Innovation). Windkraftanlagen, geregelte elektrische Antriebe und Passivhäuser sind verfügbar, diese Technologien haben ihr Einsatzpotenzial jedoch nur zu einem geringen Teil ausgeschöpft. An weiteren Erfindungen (beispielsweise Energiespeicherung durch Akkumulatoren) wird intensiv geforscht.

Werden wir in Zukunft weiter so leben können wie bisher? Ein »Epochenwechsel« (Müller/Niebert 2009) durch einen »Global Deal« (Stern 2009) ist gefordert, das »Ende der Welt wie wir sie kannten« (Leggewie/Welzer 2009) angekündigt. Wenn wir die bisherige Spaltung der Welt überwinden möchten, muss unsere zukünftige Lebens- und Wirtschaftsweise auf alle Menschen übertragbar sein. Angesichts der technologischen Möglichkeiten wächst die Hoffnung, dass dies mit einigen Anpassungen möglich ist. Allerdings sind preiswerte Flugreisen und schwere Autos aus dieser Perspektive Fehlentwicklungen. Erinnern wir uns daran, dass Kennzahlen wie das Bruttoinlandsprodukt (BIP) kein Selbstzweck sind, sondern den geschaffenen Nutzen in einer Volkswirtschaft widerspiegeln sollen. Nutzen entsteht, wenn Bedürfnisse befriedigt werden, Güter dienen der Bedürfnisbefriedigung. Durch rein monetär ausgerichtete Messgrößen wie das BIP erfolgt eine Einschränkung auf materielle Bedürfnisse und Güter, die die Vielfalt menschliche Bedürfnisse und möglicher Güterkategorien nicht abbilden. Es kommt sogar zu absurden Effekten, indem beispielsweise ein Autounfall das BIP erhöht, jedoch sträubt sich die Feder, ihn als nutzbringend zu beschreiben. Letztlich geht es dem Menschen um ein erfülltes Leben, um das Streben nach Glück. Indikatorensysteme wie der Happy Planet Index (HPI), der Index of Sustainable Development (ISEW), seine Weiterentwickelung zum Genuine Progress Indicator (GPI) oder der Human Development Index (HDI) versuchen eine Messung. Energieprobleme und Klimawandel stellen uns also letztlich vor die Frage, was wir auf dieser Welt wollen. Unseren Lebensstandard energieintensiv aufrecht erhalten, bis die Titanic sinkt? Oder die Gelegenheit nutzen, eine nachhaltige Lebens- und Wirtschaftsweise mit höherer Lebensqualität zu entwickeln? Eine neue industrielle Revolution macht die Krise zur Chance.

Literaturverzeichnis

Asendorp, D.: Zu viel Strom – Unflexible Überproduktion drückt an der Strombörse den Preis unter null, in: Die Zeit, Heft 1, 30. Dezember 2009, S. 33

Bahr, M.: Energieeffizienz steigern, 2007

Bayerische Landesamt für Umweltschutz: Klima schützen – Kosten senken, Leitfaden für effiziente Energienutzung in Industrie und Gewerbe, Augsburg 2004

Bundesministerium für Umwelt; Umweltbundesamt: Handbuch Umweltkostenrechnung, München 1996

Bundesministerium für Umwelt, Umweltbundesamt: Handbuch Umweltcontrolling, 2. Auflage, München 2002

Böhmer, T.; Grawe, J.; Nickel, M.; Schulz, E.: Energiesparen mit Strom, 2. Auflage, München 2001

Böning, J.: Methoden betrieblicher Ökobilanzierung, 1994

Bönning, M.: Das Nachhaltigkeitsrating, in: Everling, Oliver (Hrsg.): Certified Rating Analyst, Frankfurt 2007

Barun, R.; Brickwedde, F.; Held, T. u.a.: Krieg um Ressourcen – Herausforderungen für das 21. Jahrhundert, München 2009

Clausen, J.: Umweltkennzahlen als Steuerungsinstrument, in: Seidel, E.; Clausen, J.; Seifert, E. K.: Umweltkennzahlen, München 1998, S. 33–72

Deutsche Energie-Agentur (dena): Handbuch für betriebliches Energiemanagement – Systematisch Energiekosten senken, Berlin 2009

Dütsch, H.-U.: Die globale Belastung der Atmosphäre durch den Menschen – ein untragbares Risiko, in: Schüz, M. (Hrsg.): Risiko und Wagnis – Die Herausforderung der industriellen Welt, Pfullingen 1990, Band 1, S. 27–41

econsense: Der Klimatech-Atlas, 2008

Feist, W.: Gestaltungsgrundlagen Passivhäuser, Darmstadt 2000

Fischedick, M; Langniß, O., Nitsch, O.: Nach dem Ausstieg – Zukunftskurs erneuerbare Energien, Stuttgart 2000

Fuenfgeld, C.: Quantifizierung energierelevanter Kosten als Anreiz zur rationellen Energieverwendung, in: VDI (Hrsg.): Innovationen bei der rationellen Energieanwendung – neue Chancen für die Wirtschaft, Düsseldorf 1998, S. 95–104

Geissdoerfer, K.: Total Cost of Ownership (TCO) und Life Cycle Costing (LCC): Einsatz und Modelle, ein Vergleich zwischen Deutschland und USA, Berlin/Münster u.a. 2009

Gröger, A.: Energiemanagement mit Gebäudeautomationssystemen – Einführung – Grundlagen – Beispiele, Renningen 2004

Grünwald, R.: Perspektiven eines CO_2- und emissionsarmen Verkehrs, 2006

Günther, E.: Ökologieorientiertes Management, Stuttgart 2008

Haßler, R.: Perspektive des Nachhaltigkeitsratings, in: Achleitner, A.-K.; Everling, O. (Hrsg.): Handbuch Ratingpraxis, Wiesbaden 2004

Hessel, V.: Energiemanagement – Maßnahmen zur Verbrauchs- und Kostenreduzierung, Förderprogramme, Vorschriften; Erlangen 2008.

Kals, J.: Umweltorientiertes Produktions-Controlling, Wiesbaden 1993

Kals, J.; Sommer, D.: Energiebezogenes Rating von Büro- und Wohnimmobilien, in: Kredit und Rating Praxis, 36. Jahrgang 2009, Heft 6, S. 21–24

Kals, J.; Schmitt, S.: Steueroasen: Legitimer Wettbewerb von Standorten oder Hindernis auf dem Weg zum Weltinnenpolitik? In: Forum Wirtschaftsethik, 17. Jahrgang, Heft 1, 2009, S. 38–47

Kazim, H.: Antrieb ohne Öl – Reeder planen das Hochsee-Schiff der Zukunft, 2008

Konstantin, P.: Praxishandbuch Energiewirtschaft, Berlin/Heidelberg 2007

Loew, T. et al.: Vergleichende Analyse der Umweltcontrollinginstrumente Umweltbilanz, Umweltkennzahlen und Flusskostenrechnung, 2002

Kleinevoß, B.; Zartmann, P.: Der andere Trend – Die Leistungsspitzen kapppen, in VDI (Hrsg.): Innovationen bei der rationellen Energieanwendung – neue Chancen für die Wirtschaft, Düsseldorf 1998, S. 31–46

Leggewie, C.; Welzer, H.: Das Ende der Welt, wie wir sie kannten, Frankfurt am Main 2009

Leven, B.: Energiecontrolling in bestehenden Produktionssystemen – Datenerfassung, Überwachung, Optimierung, in VDI: Betriebliches Energiemanagement, Düsseldorf 2003, S. 59–68

Müller, E. Engelmann, J.; Löffler, T.; Strauch, J.: Energieeffiziente Fabriken Planen und Betreiben, Berlin/Heidelberg 2009

Müller, M.; Niebert, K.: Epochenwechsel – Plädoyer für einen grünen New Deal, München 2009

Paul, S.: Industrielles Energiecontrolling – Bestandaufnahme und Perspektiven, in VDI: Betriebliches Energiemanagement, Düsseldorf 2003, S. 45–57

Pehnt, M.; Militz, E.: Erneuerbare Energien in Deutschland – Stand und Perspektiven, 2007

Petermann, J. (Hrsg.): Sichere Energie im 21. Jahrhundert, Hamburg 2006

Quaschning, V.: Erneuerbare Energien und Klimaschutz – Hintergründe – Techniken – Anlagenplanung – Wirtschaftlichkeit, 2. Auflage, München 2009

Radermacher, F. J.; Beyers, B.: Welt mit Zukunft – Überleben im 21. Jahrhundert, Hamburg 2007

Radgen, P.: Energieeffizienz und Emissionsminderung mit der Querschnittstechnologie Druckluft, 2004

Rager, M.: Energieorientierte Produktionsplanung – Analyse, Konzeption und Umsetzung, Wiesbaden 2006

Rautenstrauch, C.: Betriebliche Umweltinformationssysteme – Grundlagen, Konzepte und Systeme, Heidelberg/New York 1999

Riesner, W.: Betriebliches Energiemanagement, in: Kramer, M.; Strebel, H.; Kayser, G. (Hrsg.): Internationales Umweltmanagement, Band III, Wiesbaden 2003, S. 139–176

Ruppelt, E.: Druckluft Handbuch, 4. Auflage, Essen 2003

Scheer, H.: Sahara-Strom – auch für uns? In: Publik Forum, Nr. 12, 2009, S. 10–11

Schieferdecker, B.; Fuenfgeld, C.; Bonneschky, A.: Energiemanagement-Tools, Berlin/Heidelberg/New York 2006

Scott, J.: Smart Grids – The European Technology Platform for Electricity Networks of the Future, in: Picot, A.; Neumann, K.-H. (Hrsg.): E-Energy: Wandel und Chance durch das Internet der Energie, Berlin/Heidelberg 2009

Stern, N.: Der Global Deal – wie wir dem Klimawandel begegnen und ein neues Zeitalter von Wachstum und Wohlstand schaffen, München 2009

Steven, M.: BWL für Ingenieure, München/Wien 2002

Strebel, H.: Umweltbilanzierung, in: Kramer, M.; Strebel, H.; Kayser, G. (Hrsg.): Internationales Umweltmanagement, Band III, Wiesbaden 2003, S. 313–343

Synwoldt, C.: Mehr als Sonne, Wind und Wasser – Energien für eine neue Ära, Weinheim 2008

Verband der Automobilhersteller: Das Nutzfahrzeug, 2008

Wagner, H.-J.: Was sind die Energien des 21. Jahrhunderts? Der Wettlauf um die Lagerstätten, Frankfurt am Main 2007

Waltenberger, G.: Energiemanagement in der Industrie – Energiewirtschaftliche Grundlagen, Lohmar 2005

Weglage, A. (Hrsg.): Energieausweis – das große Kompendium, Berlin/Heidelberg 2007

Stichwortverzeichnis

A

ABC-Analyse 71
ABC-Klassifizierung 225
Ablaufdiagramm 128
Ablaufplan 128, 130
Abwärmenutzung 88
Ambiant Intelligence 91
Arbeits- und Leistungspreis 164
Arbeitsplan 128
Arbeitspreis 118
Arbeitsstättenrichtlinie 80
Arbeitsvorbereitung 128
Aufbauorganisation 207
Auftragsdisposition 128

B

Bandbezug (Baseload) 120
Bedarfsermittlung 126
Beleuchtung 91
Benchmark 54
Benzinfahrzeug 106
Betreiberordnung 74
betriebliche Anpassung 130
Betriebsbilanz 32, 35, 54
Betriebsdatenerfassung (BDE) 50
Bilanzbereich 31
Bilanzraum 24
Biokraftstoffe 29
Biomasse 236
Blindstrom 118
Blockheizkraftwerke 43
Brennstoffzelle 43, 109
Brennwertfaktor 77

C

Carbon Capture and Storage 239
Checklisten 62
CO2-Fußabdruck, Carbon Footprint 38
Compliance Manager 216
Contracting 173

Controlling 215
Corporate Ethics Officer 216
Corporate Responsibility Rating 21

D

Dampfkraftwerke 43
Day-Ahead-Market 122
Deontologische Ethik 203
Desertec 235, 236
Dieselfahrzeug 105
Dieselmotor 108
Diskursethik 201
Dokumentation 222
Druckluft 139, 221

E

Elektrische Antriebe 137
Elektroantrieb 108
Elektromotoren 43
Emissionszertifikate 246
Endenergie 40, 44
Energetische Amortisation 171
Energieausweis (»Energiepass«) 79
Energiebegriff 14
Energiebeschaffung 112
Energiebilanzen 25, 63, 164
Energiebörse 113, 119
Energiecontrolling 155
Energiedichte 48, 77
Energiedienstleistung 40, 44
Energieeffizienzklasse 137
Energieeinsparverordnung (EnEV) 77, 82
Energieerhaltungssatz 25
Energieethik 205
Energiefluss 40
Energieflussbild 44
Energieform 47
Energieinhalt 48, 77
Energiekoeffizient 126
Energiemanagement 14, 19, 155

Energie-Product-Life-Cycle-Assessment 36
Energiespeicherung 115, 134
Energiestrategie 181, 205
Energieträger 47
Energy Returned On Energy Invested (ERoEI)
  172, 190
Entropiegesetz 25
Environmental Management and Audit
  Scheme (EMAS) 213
Erdgasantrieb 108
Erntefaktor 172
Ersatzzeitpunkt 167
Ethik 196
Ethikindizes und -fonds 22
Ethisch-normative Planung 156
EU-Öko-Audit-Verordnung 19, 213
externe Kosten 191, 243

F
Facility Management 74, 146
Faktorplanung 126
Flugbenzin (Kerosin) 30
Fotovoltaikmodule 43
freie Kühlung 90
Futures 122

G
Gantt-Chart 128
Gashydrat 190
Geothermie 237
Geschäftsprozesse 218
Gozintograph 127
graue Energie 30
Green IT 147

H
Hochspannung-Gleichstromübertragung
  (HGÜ) 236
Hochtarif (HT) 118
Hybridtechnologie 108

I
Immobilien 77
industrielle Revolution 249
Informationstechnologie 147
Initiative globaler Marshallplan 242
Instandhaltung 141, 221
Intensität 131
Investitionen 165

J
Jahresdauerlinie 121
Joule 48, 102

K
Kennzahlensysteme 66
Kilowatt 46
Klimatechnik 83
Klimawandel 229
Kohlendioxbilanzen 27
Kohlendioxidäquivalente 30
Kohlendioxidemissionen 231
Kohlendioxid-Fußabdruck 38
Kohlendioxidsteuer 246
kommunikative Ethik 201
Konflikte 226
Konzernbilanz 35
Kostenarten 71
Kostenartenrechnung 159
Kostenrechnung 158
Kostenrechnungssystem 163
Kostenstellenrechnung 160
Kostenträgerrechnung 161
Kraft-Wärme-Kopplung 43
Kraft-Wärme-Kopplungs-Kleinkraftwerke
  88
Kühlung 88
kumulierter Energieaufwand (KEA) 27, 171

L
Lastprofil 120
Latentwärmespeicher 88
Lebenszyklus 166, 220
Legalistische Ethik 200
Leistung 45
Leistungspreis 118
Leitlinien 204
Lernkurve 241
Life Cycle Costing 165
Lineare Programmierung (LP) 125
Logistik 94, 146
Luftverkehr 110

M
Marktgleichgewichtsmodell 244
Materialdisposition 126
Materialwirtschaft 126
Mess-, Steuer- und Regeltechnik (MSR) 55
Metaplanung 223

Monitoring 134, 147
Moral 196

N
Nachhaltigkeit 22
Nachhaltigkeitsrating 23
Nachhaltigkeitsrechnung 21
Niedrigenergiehäuser 78
Niedrigtarif (NT) 118
Nutzenergie 40, 44
Nutzenethik 199
Nutzungsgrad 43

O
Ökobilanzierung 36
Organisation 207
OTC – over the counter – Plattformen 122

P
Passivhaus 78, 83
Peak Shaving 118, 134
Peakload 120
Pflichtethik 203
Pigou-Steuer 245, 247
Plug-in Hybridantrieb 108
Plug-in-Hybrids 56
Portfoliomanagement 120
Primäre Energie 40
Primärenergie 44
Produktbilanz 32, 36, 54
Produktion 136, 146
Produktionskoeffizient 126
Produktionsplanung und -steuerung 123
Programmplanung 125
Projektmanagement 223
Prozessbilanz 32, 35, 54
Prozesskostenrechnung 162
Prozessorganisation 217
Pumpen 137

Q
Qualitätsmanagement 213

R
Rating 195
regenerative Energien 232, 240
Reichweite 189
Reserven 190
Risikomanagement 193

S
Sachbilanz 37
Sankey-Diagramm 44
Schienenverkehr 110
Schiffsverkehr 111
Sekundäre Energie 40
Sekundärenergie 44
Sensitivitätsanalysen 176
SI-System (Système International) 48
Smart Grids 57
Smart Metering 56, 118
Solarenergie 235
Solarthermie 43
Spitzenlasten 118
Spotmarkt 122
Stakeholder 202
Stammbaum 127
Standortbilanz 35
Stärken-Schwächen-Analyse 185
Stern-Bericht 242
Strahlungsheizungen 86
Straßenverkehr 108
Strategische Planung 156
Stücklisten 127
Stunden- und Blockkontrakte 120
Szenariotechnik 184

T
Technologiebewertung 186
Telefon- und Videokonferenz 104, 107
Terminmarkt 122
Tertiäre Energie 40
Theoriebildung 198
Thermochemische Speicher 87
Total Cost of Ownership 165
Transportmittel 99
Treibhausgasbilanzen 27

U
Umweltbilanzen 23
Umweltmanagement 19, 213
UN-Klimarahmenkonvention (UNFCCC) 246
Unternehmensbilanz 35
Utilitarismus 199
utilitaristische Ethik 199

V
Verbrennungsmotor 43
Vorräte 190

W
Wärmepumpen 84
Wärmeschutzverordnung (WSVO) 77
Wärmetauscher 88
Wärmeübertrager 88
Warmluftheizungen 86
Wasser 231
Wasserstoff 109, 238

Watt 46
Werkstattbilanz 35
Werturteile 198
Windenergie 233
Windkraftanlage 43
Wirkungsabschätzung 37
Wirkungsgrad 42